우리말
법화삼부경

우리말 법화삼부경

무량의경[無量義經]

묘법연화경[妙法蓮華經]

불설관보현보살행법경[佛說觀普賢菩薩行法經]

혜조 惠照 譯註

운주사

머리말

"아이구, 스님! 그렇게 한꺼번에 다하려고 생각지 마세요. 하루 매일 같이 한 줄씩만이라도 꾸준히 하다 보면 언젠가는 끝이 보이게 됩니다. 나도 그렇게 했어요."

전화선 너머로 들려오는 노모의 안쓰러운 목소리 밑바닥에는 어떤 힘이 실려 있었다. 그것은 거짓으로 꾸며낸 것이 아닐 때 상대방에게 주게 되는 신념의 소산, 뭐 그런 것이었다.

'그럴까? 보살님이 저렇게 말씀하신다면 그게 분명할 텐데 말이야……'

단 몇 초간의 통화였지만 전화를 받고 난 후의 내 마음은 어느새 긍정적으로 바뀌었다.

'그래, 나도 할 수 있을 거야. 비록 한 줄씩이라도 계속 하다보면 언젠간 되겠지.'

2001년 7월 15일, 자다말고 벽이 무너져 내려 시커먼 밤하늘이 올려다보였다. 한 사나흘 퍼붓던 장마 폭우로 산사태가 났던 것이다. 용케 얼굴만 내밀고 산에서부터 쓸려온 더러운 흙탕물 속에 온몸이 잠겨 있었는데, 의외로 흙탕물은 뻘처럼 엄청난 힘으로 짓누르고 있어 손 하나 까딱할 수도 없는 상황이었다. 이대로 죽는구나 싶으면서 순식간에 지난 세월의 역사가 한 아름에 꿰어졌다. 그때 다른 것은 별반 마음에 남는 것이 없었지만 가장 한스런 것이 역경이었다.

노모께서는 손수 법화삼부경을 다섯 차례나 번역하시고 그때마다 사경을 하셨는데, 그 마지막 번역본을 내게 보내 감수해 달라고 부탁하셨었다. 그때가 1998년 봄이었는데, 나는 경전 번역을 너무 가벼이 여기고 쉽게 약속을 해버렸다. 그로부터 어느새 3년의 세월이 훌쩍 지나가버렸는데도, 거의 시도조차 하지 않은 채 다른 논문 구상에만 마음이 바빴던 것이다.

그러나 산사태로 목숨이 경각에 달리자 역경을 소홀히 한 것이 후회되었다. 어머니의 정성어린 그 부탁 하나를 들어주지 못하고 이렇게 떠나야 하다니…. 좀더 마음 기울여 일찌감치 역경에 임하지 않았던 것을 후회하며, 혹시라도 살아나게 된다면 약속했던 역경을 무엇보다 우선하겠다고 마음먹었다. 그리고 죽음이 임박한 순간에 관세음보살님 명호를 부르면 살게 된다는 경전 말씀이 떠올라 나도 모르게 가슴으로 관세음보살을 찾기 시작했다. 그러자 염불의 힘이었는지 몰라도 의식이 또렷해졌고, 3시간 넘게 차디찬 물속에 있었는데도 전혀 추위를 느끼지 못했다. 그리고 그때 우연하게(?) 앞집 아저씨가 들어와 보시고는, 두 아들 장정들을 불러 1시간의 사투 끝에 나를 끄집어내어 주셨다.

살아나서도 육신의 기운은 쉽게 회복되지 않았다. 날마다 누울 자리만 찾아다니며 거의 폐인처럼 지냈는데, 어느 날 난데없이 노보살님께서 잊고 있던 옛 기억을 다시 상기시켜 주신 것이다. 지금 힘들어도 하루 한 줄씩이라도 꾸준히만 하게 되면 언젠가는 마치게 된다는 말씀이었다. 그리하여 하루 30분씩 하는 것을 목표로 2002년 가을부터 용기를 내어 시작하게 되었다. 처음에는 30분씩 했는데 어느덧 시간이 늘어가 2004년 가을 무렵에는 하루에 5~6시간씩 역경에 집중할 수 있을 정도로 건강해졌다.

어머니께서 번역하신 사경 노트를 인수받은 날로 치자면 벌써 7년 세월이 흘렀고, 번역에 직접 착수한 지도 어느덧 3년이 걸린 셈이다.

혹자는 이미 번역되어 나와 있는 것을 또 다시 번역했다며 시간 낭비했다고 여길 사람도 있을 것이다. 그렇지만 이 〈법화삼부경〉 번역은 어머니의 부탁과 죽음의 순간에 맹세했던 약속을 지켰다는 의미 이외에, 어떤 약으로도 치유가 불가능했던 병든 나에게 가장 좋은 영약이 되었다. 번역을 마칠 무렵에는 그동안 살아오며 나도 몰래 쌓였던 원망과 아만이 자연스레 녹으면서 체력도 눈에 띄게 좋아졌던 것이다. 덕분에 이 책을 번역하는 데 있어서만큼은 특히 어떤 것보다 최선을 다했다. 그것이 각주를 통해서건 본문 번역의 언어 선택에 있어서건 아니면 뜻을 파악하는데 있어서건, 한문본 특유의 생략되어진 의미를 얼마만큼 충실하게 살려내었는가는 앞으로 독자들이 읽으면서 판단할 몫으로 남게 될 것이다. 물론 잘못된 부분을 찾아내어 지적하고 비판하는 몫도 포함되어 있음은 말할 것도 없다.

아주 오래 전의 일이다. 서점에 점자로 된 성경은 많은데 불경은 단 한 권도 없는 걸 보고 충격을 받았다. 그래서 언젠가 내가 경전을 출판하게 된다면 반드시 점자 경전을 내겠다고 마음먹은 적이 있었다. 그것도 벌써 20년 전의 일이 되어버렸다. 다행스럽게도 지금은 몇몇 경전이 점자로 나왔다는 이야기를 들었다. 금번 책자를 발간하면서 점자 경전도 동시에 출간할 수 있게 된 것은 노모를 포함한 여러 불자님들의 도움이 없었더라면 어려웠을 것이다. 동참해주신 모든 시주님들께 이 자리를 빌려 진심으로 감사 말씀을 전하며, 이 책이 나오기까지 오랜 세월 한결같은 믿음으로 기다려주신 그 정성에 고마움을 표한다. 앞으로 만일 점자 경전에 더 동참하고 싶다면, 다만 이 경전을 주변의 읽을 만한 분들께 선물하시면 좋겠다.

끝으로 불교의 중심사상을 마음 깊이 느끼게 해주셨던 고故 청화 큰스님과 봉녕사 강사스님들, 교정을 볼 때마다 원고 수정하느라 고생하신 도서출판 운주사 식구들과 언제나 격려를 아끼지 않았던 여러 도반스님들께 이 은혜와 감사를 전하고 싶다.

> "제가 깨달음을 얻을 때까지 부처님과 불법과 승가에 귀의합니다. 제가 부처님의 가르침을 읽고 들어서 쌓은 공덕으로 모든 중생을 돕기 위해 성불하기를 원합니다."

해제

1. 법화삼부경의 성립

대승불교는 일체 중생을 성불로 인도하려는 불타의 가르침을 실천하는 데 근본 목적을 두고 있다. 『법화경』에서는 부처님께서 세상에 출현하신 근본 이유가 바로 부처님과 똑같은 지혜를 중생들도 성취하도록 하기 위해서라고 단도직입적으로 말하고 있다. 그리고 이승이나 삼승을 모두 불승으로 나아가기 위한 방편으로 포용하고 회통하면서 일승사상을 전개하고 있다. 이처럼 대표적인 대승경전이라 할 수 있는 법화삼부경은 『무량의경』과 『묘법연화경』 그리고 『불설관보현보살행법경』을 일컫는다.

그 가운데 『무량의경』은 석가모니 부처님께서 『법화경』을 설하시기 전에 영취산에서 설하셨던 경전으로, 인도의 담마가타야사曇摩伽陀耶舍 스님에 의해 한문으로 번역되었다.(481년)

『묘법연화경』의 범어梵語 제목은 『산달마분타리카(Saddharma-puṇḍarīka)경』이다. 즉 '하얀 백련처럼 가장 훌륭하고 올바른 가르침'이라는 뜻이다. 이를 중국어로 번역할 때에 서진西晋의 축법호竺法護는 『정법화경正法華經』이라 하였고, 요진姚秦의 구마라집鳩摩羅什은 『묘법연화경妙法蓮華經』이라 하였던 것이다. 천태天台 지의智顗 스님은 이에 대하여, "『법화경』(묘법연화경의 준말)의 제명題名에서 들고 있는 연꽃, 그 중에서도 흰 연꽃은 다른 어떤 경전보다 『법화경』이 우위에 있음을 전적으로 시사하고 있다. 『법화경』의 중심사상인 일승一乘의 가르침은 직접 표현할 수가 없으므로, 세간에 있는 여러 가지 모양 중에서도 가장 빼어난 흰 연꽃을 『법화경』에 비유함으로써 교법의 우위성을 표방하였다."라고 하였다. 또 세친世親 보살은 연꽃은 진흙 속에 있으면서도 진흙물에 물들지 않고 청정한 꽃을 피우는 것과 같이, 최상승의 법 곧 불승佛乘은 소승의 진흙 속에서 나왔으되 그 흐려진 물에 물들지 않는다. 아니 오히려 성문승도 『법화경』을 수행함으로써 그들이 처한 진흙 같은 상황을 떠나 성불할 수 있다고 하였다. 그리고 연꽃이 꽃과 열매를 동시에 갖추고 있는 것처럼, 『법화경』을 수지하면서 닦는다면 아무리 초심자라도 깨달음의 증과를 함께 지니고 있는 셈이 된다는 뜻으로 경전의 제목을 삼게 되었다고 하였다.

『법화경』은 『화엄경』이나 『반야경』 및 정토계 경전들과 함께 초기 대승불교의 주요한 경전으로, 성립 시기는 대략 기원전 1세기 경으로 추정된다. 인도의 서북 지역에서 부처님의 사리탑을 중심으로 신앙하는 대승불교 교단에 의해 성립되어, 중앙아시아를 거치면서 활발한 사경寫經이 행해졌던 것으로 보인다. 이는 중앙아시아에서 출토된 많은 사본寫本에서도 확인할 수 있으며, 특히 4-5세기 경에 인도를 순례했던 법현法顯에 의해 중앙아시아 지역에 불교가 융성하였음을 짐작하게 된다. 이와 같이 중앙아시아를 거쳐 중국에 전해진 『법화경』은 여섯 차례 정도 번역되었다고 하나, 지금까지 온전히 남아 있는 것은 세 가지뿐이다. 축법호竺法護가 286년에 한문으로 번역한 『정법화경』과 구마라집鳩摩羅什이 406년에 번역한 『묘법연화경』 그리고 사나굴다闍那崛多와 달마급다達摩笈多가 함께 601년에 번역한 『첨품묘법연화경』 등이다. 이 가운데 『첨품묘법연화경』은 구마라집이 번역한 경전에 바탕을 두면서, 지금의 터어키스탄 투르판 분지의 오아시스 국가였던 고창국高昌國에서 〈제바달다품〉을 가지고 와서 한문으로 번역하여 첨가한 경이다.

순서나 언어 선택에 있어서 약간의 차이는 있지만, 현존하는 세 가지 번역이 모두 불교사를 공부하고 연구하는 데에 훌륭한 가치가 있다. 그 가운데 가장 일반적으로 알려져 있고 현재까지 널리 독송되고 있는 번역은 구마라집이 번역한 『묘법연화경』이다. 이는 구마라집이 인도말과 중국말을 모두 통달하고 있으면서도 혼자 자의로 번역하지 않고, 중국의 여러 승려나 학자들에게 몇 번이고 자문을 받아가며 언어를 고르고 선택하여 번역했던 각고의 노력 덕분이리라 생각된다. 따라서 본 한글 번역도 구마라집이 한문으로 번역한 『법화경』을 저본으로 삼아 번역하였다. 아울러 1700년 네팔에서 발견되었던 범본 『Saddharma-puṇḍarīka-Sūtra』의 일역판을 현해 스님이 한글로 옮긴 판(민족사, 2002)과 범본의 영역판(H. Kern)을 참고로 하였다. 이미 한글로 번역된 묘찬 스님의 『묘법연화경』과 혜경 스님의 『법화삼부경』도 참고했으며, 1993년 뉴욕의 콜롬비아 대학출판사에서 나온 Burton Watson의 영역판 역시 번역하는데 많은 도움이 되었음을 밝혀둔다.

끝으로 『불설관보현보살행법경』은 담마밀다曇摩密多가 한문으로 번역한 것인데, 『관보현경』이라 줄여서 부르기도 하고 참회 방법에 대해 설하고 있어서 『참회경』이라고도 한다. 이 경은 부처님께서 입멸하시기 석 달 전에 바이샬리 지방의 대림정사에서 아난과 가섭 그리고 미륵보살이 부처님께 질문하고 대답하는 형식으로 되어 있다. 제목에서 알 수 있듯이 '보현보살 관하는 수행법'을 통하여, 죄업에 물든 육근六根에 대해 참회하는 방법을 구체적으로 기술한 내용이다. 즉 보현보살을 친견하는 관법과 육근참회법을 통해, 어떻게 대승의 진정한 의미〔空〕를 깨닫게 하는가 하는 것이 경의 주요한 포인트이다.

2. 법화삼부경의 내용 및 사상

법화삼부경의 개경開經이라 할 수 있는 『무량의경』의 주된 내용은 한량없이 다양한 가르침도 결국 한 가지 가르침에서 기인한다는 것이다. 그 한 가지 가르침이란 바로 '모양 없는 도리〔無相〕'를 말한다. 이 도리는 삼라만상을 총체적으로 아우르되, 한 찰나도 쉬지 않고 끊임없이 생멸하는 삼라만상의 온갖 변화에 따르지 않고 모양없이 존재한다. 그래서 생겨나고〔生〕·유지되고〔住〕·변화하고〔異〕·사라지는〔滅〕 일체 제법이란 현상적으로는 존재가 인정되지만, 참된 실상實相의 분상에서는 한 티끌도 없이 언제나 비어 있다. 『무량의경』에서는 생生·주住·이異·멸滅(혹은 생로병사)로 변화하는 현상과는 무관하게 생명 자체의 변하지 않는 도리가 있음을 일깨워준다. 즉 시간과 공간의 3차원적 한계를 떠나 영원히 존재하는 '모양 없는 도리〔無相〕', 곧 참된 실상이 있기 때문에 일체법의 변화가 가능한 셈이다. 이는 본래 누군가에 의해 만들어지거나 저절로 생겨난 것이 아니기 때문에, 또한 파괴되거나 사라지지 않는 영원한 생명의 근본 원리이다. 쉽게 말해 아라비아 숫자를 1부터 시작해서 아무리 큰 숫자까지 헤아린다 하더라도, 그 낱낱 숫자마다 제로(0)를 곱하면 모두 제로가 되는 것과 마찬가지 이치이다. 즉 모든 존재의 속성이 공空이므로, 제아무리 크고 요란한 존재(태양·별·산·바다·권세·재물·미모 등등…)일지라도 근원에서 보면 공空일 수밖에 없는 것이다. 반면에 크고 작은 숫자들이 모두 제로에서 출발하여 시작되는 것처럼, 생명의 근원이 공이므로 또 온갖 만물이 생겨나고 사라지며 존재할 수 있는 것이기도 하다. 바꾸어 말하자면 공空은 모든 존재를 부정하는 입장을 지니는 동시에 모든 존재를 긍정하는 입장을 지니고 있다. 이는 마치 동전의 양면처럼 불가피한 속성이다. 따라서 『반야경』에서 말하는 공사상과 『승만경』이나 『열반경』에서 대두되는 여래장·불성사상은 결국 같은 내용임을 알 수 있다. 이처럼 반야경의 공사상을 『무량의경』을 비롯한 『법화경』에서는 제법실상이라는 입장에서 보다 적극적으로 전개시키고 있다.

이에 관하여 나가르주나(용수)는 일찍이 『대지도론』에서 다음과 같이 제일의공第一義空에 대해 설명하고 있다.

"제일의공이란 제법실상을 말한다. 이는 영원히 파괴되지 않는 절대적인 실재이며, 이것이 바로 제법의 실상이다. 그런데 그것이 현상으로 나타나는 경우에는 결코 고정된 형태를 취하지 않는다."

물질적 대상이든 정신적 대상이든 그 어떤 존재라도 항상함이 없기에〔無常〕 변화가 가능하며 바뀔 수밖에 없는 것이다. 그래서 아무리 오역죄를 범한 중죄인이라도 지극히 참회함으로써 착한 사람으로 바뀔 수 있고, 중병에 걸렸다가도 나을 수 있는 법이다. 모든 사물에 고유한 자성自性이 있다면 한 번 지어진 것은 영원히 변함이 없어야 한다. 음식도 결코 상하는 일이 없을 테고, 나뭇잎이 썩어 거름이 된다는 것은 도저히 일어날 수가 없을 터이다. 어디 그뿐이겠는가. 한 번 봄이 되면 다시는 겨울이 올 수 없으며 씨앗에서는 결코 싹이 나올 수 없고, 꽃도 새로 필 수 없지만 만약 신이 꽃을 창조했다면 결코 시들지 않아서 열매는 평생 맺을 수 없게 될 것이다. 아무리 세월이 가도 아이는 자라서 어른이 될 수 없고, 중생은 끝내 부처가 될 수 없다.

그렇지만 몸과 마음의 변화는 수십만 가지로 파도치듯 움직이고 있으며, 감정의 변화 또한 다양하게 일어나고 있다. 게다가 현상계의 사물 역시 눈에 감지되든 않든 간에 수십만 가지로 매순간마다 줄기차게 변화하며 움직인다. 곧 이러한 모든 것은 일체제법에 자성이 없기 때문에 일어나는 것으로, 똑같은 현상이라도 주어진 조건과 환경이 바뀌면 결과 또한 그에 따라 달라지게 된다. 이는 오늘날 유전자 변형이라든가 생명공학을 통해 복제도 가능하게 된 것을 보면 충분히 헤아려볼 수 있을 것이다. 가령 똑같은 콩이라도 밭의 거름이나 햇볕과 물의 정도에 따라 크기와 수확하는 양이 다르게 된다. 설사 같은 나무에 돋아난 잎이라도 햇빛을 받는 위치나 여러 조건 등에 따라 저마다 엽록소의 농도가 달라지게 되고, 크기나 모양새도 조금씩 다르게 된다는 것을 관찰할 수가 있다. 심지어 한 가정 안의 형제자매나 일란성 쌍둥이조차도 성격이나 모양이 제각기 서로 다르지 않은가. 이리하여 중생계에는 저마다의 모양과 성품과 능력과 작용들이 달라서 온갖 삼라만상으로 벌어지는데, 이는 고정된 자성이 없기에 가능한 것이다. 본 성품이 공하기 때문에 일체 만법으로 다양하게 전개될 수 있다는 말이다. 이러한 공空과 제법諸法의 관계는 서로 같지는 않지만 다르지도 않은 불가분의 관계로써, 비었다 해도 완전히 허무한 단멸공斷滅空은 아니며 또 만법이 있다 해도 진실로 있는 것이 아니다. 이런 중도中道의 이치를 모르고 겉으로 드러난 차별상에만 빠져 있으므로 중생은 본래 청정하고 평등한 도리를 깨닫지 못하는 것이다.

법화삼부경의 본경本經에 해당하는 『법화경』에서는 대략 열 가지 카테고리로 삼라만상의 갖가지 차별을 분류하고 있는데, 〈제2 방편품〉에 나오는 '십여시十如是'가 그 내용이다. 물질적이거나 정신적인 모든 현상은 그에 합당한 모양〔相〕·성품〔性〕·본질〔体〕·능력〔力〕·작용〔作〕·원인〔因〕·조건〔緣〕·결과〔果〕·과보〔報〕·본말구경등本末究竟等의 특징을 저마다 구비하고 있다는 것이다. 그러나 어찌 열 가지의 특징만 있겠는가. 좀 더 세밀하게 구분할 것 같으면 스무 가지나 서른 가지의 특징이 존재할 수도 있을 것이다. (실제 범본에서는 법 자체·존재양식·상태·특질·본성이라는 다섯 가지 범주로 분류하고 있기도 하다.) 구마라집이 번역한 한문본에는 위에서 언급한 바와 같이 열 가지로 나열되어 있는데, 마지막의 본말구경등이란 사물의 온갖 특징들이 결국에는 절대적으로 평등할 수밖에 없다는 뜻이다. 왜냐하면 제각기 다른 특징들이 근원적으로는 모두 공성空性을 바탕으로 하고 있기 때문이다. 여기에서 말하는 공성이란 바로 실상實相을 말하며, 진여眞如 혹은 법성法性이나 중도中道·열반涅槃 또는 참마음이라 하고 묘법妙法이라고도 한다. 이는 중세 기독교의 범신론자들이 말하는 신성神性과 결코 무관하지 않다. (실제로 당시 범신론을 주장했던 몇몇 신학자들은 마녀로 몰려서 화형 당했다.) 이런 관점에서 절대적인 우주의 대생명력을 '부처님' 혹은 '하느님'이라고 한다면 사실 종교간에 그다지 상충될 바가 없게 된다. 이는 이름만 다르지 내용상으로는 법신法身의 한 가지 개념이기 때문이다. 모든 부처님께서 세상에 나오신 한 가지 근본 목적〔一大事因緣〕도 바로 이를 깨우쳐서 중생을 부처님의 경지에 도달하게 하려는 것이다. 부처님의 지혜를 성취하여 중생으로 하여금 부처님이 되게 하는 것이 모든 부처님들의 소망이며 원력임을 누누이 강조하고 있다.

이 사상은 모든 존재가 평등하게 부처님이 될 수 있다는 '일불승一佛乘'의 커다란 대승사상으로 활짝 꽃피우게 된다. 즉 석존께서는 "방편 속에 감추어져 있는 진실을 알라" 하시며, 방편을 통해 실상을 나타내는 개권현실開權顯實 혹은 개삼현일開三顯一의 입장에서 방편의 중요성을 강조하면서 또 방편에 속지 말 것을 경고하신다. 여기에서 말하는 일불승이란 그 동안 경시되어 왔던 성문·연각의 이승들도 계속 정진하다 보면 보살로 성숙되어 성불할 수 있다는 뜻이다. 다시 말해 이승이나 삼승 모두가 일승으로 나아가기 위한 방편으로 필요한 과정이며, 경에서는 이것을 회삼귀일會三歸一의 방식으로 회통하여 성문제자들에게도 성불의 수기를 주고 있다. 심지어 교단의 우두머리가 되고자 실제로 석존 자신을 죽이려했고 교단을 분열시켰던 제바달다에게까지도 똑같이 성불한다는 수기를 내리고 있다. 어디 그뿐인가. 부처님 당시로 말하자면 사회 인권적 상황이 말할 수 없이 열악하기만 했던 고대 봉건시대 상황 속에서 여성, 그것도 용녀라는 축생의 성불조차 명백히 인정하고 있으니 가히 혁명적이라 아니 할 수 없다.

이로써 『법화경』의 또 한 가지 중대한 사상이 펼쳐지는데 바로 '본불사상本佛思想'이다. 일반적으로 『법화경』 28품 가운데 제1품부터 제14품까지를 적문迹門이라 하고, 제15품부터 제28품까지를 본문本門으로 분류한다. 이는 천태 지의스님이 내용상 분류했던 것으로 본래 경전에서부터 나뉘어져 있던 것은 아니다. 〈제16 여래수량품〉은 본문 가운데의 핵심이라 할 수 있으니, 바로 부처님의 본체本體에 대해 설하고 있기 때문이다. 즉 석존께서 출가하신 후 보통 6년 고행 끝에 깨달음을 얻어 이번 생에 부처님이 된 것으로 인식하고들 있지만, 기실은 아득한 구원久遠 겁의 옛날에 이미 성불했었다는 점이다. 보통의 중생과 똑같이 태어나고 입멸하신 과정을 보여주신 석가모니불께서 사실은 영원불멸한 본불本佛임을 밝히고 있다. 즉 부처님의 본체는 영원불멸한 '우주의 대생명' 자체이다. 다시 말해 부처님이란 참된 실상을 체득하여 영원한 생명의 근본 원리와 하나가 되신 분으로, 소위 '우주의 진리'를 인격화하여 부처님이라 지칭한 것이다.

영원히 상주하는 구원의 석가모니불은 끝없는 과거로부터 끝없는 미래까지 무시무종無始無終으로 실제 존재하시는 분이다. 다만 중생 차원에서 시간과 공간에 따라 보이실 때도 있고 그렇지 않을 때도 있는 것이다. 이것을 알아차리고 받아들이는 것이 바로 '내재된 불성과의 만남'이며 '참다운 자기 발견'이다. 경에서는 이를 이해시키기 위해 '양의良醫가 아들의 병을 낫게 한 비유'를 들어 설명하고 있다. 즉 독약 때문에 제정신이 아닌 아들의 병을 치유하느라고, 의사인 아버지는 좋은 약을 지어주고 멀리 떠나 일부러 죽었다고 소문을 퍼뜨린다. 하지만 아들이 약을 먹고 낫게 되면 실제 죽은 것이 아니므로 돌아오게 된다. 다시 말해 번뇌가 깊은 중생을 구제하느라고 부처님께서 열반을 말씀하시고 시현하셨을 뿐, 참으로 열반한 것이 아니라는 뜻이다. 부처님의 영원한 생명은 곧 중생이 어떻게 해야 영원한 생명을 얻을 수 있는가에 대한 해답을 제시하고 있다. 그것은 말할 것도 없이 잘못된 생각에서 벗어나 참된 진리를 깨닫고 성불하는 길이다.

『법화경』에는 이밖에도 〈제3 비유품〉의 '화택火宅의 비유'와 〈제4 신해품〉의 '궁자窮子의 비유', 〈제5 약초유품〉의 '약초藥草의 비유', 〈제7 화성유품〉의 '화성化城의 비유', 〈제8 오백제자수기품〉의 '옷속의 보배 비유', 〈제14 안락행품〉의 '상투 속의 명주明珠 비유' 등을 예시하고 있다. 이러한 비유설법은 중생들의 다양한 근기에 맞추기 위한 것으로써, 모든 중생의 어버이로서 중생을 향한 여래의 각별한 자비와 연민이 담겨 있는 것이다.

모든 사람 모든 중생은 마침내 똑같이 부처님이 될 수밖에 없는데, 중요한 것은 일불승의 도리를 듣고 그 가르침을 믿는 마음이 우선되어야 한다는 점이다. 그래서 스스로 부처님의 자식으로서〔佛子〕 지금 이생에 태어나기 이전의 본래면목, 곧 모든 존재가 순수한 생명의 고향에서 태어났음을 철저히 자각해야 하는 것이다. 쉽게 말해 모든 중생의 고향이 바로 우주의 진리, 즉 부처님의 지혜와 자비임을 뼈저리게 인지해야 한다. 이러한 믿음이 먼저 성취된다면 각기 지은 업에 따라 시간과 장소의 차이는 있겠지만, 누구든지 우주의 도리인 일불승의 원리에 따라 성불하게 된다. 따라서 현생의 부모가 있거나 없거나 간에 어떤 존재라도 본인 스스로 모든 중생의 부모이신 부처님의 지혜와 자비 가운데에 속해 있으며, 그 안에서 일체 존재가 유기적인 관계로 상호 연결되어 있음을 자각하고 나 아닌 상대방을 소중히 여기는 것이 필요하다. 〈제20 상불경보살품〉에서는 남을 믿고 공경하는 것이 얼마나 수행의 큰 공덕이 되며 성불을 앞당기는지, 상불경 스님의 실례를 들어서 밝히고 있다.

또한 경에서는 선근을 심고 깨달음에 이르는 여러 수행 방법들을 제시하고 있는데, 그 가운데 가장 대표적인 것으로 『법화경』을 늘 받아 지녀서 읽고 외우며 해설하고 베껴 쓰는〔受持·讀誦·解說·書寫〕 행법을 중요시하고 있다. 아울러 『법화경』 수행할 때의 마음자세와 일상생활에서의 태도 및 몸가짐 따위도 〈제14 안락행품〉에서 상세히 설명하고 있다. 게다가 부처님과 사리탑에 꽃과 향·등불·보석 등 갖가지 공양을 올리고, 불보살님의 무한한 공덕에 대해 찬탄하며 불보살님의 명호를 염불함으로써 선근을 심는 방법들을 여러 차례 강조하고 있다. 뿐만 아니라 〈제10 법사품〉에서는 법사로서 가르침을 설할 때 여래의 방에 들어가 여래의 옷을 입고 여래의 자리에 앉아 설할 것을 권고한다. 즉 여래의 방이란 일체 중생에게 크게 자비한 마음을 내는 것이며, 여래의 옷이란 부드럽게 화합하며 인욕하는 마음이고, 여래의 자리란 일체법의 공성空性을 말한다. 그리하여 일체법의 공空한 성품을 늘 여의지 않으면서도 모든 중생들을 향해 자비한 마음을 일으키고, 어떠한 주변 상황이나 여건 속에서도 남을 원망하지 않으며 참고 받아들이는 자세를 간절히 타이르고 있다.

이렇게 내재된 불성을 체득하고 참된 부처님 지혜를 발현시키기 위해 보다 구체적인 실천 행법을 설한 것이 법화삼부경의 결경結經에 해당하는 『불설관보현보살행법경』이다. 석가모니불께서 석 달 뒤

열반에 들겠다는 말씀을 하시자, 아난과 가섭존자 그리고 미륵보살이 함께 자리에서 일어나 부처님께 다음과 같이 여쭙는다.

"여래께서 열반하신 후에 어떻게 하면 중생이 보살의 마음을 일으켜서, 대승의 방등경전方等經典을 수행하여 일불승의 실상 경계를 바르게 기억하고 생각할 수 있겠습니까? 어떻게 하면 위없이 높은 깨달음으로 나아가는 마음을 저버리지 않겠습니까? 어떻게 하면 또 마땅히 번뇌를 끊지 못하고 오욕락을 여의지 못했더라도, 모든 기관〔六根〕을 청정히 하고 모든 죄업을 소멸시킬 수가 있겠습니까?"

이에 부처님께서는 보현보살을 친견할 수 있는 관법을 통해, 모든 장애들을 없애고 육근을 청정히 할 수 있음을 가르쳐주신다. 그러기 위해서는 적어도 삼칠일간, 곧 21일 동안 정성껏 마음을 다해 절하면서 참회하고 대승경전을 읽고 외워야 한다는 것이다. 그러면 각자 업보의 차이로 동일하지는 않지만 흰 코끼리를 탄 보현보살을 뵙게 되는데, 업이 녹으면서 차츰 친견하게 되는 순서와 차례에 대하여 상세히 기술하고 있다. 코끼리를 보고 난 다음에도 참회를 그치지 않고 더욱 지극한 마음으로 참회와 함께 생각을 집중하여 대승사상, 곧 공의 가르침에 대해 사색하기를 쉬지 말아야 한다. 그러면 코끼리 코 위의 연꽃 봉오리가 활짝 벌어져 눈부신 금빛 광명으로 피어나는 것을 보게 되며, 아울러 화신 부처님과 보살님들께서 연꽃의 연심과 연꽃 수술 위에 무수히 앉아 계신 광경을 보게 된다.

이윽고 다시 하루에 여섯 차례씩 참회 정진하여, 시방 부처님들께 절하고 대승경전을 독송하며 대승의 뜻을 깊이 생각해야 한다. 또 대승사상 가진 이를 공경하고 공양할 뿐더러, 모든 사람들을 부처님같이 생각하고 일체 중생들을 부모님처럼 소중히 위해야 한다. 그렇게 되면 이윽고 삼십이상을 전부 갖추어 백호 광명을 찬란히 비추는 보현보살을 친견할 수 있게 된다. 수행자가 마음으로 밤낮 대승을 생각하여 끝까지 저버리지 아니하면 꿈속에서도 보현보살을 친견하며, 보현보살 가르침에 따라 심안心眼이 트여 여러 부처님들도 친견하게 된다.

하지만 여기서 그치지 않고 더욱 오체투지하며 참회하면, 보현보살이 지난날의 모든 업연業緣을 들려주고 본인 스스로 허물을 드러내어 참회할 것을 권하신다. 이에 따라 청정해짐으로써 제불현전삼매諸佛現前三昧를 증득하며, 다시 육근 참회를 통해 백천만억선다라니百千萬億旋陀羅尼를 얻고 많은 부처님들을 친견하게 된다. 이 단계에서 또 대승경전을 독송하며 참회를 거듭하면, 석가모니불께서 실제로 영취산에서 모든 대중들에 둘러싸여 『법화경』 설하시는 광경마저 보게 된다.

참회하는 순서에 관해서는 우선 깨끗하게 목욕하고 정결한 옷으로 갈아입은 다음, 좋은 향을 사르며 고요한 곳에서 대승경전(여기에서는 법화삼부경을 지칭)을 독송하라고 가르치고 있다. 그리고 제일의공第一義空, 곧 실상의 가르침에 대해 깊이 사색할 것을 권유하고 있다. 대승경을 읽고 대승의 뜻을 사색하여 생각하는 염력이 강해지면, 자연 석가모니불·다보불탑·여러 분신부처님들·보현보살·문수보살·약왕보살·약상보살 등을 친견하게 된다.

『불설관보현보살행법경』에서 강조하는 진정한 참회란 '실상을 관하는 것'이다. 즉 중생의 고통이란 번뇌로 인해 기인한 것이며, 번뇌란

없는 것을 있다고 여긴 뒤바뀐 생각으로부터 일어난 것이기 때문이다. 다시 말해 모든 업장이 망상으로부터 비롯된 것으로, 망상 역시 본래 있는 것이 아니다. 따라서 중생이 느끼는 업의 고통도 사실은 공空한 것이며, 중생이 추구하는 쾌락 역시 공한 것임을 깨달아야 한다. 그리하여 현상계의 온갖 차별 속에서 본래 청정하고 평등한 실상 경계를 파악하게 되면, 일체법 그대로가 해탈이고 열반이며 법신의 나툼임을 꿰뚫어 알게 된다. 이는 업이란 것도 결코 결정된 것이 아님을 강조함으로써, 참회와 수행을 통해 업을 바꾸어 나가야 함을 웅변하고 있는 것이다.

경의 말씀에 따르면 "어떤 자이든 하루에 여섯 차례씩 시방 부처님들께 절하고 고요한 곳에서 대승경전을 외우며 제일 궁극적 이치인 공의 가르침에 대해 깊이 사색한다면, 손가락 튕기는 찰나에 헤아릴 수 없는 생애 동안 지었던 수많은 억 겁의 생사중죄들을 제거할 수 있다"고 한다. 즉 인생 업보의 모든 차별이 본래 근원에서 보면 한결같이 공하여 전부 평등함을 깨닫게 되면, 중생의 근기에 맞추어 모든 세존께서 수행자를 위해 모양 없는 도리〔無相〕, 곧 제일의공에 대해 설해주신다. 이를 바로 알아듣고 놀라거나 꺼림칙하게 여기지 않으면 보살 지위에 들어 성불이 보장되니, 이 단계에 들어서야 '진정한 참회'라 할 만한 것이다. 이것을 일러 '대참회'라 하며 '죄의 흔적까지 없애는 참회'라고 부른다.

그래서 『불설관보현보살행법경』에서는 부처님 열반 후 부처님 제자로서 참회할 죄업이 있다면 '오로지 대승경전을 독송하며 부처님께 절하고, 마음을 기울여 대승의 공사상을 생각하고 참회할 것'을 거듭 당부하고 있다. 시방의 모든 불보살들도 대승의 진실한 의미〔空〕를 사색했기 때문에, 백만억 겁 동안 지었던 무수한 생사중죄들을 일시에 소멸할 수 있었다는 것이다. 그리하여 모든 부처님들께서는 대승경전을 통해 오안五眼을 구족하셨으며, 법신·보신·화신의 세 가지 몸도 대승경전에서부터 비롯되었다고 한다. 다시 말해 대승경전은 '시방삼세 모든 부처님들의 안목'인 동시에 '과거·현재·미래의 모든 부처님들을 나오게 하는 씨앗'인 것이다. 따라서 대승경전인 법화삼부경을 지니는 자는 곧 부처님 몸을 지니는 것과 다름없으니, 대승을 수행하여 앞으로 법의 종자가 끊어지지 않도록 하라고 단단히 주의시키고 있다.

결국 참회란 단순히 엎드려 절하며 뉘우치는 데서 그치는 것이 아니라, 절하는 것과 함께 대승경을 독송하고 그 뜻을 깊이 사색하여 참된 실상의 경지에 이르러 죄업의 본성이 공함을 체득해야만 전부 소멸되는 것임을 알 수 있다. 특히 흥미롭게도 『불설관보현보살행법경』에서는 현대를 살아가는 일반 신도들의 참회법도 따로 열거하고 있다.

①삼보를 비방하지 말고 출가하는 것을 막거나 수행하는 이를 장애하지 말라. 동시에 대승사상 지닌 사람에게 필요한 것들을 공양하라.

②부모님께 효도하고 웃어른과 스승을 공경하라.

③바른 법으로 나라를 다스려야 하고, 국민을 곤경에 처하게 해서는 안 된다.

④육재일六齋日을 지켜서 살생을 금하고, 본인의 힘이 닿을 수 있는 대로 주변에도 살생하지 못하도록 해야 한다.

⑤마음속 깊이 인과법을 믿되, 일불승의 실상 도리를 굳게 믿어서 부처님은 영원히 열반하지 않고 존재하심을 알아야 한다.

경에서는 이러한 참회법을 수행하는 자라면, 그가 어떤 위치에 있든지 간에 모든 부처님들의 가호 아래 머지않아 '무상정각無上正覺을 이룰 것'이라고 보증하고 있다.

이상으로 살펴본 바와 같이 법화삼부경은 모두 참된 실상의 분상에서 현상계의 일시적인 차별상에 빠져 본질을 잊어버리는 어리석음을 경계하고 있다. 바꾸어 말하면 인류가 가장 행복할 수 있는 근거를 제시하고 있는 셈인데, 곧 모든 법이 한 가지 근원에서 출발하고 있기 때문에 화합과 평화가 가능한 것이다. 이웃과 이웃이, 민족과 민족이, 개인과 개인이 서로 약간의 특색을 가지고 다른 것을 주장하며 계속 분별하게 된다면, 처음엔 미세했던 작은 차이가 나중에는 메꿀 수 없이 큰 차이로 벌어져서 반목하게 되는 점을 경계하고 있다. 이는 비단 보이는 것에만 한정되지 않고 보이지 않는 사상과 종교와 이념들에서도 마찬가지이다. 그렇다고 이것저것 다 뒤섞어보자는 의미가 아니라, 온갖 법이 실상을 떠나 존재하지 않는다는 뜻이다. 곧 실상을 떠나 따로 존재하는 사물은 한 가지도 없으니, 이를 알고 보면 무상하게 변천하는 이 세상의 온갖 법은 한갓 껍데기에 불과하다는 의미이다. 아무리 화려하고 자랑스러운 것일지라도 또 아무리 초라하고 부끄러운 것일지라도, 껍데기로 오고가는 것이라면 똑같이 껍데기에 불과하여 거기에 좋다 나쁘다 시비하며 매달릴 이유가 하등 없는 것이다. 그런데 이를 깨닫지 못해 크고 작은 온갖 껍데기에 목숨 걸고 좋아하고 슬퍼하며 분노하는 것은 얼마나 어리석은 일인가.

따라서 법화삼부경의 『무량의경』과 『묘법연화경』 그리고 『불설관보현보살행법경』에서는 모두 한결같이 껍데기에 속지 말고 실상에 대한 바른 안목을 갖추도록 거듭거듭 당부하고 있다. 그래야만 인류가 쓸데없이 반목하며 전쟁을 일으키거나, 부질없는 욕심으로 서로에게 상처를 주고 죄업을 쌓는 일이 없어질 것이다. 이 점에서 법화삼부경은 인류에게 진실한 생명을 얻게 하고, 행복으로 나아가는 길을 밝힌 경이라 하겠다.

역자 합장

무량의경

[無量義經]

제1 덕행품德行品

이와 같이 내가 들었다.

어느 때 부처님께서는 왕사성[1] 밖의 기사굴산[2]에 머물고 계셨다. 부처님 곁에는 만 이천 명의 큰 비구 스님들과 팔만 명의 보살마하살들이 함께 있었으며, 불법의 수호신인 하늘천신·용·야차[3]·건달바[4]·아

---

1 왕사성王舍城: 범어 Rājagṛha. 고대 중인도 마갈타국의 수도이다.

2 기사굴산耆闍崛山: 범어 Gṛdhrakūṭa의 음역. 취두산鷲頭山, 영취산靈鷲山, 또는 줄여서 영산靈山이라 한역. 이 산머리가 꼭 독수리처럼 생겼고, 또 왕사성 남쪽의 시다림屍陀林에 시체가 많았는데 매와 독수리들이 항상 쪼아 먹고는 이 산꼭대기로 모여 들었기 때문에 취두산鷲頭山이라 불렀다고 한다. 현재의 Chata山을 가리킨다. 중인도 왕사성의 동북쪽에 솟은 산으로, 왕사성의 오산五山 중에서 가장 험준하여 물이 맑고 숲이 깊어서 매우 조용했다고 한다. 또 왕사성과 거리가 멀지 않아 탁발에 피로하지 않았으므로, 석존께서 제자들과 자주 머무시며 대승경전을 설하셨던 곳이다.

3 야차夜叉: 범어 Yakṣa의 음역. 불법을 수호하는 팔부八部 가운데 하나로, 나찰과 함께 비사문천왕의 권속이며 북방을 수호한다.

수라[5]·가루라[6]·긴나라[7]·마후라가[8]와 여러 비구·비구니·우바새·우바이들도 같이 있었다. 덕이 높은 대전륜왕과 소전륜왕·금바퀴 전륜왕·은바퀴 전륜왕·다른 바퀴를 가진 전륜왕들과 국왕·왕자·대신·국민·거사·부인·재벌장자 등이 각기 수많은 권속들과 함께, 부처님께 나아가 머리 숙여 부처님 발에 예배하였다. 또 부처님 주위를 백천 번 돌고 나서 향을 사르고 꽃을 뿌리며, 여러 가지로 부처님께 공양 올리고는 한 쪽으로 물러나 앉았다.

그 회상에 있던 보살들의 이름은 문수사리文殊師利법왕자·대위덕장大威德藏법왕자·무우장無憂藏법왕자·대변장大辯藏법왕자·미륵彌勒보살·도수道首보살·약왕藥王보살·약상藥上보살·화당花幢보살·화광당花光幢보살·다라니자재왕陀羅尼自在王보살·관세음觀世音보살·대세지大勢至보살·상정진常精進보살·보인수寶印首보살·보적寶積보살·보장寶杖보살·월삼계越三界보살·비마발라毘摩跋羅보살·향상香

---

4 건달바乾達婆: 범어 Gandharva의 음역으로 심향尋香 또는 식향食香이라 譯. 지상地上의 보산寶山 가운데 있으며, 술과 고기를 먹지 않고 향기만 먹기 때문에 이렇게 부른다. 제석천을 섬기며 음악을 담당하는 신神인데, 팔부八部 가운데 하나로 정법을 찬탄하며 불교를 수호한다.

5 아수라阿修羅: 범어 Asura의 음역. 싸우기 좋아하는 신으로, 팔부八部 중 하나.

6 가루라迦樓羅: 범어 Garuḍa의 음역. 새들의 왕으로 머리는 독수리 같이 생겼고 몸은 사람을 닮았으며, 머리에 여의주가 박혀 있고 금빛 날개에 입으로 불을 뿜으며 용을 잡아먹음. 금시조金翅鳥, 묘시조妙翅鳥라 譯.

7 긴나라緊那羅: 범어 Kiṃnara의 음역으로 의인疑人·인비인人非人으로 한역. 팔부八部 중 하나인데, 사람인지 짐승인지 또는 새인지 일정치 않다. 가신歌神으로, 노래하고 춤추는 괴이한 음악신音樂神.

8 마후라가摩睺羅伽: 범어 Mahoraga의 음역. 머리는 뱀 같고 몸은 사람 같은 용의 무리에 속하는 음악신으로 팔부八部 중의 하나.

象보살·대향상大香象보살·사자후왕師子吼王보살·사자유희세師子遊戱世보살·사자분신師子奮迅보살·사자정진師子精進보살·용예력勇銳力보살·사자위맹복師子威猛伏보살·장엄莊嚴보살·대장엄大莊嚴보살 등으로 이와 같은 보살마하살[9] 팔만 명이 함께 있었다.

이 모든 보살들은 모두가 법신대사[10]로서 부처님의 계율을 어기지 않고 지키며〔戒〕, 마음이 안정되어 흔들리지 않고〔定〕, 지혜는 깊으며〔慧〕, 미혹과 번뇌에서 완전히 벗어나〔解脫〕, 그 경지에 도달하고 있음을 뚜렷이 자각하니〔解脫知見〕 오분법신[11]을 다 성취한 분들이었다. 마음은 조용히 가라앉아 있고〔禪寂〕, 생각은 산란하지 않으며〔三昧〕, 어떠한 경우에도 편안하고 담박해서 한다는 생각조차 없으니〔無爲〕, 욕망에 사로잡히는 일이 없었다.

또한 사물의 실상을 잘못 보지 아니하고, 부질없는 것에 마음을 빼앗겨 어지러운 생각을 하지 않았다. 고요하고 맑으며 뜻이 현묘하게 비어 헤아릴 수 없으니, 이렇게 하기를 억백천 겁 동안이나 움직이지 않고 지켰다. 그래서 무량 법문이 다 눈앞에 나타나 큰 지혜를 성취하였으니, 모든 법을 잘 파악하고 참된 실상의 성품과 모양의 진실을

---

9 보살마하살菩薩摩訶薩: 범어 Bodhisattva-Mahāsattva의 음역으로 '보살'과 '마하살'의 합성어. 보살菩薩이란 '보리살타'의 준말로 각유정覺有情·대사大士라고 한역하는데, 대승 불교의 이상적인 인간상으로 큰마음을 내어 널리 육바라밀 수행으로 자리自利와 이타利他를 함께 닦는 이를 총칭한다. 마하살摩訶薩이란 보살 수행의 여러 계위 가운데 십지十地 이상의 보살만을 따로 표시하기 위해 '마하살' 칭호를 사용한다.

10 법신대사法身大士: 십지十地 이상의 보살을 지칭한다.

11 오분법신五分法身: 부처님과 무학위無學位의 아라한이 갖춘 계신戒身·정신定身·혜신慧身·해탈신解脫身·해탈지견신解脫知見身 등 5종 공덕을 말한다.

밝게 알아 분별하였다. 사물의 있고 없음과 길고 짧음 등의 천차만별한 모습을 확실히 알았고, 또 능히 모든 근기의 성질과 욕망에 대해서도 잘 알았다.

뿐만 아니라 다라니[12]와 걸림없는 변재로 부처님들께서 법륜을 굴리셨던 점에 수순하여 법륜을 굴리되, 작은 이슬방울을 마른 땅에 촉촉이 뿌려서 우선 애욕의 번뇌를 식혀주었다. 그러고 나서 열반의 문을 열고 해탈의 바람을 불어, 세속의 뜨거운 번민을 없애고 진리의 청량함을 맛보게 하였다. 그 다음에 깊은 뜻이 담긴 십이인연법[13]을 가르쳐주어, 근본적인 어리석음〔無明〕으로 인해 늙고 병들고 죽는 것 등 한여름의 뙤약볕 같은 몸서리치는 고통에 소나기를 퍼부어 식혀주었다. 그리하여 차츰 위없이 높은 대승으로써 중생이 저마다 지니고 있는 선근[14]을 윤택하게 흠뻑 적셔주고는, 선의 씨앗을 공덕의 밭에 가득 뿌려 널리 일체 중생들로 하여금 깨달음의 싹을 돋아나게끔 하였다.

이 보살들의 지혜는 태양처럼 환하고 달빛처럼 밝아서 방편과 시절

---

12 다라니陀羅尼: 범어 Dhāraṇī의 음역으로, 총지總持 또는 능지能持·능차能遮라고 한역. 모든 악한 법을 버리고 한량없이 좋은 법을 가진다는 뜻으로, 보통 두 가지 의미를 내포한다. ①지혜 혹은 삼매를 말함. ②진언이나 주문의 뜻으로, 원문 전체의 뜻이 글로 한정되는 것을 피하기 위해 범문梵文을 번역하지 않고 그대로 외움.

13 십이인연법十二因緣法: 중생이 삼계三界에 윤회하는 인과를 12가지로 요약해 설명함. ①無明 ②行 ③識 ④名色 ⑤六入 ⑥觸 ⑦受 ⑧愛 ⑨取 ⑩有 ⑪生 ⑫老死. 삼세에 걸쳐 2번 인과를 받으므로 '삼세양중인과三世兩重因果'라고 함.

14 선근善根: 좋은 과보를 받을 착한 인因이란 뜻. 탐냄·성냄·어리석음 없이 진리에 잘 수순하여 아뇩다라삼먁삼보리를 이루고자 마음을 내는 근본 뿌리.

에 알맞게 사용하였다. 게다가 대승사업의 약한 부분을 도와서 큰 성과를 거둘 수 있도록 증장시켜, 모든 중생들이 빨리 아뇩다라삼먁삼보리[15]를 이루게 하였다. 또한 그 마음이 항상 쾌락하고 미묘하며 진실하여, 한량없이 큰 자비심으로 고통 받는 중생들을 구호하였다.

그러므로 이 보살들은 모든 중생들에게 참된 선지식[16]이며, 행복을 가꾸어주는 크고도 좋은 복전[17]이고, 청하지 않아도 필요할 때 찾아오는 은혜로운 스승이었다. 또한 중생들의 마음을 편안하게 하고 즐겁게 하며, 고통에 빠진 중생을 구제하고 보호하니 중생들이 크게 의지할 만한 곳이 되었다.

이 보살들은 곳곳에서 중생들을 위하여 잘 인도하는 스승〔大導師〕이 되어 눈먼 자에게는 눈이 되어주고, 귀먹고 코 베이고 벙어리 된 자에게는 귀·코·혀가 되어 그 결함을 보완하여 완전한 상태로 이끌어 주었다. 게다가 잘못된 생각으로 미쳐서 오락가락하는 이에게는 바른 생각으로 정신을 차리게 해주었다. 이 보살들은 뱃사공 가운데서도 가장 훌륭한 뱃사공으로, 많은 중생들을 가르침의 배에 싣고 생사윤회

---

15 아뇩다라삼먁삼보리阿耨多羅三藐三菩提: 범어 Anuttara-samyak-saṃbodhi의 음역音譯으로, 무상정등정각無上正等正覺 혹은 무상정등각無上正等覺이라 한역漢譯. '위없이 높고 진실하며 바른 깨달음', 곧 부처님의 지혜를 말한다.

16 선지식善知識: 범어 Kalyāṇamitra로 선우善友라고 한역漢譯. 정법正法을 설해 불도佛道에 들게 하고 해탈을 얻도록 이끌어주는 좋은 스승. 또는 불도佛道의 인연을 맺게 해주는 모든 사람을 가리킨다.

17 복전福田: 공양할 이에게 공양하면 능히 복福의 과보를 받는데, 마치 농부가 밭에 씨앗을 뿌리면 추수할 이득이 많은 것과 같다고 해서 '복밭'이라 한다. 『범망경』에 팔복전八福田의 명칭이 나오거늘, ① 불佛 ② 성인聖人 ③ 화상和尙 ④ 아사리〔敎授師〕 ⑤ 승僧 ⑥ 부父 ⑦ 모母 ⑧ 병자病者 등이다.

의 강을 건너 열반[18]의 언덕에 이르게 하였다. 의왕 가운데서도 가장 훌륭한 의왕으로, 병의 증상을 잘 분별하고 약의 성질을 상세히 알아서 병에 따라 적합한 약을 먹게 하여 낫게 해주었다. 길들이는 분〔調御師〕 가운데서도 가장 훌륭하게 길들이는 분으로, 온갖 잘못된 버릇을 없애주었다. 이는 마치 훌륭한 말몰이꾼이 어떤 거칠고 사나운 코끼리나 말이라도 길들일 수 있는 것과 같았으며, 또는 사자의 용맹스런 위력이 뭇 짐승들을 굴복시켜서 감히 두려워 덤비지 못하게 하는 것과도 같았다. 이렇게 보살들은 보살이 닦아야 할 여러 바라밀[19] 등을 자재로이 충분히 닦아, 여래지如來地에서 굳게 흔들리지 않았다. 더욱이 모든 중생들을 구제하려는 원력에 머물러, 널리 불국토를 청정히 하니 곧 아뇩다라삼먁삼보리를 이루게 될 것이다. 이 모든 보살마하살들은 이와 같이 생각으로 헤아릴 수 없는 공덕을 지니고 있었다.

그 회상에 있던 비구 스님들의 이름은 대지혜의 사리불·신통력의 목건련·혜명慧命의 수보리·마하가전연·미다라니 아들 부루나·아야교진여·천안天眼 제일의 아나율·지계持戒 제일의 우바리·시자인 아

18 열반涅槃: 범어 Nirvāṇa의 음역으로 적멸寂滅·멸도滅度·원적圓寂이라 한역. 모든 번뇌의 속박에서 해탈하고 진리를 궁구하여, 생사를 초월해 불생불멸不生不滅의 자리를 체득한 경지. 찌꺼기와 같은 번뇌를 다 태워 없애고, 본래로 아무것도 없는 청정하고 고요한 깨달음의 상태.

19 바라밀波羅蜜: 범어 Pāramitā의 음역으로 도피안到彼岸·도度라고 한역. 생사 윤회 세계를 '차안此岸'이라 한다면, 생사를 벗어난 최고의 이상 세계를 '피안彼岸'이라 한다. 바라밀 곧 '도피안到彼岸'이란 깨달음을 성취하기 위해 닦는 보살의 모든 수행 덕목을 가리킨다. 일반적으로 6바라밀, 10바라밀 등을 들 수 있다.

난·부처님 아들인 라훌라·우바난타·이바다·겁빈나·박구라·아주타·사가타·두타[20] 제일의 대가섭·우루빈나가섭·가야가섭·나제가섭 등이었다.

이와 같은 비구 스님들 만 이천 명은 전부 아라한[21]으로서, 마음의 모든 번뇌를 소멸하여 두 번 다시 어디에도 집착하지 않으며 진실하고 바르게 해탈한 분들이었다.

그때 대장엄大莊嚴 보살마하살이 모든 대중들이 자리에 앉아 고요히 집중하고 있음을 두루 살펴본 다음, 대중 가운데 팔만 명의 보살들과 함께 자리에서 일어나 부처님께 나아갔다. 이윽고 머리 숙여 부처님 발에 절하고 그 주위를 백천 번이나 돌고는, 아름다운 하늘꽃을 뿌리고 하늘향을 사루었다. 뿐만 아니라 하늘에서 빙빙 맴돌며 내려와 사방에 구름처럼 쌓인 아름다운 하늘나라 옷과 하늘나라 영락,[22] 그리고 값으로 따질 수 없이 귀중한 하늘의 보배들을 부처님께 바쳤다.

또 하늘부엌의 하늘나라 그릇마다 하늘의 맛있는 음식들이 가득한데, 그 음식들을 보거나 냄새를 맡는 것만으로도 저절로 배가 불러졌

---

20 두타頭陀: 범어 Dhūta의 음역으로 수치修治·세완洗浣·기제棄除로 한역. 의식주에 탐하지 않고 번뇌의 티끌을 씻어 없애기 위하여 청정히 불도를 수행하는 것으로, 12종의 두타행이 있다.

21 아라한阿羅漢: 범어 Arhan의 음역. 응공應供·살적殺賊·불생不生으로 한역. 성문사과四果 가운데 가장 윗자리로 보통 대승불교에서 소승의 성자를 가리킨다. 또 부처님의 십호十號 가운데 하나로 성문의 아라한과 구별하여 '아라하'라고 쓰기도 하지만, 원어 자체의 뜻은 동일하다.

22 영락瓔珞: 범어 Keyūra. 주옥같은 구슬을 꿰어 몸을 치장하는 장엄구.

다. 하늘나라의 깃발〔幢[23]幡[24]〕, 하늘나라의 일산, 그리고 아름다운 하늘나라 악기들이 주위 곳곳에 펼쳐져 하늘나라 음악을 연주하며 부처님을 즐겁게 해드렸다.

이어서 보살들이 부처님 앞에 호궤[25]하고 꿇어앉아 합장한 채, 한 마음으로 소리를 맞추어 게송으로 찬탄하였다.

장하시어라, 큰 깨달음의 대성인 부처님!
미혹도 없고 번뇌에 물들지 않으며 집착도 없으신 채
하늘천신·사람·코끼리·말까지 부드럽게 길들이시니
도道와 덕의 거룩한 향기가 일체 중생들에게 미치네.

지혜는 고요하고 감정은 평온하여 모든 분별심마저 쉬니
생각이 사라짐에 인식도 없어지고 마음 역시 적멸하여,
몽상이나 망상 온갖 잡념이 길이 끊어졌거늘
다시는 오음[26]·십이입[27]·십팔계[28]에 윤회치 않으시네.

---

23 당대〔幢〕: 불보살의 위엄을 나타내기 위해 번기를 달도록 불전이나 불당 앞에 세웠던 장대를 말한다. 장대 끝에는 주로 용머리 모양을 장식하여 불보살의 위엄과 공덕을 표시하였다. 여기서는 당幢과 번幡을 함께 '깃발'로 번역하였다.

24 번기〔幡〕: 지엄한 존재인 불보살의 행렬에 위엄성을 더하면서, 중생들의 환희심을 불러일으키는 깃발과 같은 장엄도구의 하나이다.

25 호궤胡跪: 무릎을 꿇어 상대방을 공경하는 예禮. 인도인들이 주로 하는 예법이므로 '호胡'자를 써서 호궤胡跪라고 부른다.

26 오음五陰: 물질적 요소인 색色과 정신적 요소인 수受·상想·행行·식識의 다섯 가지 쌓임, 곧 중생의 몸과 마음.

27 십이입十二入: 안眼·이耳·비鼻·설舌·신身·의意의 육근六根과 그 대상인 색色·성聲

법신[29]은 있는 것도 아니요 또한 없는 것도 아니며
원인이나 조건에 의한 것도, 나와 남에 의한 것도 아니네.
모나거나 둥글지도 않고 길다거나 짧지도 않으며
나오거나 들어가지도 않고 생기거나 없어지는 것도 아니네.

만들거나 저절로 된 것도 아니고 일부러 지은 것도 아니며
앉아 있거나 누운 것도 아니고 다니거나 머무는 것도 아니며,
움직이거나 구르는 것도 아니고 한가히 고요한 것도 아니며
나아가거나 물러서는 것도, 안전하거나 위험한 것도 아니네.

옳은 것이나 그른 것도 아니고 이익이나 손실도 아니며
이쪽이나 저쪽도 아니고 가거나 오는 것도 아닐 뿐더러,
푸른색이나 누런색도 아니고 붉은색이나 흰색도 아니며
분홍색이나 자주색도 아니고 그 밖의 다른 색도 아니네.

지계·선정·지혜·해탈·해탈지견의 덕에서 생겨나
삼명[30]·육통[31]·삼십칠조도품[32]의 수행으로

·향香·미味·촉觸·법法의 육진六塵이 서로 화합하여 인연하는 경계.

28 십팔계十八界: 육근六根과 육진六塵이 서로 반연하여 나온 육식六識이 함께 일으키는 갖가지 정신 분별 작용의 경계.

29 법신法身: 법계의 이理에 일치한 부처님의 진신眞身. 곧 색깔도 형상도 없이 무량무변한 진여불성의 이체理體, 다시 말해 우주의 본체를 인격화한 이불理佛을 말한다. 삼신불三身佛 가운데 하나.

30 삼명三明: ①숙명명宿命明 ②천안명天眼明 ③누진명漏盡明

31 육통六通: ①천안통 ②천이통 ③타심통 ④숙명통 ⑤신족통 ⑥누진통

자비와 열 가지 지혜의 힘〔十力〕과 두려움 없음 갖춘 채
중생들 선업의 인연으로 세상에 나오시네.

장육丈六자에 자마금빛으로 눈부시게 부처님 나투시어
바른 자세로 시방을 비추시니 너무나 밝으오며,
이마의 백호상[33]은 달빛 같고 목덜미는 햇빛처럼 찬란한데
굽은 머리털은 검푸르고 정수리에는 살상투가 높이 솟았네.

맑은 눈은 거울같이 밝으며 위아래로 바르게 깜빡거리는데
눈썹과 속눈썹은 감청빛으로 펼쳐졌고, 단정한 입과 뺨이여!
입술과 혀는 붉은 꽃처럼 아름다우시건만
새하얀 사십 개의 치아는 백옥이나 흰눈처럼 깨끗하시네.

이마는 넓고 코는 크며 입가엔 웃음 띠우시고
만卍자[34] 표시된 가슴은 사자의 가슴처럼 부풀었는데,
손과 발은 부드럽고 천 개의 수레바퀴 무늬가 있으며
겨드랑이와 손바닥은 골 없이 안팎으로 모여져 완만하시네.

---

32 삼십칠조도품三十七助道品: 불도 수행의 계위로, 사념처四念處·사정근四正勤·사여의족四如意足·오근五根·오력五力·칠각분七覺分·팔정도八正道 등이다.

33 백호상白毫相: 부처님 두 눈썹 사이의 오른쪽으로 말려 있는 희고 가는 털을 말한다. 삼십이상三十二相 가운데 하나.

34 만자卍字: 범어 Svastika. 32상 가운데 하나로, 부처님의 가슴과 수족 및 두발에 이러한 덕상德相이 있다. 만卍자는 길상吉祥을 상징하며 만덕萬德이 원만히 모인 것을 의미한다.

팔은 길고 팔꿈치는 크고 손가락은 곧고 가늘며
피부 또한 부드럽고 털은 모두 오른쪽으로 말려 있거늘,
복사뼈·무릎은 드러나지 않고 음부도 말의 것처럼 감춰졌건만
섬세한 힘줄·쇠사슬 고리뼈[35]와 사슴처럼 날씬한 다리여!

겉과 속이 훤히 비치도록 깨끗하여
오염되지 않은 맑은 물에 티끌 한 점 없는 듯하나니
이와 같은 서른두 가지 모습[36]과
팔십 가지 좋은 상호[37]를 직접 뵈올 수 있으나,

실상은 모양이 없으며 모양의 형색도 없는데다가
눈으로 일체 모양 볼 수 있는 경지를 초월한 것이니
모양 없는 모양으로 모양 있는 몸을 나투셨을 뿐이며
중생의 몸 형상도 본래 없는데 보이는 것일 따름이건만,

능히 중생들이 환희롭게 예배하고
경건한 마음으로 공경하며 정성스럽게 하여
그로 인해 스스로 잘난 체하는 아만 없어지게 하느라
이와 같이 미묘하고 아름다운 상호를 성취하셨네.

---

35 뼈마디가 관절이 아닌 쇠사슬 같은 고리로 이어진 단단한 뼈.

36 삼십이상三十二相: 부처님 몸에 갖춰진 32가지 표상標相으로, '삼십이대인상三十二大人相'이라 함.

37 팔십종호八十種好: 부처님 몸의 삼십이상三十二相을 좀 더 세밀하게 나누어 놓은 것.

그러므로 저희들 팔만 명의 보살들은
다 함께 머리 숙여 목숨 다하도록
여러 부질없는 분별 망상과 알음알이를 깨끗이 없애고
코끼리와 말까지 잘 다루시는 집착 없는 성인께 귀의하며,

머리 숙여 부처님의 법신法身·색신色身[38]에 귀의하고
지계·선정·지혜·해탈·해탈지견을 이루신 님께 귀의하며
머리 숙여 부처님의 아름다운 여러 모습에 귀의하고
머리 숙여 생각으로 알 수 없는 거룩한 님께 귀의하나이다.

부처님 깨끗한 음성 우레 소리 진동하듯 여덟 가지로 울리매
미묘하도록 아름답고 맑으며 매우 심원深遠하여
사제[39]와 육바라밀[40]과 십이인연법을
중생들 마음 상태에 따라 알맞게 연설하시니,

---

38 색신色身: 형상이 없는 법신에 비해 빛깔과 형상이 있는 불보살의 상호신相好身.

39 사제四諦: 근본불교의 가르침. 네 가지 성스러운 진리, '사성제四聖諦'라고 함. ①고제苦諦_윤회 현실의 모양이 오욕에 얽혀 즐거운 듯 보여도 실제 괴로움임을 바로 깨닫는 것. ②집제集諦_고통의 원인이 갈애로 인한 여러 번뇌 망상임을 파악함. ③멸제滅諦_괴로움의 원인이 되는 각종 번뇌 망상들을 없애 고통이 없는 적멸, 곧 열반의 최상 행복을 바로 깨달음. ④도제道諦_고통 없는 열반에 이르기 위해 닦는 길, 곧 번뇌를 끊는 수행 방편으로 팔정도八正道 등을 예로 들 수 있다.

40 육바라밀六波羅蜜: 깨달음에 이르기 위해 보살이 닦는 대표적인 6종의 바라밀행. ①보시 ②지계 ③인욕 ④정진 ⑤선정 ⑥반야 등이다.

어떤 이는 듣고서 마음 활짝 열리어
한량없는 생사의 여러 번뇌가 다 끊어지고
어떤 이는 듣고서 수다원을 얻기도 하며
어떤 이는 사다함과 아나함 혹은 아라한을 얻기도 하고,

어떤 이는 번뇌 없고 한다는 생각조차 없는 연각이 되며
어떤 이는 나고 죽음을 여읜 보살지에 올라
혹 한량없는 다라니와 걸림 없이 말하는 변재를 얻어서
깊고 미묘한 게송 읊으며 진리못에서 목욕하며 노닐고,

혹은 빠르게 날아올라 신족통을 보이기도 하고
마음대로 물 속과 불 속에 들어갔다가 나오나니
이와 같은 부처님 법륜法輪의 모양
한없이 청정하여 생각으로 미처 헤아리기 어려우네.

저희들 모두 다시 한 번 머리 숙여
법륜을 굴리시던 부처님 당시에 귀의하고
부처님의 깨끗한 음성에 귀의하며
인연법·사제·육바라밀 가르침에 귀의하나이다.

세존께서 지난 과거 한량없는 세월 동안
힘써 고행하시며 온갖 덕을 닦으시되
저희들 사람과 하늘천신과 용과 귀신왕 등
널리 모든 중생들을 위하시어,

능히 버리기 어려운
재물이나 처자식·나라와 성곽조차도
사물의 안과 밖으로 도무지 아끼는 생각 없이
머리와 눈·골수·뇌까지 모두 필요한 이에게 베푸셨고,

여러 부처님의 청정한 계율 받들어 지키기를
설사 목숨을 버릴지언정 깨뜨리지 않으셨나니
가령 어떤 이가 칼과 막대기 휘두르며 박해하고
욕설하며 꾸짖고 모욕하더라도 끝까지 성내지 않으셨네.

오랜 겁 동안 몸이야 부서질지언정 게으름 피우지 않고
밤낮으로 마음 거두어 늘상 선정에 드셨으며
두루 일체 수행법〔道法〕을 배우사
지혜로이 중생들 근기에 맞게 깊이 들어가셨네.

그리하여 이제 자재하신 힘을 얻고
법에도 자재하여 법왕法王이 되셨으니,
저희들은 모두 함께 머리 숙여
능히 모든 어려움 힘써 닦으신 노력에 귀의하나이다.

제2 설법품說法品

그때 대장엄 보살마하살이 팔만 명의 보살마하살들과 함께 부처님의 덕을 게송으로 찬탄하고 나서 부처님께 사뢰었다.

"세존이시여, 저희들 팔만 명의 보살 대중들은 지금 여래의 가르침 중에 궁금한 것이 있습니다. 자세히 알지 못하겠으니, 세존께서는 저희를 불쌍히 여기시어 제발 가르쳐 주시옵소서!"

부처님께서 대장엄보살과 팔만 명의 보살들에게 이르시었다.

"알았느니라, 선남자여! 적당한 때를 알고 잘 물었도다. 무엇이든 묻고 싶은 대로 마음껏 물으라. 왜냐하면 여래는 곧 열반에 들 것이니, 열반한 뒤에 널리 모든 사람들로 하여금 다시 의심하지 않도록 하기 위해서이니라.

자, 묻고 싶은 것을 어서 말하도록 해라."

이에 대장엄보살과 팔만 명의 보살들이 소리를 맞추어 부처님께 사뢰었다.

“세존이시여, 보살마하살이 빨리 아뇩다라삼먁삼보리를 이루려면 마땅히 어떤 가르침을 수행해야 합니까? 어떠한 가르침이 저희 보살마하살로 하여금 속히 아뇩다라삼먁삼보리를 이루게 할 수 있습니까?”

부처님께서 대장엄보살과 팔만 명의 보살들에게 이르시었다.

“선남자여, 여기 한 가지 가르침이 있으니 능히 보살로 하여금 빨리 아뇩다라삼먁삼보리를 얻게 할 수 있느니라. 그래서 만약 보살이 이 가르침을 배운다면 곧바로 아뇩다라삼먁삼보리를 얻을 수 있느니라.”

“세존이시여, 그 가르침의 이름이 무엇이며 그 내용이 어떤 것입니까? 도대체 보살은 어떻게 수행해야 합니까?”

부처님께서 말씀하셨다.

“선남자여, 이 한 가지 가르침이란 ‘무량한 뜻〔無量義〕’이라 하느니라. 보살이 이 무량한 뜻을 닦고 배우고자 한다면, 응당 일체법이 원래부터 성품과 모양이 공하고 고요함을 관찰해야 하느니라. 그리하여 일체법은 큰 것도 없고 작은 것도 없으며 생기는 것도 없고 없어지는 것도 없을 뿐만 아니라, 머무르지도 않고 움직이지도 않으며 나아가지도 않고 물러서지도 아니하여 마치 허공처럼 두 가지 법이 없느니라.

그런데도 중생들은 허망하게 ‘이것이다 저것이다, 이득이다 손실이다’라고 그릇 분별하여, 좋지 못한 마음을 일으키느니라. 그래서 여러 가지 나쁜 행위를 하여 여섯 갈래[41]를 빙빙 돌아다니며 갖가지

41 육취六趣: 미혹한 중생이 업인業因에 따라 태어나는 6처소. 육도六道라고도 한다. ①지옥 ②아귀 ③축생 ④아수라 ⑤인간 ⑥천상

고통을 받게 되나니, 무량억 겁을 지내도록 능히 스스로 그 속에서 빠져나오지 못하는 것이니라.

보살마하살은 이와 같이 자세히 관찰하고 나서 불쌍한 마음을 일으키고 큰 자비심을 내어, 고통으로부터 중생을 건져내고자 해야 하며 또 다시 모든 법에 깊이 들어가야 하느니라. 즉 법의 모양이 이와 같아서 이런 법으로 생겨나며, 법의 모양이 이와 같아서 이런 법으로 머물고, 법의 모양이 이와 같아서 이런 법으로 변하게 되며, 법의 모양이 이와 같아서 이런 법으로 없어지느니라. 다시 말해 법의 모양이 이와 같으니 능히 나쁜 법을 만들고 법의 모양이 이와 같으니 능히 착한 법을 만드나니, 법의 모양이 생기는 것뿐 아니라 머물고 변하고 없어지게 되는 것도 역시 마찬가지니라.

보살은 이와 같이 사물의 네 가지 변화양상[42]의 처음과 끝을 관찰하여 전부 알고 난 다음에, 또 다시 일체법이 생각생각마다 머무르지 아니하고 순간순간 새롭게 생겨났다 사라지는 것을 자세히 살펴야 하느니라. 그리고는 바로 찰나 즉시에 생겨났다 머물고 변화하여 사라지는 것임을 관찰하고, 이와 같이 살펴본 다음에는 중생들 여러 근기의 성품과 욕망도 파악해 들어가야 하느니라. 중생들의 성품과 욕망이 한량없이 다양하기 때문에 가르침도 한량없이 다양하며, 가르침이 한량없이 다양하기 때문에 뜻도 한량없이 다양한 것이니라.

하지만 한량없이 다양한 뜻이란 결국 한 가지 가르침으로부터

---

42 사상四相: 색色·심心의 온갖 유위 제법은 네 가지 양상으로 변천한다. 즉 ①생生 ②주住 ③이異 ④멸滅 등이다. 이는 유정중생의 변화 양상인 생生·로老·병病·사死와 같다고 할 수 있다.

생긴 것이니, 그 한 가지 가르침이란 모양 없는 도리〔無相〕[43]이니라. 이런 모양 없는 도리는 모양이 없으므로 모양이 아니며, 모양이 없고 모양이 아니니 참된 실상實相이라 하는 것이니라. 보살마하살이 이와 같이 진실한 실상을 충분히 깨닫고 나서 내는 자비야말로 분명히 밝고 헛되지 아니하여, 중생들에게서 고통을 확실히 없애줄 수 있느니라. 그래서 고통을 이미 없애준 다음에는, 다시 그들을 위해 가르침을 베풀어서 모든 중생들로 하여금 진리의 기쁨을 누리도록 해야 하느니라.

선남자여! 보살이 만일 이와 같이 한 가지 가르침에서 무량한 뜻을 파악하여 닦을 수 있다면, 반드시 빨리 아뇩다라삼먁삼보리를 이룰 것이니라.

선남자여, 이와 같이 매우 깊은 뜻이 담긴 위없이 높은 대승『무량의경』은 글의 이치가 진실하여 바르고 더없이 거룩하니라. 과거 현재 미래의 삼세에 걸친 모든 부처님들께서 함께 수호하시니, 뭇 마구니나 여러 외도들이 감히 침범하여 방해할 수 없고 일체 삿된 소견의 생사번뇌에도 파괴되지 않느니라.

그러므로 선남자여!

보살마하살이 빨리 위없이 높은 깨달음[44]을 이루고자 한다면, 마땅히 이처럼 매우 깊은 뜻이 담긴 위없이 높은 대승『무량의경』을

---

43 무상無相: 일체 사물은 인연 따라 이루어지고, 인연의 변화에 따라 바뀌어 소멸되기 때문에 환영幻影에 불과한 것이다. 그래서 무상無相이라 한다.

44 무상보리無上菩提: 보리菩提는 범어 Bodhi의 음역으로 지智·각覺·도道로 한역. 곧 정각의 지혜를 뜻한다. 여기에 무상無上이란 가장 최고(The Best)로 더 이상 높은 것이 없다는 수식어이다. 깨달음 가운데 온갖 번뇌를 끊은, 가장 원만한 불과佛果를 성취한 불타의 최고 정각正覺을 말한다.

배우고 닦아야만 하느니라."

그때 대장엄보살이 다시 부처님께 사뢰었다.

"세존이시여, 세존의 가르침은 저희들 생각으로는 미처 알 길이 없습니다. 또한 중생들의 근기와 성품도 생각으로 알 수 없으며, 법문하신 해탈의 내용 역시 생각으로 알 수 없습니다. 그렇지만 저희 보살들은 이미 부처님의 모든 가르침에 대해서 다시 의심하지 않습니다. 그런데 여러 중생들은 아직 어리석게도 의심하는 마음을 내기 때문에 거듭 여쭙지 않을 수가 없나이다.

세존이시여!

여래께서는 성도하신 지 사십여 년 동안 늘 중생들을 위하여 모든 사물의 네 가지 변화양상의 뜻과 괴로움〔苦〕의 뜻, 그리고 본래 모습이 공空하여 모든 사물은 항상 변화하고〔無常〕, 홀로 독립하여 존재하는 것은 아무것도 없다는 무아無我의 뜻을 가르쳐 주셨습니다. 다시 말해 큰 것도 없고 작은 것도 없으며 생기는 것도 없고 사라지는 것도 없으니, 곧 모든 존재는 모양이 없다〔無相〕고 하셨습니다. 진실한 법의 성품과 모양은 본래 공적空寂하여, 오지도 않고 가지도 않으며 나오거나 들어가지도 않는다고 말씀하셨습니다.

그리하여 어떤 이는 이를 듣고서 난법[45]과 정법[46] 그리고 세제일법[47]

---

45 난법煖法: 수증체계 중 현위賢位에 속하는 사선근四善根 가운데 하나. 공부에 드는 초입에서 불성의 훈기가 따뜻하게 느껴지기 때문에 '난법煖法'이라 하며, 유식론에서는 어두운 데서 밝음을 얻는 삼매의 시초에 든다는 뜻으로 '명득정明得定'이라고 말한다.

을 얻었고, 수다원과·사다함과·아나함과·아라한과[48]와 벽지불도[49]를 얻었습니다. 그리고 어떤 이는 보리심[50]을 내어 보살의 초지인 제1지에서 제2지·제3지에서 제10지[51]까지 올라갔습니다.

그런데 부처님께서 옛날 가르치셨던 내용과 지금 말씀하시는 『무량의경』의 내용이 어떻게 다르길래, 매우 깊은 뜻이 담긴 위없이 높은 대승 『무량의경』을 보살이 수행한다면 반드시 위없이 높은 깨달음을 빨리 이룰 수 있다고 말씀하시는 겁니까?

---

46 정법頂法: '난법煖法'의 밝은 기운이 더욱 증장되는 단계로, '명증정明增定이라고 한다.

47 세제일법世第一法: 난법·정법·인법·세제일법의 사선근 가운데 가장 끝 단계로, 곧 인간 범부의 경지에서는 가장 높은 법이기에 '세제일법世第一法'이라 한다. 아직 성자의 단계는 아니더라도 번뇌가 낄 틈이 없다는 뜻으로 '무간정無間定'이라고도 부른다.

48 성위聖位 가운데 유학도有學道와 무학도無學道가 있다. 번뇌의 습기를 아직 다 못 끊어서 수도해야 할 것이 남은 상태는 '유학有學'의 단계이다. 여기에는 소위 견성見性에 해당하는 수다원과〔預流果〕와 사다함과〔一來果〕, 아나함과〔不還果〕 등이 해당된다. 반면에 멸진정滅盡定을 성취하여 번뇌의 습기마저 다 끊어버리고 다시 더 배울 것이 없는 상태가 '무학無學'의 단계이니, 곧 아라한과가 이에 속한다.

49 벽지불도辟支佛道: 벽지불을 연각緣覺 또는 독각獨覺이라 번역하는데, 자연의 인연을 궁구하여 스승 없이 혼자 깨달은 이를 말한다. 벽지불도는 무루의 지혜를 내어 견혹·사혹의 번뇌를 끊고, 다시 남은 번뇌의 습기를 없애기 위해 공관空觀에 드는 단계이다. 보통 십지十地 가운데 제8지에 해당된다고 한다.

50 보리심菩提心: 깨닫고자 하는 마음. 다시 말해 위로는 불타의 바른 깨달음을 향해 나아가고, 아래로는 고통 받는 중생들을 구제하려는 마음이다.

51 보살이 수행하는 52계위階位 가운데, 제41위부터 제50위까지를 특별히 十地라고 부른다. ① 환희지歡喜地 ② 이구지離垢地 ③ 발광지發光地 ④ 염혜지焰慧地 ⑤ 난승지難勝地 ⑥ 현전지現前地 ⑦ 원행지遠行地 ⑧ 부동지不動地 ⑨ 선혜지善慧地 ⑩ 법운지法雲地 등이다.

이 일이 어떻게 된 사연인지, 간절히 바라옵건대 세존께서는 일체 중생들을 사랑하고 불쌍히 생각해서라도 널리 중생들을 위해 그 까닭을 분별해 주십시오! 그리하여 현재와 미래 세상의 가르침을 듣는 이들로 하여금 두 번 다시 의심하지 않도록 하여 주십시오!"

이에 부처님께서 대장엄보살에게 이르시었다.

"장하고 장하도다, 훌륭한 선남자여!

능히 여래에게 이처럼 매우 깊은 뜻이 담긴 위없이 높은 대승의 미묘한 뜻에 대하여 질문하다니, 참으로 기특하도다! 마땅히 명심할 지니, 그대는 능히 이 질문으로 인해 많은 이익을 얻게 되리라. 즉 사람과 하늘천신을 안락하게 함은 물론, 고통 받는 중생들을 건져주리라. 이는 큰 자비로 진실하고 헛되지 아니하여, 이 인연으로써 그대는 반드시 위없이 높은 깨달음을 빨리 성취하게 되리라. 또한 모든 현세와 내세의 여러 유정[52] 중생들로 하여금 위없이 높은 깨달음〔無上菩提〕을 이루게 하리라.

선남자여, 내가 도량의 보리수 아래에서 단정히 앉아 정진하여 마침내 육 년만에 아뇩다라삼먁삼보리를 얻었노라. 더욱이 불타의 눈[53]으로 일체법을 꿰뚫어 알고는 있었지만, 그러나 실상에 대해 말할 수가 없었느니라. 왜냐하면 모든 중생의 성품과 욕망이 다르고, 성품과 욕망이 다르기에 다양한 차원으로 설법해야 했기 때문이니라.

---

52 유정有情: 정식情識을 가지고 분별 작용하는 모든 중생을 말한다. 이에 반해 초목, 산하, 대지 등은 정식이 없는 무정無情 또는 비정非情중생이라 한다.

53 불안佛眼: 제법실상諸法實相을 비추는 각자覺者의 눈, 곧 불타의 안목을 말한다. 오안(五眼 ; 肉眼·天眼·慧眼·法眼·佛眼) 가운데 하나이다.

다양한 차원으로 설법한 것은 방편력으로써, 지금까지 사십여 년 동안을 미처 실상에 대해 분명하게 밝히지 못하였느니라. 그 때문에 중생들의 깨달음도 천차만별이었으며, 빨리 위없이 높은 깨달음을 얻지 못했느니라.

선남자여, 법이란 물이 여러 가지 더러움을 씻어버릴 수 있는 것에 비유할 수 있느니라. 그래서 혹 우물이든 연못이든 강물이든 하천이든 시냇물이든 개울물이든 바닷물이든 모두 여러 가지 더러운 때를 씻어버릴 수 있느니라. 법의 물도 또한 마찬가지로 중생들이 지닌 여러 번뇌의 때를 씻어버릴 수 있느니라.

그렇지만 선남자여, 물의 성품은 한 가지이나 강과 하천과 우물과 연못과 시내와 개울과 큰 바다는 각각 서로 다르니라. 법의 성품도 역시 그와 같아서 번뇌를 씻어낸다는 점에서는 차별이 없으나, 세 가지 법[54]과 네 가지 과위[55]와 두 가지 도[56]는 서로 같지 않느니라.

선남자여!

다시 말해 물은 어떤 물이라도 더러운 때를 씻을 수 있되, 우물은 연못과 다르며 연못은 강물과 다르고 시냇물과 개울물은 또 바닷물과 다른 법이니라. 세상의 으뜸〔世雄〕인 여래는 법에 자유자재하며, 법을 가르치는 방식 또한 그와 마찬가지로 자유자재하니라. 말하자면 처음에 설한 법과 중간에 설한 법과 나중에 설한 법이 전부 다 중생들의 번뇌를 씻어버릴 수 있느니라. 하지만 처음 설법은 중간에 설한 법과

---

54 삼법三法: ①사제법 ②십이인연법 ③육바라밀법

55 사과四果: ①수다원과 ②사다함과 ③아나함과 ④아라한과. 주 48 참조

56 이도二道: 방편과 실상

다르고 중간 설법은 나중에 설한 법과 달라서, 처음 설법과 중간 설법과 나중 설법이 비록 글자는 같을지라도 뜻에 있어서는 차이가 있느니라.

선남자여, 내가 보리수 아래를 떠나 바라나시의 녹야원[57]으로 가서 아야교진여[58] 등 다섯 비구를 위해 처음 사제 법륜을 굴릴 때도, 모든 법은 본래 공적[59]하여 끊임없이 바뀌며 머무르지 않고 생각 생각마다 생겨났다가 없어진다고 설하였느니라. 중간에 이곳 영취산과 다른 곳곳에서 여러 비구와 뭇 보살들을 위해 십이인연과 육바라밀을 가르칠 적에도, 또한 모든 법은 본래 공적하여 끊임없이 바뀌며 머무르지 않고 생각 생각마다 생겨났다가 없어진다고 설하였느니라. 지금 다시 이곳에서 대승『무량의경』을 연설하는 순간에도, 역시 모든 법은 본래 공적하여 끊임없이 바뀌며 머무르지 않고 생각 생각마다 생겨났다가 없어진다고 설하는 것이니라.

선남자여, 그러나 처음 설법과 중간 설법과 지금 여기서 하는 설법이 비록 말은 같을지라도 뜻에는 차이가 있느니라. 뜻이 다르니 중생들의

---

57 녹야원鹿野園: 석존께서 성도하시고 삼칠일〔21日〕 지나서, 아야교진여 등 다섯 명의 비구들을 위해 처음으로 설법하여 법륜을 굴리신 곳이다. 중인도 바라내국 왕사성의 동북쪽에 위치하고 있다.

58 아야교진여阿若憍陳如: 범어 Ajñāta-kauṇḍinya의 음역으로, 아야거린阿若居隣 또는 아야구린阿若拘隣이라 음역하기도 한다. 아야阿若는 잘 안다는 의미로, 부처님의 교화를 받아 가르침을 잘 이해하고 있다는 뜻을 내포하고 있다. 석존께서 성도하신 후 녹야원에서 사제법을 설하셨을 때, 제일 먼저 불제자가 된 5명의 비구 가운데 한 사람이다.

59 공적空寂: '비었다는 것〔空〕'은 대평등大平等을 뜻하며, '고요하다는 것〔寂〕'은 대조화大調和를 의미한다.

이해가 다르고, 이해가 다르므로 법을 얻고 과위를 얻으며 도를 얻는 것도 또한 자연히 다르니라.

선남자여! 내가 처음 사제를 설한 것은 성문승을 구하는 이들을 위한 것이었는데, 팔억의 하늘천신들이 내려와서 법을 듣고 보리심을 내었느니라. 중간에 여러 곳곳에서 깊은 뜻이 담긴 십이인연법을 연설한 것은 벽지불의 경지를 구하는 이들을 위한 것이었는데, 한량없는 중생들이 보리심을 내었고 성문지위에 머물렀느니라. 다음 대승방등경전의 십이부경[60]에서 『마하반야바라밀경』[61]과 『화엄경』[62]의 무량한 바다와 구름 같은 세계들을 설한 것은 보살들에게 오랜 겁 동안 수행하라고 한 것이었는데, 백천 명의 비구들과 만억 명의 사람과 하늘천신 그리고 한량없는 중생들이 수다원과·사다함과·아나함과·아라한과를 얻었으며 벽지불의 인연법 가운데 머물렀느니라. 선남자여, 이런 까닭에 말은 같을지라도 그 뜻은 달라서

---

60 십이부경十二部經: 부처님의 모든 가르침을 경전의 형식에 따라 12종으로 분류한 것이다. ① 經(Sūtra, 修多羅) ② 重頌(Geya, 祇夜) ③ 偈頌(Gāthā, 伽陀) ④ 因緣(Nidāna, 尼陀那) ⑤ 本事(Itivṛttaka, 伊帝目多伽) ⑥ 本生(Jātaka, 闍多伽) ⑦ 未曾有法(Adbhutadharma, 阿浮陀達磨) ⑧ 譬喩(Avadāna, 阿波陀那) ⑨ 論議(Upadeśa, 優婆提舍) ⑩ 無問自說(Udāna, 優陀那) ⑪ 方廣(Vaipulya, 毘佛略) ⑫ 授記(Vyākaraṇa, 和伽羅) 등이다.

61 마하반야바라밀경摩訶般若波羅蜜經: 전27권. 요진姚秦의 구마라집(鳩摩羅什, 343~413) 번역. 공空에 입각한 집착 없는 지혜의 완성이라 할 수 있는 반야바라밀을 체득하는 방법과 그 무한한 공덕을 설한 경전이다.

62 화엄경華嚴經: 본이름은 『대방광불화엄경大方廣佛華嚴經』으로, 불타의 오도悟道 내용을 그대로 전하고 있다. 동진東晋의 불타발타라가 번역한 60권이 있고, 당唐나라의 실차난타가 번역한 80권과 반야가 번역한 40권이 있다.

차이가 있느니라. 뜻이 다르기 때문에 중생들의 이해도 다르고, 이해가 다르기 때문에 법을 얻고 과위를 얻으며 도를 얻는 것도 역시 다르게 되느니라.

그러므로 선남자여! 내가 도를 이루어 처음 도량에서 일어나 설법하기 시작하여 오늘 대승『무량의경』을 설하기까지, 일찍이 고苦와 공空과 무상無常과 무아無我의 도리를 설하지 않은 적이 한 번도 없었느니라. 즉 진실한 실상은 참도 아니고 거짓도 아니며 크지도 않고 작지도 아니하여, 본래 생긴 것도 아니고 지금 또한 없어지는 것도 아닌 한결같은 모양이되 그 모양이 없느니라. 따라서 진실한 법의 모양과 성품은 오는 것도 아니고 가는 것도 아니지만, 중생들은 네 가지 변화 양상〔四相〕에 따라 생각이 바뀌느니라.

선남자여! 이런 까닭으로 모든 부처님 말씀은 두 가지가 아니어서 능히 한 가지 음성으로 널리 여러 소리에 응답하며, 하나의 법신으로 백천만억 나유타[63]의 무량무수한 항하[64] 모래알처럼 수많은 몸을 나타내느니라. 그 낱낱의 몸마다 또 무수한 백천만억 나유타 아승기[65]의 항하 모래알처럼 수없이 많은 여러 종류의 형상을 나타내며, 낱낱의 형상마다 또 무수한 백천만억 나유타 아승기의 항하 모래알처럼

63 나유타那由他: 범어 Nayuta의 음역. 인도에서 많은 수를 표시하는 수량 단위.

64 항하恒河: 범어 Gangā의 음역으로 항가恒伽 또는 강가强伽라고 음사하기도 한다. 이는 인도의 설산인 히말라야 산맥에서 근원이 되어 벵골만으로 흘러들어가는 갠지스강Ganges을 말한다. 강 길이가 1,557마일로, 경전에서 많은 수를 가리킬 때 흔히 항하강의 무수한 모래알에 비유하고 있다.

65 아승기阿僧祇: 범어 Asaṃkhya의 음역. 무수無數 또는 무앙수無央數로 한역. 인도에서 산수로 표현할 수 없을 만큼 많은 수를 뜻할 때 사용하는 수 개념.

많고 많은 형상들을 나타내느니라. 선남자여! 이것이 바로 모든 부처님들의 불가사의한 깊고 깊은 경계로, 이승[66]인 성문[67]이나 연각[68]은 도저히 알 수 없느니라. 게다가 십지보살十地菩薩도 알 수 없고, 오직 부처님과 부처님만이 비로소 확연하게 알 수 있느니라.

선남자여, 이러한 까닭으로 내가 말했듯이 미묘하고도 매우 깊은 뜻이 담긴 위없이 높은 대승 『무량의경』은 글의 이치가 진실하여 바르고 더없이 거룩하니라. 과거 현재 미래의 삼세에 걸친 모든 부처님들께서 함께 수호하시니, 뭇 마구니나 여러 외도[69]들이 감히 침범하여 방해할 수 없고 일체 삿된 소견의 생사번뇌에도 파괴되지 않느니라. 따라서 보살마하살이 빨리 위없이 높은 깨달음을 이루고자 한다면, 마땅히 이처럼 매우 깊은 뜻이 담긴 위없이 높은 대승 『무량의경』을 배우고 닦아야만 하느니라."

부처님께서 이렇게 말씀하시고 나자 삼천대천의 온 세계가 여섯 가지로 진동하며 움직였다. 하늘에서는 자연히 여러 아름다운 꽃들이 흩날렸는데, 하늘나라의 우발라꽃(푸른 연꽃)·발담마꽃(붉은 연꽃)·

---

66 이승二乘: 승乘이란 실어서 운반하는 '탈 것'을 말한다. 여기서는 사람을 실어 이상理想의 경지에 이르게 하는 불타의 '두 가지 교법'을 의미한다. 즉 이승二乘이란 성문승과 연각승을 가리키는데, 모두 소승小乘에 속한다.

67 성문聲聞: 범어 Śrāvaka. 부처님의 가르침을 듣고 깨달음을 구하는 수행자를 말하며, 자신의 깨달음만 위해 아라한의 경지에 이르고자 하는 이를 지칭한다.

68 연각緣覺: 범어 Pratyeka-Buddha. 자신의 깨달음을 위해 스승 없이 홀로 연기의 이치를 깨달은 자. 독각獨覺 혹은 벽지불辟支佛이라고도 한다. 주 49 참조.

69 외도外道: 불교 이외의 다른 교학, 혹은 그런 교학을 신봉하는 자를 말한다.

구물두꽃(노랑 연꽃)·분타리꽃(하얀 연꽃)들이 꽃비가 되어 내렸다. 또 여러 하늘향과 아름다운 하늘나라 옷과 하늘나라 영락과 값으로 따질 수 없이 귀중한 하늘의 보배들이 천상 위에서 무수히 빙빙 맴돌며 비 내리듯 쏟아져 내려와, 부처님과 모든 보살과 성문 대중들에게 공양하였다. 하늘부엌의 하늘나라 그릇마다 하늘의 맛있는 음식들이 가득하고, 하늘나라의 깃발〔幢幡〕과 하늘나라의 일산 그리고 아름다운 하늘나라 악기들이 주위 곳곳에 펼쳐져, 하늘나라 음악을 연주하며 부처님을 노래하고 찬탄하였다.

또 다시 여섯 가지로 진동하며 움직이자, 동방에 있는 항하의 모래알처럼 많은 부처님들 세계에도 아름다운 하늘나라 꽃과 하늘향과 하늘옷과 하늘나라 영락과 값으로 따질 수 없이 귀중한 하늘의 보배들이 비 오듯 하염없이 쏟아져 내렸다. 하늘부엌의 하늘나라 그릇마다 맛있는 음식들이 가득하고, 하늘나라의 깃발과 하늘나라의 일산 그리고 아름다운 하늘나라 악기들이 음악을 연주하며, 그 나라 세계의 부처님과 보살과 성문 대중들을 노래하고 찬탄하였다.

또한 남방과 서방·북방 세계와 네 간방의 동남방·동북방·서남방·서북방 세계와 상방 및 하방 세계에 있는 항하의 모래알처럼 많은 부처님들의 여러 세계들도 모두 그러하였다.

그러자 여기 사바세계 대중 가운데 모였던 삼만 이천 명의 보살마하살들은 무량의삼매無量義三昧를 얻었고, 삼만 사천 명의 보살마하살들은 헤아릴 수 없고 한량없는 다라니문을 얻었다. 그래서 능히 삼세[70] 모든 부처님들의 불퇴전不退轉법륜을 굴리게 되었다. 또 같이 있던 여러 비구·비구니·우바새·우바이들과 하늘천신·용·

야차·건달바·아수라·가루라·긴나라·마후라가와 덕이 높은 대전륜왕·소전륜왕·은바퀴 전륜왕·쇠바퀴 전륜왕·다른 바퀴를 가진 전륜왕들과 국왕·왕자·신하·백성·거사·부인·재벌장자와 그 권속 백천 명의 무리들조차 전부 부처님께서 이 경전을 말씀하시는 걸 들은 뒤, 어떤 이는 난법을 얻었고 어떤 이는 정법을 얻었으며 어떤 이는 세간제일법[71]을 얻었다. 또 어떤 이는 수다원과·사다함과·아나함과·아라한과와 벽지불과를 얻었고, 보살의 무생법인[72]을 얻었다. 어떤 이는 한 개의 다라니와 둘 셋 넷 다섯 여섯 일곱 여덟 아홉 열 개의 다라니를 얻었고, 백 천 만 억의 다라니를 얻었다. 또 어떤 이는 한량없이 무수한 항하 모래알 같은 아승기의 다라니를 얻어서, 모두 능히 불퇴전 법륜에 수순하여 가르침을 전하였다. 이에 한량없는 중생들도 아뇩다라삼먁삼보리를 이루고자 마음먹었다.

---

70 삼세三世: 과거·현재·미래를 말하는 시간적 개념.

71 세간제일법世間第一法: 세제일법世第一法의 다른 이름. 주 47 참조

72 무생법인無生法忍: 나지도 않고 없어지지도 않는 참된 법의 본 바탕. 즉 제법諸法이 공적空寂하여 본래 태어남이 없는 불생불멸한 진여 법성의 진리를 인지忍知하는 것이다.

제3 십공덕품十功德品

그때 대장엄 보살마하살이 부처님께 사뢰었다.

"세존이시여!

세존께서 말씀하신 거룩하고 매우 깊은 뜻이 담긴 위없이 높은 대승『무량의경』은 진실로 깊고 깊으며 말할 수 없이 깊습니다. 왜냐하면 이 대중 가운데 여러 보살마하살과 사부대중을 포함한 하늘천신·용·귀신·국왕·신하·백성 등 많은 중생들이 매우 깊은 뜻이 담긴 위없이 높은 대승『무량의경』을 듣고는, 다라니문과 세 가지 법과 성문의 네 가지 과위果位와 보리심을 얻지 못한 이가 거의 없기 때문입니다.

따라서 마땅히 명심해야 하나니, 이『무량의경』은 글의 이치가 진실하여 바르고 더없이 거룩합니다. 과거 현재 미래의 삼세에 걸친 모든 부처님들께서 함께 수호하시니, 뭇 마구니나 여러 외도들이 감히 침범하여 방해할 수 없고 일체 삿된 소견의 생사번뇌에도 파괴되지 않습니다. 왜냐하면 이 가르침을 한 번 들으면 능히 일체법을 가질 수 있기 때문입니다.

그러므로 만약 어떤 중생이라도 이 『무량의경』을 듣게 되면 큰 이익을 얻을 것이니, 이 경전을 따라 수행하면 반드시 빨리 아뇩다라삼먁삼보리를 이룰 수 있기 때문입니다. 반대로 중생이 『무량의경』을 듣지 못하면 큰 이익을 잃게 된다는 점을 유념해야만 합니다. 한량없으며 그지없고 생각으로 헤아릴 수 없는 아승기의 세월이 지나더라도, 끝내 아뇩다라삼먁삼보리를 이루지 못하게 되는 것입니다. 왜냐하면 위없이 높은 깨달음에 이르는 대도大道의 곧은 길을 알지 못하고, 험난하며 비좁은 길을 가기 때문에 어려움이 많은 탓입니다.

세존이시여, 이 『무량의경』의 공덕은 가히 생각으로 짐작할 수 없습니다. 간절히 바라옵건대 세존께서 대중들을 널리 사랑하고 불쌍히 생각하시어, 이 경전의 깊고 깊은 불가사의한 일들을 자세히 설명하여 주시옵소서!

세존이시여, 이 『무량의경』은 어느 곳으로부터 나왔으며 어느 곳으로 가서 어느 곳에 머무르기에, 이토록 한량없는 공덕과 헤아릴 수 없는 힘을 가지고 중생들로 하여금 빨리 아뇩다라삼먁삼보리를 이루게 하는 것입니까?"

그때 세존께서 대장엄 보살마하살에게 이르시었다.

"기특하고 기특하도다, 선남자여!

참으로 옳도다! 그대의 말이 맞도다!

선남자여! 내가 왜 『무량의경』이 매우 깊고 깊으며 진실로 깊다고 말하는가 하면, 그 까닭은 중생들로 하여금 빨리 아뇩다라삼먁삼보리를 이루게 하기 때문이니라. 그리고 이 가르침을 한 번 들으면 능히 일체법을 가질 수 있기 때문이고, 모든 중생들을 크게 이롭게 하기 때문이니라. 다시 말해 위없이 높은 깨달음의 크고 곧은 길을 가는 데 어려움을 없애 주기 때문이니라.

선남자여, 그대가 이 『무량의경』은 어디서 와서 어디로 가며 어디에 머무는가를 물었으니 마땅히 잘 듣도록 하여라.

선남자여! 이 경전은 본래 모든 부처님들의 궁궐에서 나왔으며, 모든 중생들이 보리심 내는 데로 가고, 모든 보살들이 있는 곳에 머무느니라. 선남자여, 이 『무량의경』은 그와 같은 곳에서 와서 그와 같은 곳으로 가고 그와 같은 곳에 머무느니라. 그러므로 이 경은 이처럼 불가사의하고 한량없는 공덕의 힘을 가지고 있어서, 중생들로 하여금 빨리 아뇩다라삼먁삼보리를 이루게 할 수 있는 것이니라.

선남자여, 그대는 『무량의경』의 열 가지 불가사의한 공덕의 힘에 대해서 듣고 싶지 않느냐?"

대장엄보살이 사뢰었다.

"참으로 듣고 싶습니다."

부처님께서 말씀하셨다.

"선남자여! 첫 번째, 이 『무량의경』은 보살로서 아직 깨달음의 마음을 내지 못한 자로 하여금 보리심을 내게 하며, 자비하고 어진 마음이 없는 자에게는 자애로운 마음을 내게 하고, 살생하는 것을 즐기는 자에게는 가엾이 여기는 마음을 내게 하며, 질투하는 자에게는 함께 덩달아 기뻐하는 마음을 내게 하고, 애착이 있는 자에게는 능히 버리는 마음을 내게 하느니라. 또 아끼고 탐내는 자에게는 베푸는 마음을 내게 하고, 교만한 마음이 많은 자에게는 겸허하게 계율을 지키려는 마음을 내게 하며, 성내는 버릇이 많은 자에게는 참고 견디는 마음을 내게 하느니라. 뿐만 아니라 게으른 자에게는 정진하는 마음을 내게 하며, 산란하고 어지러운 자에게는 안정되고 고요한 마음을 내게 하고, 우매하고 어리석은 자에게는 지혜로운 마음을 내게 하느니라. 게다가 능히 남을 구제할 줄 모르는 자에게는 남을 구제하고자 하는 마음을 내게 하고, 열 가지 악한 일[73]을 하는 자에게는 열 가지 착한 마음[74]을 내게 하느니라. 그리고 눈에 보이는 유위[75]의 가치관만 추구하는 자에게는 무위[76]의 마음을 내게 하며, 물러서려는 자에게는 물러서지 않는 마음을 갖게 하고, 아직 유루[77]의 상태에 있는 자를 위해서는 청정한 무루[78]의 마음을 내게 할 뿐더러 번뇌가 많은 자에게

---

73 십악十惡: 살생殺生·투도偸盜·사음邪婬·망어妄語·양설兩舌·악구惡口·기어綺語·탐욕貪慾·진에瞋恚·우치愚癡

74 십선十善: 신업身業의 불살생不殺生·불투도不偸盜·불사음不邪婬과 구업口業의 불망어不妄語·불양설不兩舌·불악구不惡口·불기어不綺語, 의업意業의 불탐욕不貪慾·부진에不瞋恚·불사음不邪婬 등이다.

75 유위有爲: 범어 Saṃskṛta의 한역漢譯. 위작爲作 또는 조작造作의 뜻으로 생멸하는 온갖 법의 총칭이니, 인연으로 말미암아 조작되는 모든 현상을 뜻한다. 여기에는 틀림없이 생生·로老·병病·사死를 포함한 생生·주住·이異·멸滅의 여러 형태가 따르게 된다.

76 무위無爲: 범어 Asaṃskṛta의 한역. 인연으로 인한 조작을 여의고 生·住·異·滅의 변천이 없는 진리를 말한다. 따라서 법성·실상·열반 등은 무위의 다른 이름이라 할 수 있다.

77 유루有漏: 범어 Sāsrava의 한역. '루漏'는 객관 대상에 대하여 육근에서 끊임없이 허물을 누설한다는 뜻으로, 곧 번뇌를 뜻한다. 사제 가운데 고제苦諦·집제集諦를 유루有漏라 한다.

78 무루無漏: 범어 Anāsrava의 한역. 유루有漏의 반대말로 번뇌의 허물이 없는 출세간도出世間道를 말하며, 사제 가운데 멸제滅諦·도제道諦가 이에 속한다.

는 번뇌를 없애려는 마음을 내게 하느니라. 선남자여, 이것을『무량의경』의 첫 번째 불가사의한 공덕의 힘이라고 부르느니라.

선남자여! 이『무량의경』의 두 번째 불가사의한 공덕의 힘이란, 만약 누군가 이 경을 얻어서 한 번이라도 남에게 가르쳐주되 한 게송이나 한 구절이라도 전한다면 곧 능히 백천억의 뜻을 통달하게 되리라. 그리하여 한량없는 무량무수 겁의 긴 세월 동안 말할지라도, 그가 받아 지니게 되는 법에 대해서는 결코 다 말할 수 없으리라. 왜냐하면 이 법의 뜻이 한량없기 때문이니라.

선남자여! 이 경전은 비유하자면 하나의 씨앗으로부터 백천만 개의 씨앗이 생기고, 백천만 개의 씨앗 하나하나로부터 다시 백천만 개의 알갱이가 나오며, 이런 식으로 계속하여 가다보면 한량없는 씨앗을 거두게 되는 것과 마찬가지니라.『무량의경』도 이와 같이 한 가지 가르침으로부터 백천 가지의 뜻이 나오고, 백천 가지의 뜻 하나하나로부터 또 다시 백천만 가지의 뜻이 나와서, 이런 식으로 계속하여 한량없도록 무량무변한 뜻이 나오게 되는 것이니라. 그래서 이 경을『무량한 뜻이 담긴 경전〔無量義經〕』이라 부르는 것이니라. 선남자여, 이것을『무량의경』의 두 번째 불가사의한 공덕의 힘이라고 부르느니라.

선남자여! 이『무량의경』의 세 번째 불가사의한 공덕의 힘이란, 만약 누군가 이 경을 듣고 한 번이라도 남에게 가르쳐주되 한 게송이나 한 구절이라도 전한다면 곧 능히 백천만억의 뜻을 통달하여 알게 되리라. 그래서 비록 번뇌가 있을지라도 번뇌가 없는 것과 같아서, 생사生死에 나고 들지라도 겁나거나 두려운 생각이 없게 되리라.

또한 모든 중생들에게는 가엾이 여기는 마음을 내고, 일체법에 있어서 용맹스럽고 굳건한 생각을 하게 되리라. 그리하여 힘센 사람이 능히 무거운 짐을 짊어지고 갈 수 있듯이, 『무량의경』을 받아 지니는 자도 이와 마찬가지로 위없이 높은 깨달음의 막중한 보배를 짊어지고 중생들을 등에 업은 채 생사의 길에서 벗어날 수가 있느니라.

그리고 본인 스스로 아직 제도되지 못했더라도 능히 다른 이들을 제도할 수 있느니라. 그것은 마치 뱃사공이 중병에 걸려 사지가 자유롭지 못하여 생사의 이쪽 언덕〔此岸〕에 머물러 있을지라도, 튼튼하고 좋은 배를 가지고 있다면 언제라도 다른 이들이 배를 타는 데 지장 없도록 필요한 도구들을 마련해주고 건너가게 할 수 있는 것과 같은 이치이니라. 『무량의경』을 받아 지니는 자도 또한 이와 마찬가지니라. 가령 다섯 가지 윤회의 길[79]에서 벗어나지 못한 범부의 몸이라 백팔 가지 여러 중병들에 항상 서로 얽혀 있고, 무명 번뇌로 인해 늙고 죽는 생사의 이쪽 언덕에 머물러 있다고 하자. 아무리 그렇더라도 견고하고 튼튼한 대승 『무량의경』이 능히 중생들을 제도할 수 있는 방도를 갖추고 있으므로, 이 가르침대로 닦기만 한다면 생사를 벗어날 수가 있느니라. 선남자여, 이것을 『무량의경』의 세 번째 불가사의한 공덕의 힘이라고 부르느니라.

선남자여! 이 『무량의경』의 네 번째 불가사의한 공덕의 힘이란, 만약 누군가 이 경을 듣고 한 번이라도 남에게 가르쳐주되 한 게송이나

---

79 오도五道: 육도六道 가운데 천상을 뺀 나머지 다섯 갈래를 오도五道라 하기도 하고, 아수라를 축생에 포함시켜 오도라고 하기도 한다. 요약하면 중생이 업인에 따라 태어나는 윤회의 세계이다.

한 구절이라도 말해준다면 용맹스럽고 굳건한 생각을 하게 되리라. 그래서 본인 스스로 아직 제도되지 못했더라도 능히 다른 이들을 제도할 수 있으며, 모든 보살들과 더불어 권속이 되리라. 모든 부처님 여래께서도 항상 그 사람을 향하여 법을 연설하시나니, 그 사람이 듣고는 다 능히 받아 지니고 수순하여 따르며 거스르지 않을 뿐 아니라 거듭 다시 다른 이들을 위하여 근기에 맞게 널리 설명해주리라.

선남자여, 그 사람은 마치 국왕과 왕비 사이에 갓 태어난 왕자와도 같으니라. 그래서 하루에서 이틀 혹은 칠 일이 되고 한 달에서 두 달 혹은 일곱 달이 되며, 또 한 살에서 두 살 혹은 일곱 살이 되었다고 하자. 그러면 아직은 나라의 일을 맡아서 다스릴 수는 없을지라도, 이미 신하와 백성들의 공경을 받는 것은 물론이고 모든 대왕의 아들들과 벗이 되어 사귀게 되느니라. 또한 왕과 왕비는 그 왕자를 매우 끔찍이 사랑하여 항상 같이 있으며 말하고 싶어하리니, 왜냐하면 왕자가 너무 어리고 작기 때문이니라.

선남자여,『무량의경』을 받아 지니는 자도 또한 그 왕자와 매한가지니라. 즉 모든 부처님은 국왕과 같고,『무량의경』은 왕비에 해당하여 함께 왕자인 보살을 낳은 셈이니라. 만약 그 보살이『무량의경』을 듣고 한 구절이나 한 게송을 한 번 전하거나 두 번 또는 열 번·백 번·천 번·만 번·억만 번 전하거나 혹은 항하의 모래알처럼 헤아릴 수 없을 만큼 무수히 전했다고 하자. 그러면 비록 진리의 궁극을 체득하지 못하여 삼천대천 온 세계를 진동시킬 만큼 우레 같은 범음梵音으로 법륜을 크게 굴리지는 못할지라도, 이미 모든 사부대중[80]과 팔부신장들의 존경을 받으며 여러 큰 보살들과 권속이 될 수 있느니라.

모든 부처님의 비밀한 법에 깊이 들어가, 연설하는 내용들이 진리에 어긋나지 않을 뿐더러 잘못 빠뜨리지도 아니하리라. 항상 모든 부처님들께서 보호하시며 자애롭게 두루 감싸주시나니, 왜냐하면 처음 새로 배우기 때문이니라. 선남자여, 이것을 『무량의경』의 네 번째 불가사의한 공덕의 힘이라고 부르느니라.

선남자여! 이 『무량의경』의 다섯 번째 불가사의한 공덕의 힘이란, 만약 선남자 선여인이 부처님께서 세상에 계시거나 또는 열반하신 뒤에, 이와 같이 깊은 뜻이 담긴 위없이 높은 대승 『무량의경』을 받아 지니며 독송하고 베껴 쓴다고 하자. 그러면 비록 그가 번뇌에 사로잡혀서 범부 노릇을 멀리 여의지 못했더라도, 능히 대보리도大菩提道를 나타내 보일 수가 있느니라. 그래서 하루를 늘려서 백 겁을 삼고 백 겁을 줄여서 하루로 만들어 가지고, 다른 중생들로 하여금 기꺼이 믿고 항복하도록 할 수 있느니라.

선남자여, 이런 선남자 선여인은 말하자면 용의 아들이 태어난지 겨우 칠 일만 되더라도 능히 구름을 일으키고 비를 내리게 할 수 있는 것과 마찬가지니라. 선남자여, 이것을 『무량의경』의 다섯 번째 불가사의한 공덕의 힘이라고 부르느니라.

선남자여! 이 『무량의경』의 여섯 번째 불가사의한 공덕의 힘이란, 만약 선남자 선여인이 부처님께서 세상에 계시거나 또는 열반하신 뒤, 이 경전을 받아 지니며 독송하는 자는 비록 번뇌에 휩싸여 있더라도 중생들을 위해 설법할 수가 있느니라. 그래서 중생들로 하여금

---

80 사부대중四部大衆: 출가 제자인 비구·비구니와 재가 제자인 우바새(남자 신도)·우바이(여자 신도)를 말한다.

번뇌와 생사윤회를 멀리 떠나서 온갖 고통을 끊게 할 수 있느니라. 중생들이 듣고 난 다음 수행하게 되면 법을 얻고 과위를 얻으며 도를 얻어서, 부처님 여래와 동등하여 차별이 없게 되느니라.

예를 들어 왕자가 비록 나이 어리고 작더라도 왕이 나라 안을 순찰하고 다니거나 병이 났을 적에는, 왕자에게 맡겨서 나라의 일을 다스리게 하는 것과 같은 경우니라. 왕자는 이때 대왕의 분부에 따라 법대로 여러 관리와 벼슬아치들에게 영을 내려서 바른 교화정책을 펼쳐 나가리라. 그렇게 되면 나라의 백성들이 저마다 그 치안책을 따르게 되리니, 대왕의 정치와 별로 다를 바가 없으리라.

『무량의경』을 받아 지니는 선남자 선여인도 또한 이와 마찬가지니라. 가령 부처님께서 세상에 계시거나 또는 열반하신 뒤 그 선남자가 처음에는 아직 부동지[81]에 머무르지 못하였다고 하자. 그렇지만 부처님의 가르침을 의지하여 중생들에게 알기 쉽게 설명해준다면, 중생들이 들은 다음에 일심으로 수행하지 않겠느냐? 그러면 자연히 번뇌를 끊어 없애 법을 얻고 과위를 얻으며 도를 얻게 되리라. 선남자여, 이것을 『무량의경』의 여섯 번째 불가사의한 공덕의 힘이라고 부르느니라.

선남자여! 이 『무량의경』의 일곱 번째 불가사의한 공덕의 힘이란, 어떤 선남자 선여인이 부처님께서 세상에 계시거나 또는 열반하신 뒤 이 경에 대해 들었다고 하자. 그리고는 매우 환희하여 믿고 좋아하며 희유하다는 생각을 내어서, 『무량의경』을 수지하여 독송하고 베껴 쓰며 해설함은 물론 법대로 수행하고 있다 하자. 또 보리심을 내어

---

81 부동지不動地: 보살 수행의 십지十地 가운데 제8지에 해당된다.

모든 선근을 일으키고 큰 대비심으로 고통 받는 중생들을 제도하고자 한다면, 비록 육바라밀을 아직 수행하지 못했다 하더라도 육바라밀이 자연히 앞에 나타나 구족하게 되리라. 그리하여 즉시 그 몸 상태에서 무생법인無生法忍을 얻어 생사번뇌가 일시에 끊어질 것이니, 바로 제7지인 원행지遠行地에 올라 대보살의 지위를 부여받게 되리라.

가령 힘센 장군이 왕을 위해 원수를 없애주었다면, 원수가 이미 사라졌기에 왕은 크게 기뻐하며 나라 영지의 절반을 상으로 떼어주는 것과 마찬가지니라. 『무량의경』을 지니는 남자와 여인도 이와 같이 모든 수행인 가운데 가장 용감하고 굳세어서, 육바라밀의 법보를 일부러 구하지 아니하여도 저절로 구해지게 되느니라. 또한 생사번뇌의 원적怨敵은 자연히 사라지게 되고 무생법인을 증득하여, 불국토의 보배 절반을 상으로 받아 안락하게 되리라. 선남자여, 이것을 『무량의경』의 일곱 번째 불가사의한 공덕의 힘이라고 부르느니라.

선남자여! 이 『무량의경』의 여덟 번째 불가사의한 공덕의 힘이란, 만약 선남자 선여인이 부처님께서 세상에 계시거나 또는 열반하신 뒤에 누군가 능히 이 경전을 얻게 되었다고 하자. 그러면 마치 부처님을 친견한 것처럼 공경히 믿고 기뻐 좋아하며 수지 독송할 뿐 아니라, 베껴 쓰고 정대[82]하여 법답게 봉행奉行해야 하느니라. 또한 지계와 인욕을 굳게 지키고 보시바라밀을 닦으며 자비심을 일으켜, 위없이 높은 대승 『무량의경』으로써 널리 남을 위해 설명해주도록 하여라. 그리고 만일 어떤 사람이 처음부터 도무지 죄와 복을 믿지 않거든

---

82 정대頂戴: 머리 정수리 위에 이어서 존경의 표시를 나타내는 것. 또는 정수頂受라고도 한다.

이 경전을 보여주고, 여러 가지 방편을 베풀어 힘써 교화해서라도 그로 하여금 믿게 하여라. 『무량의경』에 큰 위력이 있기 때문에 그 사람의 마음이 홀연히 돌아서리니, 한 번 신심이 생기게 되면 용맹스레 정진하게 되므로 능히 『무량의경』의 큰 위덕과 세력을 얻어서 도를 얻고 과위를 얻게 되리라.

그리하여 선남자 선여인은 곧 그 몸으로 무생법인을 얻고 보살의 으뜸가는 지위에 오르리라. 더욱이 여러 보살들과 친한 권속이 될 것이니, 중생들을 빨리 성취시켜서 불국토를 청정히 하고 머지않아 위없이 높은 깨달음을 성취하리라. 선남자여, 이것을 『무량의경』의 여덟 번째 불가사의한 공덕의 힘이라고 부르느니라.

선남자여! 이 『무량의경』의 아홉 번째 불가사의한 공덕의 힘이란, 만약 선남자 선여인이 부처님께서 세상에 계시거나 또는 열반하신 뒤에 이 경전을 얻었다고 하자. 그래서 마음 깊이 환희하여 뛸 듯이 좋아하며 일찍이 없던 희유함을 느끼고 수지 독송하며 베껴 쓸 뿐만 아니라, 경전에 공양하면서 많은 사람들을 위해 널리 이 경의 뜻에 대해 상세히 분별하여 해설해 주었다고 하자. 그러면 곧 전세의 업과 나머지 다른 죄로 인한 무거운 장애들이 일시에 사라지고, 문득 청정해져서 마침내 대변재를 얻게 되리라. 그리고 점차 모든 바라밀들을 훌륭하게 장엄하여 여러 삼매와 수능엄삼매[83]를 얻고, 큰 총지문[84]에

---

83 수능엄삼매首楞嚴三昧: 일체 번뇌를 모조리 없애는 멸진정滅盡定을 성취해야 얻을 수 있는 삼매로, 다른 이름으로 반야바라밀般若波羅蜜이라 한다. 또는 사자의 포효가 뭇짐승들을 조복하듯 이보다 더 깊은 삼매가 없다는 뜻으로 사자후삼매獅子吼三昧라고도 한다. 즉 수능엄삼매는 불성을 훤히 투철하여 깨닫는 삼매이다.

들어가 부지런히 정진하는 힘을 얻으리라.

마침내 보살의 으뜸가는 경지를 빨리 뛰어넘어 시방 국토에 두루 몸을 나투고, 일체의 스물다섯 가지 존재[85]인 고통받는 중생들을 건져내고 제도하여 모두 해탈하게 하리라. 따라서 이 경에는 이처럼 큰 힘이 있나니, 선남자여, 이것을 『무량의경』의 아홉 번째 불가사의한 공덕의 힘이라고 부르느니라.

선남자여! 이 『무량의경』의 열 번째 불가사의한 공덕의 힘이란, 만약 선남자 선여인이 부처님께서 세상에 계시거나 또는 열반하신 뒤에 이 경전을 얻었다고 하자. 그래서 크게 환희하며 희유하다는 생각을 내어 몸소 수지 독송하고 베껴 쓸 뿐만 아니라, 경전에 공양하고 가르침대로 수행한다고 하자. 아울러 재가인과 출가인에게 널리 권장하여 수지 독송하며 베껴 쓰고, 경전에 공양하게 하며 해설하고 법대로 수행할 수 있도록 한다면, 이미 다른 사람으로 하여금 『무량의경』을 수행하게 한 공덕의 힘만으로도 도를 얻고 과위를 얻으리라. 모두 그 선남자 선여인이 자비한 마음으로 정성껏 교화한 노력 덕택이니, 그 선남자 선여인은 곧 그 몸에 한량없는 여러 다라니문을 얻으리라. 또 범부의 경지인 초발심 때부터 자연스럽게 능히 수없이 많은

---

84 총지문總持門: 다라니문을 뜻한다. 즉 선법善法을 지니어 잃지 않게 하는 동시에, 악법惡法은 일어나지 않게 하는 것을 말한다. 주 12 참조

85 이십오유二十五有: 삼계 육도에 왕래하는 모든 중생들 부류를 숫자로 말한 것이다. 욕계 14有(지옥·아귀·축생·아수라·남섬부주·동승신주·서우화주·북구로주·사왕천·도리천·야마천·도솔천·화락천·타화자재천), 색계7有(초선천·범왕천·이선천·삼선천·사선천·무상천·정거천), 무색계4有(공무변처천·식무변처천·무소유처천·비상비비상처천)이다.

아승기의 넓고 큰 서원을 세워서, 일체 중생들을 꼭 구원하고자 하는 마음을 내어 대비심을 성취하리라. 그래서 널리 중생들의 고통을 없애버리고 선근을 두텁게 쌓아 모든 중생들을 이익 되게 하리라. 그리고 법의 은택을 두루 베풀어서 진리의 목마름을 적셔주며, 여러 가지 법의 약을 가지고 많은 중생들에게 나누어주어 일체 중생들을 안락하게 하리라.

이렇게 점차 올라가 법운지[86]에 머무르게 되면 은택이 골고루 적셔지리니, 자애로운 은혜를 입히는 데 결코 예외가 없게 되리라. 괴로움에 허덕이는 중생들을 거두어서 모두 진리〔道〕의 자취에 들게 하리니, 따라서 그 사람은 머지않아 아뇩다라삼막삼보리를 이루게 되리라. 선남자여, 이것을 『무량의경』의 열 번째 불가사의한 공덕의 힘이라고 부르느니라.

선남자여, 이처럼 위없이 높은 대승 『무량의경』은 매우 큰 위신력을 지니고 있어 더없이 거룩하니라. 모든 범부 중생들로 하여금 전부 성인의 과위를 성취하게 하며, 영원히 생사윤회를 벗어나 자유자재함을 얻게 할 수 있느니라. 그러므로 이 경전을 『무량한 뜻이 담긴 경전〔無量義經〕』이라 부르느니라. 또한 모든 중생들로 하여금 범부의 경지에서 보살의 한량없는 도道의 싹을 틔우게 할 뿐만 아니라, 공덕의 나무가 울창하고 무성하게 잘 자라도록 약한 부분을 도와서 증장시켜 주느니라. 그리하여 이 경전을 『열 가지 불가사의한 공덕의 힘〔十不可思議功德力〕』이라 부르기도 하는 것이니라."

---

86 법운지法雲地: 보살 10지地 가운데 맨 위의 지위. 견도 후의 번뇌 습기, 곧 수혹修惑을 전부 끊고 모든 공덕을 갖추어 정각을 성취하기 바로 이전의 지위를 말한다.

이에 대장엄 보살마하살과 팔만 명의 보살마하살들이 한 목소리로 부처님께 사뢰었다.

"세존이시여, 부처님께서 가르쳐주신 매우 깊은 뜻이 담긴 미묘하고도 위없이 높은 대승 『무량의경』은 글의 이치가 진실하여 바르고 더없이 거룩합니다. 과거 현재 미래의 삼세三世 모든 부처님들께서 함께 수호하시니, 뭇 마구니나 여러 외도들이 감히 침범하여 방해할 수 없고 일체 삿된 소견의 생사번뇌에도 파괴되지 않습니다. 그러므로 『무량의경』에는 이와 같은 열 가지 공덕의 불가사의한 힘이 있어서, 한량없는 모든 중생들을 크게 이익 되게 합니다. 또 모든 보살마하살로 하여금 각각 무량의삼매無量義三昧를 얻게 하며, 백천 가지의 다라니문을 얻게 하기도 합니다. 그뿐만 아니라 보살의 여러 경지와 법인法忍을 얻게 하며, 혹은 연각이나 성문의 네 가지 도과道果를 증득하게도 합니다.

세존께서 불쌍히 여기시고 기꺼이 저희들을 위해 이와 같은 가르침〔法〕을 말씀해주시어, 저희들로 하여금 크게 법의 이익을 얻게 하시니 매우 기이하고 특별하여 일찍이 없던 희유함을 느끼옵니다. 그러니 세존의 자비하신 은혜는 참으로 보답하기 어렵겠나이다."

그때 삼천대천의 온 세계가 여섯 가지로 진동하며 움직였다. 그리고 하늘에서는 또 여러 아름다운 꽃들이 흩날렸는데, 하늘나라의 우발라꽃(푸른 연꽃)·발담마꽃(붉은 연꽃)·구물두꽃(노랑 연꽃)·분타리꽃(하얀 연꽃)들이 꽃비가 되어 내렸다. 또 여러 하늘향과 아름다운 하늘나라 옷과 하늘나라 영락과 값으로 따질 수 없이 귀중한 하늘의 보배들이 천상 위에서 무수히 빙빙 맴돌며 비 내리듯 쏟아져 내려와, 부처님과 모든 보살과 성문 대중들에게 공양하였다. 하늘부엌의 하늘나라 그릇마다 하늘의 맛있는 음식들이 가득하고, 그 음식들을 보거나 냄새를 맡는 것만으로도 저절로 배가 불러졌다. 하늘나라의 깃발과 하늘나라의 일산 그리고 아름다운 하늘나라 악기들이 주위 곳곳에 펼쳐져 하늘나라 음악을 연주하며 부처님을 노래하고 찬탄하였다.

또 다시 여섯 가지로 진동하며 움직이자, 동방에 있는 항하의 모래알처럼 많은 부처님들 세계에도 아름다운 하늘나라 꽃과 하늘향과 하늘옷과 하늘나라 영락과 값으로 따질 수 없이 귀중한 하늘의 보배들이 비 오듯 하염없이 쏟아져 내렸다. 하늘부엌의 하늘나라 그릇마다 맛있는 음식들이 가득하고, 그 음식들을 보거나 냄새를 맡는 것만으로도 저절로 배가 불러졌다. 하늘나라의 깃발과 하늘나라의 일산 그리고 아름다운 하늘나라 악기들이 하늘나라 음악을 연주하며, 그 나라 세계의 부처님과 보살과 성문 대중들을 노래하고 찬탄하였다.

남방과 서방·북방 세계와 네 간방의 동남방·동북방·서남방·서북방 세계와 상방 및 하방 세계에 있는 항하의 모래알처럼 많은 부처님들의 여러 세계들도 모두 그러하였다.

그때 부처님께서 대장엄 보살마하살과 팔만 명의 보살마하살들에게 이르시었다.

"그대들은 마땅히 이 『무량의경』에 깊이 공경하는 마음을 일으키고 가르침대로 수행해야 하느니라. 그리고 널리 모든 사람들을 교화하여 지극한 마음으로 유포시킬 뿐만 아니라, 한결같이 간절하고 정중하게 밤낮으로 수호해야 하느니라. 그래서 여러 중생들로 하여금 빠짐없이 저마다 법의 이익을 얻도록 노력한다면, 그대들의 그런 행위야말로 참다운 대자대비라 할 수 있으리라. 그 대자대비한 마음으로 신통의 원력을 세워서 이 경을 수호하되, 중생들이 경의 말씀을 의심한다든지 또는 이해하는데 막힘이 없게 하여라. 그리하여 앞으로 오는 세상에 반드시 이 경전으로 하여금 염부제[87]에 널리 유행하도록 해서, 사바[88] 세계의 일체 중생들이 실제로 보고 듣고 독송하며 베껴 쓰고 공양하게끔 하여라. 그렇게 되면 그 공덕으로 그대들도 또한 속히 아뇩다라삼먁삼보리를 얻게 될 것이니라."

이때 대장엄 보살마하살과 팔만 명의 보살마하살들이 곧 자리에서 일어나 부처님께 나아가 머리 숙여 부처님 발에 예배하고 그 주위를 백천 번 돌았다. 그리고 부처님 앞에 호궤[89]하고 꿇어앉아 한 목소리로 부처님께 사뢰었다.

---

87 염부제閻浮提: 수미산을 중심으로 4개의 대주大洲 가운데 하나. 남쪽에 있는 섬부주瞻部洲라고 해서 '남섬부주'라고 일컫는다.

88 사바娑婆: 범어 Sabhā의 음역. 인토忍土·감인토堪忍土·인계忍界로 한역. 우리가 사는 현 세계는 고통과 걱정이 끊이지 않는 세계이므로 이렇게 부른다.

89 호궤胡跪: 무릎을 꿇어 공경을 표하는 예법으로, 서역 지방과 인도에서 행하므로 호궤胡跪라고 부른다. 보통 불법에서는 왼쪽 무릎을 세우고 오른쪽 무릎을 땅에 대는 좌궤左跪가 일반적이지만, 행사가 오래 걸려 피로할 때는 서로 바꿔서 땅에 대는 호궤互跪도 허락하고 있다. 이에 반해 장궤長跪는 두 무릎을 모두 땅에 대고 두 정강이는 세운 채 두 발끝으로 땅을 디디고, 몸을 우뚝 세우는 자세이다. 이처럼 무릎을 꿇어 상대방을 높이는 방법에는 호궤互跪와 좌궤·장궤 등 모양이 일정치 않다.

"세존이시여, 저희들은 다행스럽게도 세존께서 사랑하시고 불쌍히 여겨주시는 은혜를 입었습니다. 저희들을 위해 이렇게 매우 깊은 뜻이 담긴 미묘하고도 위없이 높은 대승 『무량의경』을 말씀해 주셨으니, 부처님의 칙명을 공경히 받들어 여래께서 열반하신 후에도 널리 이 경전을 유포시키겠습니다. 그래서 일체 중생들로 하여금 두루 받아 지니고 독송하며 베껴 쓰고 공양하도록 하겠습니다.

그러니 부디 세존께서는 너무 염려하지 마시옵소서! 저희들은 마땅히 원력으로써 널리 일체 중생들로 하여금 직접 보고 듣고 독송하며 베껴 쓰고 공양하도록 해서, 『무량의경』의 크나큰 위신력을 얻도록 하겠습니다."

그때 부처님께서 보살들을 칭찬하여 말씀하셨다.

"착하고 착하도다, 모든 선남자들이여!

그대들은 이제 참된 불자로다. 대자대비한 마음이 깊어서 능히 괴로움을 없애고 액난을 구제할 수 있는 자이며, 아울러 일체 중생들의 좋은 복전이로다. 또한 널리 일체 중생들을 위하여 바르게 인도하는 스승〔導師〕이니, 모든 중생들의 큰 의지처이자 크게 은혜를 베푸는 자로다. 그러니 그대들은 항상 이 법의 이익을 가지고 널리 일체 중생들에게 베풀도록 하여라."

그때 큰 회상에 모였던 수많은 대중들이 모두 큰 환희심으로 부처님께 예배한 뒤 가르침을 받아 지니고 물러갔다.

묘법연화경

[妙法蓮華經]

묘법연화경 제一권 제1 서품序品

이와 같이 내가 들었다.

어느 때 부처님께서는 왕사성 밖의 영취산(기사굴산) 속에 큰비구 스님들 만 이천 명과 함께 머물고 계셨다. 그들은 전부 아라한으로 모든 번뇌들이 다하여 다시는 번뇌가 없었다. 자신의 이익, 곧 지혜는 중하고 미혹함을 끊어서, 모든 존재의 속박을 다하여 마음이 자유로웠다. 그 비구 스님들의 이름은 아야교진여·마하가섭·우루빈나가섭·가야가섭·나제가섭·사리불·대목건련·마하가전연·아누루다(아나율)·겁빈나·교범바제·이바다·필능가바차·박구라·마하구치라·난타·손타라난타·미다라니 아들 부루나·수보리·아난·라후라 등 여러 사람들에게 잘 알려진 큰 아라한들이었다. 또 다시 유학인[90]과 무학인[91] 이천 명이 있었고, 마하파사파제 비구니는 육천 명의 권속들

---

90 유학인有學人: 범어 Śaikṣa. 온갖 번뇌를 끊으려고 무루無漏의 계戒·정定·혜慧 삼학三學을 배우고 닦는 성문聲聞의 지위에 있는 사람.

과 함께 있었으며, 라후라의 어머니인 야수다라 비구니도 역시 자기 권속들과 함께 있었다.

그리고 팔만 명의 보살마하살은 모두 아뇩다라삼먁삼보리에서 물러나지 않는 지위에 있었으며, 전부 다라니陀羅尼와 설법 잘 하는 변재를 얻어서 불퇴전법륜을 굴리는 분들이었다. 또한 그들은 한량없는 백천 부처님들께 공양 올렸으며, 여러 부처님들 처소에서 온갖 덕의 선근을 심어서 항상 여러 부처님들의 칭찬과 찬탄을 받곤 하였다. 자비로 몸을 닦아 부처님 지혜에 들어가 대지혜를 통달하였으니, 벌써 열반의 저 언덕에 이른 상태였다. 그 보살들의 명망이 한량없는 세계에 널리 퍼져 능히 헤아릴 수 없는 백천 명의 중생들을 제도하고 있었다. 그 보살들의 이름은 문수사리文殊師利보살·관세음觀世音보살·득대세得大勢보살·상정진常精進보살·불휴식不休息보살·보장寶掌보살·약왕藥王보살·용시勇施보살·보월寶月보살·월광月光보살·만월滿月보살·대력大力보살·무량력無量力보살·월삼계越三界보살·발타바라跋陀婆羅보살·미륵彌勒보살·보적寶積보살·도사導師보살 등 이와 같은 보살마하살 팔만 명이 함께 있었다.

그때 석제환인[92]은 그의 권속 이만 명의 천자들과 같이 있었으며, 또 월천자(달님)와 보향천자(별님), 보광천자(햇님) 그리고 사대천왕

---

91 무학인無學人: 범어 Aśaikṣa. 다 배워서 배울 것이 없는 아라한阿羅漢의 지위에 있는 성자.

92 석제환인釋提桓因: 범어 Śakra-devānāṃ Indra. 수미산 꼭대기 도리천(33天)의 임금인 제석천帝釋天을 말한다. 사천왕과 32天을 통솔하며 불법과 불법에 귀의하는 사람들을 보호하고, 아수라 군대를 정벌한다.

들도 만 명의 그들 천자 권속들과 함께 있었다. 자재천자自在天子와 대자재천자大自在天子는 삼만 명의 그들 천자 권속들과 같이 있었고, 사바세계의 주인이자 범천왕[93]인 시기尸棄대범천왕과 광명光明대범천왕도 만 이천 명의 천자들과 함께 있었다. 또한 여덟 용왕이 있었는데, 난타용왕·발난타용왕·사가라용왕·화수길용왕·덕차가용왕·아나바달다용왕·마나사용왕·우발라용왕이 각각 백천 권속들과 같이 있었다. 그리고 네 긴나라왕이 있었는데, 법法긴나라왕·묘법妙法긴나라왕·대법大法긴나라왕·지법持法긴나라왕이 각각 백천 권속들과 함께 있었다. 또 음악을 연주하는 네 건달바왕이 있었는데, 악樂건달바왕·악음樂音건달바왕·미美건달바왕·미음美音건달바왕이 각각 백천 권속들과 같이 있었다. 그리고 네 아수라왕이 있었는데, 바치아수라왕·거라건타아수라왕·비마질다라아수라왕·라후아수라왕이 각각 백천 권속들과 함께 있었다. 또한 네 가루라왕이 있었는데, 대위덕大威德가루라왕·대신大身가루라왕·대만大滿가루라왕·여의如意가루라왕이 각각 백천 권속들과 같이 있었다. 그리고 위제희[94] 부인의 아들 아사세왕[95]도 백천 명의 권속들과 함께 있었다. 그들은 모두

---

93 범천왕梵天王: 욕계의 음욕을 여의어 항상 깨끗하고 조용하므로 범천梵天이라 하는데, 여기에서는 색계 사선천四禪天 가운데 초선천(初禪天: 범중천·범보천·대범천)의 주主를 가리킨다.

94 위제희韋提希: 중인도 마갈타국 빈비사라왕의 부인이며, 아사세왕의 어머니.

95 아사세왕阿闍世王: 중인도 마갈타국의 왕. 빈비사라왕과 위제희왕비 사이에서 태어나, 나중에 부왕을 죽이고 어머니를 가두는 역적죄를 지었다. 그러나 뒤에 부처님께 참회하고 귀의하여 교단의 외호자가 되었으니, 불경 제1결집의 대사업을 완성하고 불멸 후 24년에 죽었다.

각각 부처님 발에 예배하고 한 쪽으로 물러나 앉았다.

그때 세존[96]께서는 사부대중에게 둘러싸여 공양 받으셨으며, 공경과 존중과 찬탄을 받으셨다. 그리고 모든 보살들을 위하여 대승경을 연설하셨으니 바로 『무량의경』이었다. 이는 보살을 가르치는 법으로, 부처님께서 보호하시고 생각하시는 경이었다. 부처님께서 『무량의경』을 설하여 마치신 후, 가부좌를 맺으시고 무량의처삼매無量義處三昧에 드시니 몸과 마음이 전혀 움직이지 아니하셨다.

바로 이때 하늘에서 만다라꽃과 마하만다라꽃, 만수사꽃과 마하만수사꽃이 부처님 머리 위와 모든 대중들에게 꽃비가 되어 내렸다. 그리고 온 부처님의 세계가 여섯 가지로 진동하며 움직였다.[97] 그때 모임 가운데에 있던 비구·비구니·우바새·우바이와 하늘천신·용·야차 그리고 건달바·아수라·가루라·긴나라·마후라가 같이 사람인 듯하면서 아닌 이들[98]과 여러 작은 왕들과 전륜성왕[99] 등 이러한 모든

---

96 세존世尊: 부처님의 십호十號 가운데 하나. 부처님은 온갖 공덕을 원만히 갖추어 세간을 이익되게 하며, 세상에서 가장 높으시어 존경을 받으실 만한 분이므로 이렇게 부른다.

97 육종진동六種震動: 여섯 가지 형태로 대지가 진동하는데, 상서로운 징조 중의 하나이다. ①동動_한쪽으로 움직임. ②기起_아래에서 위로 흔들려 올라옴. ③용涌_솟아올랐다 꺼져 내려감. ④진震_우레처럼 울림. ⑤후吼_꽝 하는 소리. ⑥격擊_큰 소리로 깨닫게 하는 소리.

98 인비인人非人: 불법의 팔부八部 수호신(하늘천신·용·야차·건달바·아수라·가루라·긴나라·마후라가) 가운데 건달바·아수라·가루라·긴나라·마후라가 등은 사람이 아니지만, 몸의 일부분이 사람 모양인 것도 있고 또 설법 듣는 자리에서는 사람몸으로 변화해서 듣기 때문에 '사람인 듯하면서 아닌 이들'이라고 표현한 것이다.

99 전륜성왕轉輪聖王: 인간 세상을 포함한 수미산의 사주(四州: 南섬부주·北구로주·西우화주·東승신주)를 지배하는 왕. 몸에 32상을 갖추고 즉위할 때 하늘로부터 윤보輪寶

대중들이 일찍이 없던 희유함을 느끼면서, 환희하여 합장한 채 부처님을 하염없이 일심으로 우러러보았다.

그러자 그때 부처님께서 두 눈썹 사이로 백호상의 광명을 놓으사 동쪽으로 만 팔천 세계를 두루 비추지 않는 곳이 없었으니, 아래로는 아비지옥[100]과 위로는 아가니타천[101]에까지 비추었다. 그리하여 이 사바세계에서 다른 세계 국토의 여섯 갈래〔六趣〕 중생들을 모두 보게 되었고, 또 다른 세계 국토에 계신 모든 부처님들을 뵈옵고는 그 부처님들께서 설법하시는 경전의 가르침도 듣게 되었다. 아울러 다른 세계 국토의 여러 비구·비구니·우바새·우바이들이 수행하여 도 얻는 것을 다 보았고, 또 많은 보살마하살들이 여러 가지 인연과 이해 정도와 갖가지 모습으로 보살도 닦는 것을 보았다. 또 모든 부처님들께서 반열반[102]에 드시는 것을 친견하였고, 다시 모든 부처님들 열반하신 후에 대중들이 부처님 사리[103]를 가지고 칠보탑 세우는 것을 전부 보았다.

를 얻어, 이를 굴리면서 사방을 위엄으로 굴복시킨다. 곧 사천하를 자유자재로 다니며 정의와 덕으로써 다스린다.

100 아비지옥阿鼻地獄: 지옥 가운데 가장 고통스러운 무간지옥無間地獄을 말한다.

101 아가니타천阿迦尼吒天: 범어 Akaniṣṭha의 음역. 색계 18천天 가운데 맨 꼭대기 하늘로, 색구경천色究竟天 또는 유정천有頂天이라고도 한다.

102 반열반般涅槃: 범어 Parinirvāṇa의 음역. 입멸入滅·멸도滅度·원적圓寂이라 한역하며, 열반涅槃과 같은 뜻이다. 즉 번뇌에서 해탈하여 적멸무위寂滅無爲한 법신法身의 진리와 하나가 됨을 의미함.

103 사리舍利: Śarīra의 음역. 신골身骨·영골靈骨·유신遺身으로 한역. 한량없는 육바라밀 공덕으로 생기며 또 계戒·정定·혜慧에 훈수熏修되어 생기는 것으로, 매우 얻기 어려운 으뜸가는 복전이다. 여기에는 전신사리와 쇄신사리·법신사리 등이 있는데, 전신사리는 다보불과 같이 전신이 그대로 사리인 경우이다. 쇄신사리는 석가모니불의 사리처럼 화장한 뒤에 몸에서 나온 작은 낱알의 구슬 모양을

그때 미륵보살이 이렇게 생각하였다.

'지금 세존께서 신령스러운 변화모양을 나타내시거늘, 도대체 무슨 사연으로써 이러한 상서를 보이시는 것일까? 지금 부처님 세존께서는 삼매에 드셨으니, 이 부사의하고 희유한 일에 대해 마땅히 누구에게 여쭤봐야 하며 누가 능히 대답할 수 있겠는가?'

그리고 나서 다시 이렇게 생각하였다.

'이 문수사리 법왕자는 이미 일찍이 지난 세상에 한량없는 모든 부처님들을 가까이 모시고 공양하였으니, 반드시 이와 같은 희유한 모양을 보았을 것이다. 그러니 내가 이제 마땅히 이것을 여쭤봐야겠다.'

그때에 비구·비구니·우바새·우바이와 여러 하늘천신·용·귀신들도 모두 다 이렇게 생각하였다.

'이 부처님의 광명과 신통한 모양에 대해서 지금 마땅히 누구에게 여쭤봐야 한단 말인가?'

그때 미륵보살은 자기의 의심도 풀고, 또 사부대중인 비구·비구니·우바새·우바이와 여러 하늘천신·용·귀신 등 모든 대중들의 궁금한 마음을 헤아려서 문수사리보살[104]에게 여쭈었다.

"무슨 인연으로써 이렇게 상서롭고 신통한 모양을 나타내는 것입니까? 큰 광명을 놓으사 동방으로 만 팔천 세계를 비추어 다른 부처님

가리킨다. 또 법신사리는 대승·소승의 일체 경전들을 말한다.

104 문수사리보살文殊師利菩薩: 범어 Mañjuśrī의 음역. 묘길상妙吉祥이라 한역. 석가모니불의 좌보처보살左補處菩薩로 지혜를 담당한다. 머리에 오계五髻를 맺은 것은 대일여래大日如來의 오지五智를 상징하고, 오른손에는 지혜의 칼을 들고 왼손에는 청련화를 쥐고 있다.

세계의 장엄한 모습까지 전부 보게 하는지 궁금하기 짝이 없습니다."

이에 미륵보살이 거듭 의미를 표현하고자 게송으로 여쭈었다.

문수사리보살이여!
부처님 도사께서 무슨 까닭으로
미간 백호상에서
큰 광명을 널리 비추시고,

만다라꽃과 만수사꽃이
꽃비 되어 흩날리며
전단향 훈풍까지 불어와
대중들의 마음을 즐겁게 하나이까?

이로 인하여
땅은 모두 깨끗해지고
이 세계가
여섯 가지로 진동하니,

이때 사부대중들
모두 다 환희하며
몸도 마음도 상쾌하여
일찍이 없던 희유함을 느끼나이다.

미간의 광명이
동방을 비추니
만 팔천 세계가
모두 금빛으로 찬란하고,

아래로 아비지옥에서
위로 유정천에 이르는
모든 세계 가운데의
육도六道 중생들이

나고 죽는 윤회 과정에서
선악의 업연으로
좋고 나쁜 과보 받는 것을
여기서 모두 보나이다.

또 많은 부처님들 뵙건대
성주聖主이신 스승님께서
경전을 연설하심에
미묘하심이 제일이라.

그 음성 청정하여
맑고도 부드러운 말씀으로
모든 보살들을 가르치시니
그 수가 억만 명이며,

깨끗한 음성 깊고 미묘하여
사람들 듣기 좋아하는 목소리로
각각 여러 세계에서
정법을 강설하시되,

여러 가지 인연과
한량없는 비유로써
불법을 환하게 밝히시어
중생들을 깨우치시나이다.

만일 어떤 이가 고통을 겪으며
늙고 병들어 죽는 것을 싫어하면
그를 위해 열반의 가르침 설하여
모든 고통을 없애게 하시고,

어떤 이가 복이 있어
일찍이 부처님께 공양했으며
마음에 수승한 법을 구하거든
연각의 법을 설해주시며,

어떤 불자
여러 가지 수행을 닦으며
위없이 높은 지혜를 구하면
청정한 보살도를 설해주시나이다.

문수사리보살이여!
제가 이곳에 있으면서
이것뿐 아니라 천억 가지를 보고 듣거늘
그 중에서 대강만 말하겠나이다.

제가 보니 다른 세계의
항하 모래알처럼 많은 보살들
여러 가지 인연으로
불도를 구하거니,

어떤 이는 보시하기를
금과 은·산호
진주와 마니보배
자거와 마노,

금강석과 여러 보배들
남녀 노비와 수레 그리고
보배로 꾸민 가마들을
환희심으로 베풀면서,

불도에 회향하여
모든 부처님들께서
삼계의 제일이라 찬탄하시는
일불승一佛乘 얻기를 원하더이다.

어떤 보살은
네 마리 말이 끄는 보배수레에다
난간을 화려하게 꽃으로 덮고
추녀를 멋지게 장식하여 보시하며,

또 어떤 보살은
몸뚱이와 손과 발
게다가 처자까지 보시하여
위없이 높은 진리를 구하고,

다시 어떤 보살은
머리와 눈과 모든 몸을
기꺼이 보시하면서
부처님의 지혜를 구하더이다.

문수사리보살이여!
제가 보니 많은 왕들이
부처님 처소에 나아가서
위없이 높은 진리에 대해 여쭙고는,

곧바로 훌륭한 국토와 궁전과
신하와 처첩妻妾마저 버린 채
수염과 머리를 깎고
법복을 입으며,

또 어떤 보살은
비구가 되어
홀로 고요한 곳에 앉아
경전 읽는 것을 좋아하고,

다시 어떤 보살은
용맹스럽게 정진하되
깊은 산 속에 들어가서
불도를 깊이 사색하며,

또 어떤 보살은 욕심을 떠나
항상 고요한 곳에 머무르며
깊이 선정을 닦아서
다섯 가지 신통을 얻기도 하더이다.

그리고 어떤 보살은
선정에 깊이 들어 합장한 채
천만 가지 게송으로써
모든 부처님 법왕을 찬탄하며,

또 어떤 보살은
지혜가 깊고 뜻이 견고하여
능히 모든 부처님들께 법을 여쭙고는
들은 대로 전부 다 받아 지니며,

다시 어떤 불자는
선정과 지혜가 구족하여
한량없는 비유로써
대중들을 위해 설법하되,

기쁘고 즐겁게 설명해서
많은 보살들을 교화하고
마군중을 격파하여
법의 북소리를 높이 울리며,

또 어떤 보살은
오래 선정을 닦아 안정되고 고요하여
하늘천신과 용이 공경하더라도
도무지 우쭐대며 좋아하지 않더이다.

그리고 어떤 보살은
숲 속에서 광명을 놓아
지옥 중생들의 고통을 제도하여
부처님 가르침〔佛道〕에 들게 하며,

다시 어떤 불자는
잠도 자지 아니하고
숲 속을 거닐면서
부지런히 불도를 구하고,

또 어떤 이는 계행 갖추어
위의威儀에 조금도 흠되지 않도록
보배구슬처럼 깨끗하게 지키며
불도를 구하고,

다시 어떤 불자는
인욕력에 머물러
증상만[105]들이 욕하고 때려도
다 능히 참고서 불도를 구하며,

그리고 어떤 보살은
희롱하며 웃고 떠드는 일과
어리석은 권속들을 떠나서
지혜로운 자를 친근히 하고,

일심으로 숲 속에서
산란한 마음 가다듬은 채
억천만 년 지나도록
불도를 구하며,

또 어떤 보살은

---

105 증상만增上慢: 깨달음을 얻지 못하고도 얻었다고 잘난 체하는 교만을 증상만增上慢이라 한다. 곧 증득하지 못한 법을 증득했다고 생각하여 높은 체하는 이를 가리킨다. 아만我慢·증상만增上慢·비만卑慢·사만邪慢 등 4종 만심慢心 가운데 하나이다.

좋은 반찬과 음식과
백 가지 온갖 탕약으로
부처님과 스님들께 보시하고,

최상의 이름난 의복으로
천만 냥 나가는 좋은 옷과
값으로 따질 수 없이 귀한 옷을
부처님과 스님들께 보시하며,

천만억 가지의
전단[106]으로 지은 보배집과
여러 가지 고급 침구들을
부처님과 스님들께 보시[107]하고,

꽃과 열매 무성한
깨끗한 동산 가운데
흐르는 샘물과 맑은 연못도
부처님과 스님들께 보시하나니,

---

106 전단栴檀: 범어 candana의 음역. 인도 남부 데칸 고원 지방에 많이 나는 향나무의 일종인데, 향기가 매우 좋다.

107 보시布施: 범어 dāna. 육바라밀 가운데 첫 번째로, 자비심으로 다른 이에게 필요로 하는 것을 아낌없이 베풀어 주는 것을 말한다. 보시의 종류에는 재시財施·법시法施·무외시無畏施 등이 있다.

이런 것들 보시하되
여러 가지 훌륭하고 미묘한 물건들을
조금도 아까워하지 않고 환희심으로 베풀며
위없이 높은 진리를 구하더이다.

또 어떤 보살은
적멸한 가르침을 설하되
여러 가지 교법으로
수없이 많은 중생들을 교화하며,

다시 어떤 보살은
모든 법의 성품은
두 가지 모양이 없어서
마치 허공처럼 차별이 없음을 관하고,

그리고 어떤 불자는
마음에 집착이 없으매
그런 훌륭한 지혜로써
위없이 높은 진리를 구하더이다.

문수사리보살이여!
또 어떤 보살은
부처님께서 열반하신 뒤
사리에 공양하며,

다시 어떤 불자는
항하의 모래알처럼
무수히 많은 탑묘를 쌓아
세계를 장엄하거늘,

아름다운 보배탑의
높이는 오천 유순[108]이요
가로와 세로는 똑같이
이천 유순이나 되며,

하나하나의 탑묘마다
각각 천 개의 깃발[109]이 휘날리고
진주구슬로 짠 휘장에는
보배방울들이 서로 딸그랑거리나니,

모든 하늘천신과 용과 귀신들
사람인 듯하면서 아닌 이들까지
향과 꽃과 음악으로
늘 공양 올리더이다.

문수사리보살이여!

---

108 유순由旬: 범어 yojana의 음역. 인도의 거리 단위인데, 일반적으로 30리에서 40리 정도에 해당된다고 한다.

109 당번幢幡: 불전佛殿을 장식하는 장엄구莊嚴具의 하나이다. 주 23, 24 참조.

모든 불자들이
사리에 공양하려고
탑묘를 장엄하자,

온 나라 세계가 저절로
아름답고 훌륭하게 장엄되어
마치 하늘의 나무[110]에
꽃이 활짝 피어난 듯하더이다.

부처님께서 한 줄기 광명을 비추시매
이곳에서 저와 모든 대중들이
온 나라 세계의 여러 가지
수승하고 미묘한 것들을 환히 보건대,

모든 부처님의 위신력과
지혜가 희유하여
한 줄기 깨끗한 광명을 놓으사
한량없는 세계들을 비추시거늘,

저희들은 이를 보며
일찍이 없던 희유함을 느끼거니
부처님 제자이신 문수사리보살이여!

---

110 천수왕天樹王: 도리천 정원에 있는 나무로, 파리질다라수波利質多羅樹이다.

부디 저희 대중들의 의심을 풀어주소서!

사부대중들이 환희하여
거룩하신 당신과 나만을 우러르고 있나니,
세존께서 무슨 일로
이런 광명을 비추시는 것입니까?

불자佛子여, 어서 지금 대답하시어
대중들 의심을 풀어주어 기쁘게 하소서!
이익되는 바가 무엇이기에
이렇게 찬란한 광명을 비추시는 것입니까?

부처님이 도량에 앉아
얻으셨던 미묘한 법을
연설하시려고 하나이까?
아니면 수기를 주시려고 하나이까?

모든 불국토들이
온갖 보배로 장엄됨을 보이시고
여러 부처님들을 친견하게 됐으니
이는 절대 작은 인연이 아니옵니다.

문수사리보살이여,
사부대중과 용과 귀신들이

거룩하신 당신만 우러르고 있음을 고려하여
무슨 까닭인지 제발 말씀해주소서!

그때 문수사리보살이 미륵 보살마하살과 모든 보살들〔大士〕에게 말씀하셨다.

"선남자들이여! 내 생각에 지금 부처님 세존께서는 큰 법을 설하시려고 하시는 것 같습니다. 큰 법비를 내려주시고 큰 법고둥〔法螺〕을 부시며, 큰 법고法鼓를 치시어 큰 법의 뜻을 연설하시려고 하는 것 같습니다.

모든 선남자들이여!

나는 과거 여러 부처님들로부터 진작에 이와 같은 상서를 보았었는데, 이런 광명을 비추시고는 곧바로 큰 법을 설하셨습니다. 그러므로 마땅히 지금 석가모니 부처님께서 광명을 나타내시는 것도 또한 그와 똑같을 것이라고 짐작할 수 있겠습니다. 곧 중생들로 하여금 일체 세간에서 믿기 어려운 법을 들어서 알게 하시려고, 일부러 이와 같은 상서를 나타내시는 것입니다.

모든 선남자들이여!

저 과거의 한량없고 그지없으며 이루 헤아릴 수 없이 머나먼 아승기 겁[111] 이전에 그 당시의 부처님이 계셨으니, 일월등명日月燈明여래·응

111 겁劫: 범어 Kalpa의 음역으로 장시長時 또는 대시大時로 한역. 인간 세상 4억3천2백만 년이 범천梵天의 하룻나절인데, 그것이 1겁에 해당된다고 한다. 또 둘레 40리나 되는 바위를 천인天人이 하늘옷으로 3년마다 한 번씩 스쳐서, 그 바위가 다 닳아 없어지는 기간을 1소겁小劫이라 한다. 그래서 20소겁이 되면 1중겁中劫이라 하고, 4중겁이 되면 1대겁大劫이라 한다. 여기에서 '아승기 겁'이란 '아승기만큼의

공·정변지·명행족·선서·세간해·무상사·조어장부·천인사·불세존[112]이셨습니다. 그 부처님께서 정법을 연설하셨는데, 처음에도 잘 하셨지만 중간에도 잘 하셨고 나중에도 잘 연설하셨습니다. 그 가르침의 뜻이 심원深遠할 뿐만 아니라 말씀도 미묘하고 순일하며 잡됨이 없어서, 깨끗한 범행[113]의 모습을 두루 갖추셨습니다.

그리하여 성문[114]을 구하는 자를 위해서는 응당히 사제법을 설하시어, 생노병사를 벗어나 마침내 열반에 이르도록 하셨습니다. 벽지불을 구하는 자를 위해서는 십이인연법을 설하셨으며, 모든 보살들을 위해서는 육바라밀을 설하시어 아뇩다라삼막삼보리를 증득하여 일체종지[115]를 이루도록 하셨습니다.

그 다음에 또 부처님이 계셨으니 역시 일월등명불日月燈明佛이라

무수한 겁劫의 세월을 뜻한다.

112 부처님의 열 가지 다른 이름[十號]이니, ①여래如來_ 如如한 진리에 따라 세상에 오셔서 진리 그대로를 보여주시는 분. ②응공應供_응당히 공양 받아야 하며 존경받아 마땅하신 분. ③정변지正遍知_바른 깨달음으로 일체를 두루 아시는 분. ④명행족明行足_지혜와 실천행을 갖추신 분. ⑤선서善逝_생사 고해 바다를 잘 건너가신 분. ⑥세간해世間解_누구보다 세상에 대해서도 잘 이해하시는 분. ⑦무상사無上士_세상에서 가장 최고로 높고 거룩하신 분. ⑧조어장부調御丈夫_중생을 근기에 맞게 잘 다루어 깨달음으로 올바르게 인도하시는 분. ⑨천인사天人師_하늘나라에서나 인간세상의 스승이신 분. ⑩불세존佛世尊_깨달으시어 세상에서 가장 존귀하신 분(佛과 世尊의 합성어).

113 범행梵行: 맑고 깨끗한 행실, 곧 정행淨行을 말한다.

114 성문聲聞: 부처님의 가르침을 듣고 깨닫는 성자, 곧 부처님의 제자를 가리킨다. 하지만 보통 자리이타自利利他를 추구하는 대승의 보살에 대하여, 성문聲聞은 자기의 깨달음과 이익만 추구하는 소승의 성자로 알려져 있다. 주 67 참조

115 일체종지一切種智: 일체 모든 만법을 전부 상세히 아는 지혜, 곧 부처님의 지혜.

하셨으며, 또 다음에도 부처님이 계셨으니 마찬가지로 일월등명불이라 하셨습니다. 이와 같이 하여 이만 분의 부처님들 이름이 모두 동일하게 일월등명불이셨고, 또 성씨도 똑같이 파라타頗羅墮였습니다. 미륵보살이여! 마땅히 잘 명심할지니, 처음 부처님에서 나중 부처님까지 모두 똑같은 이름으로 일월등명불이셨으며 십호十號[116]를 다 구족하셨습니다. 그리고 법을 연설함에 있어서도 처음이나 중간이나 나중이나 전부 잘 연설하셨습니다.

그 맨 나중 부처님께서 아직 출가하지 않으셨을 때에 여덟 명의 왕자를 두셨는데, 첫째 왕자의 이름은 유의有意요, 둘째 왕자 이름은 선의善意였습니다. 셋째 왕자 이름은 무량의無量意요, 넷째 왕자 이름은 보의寶意요, 다섯째 왕자 이름은 증의增意요, 여섯째 왕자 이름은 제의의除疑意요, 일곱째 왕자 이름은 향의響意요, 여덟째 왕자 이름은 법의法意였습니다. 그 여덟 명의 왕자들은 위엄이 넘치고 덕이 자재하여 제각기 사천하를 당당히 다스리고 있었습니다.

그런데 그 모든 왕자들이 부왕께서 출가하시어 아뇩다라삼먁삼보리를 얻으셨다는 말을 듣고는, 모두 왕위를 버리고 아버지를 따라 출가하였습니다. 그들도 또한 대승의 마음을 일으켜 항상 청정한 범행을 닦아 모두 법사가 되었으니, 이미 천만 분의 부처님들 처소에서 온갖 선근의 근본을 충분히 심은 상태가 되었습니다.

그 당시 일월등명 부처님께서 대승경을 연설하셨는데, 경전 이름을 『무량의경』이라 하였습니다. 보살들을 가르치는 법으로, 부처님께서

---

116 십호十號: 부처님의 열 가지 다른 칭호. 주 112 참조

보호하시고 생각하시는 경이었습니다.

부처님께서 『무량의경』을 설하여 마치신 뒤 곧 대중 가운데에서 가부좌를 맺으시고, 무량의처삼매에 드시니 몸과 마음이 전혀 움직이지 아니하셨습니다.

바로 이때 하늘에서 만다라꽃과 마하만다라꽃, 만수사꽃과 마하만수사꽃이 꽃비가 되어 날리며, 부처님 머리 위와 모든 대중들에게 흩날렸습니다. 그리고 온 부처님의 세계가 여섯 가지로 진동하며 움직였습니다. 그때 회상 가운데에 있던 비구·비구니·우바새·우바이와 하늘천신·용·야차 그리고 건달바·아수라·가루라·긴나라·마후라가 같이 사람인 듯하면서 아닌 이들과 여러 작은 왕들과 전륜성왕 등 이러한 모든 대중들이 일찍이 없던 희유함을 느끼면서, 환희하여 합장한 채 일심으로 하염없이 부처님을 우러러보았습니다.

그러자 그때 여래께서 두 눈썹 사이로 백호상의 광명을 놓으사 동쪽으로 만 팔천 세계를 두루 비추지 못하는 곳이 없었으니, 마치 지금 보이는 모든 부처님들 세계와 똑같았습니다.

미륵보살이여! 마땅히 잘 들을지니, 그 당시 모임 가운데 이십억의 보살들이 있었습니다. 그들은 법문 듣기를 매우 좋아했습니다. 그 보살들은 광명이 부처님들 세계에 널리 비치는 것을 보고는 일찍이 없던 희유함을 느끼면서, 광명이 비치는 이유를 알고 싶어하였습니다. 당시 한 보살이 있었는데 이름이 묘광妙光보살이었으며, 팔백 명의 제자들을 거느리고 있었습니다.

그때 일월등명 부처님께서 삼매에서 일어나 묘광보살로 인하여 대승경을 설하셨으니 바로 『묘법연화경』(『법화경』이라 약칭)이었습니다. 보살들을 가르치는 법으로, 부처님께서 보호하시고 생각하시는 경이었습니다. 일월등명불께서는 육십 소겁小劫[117] 동안을 자리에서 일어나지 않고 법문하셨는데, 당시 그 모임의 청중들도 역시 한자리에 앉아서 육십 소겁 동안 몸과 마음을 움직이지 않았습니다. 말하자면 부처님의 가르침 듣는 시간을 밥 먹는 순간처럼 짧게 여겨서, 이때 대중 가운데 단 한 사람도 몸이나 마음으로 지루하게 여긴 이가 없었습니다.

일월등명 부처님께서는 육십 소겁 동안 『묘법연화경』을 다 연설하시고 나자, 곧 범천왕·마왕·사문·바라문·하늘천신·사람·아수라 등 여러 대중들 가운데에서 이렇게 선언하셨습니다.

'여래는 오늘 밤중에 무여열반[118]에 들리라!'

그때에 이름을 덕장德藏이라 부르는 한 보살이 있었는데, 일월등명 부처님께서 그 보살에게 수기[119]를 주시며 모든 비구들에게 말씀하셨습니다.

'이 덕장보살은 다음에 반드시 부처가 되리니, 부처님 이름은 정신淨身 다타아가도(여래)·아라하(응공)·삼먁삼불타(정변지)이리라.'

일월등명 부처님께서는 덕장보살에게 수기를 주신 다음 곧 한밤중

---

117 소겁小劫: 주 111 참조

118 무여열반無餘涅槃: 범어 Nirupadhiśeṣa-nirvana. 번뇌의 습기까지 완전히 없애고 아무것도 남지 않아 영원히 평안한 경지. 생生에 대한 집착이나 존재에 대한 갈망이 다 쉬지 못하여 죽어서 다시 태어나는 유여열반有餘涅槃과는 달리, 다시는 윤회 몸을 받아 태어나지 않는다.

119 수기授記: 부처님께서 제자에게 앞으로 언제 어디에서 성불하게 될 것을 미리 예언하여 낱낱이 자세하게 기별記別주시는 것을 말한다.

에 무여열반에 드셨습니다. 부처님께서 열반하신 뒤에 묘광보살은 『묘법연화경』을 가지고, 팔십 소겁이 다하도록 사람들을 위하여 연설하였습니다. 일월등명 부처님의 여덟 왕자들도 모두 묘광보살을 스승으로 섬겼습니다. 그래서 묘광보살은 그들을 교화하여 아뇩다라삼먁삼보리를 더욱 견고히 닦도록 하였습니다. 그 왕자들은 한량없는 백천만억의 부처님들께 공양하고 나서 모두 불도를 이루었는데, 그 최후에 성불하신 부처님의 이름이 연등불燃燈佛이셨습니다.

그리고 묘광보살의 제자 팔백 명 가운데 또 한 사람이 있었으니 구명이라 부르는 제자였습니다. 이익과 명예만을 탐내고 집착하여, 비록 여러 경전을 읽고 외우더라도 뜻을 깨닫지 못하고 금방 잊어버리는 수가 많았습니다. 그래서 명리名利만 구한다는 뜻으로 '구명求名'이라 불렸던 것입니다. 그렇지만 그 사람도 또한 여러 가지 선근을 심은 인연이 있었기 때문에 한량없는 백천만억의 여러 부처님들을 만나뵈었고 공양 드렸으며, 공경히 존중하였고 찬탄드릴 수가 있었습니다.

미륵보살이여!

마땅히 명심할지니, 그때의 묘광보살이 어찌 다른 사람이겠습니까? 바로 내가 그 묘광보살이었으며, 구명보살은 바로 당신이었습니다.

이제 이 상서를 보아하건대 그때와 조금도 다름이 없소이다. 그러므로 헤아려 보건대 오늘 여래께서는 아마 분명히 대승경을 설하실 것입니다. 즉 이름을 『묘법연화경』이라 부르며 보살들을 가르치는 법으로, 부처님께서 보호하시고 생각하시는 경을 연설하실 것입니다."

그때 문수사리보살은 대중 가운데에서 거듭 의미를 표현하고자 게송으로 말씀하셨다.

내가 생각하건대 지난 과거의
한량없고 헤아릴 수 없는 겁 이전에
인천 가운데 가장 존귀하신 부처님
일월등명불께서 계셨으니,

세존께서 설법하사
한량없는 중생들과
무수억의 보살들을 제도하여
부처님 지혜에 들게 하셨나이다.

그 부처님 출가하시기 전에
여덟 명의 왕자를 슬하에 두셨거늘
왕자들도 부왕이신 성자가 출가하실 때
함께 따라서 청정한 범행을 닦았나이다.

당시 일월등명 부처님께서는
여러 대중들 가운데에서
대승 『무량의경』을
자세히 분별하여 가르치셨는데,

부처님께서 설법을 마치신 다음
곧 법좌 위에서
가부좌한 채 삼매에 드셨으니
바로 무량의처삼매[120]였나이다.

하늘에서는 만다라꽃이 꽃비 되어 날리고
하늘북도 저절로 두둥둥~ 울리며
모든 하늘천신과 용·귀신들이
인천 가운데 가장 존귀한 부처님께 공양 올렸나이다.

모든 부처님들의 세계도
바로 그때 크게 진동하며 움직였고
일월등명불께서 두 눈썹 사이로 광명을 비추사
온갖 희유한 일들이 나타나게 되었거늘,

그 광명이 동방으로
만 팔천 세계의 국토를 비추자
일체 중생들의
나고 죽는 업보처가 다 보였으며,

또 모든 부처님들 세계가
온갖 보배로 장엄되어
유리와 파려색으로 보였으니
이는 부처님 광명이 비쳤기 때문입니다.

그리고 모든 하늘천신과 사람들
용과 귀신·야차 무리

120 무량의처삼매無量義處三昧: 한량없는 가르침의 실상이라는 삼매.

건달바와 긴나라들이 저마다
자기 나라 부처님들께 공양 올리는 것이 보였으며,

또 모든 여래께서 자연히
불도 이루시는 광경이 보이거늘
부처님 몸 황금산처럼
단엄하고 매우 아름다워

마치 깨끗한 유리(청보석) 속에
안으로 진짜 황금상을 나투신 듯하건만
그러한 세존께서 대중 속에 계시며
심오한 법의 뜻을 설명하여 가르치셨나이다.

각각 모든 부처님들 세계마다
성문대중들이 수없이 많아도 보지 못하다가
부처님 광명이 비치는 바람에
저 많은 대중들을 모두 보게 되었나니,

그래서 혹 어떤 비구들은
산림 속에 머물며 정진하되
청정한 계율 지니기를
마치 밝은 구슬 보호하듯이 잘 지키고,

또 여러 보살들이

보시와 인욕[121] 등을 닦는데
그 수효 항하의 모래알처럼 많음을 보나니
이는 모두 부처님 광명이 비쳤기 때문입니다.

또 여러 보살들이
온갖 선정에 깊이 들어
몸도 마음도 고요히 움직이지 않은 채
위없이 높은 진리를 구하고,

또 여러 보살들
법이 본래 적멸한 모양임을 알아서
제각기 자기 나라 국토에서
설법하며 불도 구하는 것이 보였나이다.

그때 사부대중들
일월등명 부처님께서
큰 신통력 나투심을 보고
마음이 모두 환희하여,

각각 서로 묻기를
'이 일이 어떻게 된 일인고?'
천상과 인간의 공경을 받는 세존께옵서

121 인욕忍辱: 범어 Kṣānti의 한역. 육바라밀 가운데 하나로, 온갖 욕됨과 모욕 번뇌를 참고 안주安住하여 마음으로 원한을 일으키지 않는 것.

마침내 삼매에서 나와 묘광보살을 칭찬하시되,

'그대는 세간의 눈이 되어
모든 중생들이 믿고 의지하리라.
능히 법장法藏을 받들어 지니리니,
내가 설한 법문을 오직 그대만이 증득하여 알리라.'

세존께서 묘광보살을 칭찬하여 즐겁게 하시며
육십 소겁을 움직이지 않고 이 『법화경』을 설하시자,
세존께서 가르치셨던 으뜸가는 미묘한 법을
묘광 법사가 다 능히 받아 간직하였나이다.

부처님께서 이 『법화경』 설하사
대중들을 환희롭게 하신
바로 그날
하늘천신과 사람들에게 이르시기를,

'모든 법의 참다운 뜻에 대해서
이미 너희들을 위해 다 설하였으니,
나는 이제 오늘 밤중에
마땅히 열반에 들리라.

너희들은 일심으로 정진하며
마땅히 방일하지 말지니,

모든 부처님은 심히 만나기 어려워서
억겁에나 한 번 만날 수 있느니라.'

세존의 모든 제자들
부처님께서 열반에 드신다는 소리 듣고
저마다 슬픔과 회한에 잠겨
'부처님 열반이 어찌 이리도 빠른고?'

성스러운 법왕께서
한량없는 대중들을 편히 위로하시되,
'내가 만일 열반하더라도
너희들은 근심하지 말라.

이 덕장德藏보살은 무루無漏의 실상에 대해
마음속 깊이 통달했으니 다음에 꼭 성불하리라.
그 부처님 이름은 정신불淨身佛이며
한량없는 중생들을 제도하리라.'

부처님께서 그날 밤에 열반하시거늘
나무가 다 타자 불도 자연 꺼지는 것과 같았나이다.
부처님의 모든 사리를 나누어서
한량없는 탑을 세웠고,
항하의 모래알처럼 많은

비구와 비구니들은
몇 배로 다시 용맹스럽게 정진하여
위없이 높은 진리 구하였나이다.

묘광 법사는
부처님 법장을 받들어 가지고
팔십 소겁 동안
널리 『법화경』을 펼쳤으며,

여덟 명의 왕자들도
묘광 법사의 교화를 받아
위없이 높은 진리를 더욱 견고히 닦으매
헤아릴 수 없는 부처님들을 친견하였고,

모든 부처님들께 공양 올린 뒤
큰 가르침〔大道〕에 수순하여 닦아서
서로 잇달아 성불하고
차례로 수기 주시니,

맨 끝으로 하늘님 중 가장 높은 하늘님[122] 되신

---

122 천중천天中天: 범어 Devātideva의 한역. 부처님의 존칭 가운데 하나. 하늘은 사람들이 존중하는 바인데, 하늘천신들이 우러러 존경하는 대상이 부처님이기에 이렇게 부른다. 또한 부처님은 하늘 가운데 제일의 하늘이기 때문에 이렇게 존칭하는 것이다.

그 부처님 이름은 연등불燃燈佛로
뭇 선인들 인도하시는 스승으로서
한량없는 중생들 제도하여 해탈케 하셨나이다.

그 묘광 법사에게
당시 한 제자가 있었는데
마음이 항상 게으르고
명예와 이익만을 탐닉하였나이다.

끝없이 명리만을 좇아 자제할 줄 모르고
명문 귀족집에나 드나들기 일쑤여서
경전 배우고 외우기를 등한시하매
배운 것도 몽땅 잊고 뜻도 알아차리지 못했나니,

이러한 인연 때문에
구명求名이라 부르긴 했지만
그래도 여러 가지 착한 업을 닦아서
헤아릴 수 없이 많은 부처님들을 친견하였고,

모든 부처님들께 공양 올렸으며
큰 가르침에 수순하여 닦아
육바라밀을 고루 갖추더니
이제 석가세존 친견하여 수기를 받되,

'나중에 마땅히 성불하여
이름을 미륵불彌勒佛이라 하고
널리 모든 중생들을 제도하리니
그 수효가 다함이 없으리라.'

저 일월등명불께서 열반하신 후에
게으름 피웠던 구명스님은 바로 그대였고,
묘광 법사는
바로 나의 옛 전생 몸이었습니다.

내가 보았던 일월등명불의 상서가
지금 나타나는 상서와 똑같으니,
이로써 석가모니 부처님께서도
『법화경』을 설하시려고 하시는 줄 알겠나이다.

지금의 모양이 그때의 상서와 같은 것은
곧 모든 부처님들의 방편으로,
지금 석가모니불께서도 광명을 비추시어
실상의 뜻을 밝히는 데 도움이 되게 하시려는 것입니다.

대중들은 이제 곧 알게 되리니
합장하고 일심으로 기다리면
부처님께서 분명히 법비를 내리시어
도를 구하는 자들을 충족시켜 주시리다.

그래서 삼승을 구하는 많은 사람들이
설사 의심을 하더라도
부처님께서 분명 남김없이
다 끊도록 해주실 것입니다.

제2 방편품方便品

그때 세존께서 삼매에서 조용히 일어나시어 사리불[123]에게 이르시었다.

"모든 부처님 지혜는 깊고도 한량없느니라. 그 지혜의 문은 이해하기도 어렵고 들어가기도 어려워서, 일체 성문이나 벽지불의 지혜로는 알 수 없느니라. 왜냐하면 부처님은 일찍이 백천만억의 헤아릴 수 없이 많은 부처님들을 가까이 모셨고, 모든 부처님들의 한량없는 수행법도 전부 닦았기 때문이니라. 게다가 명성이 널리 알려질 정도로 용맹 정진하여, 매우 심오하며 일찍이 없던 희유한 법조차 성취하였느니라. 그 어려운 법을 중생들 근기에 맞게 설하자니, 그 속에 담긴 진정한 뜻은 사실 좀처럼 알기 어려운 것이니라.

---

123 사리불舍利弗: 범어 Śāriputra의 음역. 부처님 십대제자 중 지혜제일智慧第一로 유명하다. 마갈타국 왕사성 북쪽 나라촌에서 출생. 처음에는 친구였던 목건련과 함께 외도를 공부하다가, 뒤에 마승비구로 인하여 부처님께 귀의하였다.

사리불아! 내가 성불한 이후에 여러 가지 인연과 여러 가지 비유로 널리 가르침을 펴면서, 헤아릴 수 없는 방편으로 중생들을 인도하여 모든 집착을 여의게 하였느니라. 어떻게 그럴 수 있었는가 하면, 여래는 방편과 지혜 바라밀을 이미 다 갖추었기 때문이니라.

사리불아!

여래의 지혜는 광대하고 심원해서 사무량심[124]과 사무애[125]와 십력[126]과 사무소외[127], 그리고 네 가지 선정과 여덟 가지 해탈[128]과 뭇 삼매에

---

124 사무량심四無量心: 보살이 닦는 네 가지의 한량없는 마음이다. ①자심慈心_인자한 마음. ②비심悲心_가엾이 여기는 마음. ③희심喜心_다른 이의 좋은 일과 선행을 따라 기뻐하는 마음. ④사심捨心_집착이나 미움을 모두 버린 평등한 마음.

125 사무애四無礙: 네 가지 걸림 없는 지혜, 사무애지四無礙智 또는 사무애변四無礙辯이라 한다. ①법무애法無礙_가르침에 막힘이 없음. ②의무애義無礙_가르침의 뜻에 막힘이 없음. ③사무애辭無礙_여러 언어에 통달하여 막힘이 없음. ④요설무애樂說無礙_법 설하는 것을 좋아하여 설법하는 데 막힘이 없음.

126 십력十力: 부처님만 갖춘 열 가지 지혜의 힘이다.

127 사무소외四無所畏: 네 가지 두려움을 느끼지 않는 지혜이다. 즉 ①일체지一切智무소외_온갖 현상에 대해 분명히 알아 두려움이 없음. ②일체누진지一切漏盡智무소외_번뇌를 완전히 다 끊어서 두려움이 없음. ③설장도說障道무소외_설법하는 데 두려움이 없음. ④설진고도說盡苦道무소외_고통을 끊는 길에 대해 설하는 데 두려움이 없음.

128 팔해탈八解脫: 8종의 관념에 의해 오욕을 등지고 탐착하는 마음을 저버리므로 '팔배사八背捨'라고도 한다. ①初背捨_안으로 색色에 대한 상념이 있어서 밖의 色을 관찰함. ②二背捨_안으로 色의 상념은 없지만 아직 밖의 色을 관찰함. ③三背捨_탐착심을 버려 맑혀진 몸에 깨달음을 증득함. ④四背捨_일체 色의 상념을 지나 대상이 있다는 상념을 없애고, 가지가지 모양을 생각하지 않는 까닭에 무량허공처無量虛空處에 들게 됨. ⑤五背捨_일체의 허공처虛空處를 벗어나 무변식처無邊識處에 들게 됨. ⑥六背捨_일체의 식처識處를 벗어나 무소유처無所有處에 들게 됨. ⑦七背捨_일체의 무소유처를 벗어나 비유상비무상처非有想非

끝없이 깊이 들어가 일찍이 없던 희유한 법들을 모두 성취하였느니라.

사리불아! 여래는 능히 여러 가지로 분별하여 모든 법을 훌륭하게 연설하되, 부드러운 말투로 중생들의 마음을 즐겁게 하느니라. 사리불아, 요약하여 말하자면 일찍이 없던 헤아릴 수 없이 가없는 희유한 법들조차 부처님은 다 성취하였느니라.

그만두어라, 사리불아! 다시 더 말할 필요가 없느니라.

왜냐하면 부처님이 성취한 진리는 가장 희유하여 알기 어려운 법이기 때문이니라. 그래서 오직 부처님과 부처님만이 모든 법의 실상을 다 깨달아 알 수 있느니라. 즉 모든 법은 그에 합당한 모양〔相〕·성품〔性〕·본질〔体〕·능력〔力〕·작용〔作〕·원인〔因〕·조건〔緣〕·결과〔果〕·과보〔報〕·본말구경등[129]의 특징을 갖추고 있는 것을 오직 여래만이 바로 알 수 있느니라."

그때 세존께서 거듭 의미를 표현하시고자 게송으로 말씀하셨다.

세상의 으뜸〔世雄〕이신 부처님 가늠할 길 없나니
모든 하늘천신이나 세상 사람들
일체 온갖 중생 무리 가운데에
부처님을 알 수 있는 자 아무도 없도다.

無想處에 들게 됨. ⑧八背捨_일체의 비유상비무상처를 벗어나 멸수상정滅受想定에 들게 됨.

129 본말구경등本末究竟等: 온갖 법은 모두 이 십여시十如是를 갖추었고, 상相으로부터 보報에 이르는 처음과 끝의 궁극은 평등하다는 뜻.

곧 부처님의 십력과 사무소외
팔해탈과 모든 삼매,
부처님의 다른 여러 가지 법에 대해
능히 헤아릴 수 있는 자 아무도 없도다.

본래 무수한 부처님으로부터
갖은 수행 원만히 닦아 이룬
매우 깊고 미묘한 법은
보기도 어렵고 알기도 어렵도다.

저 무량억 겁 오랜 세월 동안
온갖 수행을 쌓은 다음
도량에서 정각을 이루어
나도 이미 모든 지혜 갖추었나니,

사물마다 그에 합당한 큰 과보와
여러 가지 성품과 모양을 지닌 뜻에 대하여
나와 시방세계 모든 부처님들만이
전부 그 일을 알 수 있도다.

이 법은 보여줄 수 없는 것으로
언어와 문자의 길마저 끊어졌거니,
다른 모든 중생들은 이 뜻에 대해 알 수가 없되
믿음의 힘이 견고한 보살만은 가능하니라.

부처님 제자로서 일찍이 모든 부처님들께 공양하였고
온갖 번뇌 다하여 윤회의 마지막 몸에 머무른
그러한 모든 사람들의
능력으로도 감당할 수가 없도다.

가령 사리불 같은 이가
세간에 가득 차서
생각을 모아 함께 헤아리더라도
부처님 지혜를 감히 예측할 수 없으며,

또 사리불 같은 이가 시방세계에 가득 차고
그 밖의 다른 모든 제자들도 시방세계에 가득 차서
생각을 모아 함께 헤아린다 하더라도
부처님 지혜는 역시 알 수가 없도다.

벽지불의 명철한 지혜와
번뇌 없는 윤회의 마지막 몸을 얻은 자들이
또한 시방세계에 가득 차서
그 수효 대숲 같이 빽빽이 많거늘,

그들이 함께 일심으로
한량없는 억 겁의 오랜 세월 동안
부처님의 참다운 지혜를 헤아려 본다 해도
눈곱만큼조차 알 수 없도다.

처음 발심하여 무수한 부처님들께 공양하였고
모든 가르침의 뜻도 밝게 알아 설법 잘하는 보살들이
벼와 삼이나 대나무 또는 갈대숲 같이
시방세계의 국토에 촘촘히 가득 차서,

일심으로 미묘한 지혜를 가지고
항하의 모래알처럼 무수한 겁 동안
모두 함께 생각해 보더라도
부처님의 지혜를 알 수가 없으며,

항하의 모래알처럼 많은
무수한 불퇴전 보살들이
일심으로 함께 생각해 보더라도
역시 부처님의 지혜는 알 수가 없도다.

또 사리불에게 이르노니,
번뇌 없고 생각으로 알 수 없는
매우 심오하며 미묘한 법을
내 지금 이미 다 구족히 갖추었도다.

오직 나만 이 상태를 알고
또한 시방 부처님들만이 아시거늘,
사리불은 마땅히 명심할지니
모든 부처님 말씀은 틀림이 없도다.

그러므로 부처님이 설하는 법에
마땅히 큰 믿음을 낼지니
세존은 오랫동안 방편의 법을 설한 뒤에야
반드시 진실한 법을 설하느니라.

모든 성문대중들과
연각승을 구하는 이들
내가 너희들에게 고통의 얽힘에서 벗어나
마침내 열반을 얻게 한 것은

부처님이 방편의 힘으로써
삼승[130]의 교법教法을 보인 것으로,
중생들이 곳곳마다 집착하기에
그들을 인도하여 벗어나게 하려고 했던 것이니라.

그때 대중 가운데 여러 성문들, 곧 아야교진여를 비롯한 천이백 명의 번뇌가 다한 아라한들, 그리고 성문과 벽지불의 마음을 내었던 비구·비구니·우바새·우바이들이 각각 이렇게 생각하였다.

'지금 세존께서는 무슨 까닭으로 저렇게 간절히 방편을 찬탄하시며,

---

130 삼승三乘: 성문승聲聞乘과 연각승緣覺乘 그리고 보살승菩薩乘을 말한다. ①성문승_ 부처님의 가르침을 듣고 깨닫는 교법. ②연각승_스승 없이 홀로 깨닫는 가르침으로써 십이인연법을 관觀하고, 또는 다른 인연에 의하여 깨닫는 가르침. ③보살승_ 상구보리 하화중생上求菩提下化衆生의 보리심을 발發하여 불도에 들어가고, 육바라밀을 닦아서 무상정각無上正覺을 깨닫게 하는 가르침.

「부처님이 얻으신 법은 매우 깊고 알기 어려워서, 말로 표현하더라도 역시 그 뜻을 알기 어렵도다. 따라서 일체 성문이나 벽지불들은 감히 알아차릴 수가 없도다.」
라고 말씀하시는 것일까?

부처님께서 한 가지 해탈의 뜻을 말씀하셨고 우리들도 역시 그 법을 얻어서 열반에 이르렀거늘, 지금 말씀하시는 뜻은 그 의미를 전혀 알 수가 없구나.'

그때에 사리불은 사부대중이 마음으로 의심할 뿐더러 자신도 잘 알지 못하므로 부처님께 다음과 같이 사뢰었다.

"세존이시여! 도대체 어떤 이유와 어떤 사연으로 모든 부처님의 제일 방편을 그토록 지극히 찬탄하시는 것입니까? 그리고 부처님께서 깨달으신 법은 너무 깊고 미묘해서, 정말로 알기 어려운 법이라고 하시는 것입니까?

저는 예로부터 일찍이 부처님께서 이와 같이 말씀하시는 것을 들어본 적이 없었습니다. 더욱이 지금 사부대중이 다 의심하고 있사오니, 오직 바라옵건대 세존께서는 이 일을 알기 쉽게 풀어서 설명해 주시옵소서! 도대체 세존께서는 무슨 까닭으로 도량에서 성취하신 법이 매우 깊고 미묘하여 정말로 알기 어려운 법이라고, 그렇게도 극구 찬탄하시는 것입니까?"

그때 사리불이 거듭 의미를 표현하고자 게송으로 말씀드렸다.

지혜의 태양이신 대성존께서

오랫동안 설법하신 뒤에야 이 법을 말씀하시되,
'나는 이와 같은 십력과 사무소외와 여러 삼매
사선정과 팔해탈 등의 불가사의한 법을 얻었노라' 하시네.

그러나 도량에서 얻은 법에 대하여
능히 질문할 만한 자가 없으니
'내 가르침의 뜻은 가히 헤아리기 어려워
능히 물어볼 만한 자가 없도다' 하시고,

그리하여 묻는 이도 없는데 친히 말씀하시어
수행하셨던 바른 도를 찬탄하시며
'매우 깊고 미묘한 이런 지혜는
모든 부처님들께서만 증득하신 것이라' 하시니,

번뇌 다한 여러 아라한들과
열반을 구하는 이들이
지금 모두 다 의혹에 떨어져서
'부처님께서 무슨 이유로 저렇게 말씀하시는가?' 하며,

연각을 구하는 비구·비구니와
많은 하늘천신과 용·귀신·건달바들이
서로 바라보며 의심을 품은 채
양족존이신 부처님만 빤히 올려다보고 있나이다.

이 일이 어찌 된 사연이온지
부처님께서 부디 저희를 위하여 해설해 주옵소서!
모든 성문 대중 가운데
부처님께서 제가 제일 지혜롭다 하셨지만,

제가 얻은 지혜로는
미혹하여 도무지 이해할 수 없나이다.
이것이 궁극적인 구경법究竟法입니까?
혹은 아직 더 닦아나가야 할 도道입니까?

부처님의 가르침을 받은 제자들이
합장하고 우러러 기다리오니,
원컨대 미묘한 음성으로
즉시 저희들을 위해 여실히 설명해 주옵소서!

모든 하늘천신과 용·귀신들
항하의 모래알처럼 무수하며
부처님 되기 바라는 여러 보살들
대략 팔만 명이나 되고,

또 여러 만억 국토의
전륜성왕들도 다 모여
합장한 채 공경하는 마음으로써
완전한 진리〔具足道〕에 대해 듣고자 하나이다.

그때 부처님께서 사리불에게 이르시었다.

"그만두어라, 그만두어라! 다시 더 말할 필요가 없느니라. 만일 이 일을 말하게 된다면 일체 세간의 모든 하늘천신과 사람들이 전부 다 놀라서 의심하게 되리라."

사리불이 거듭 부처님께 말씀드렸다.

"세존이시여, 부디 말씀해 주시옵소서!

부디 말씀해 주시옵소서!

왜냐하면 여기 모인 무수한 백천만억 아승기의 수많은 중생들은 일찍이 많은 부처님들을 친견하였습니다. 게다가 모든 근기[131]가 용맹하고 날카로우며 지혜 또한 밝기 때문에, 부처님의 말씀을 듣는다면 곧 공경하며 믿을 수 있을 것입니다."

그때 사리불이 거듭 의미를 표현하고자 게송으로 사뢰었다.

법왕法王이시며, 위없이 가장 높으신 분〔無上尊〕이시여!
제발 아무 염려하지 마시고 말씀해 주시옵소서!
이 모임의 한량없는 대중들 속에는
분명 공경하며 믿을 수 있는 누군가가 있으오리다.

부처님께서 또 다시 말리셨다.

"사리불아! 만약 이 일을 말한다면 일체 세간의 하늘천신과 사람과 아수라들이 정말 죄다 놀라고 의심할 것이며, 깨달은 체하는 증상만增

---

131 근기根機: 가르침을 받아 교법을 듣고 수행할 수 있는 중생의 능력. ①신근信根 ②정진근精進根 ③염근念根 ④정근定根 ⑤혜근慧根의 오근五根을 말한다.

上慢 비구는 장차 깊은 구렁[132] 속에 떨어지게 되리라."

그때 세존께서 거듭 게송으로 말씀하셨다.

그만둬라, 그만둬라, 더 이상 말하지 말지니라.
나의 법 미묘하여 생각하기 어렵나니
여러 증상만자가 듣는다면
반드시 공경하지 않고 믿지 않으리라.

그때 사리불이 거듭 부처님께 간청드렸다.

"세존이시여, 제발 말씀해 주시옵소서!

제발 말씀해 주시옵소서!

지금 이 회상 가운데 저희와 같은 비구 백천만억 명은 세세생생에 이미 일찍이 부처님을 모시고 교화를 받아오지 않았습니까? 이와 같은 사람들은 반드시 부처님 말씀을 공경하고 믿을 것입니다. 그렇게 되면 기나긴 세월 동안 안락할 것이며 이익되는 것도 많을 것입니다."

그때 사리불이 거듭 의미를 표현하고자 게송으로 사뢰었다.

위없이 높은 양족존[133]이시여!
제일 으뜸가는 법을 부디 설하여 주옵소서!
저는 부처님의 맏아들〔長子〕이오니

---

132 무간지옥無間地獄, 곧 아비지옥을 말한다.

133 양족존兩足尊: 부처님을 말하니, 양족선兩足仙 혹은 이족존二足尊이라 부르기도 한다. 즉 부처님은 지혜·자비를 양쪽 다 겸비하였으므로 이렇게 부른다.

오직 분별하여 알기 쉽게 설하여 주옵소서!

여기 모인 한량없는 대중들은
부처님 가르침을 능히 공경하며 믿으리니,
부처님께서 일찍이 세세생생에
이들을 교화하지 않으셨나이까?

모두 다 일심으로 합장하고
부처님 말씀을 듣고자 하오니
저희들 천이백 명의 제자들과
나머지 불도를 구하는 자들,

부디 이 대중들을 위해
분별하여 알기 쉽게 설명해 주옵소서!
이들이 부처님 가르침을 들으면
곧 크게 환희심을 내오리다.

그때 세존께서 사리불에게 이르시었다.

"네가 이미 간곡하게 세 번이나 청했으니, 어찌 설하지 않고 배기겠느냐!

너는 이제 자세히 듣고 잘 생각하여라. 내 마땅히 너를 위해 분별하여 설해 주리라."

부처님께서 이렇게 말씀하시자 당시 회상 가운데 있던 오천 명의 비구·비구니·우바새·우바이들이 즉시 자리에서 일어나 부처님께 예배하고 떠나 버렸다. 왜냐하면 그 무리들은 죄근이 깊고 무거우며 증상만이기 때문이었다. 그래서 아직 얻지 못한 것을 얻었다 하고 증득하지 못한 것을 증득했다고 착각했으니, 이러한 과실이 있어서 법회 장소에 머물지 못했던 것이다. 세존께서는 그냥 잠자코 계시며 떠나는 것을 굳이 말리지 않으셨다.

이윽고 부처님께서 사리불에게 이르시었다.

"지금 여기 대중들은 나뭇가지나 잎사귀는 없고 순전히 알짜 열매만 남아 있는 셈이니라. 사리불아, 아까 그와 같은 증상만자들은 물러가는 것이 오히려 당연하다 할 수 있느니라. 너는 이제 잘 들어라. 마땅히 너를 위하여 말하리라."

사리불이 여쭈었다.

"예, 세존이시여! 열심히 듣겠나이다."

부처님께서 사리불에게 이르시었다.

"이와 같이 미묘한 법은 모든 부처님 여래께서 때가 되어야만 설하는 것으로, 마치 우담발화[134] 꽃이 때가 되어야만 한 번 피는 것과 같으니라.

사리불아! 너희들은 마땅히 부처님께서 말씀하시는 것을 믿어야 하나니, 부처님 말씀은 절대로 거짓이 없느니라.

사리불아! 모든 부처님께서는 근기에 맞게 법을 설하여, 사실 그 참뜻을 이해하기란 매우 어려우니라. 왜냐하면 내가 무수한 방편과

---

134 우담발화優曇鉢華: 범어 Uḍumbara. 상과桑果에 딸린 무화과의 일종. 3천 년만에 한 번 꽃이 피므로 아주 드물고 희유한 일에 비유한다.

여러 가지 인연과 비유와 갖가지 말로써 많은 법을 연설했지만, 이 실상의 법은 생각으로 헤아리거나 분별하여 이해할 수 있는 것이 아니기 때문이니라. 오직 모든 부처님만이 능히 참뜻을 아시나니, 왜냐하면 모든 부처님 세존께서는 오직 한 가지 큰 목적[135]으로 세상에 출현하시기 때문이니라.

사리불아, 무엇을 일러 모든 부처님께서 오직 한 가지 큰 목적으로 세상에 출현하신다 하는가?

모든 부처님 세존께서는 중생들에게 부처님의 지혜〔佛知見〕[136]를 열어주어〔開〕, 본래의 청정함을 얻게 하려고 세상에 출현하시느니라. 또한 중생들에게 부처님의 지혜를 보여주려고〔示〕 세상에 출현하시며, 중생으로 하여금 부처님의 지혜를 깨닫게〔悟〕 하려고 세상에 출현하시느니라. 그리고 중생으로 하여금 부처님의 지혜를 성취하는 길로 들어서게〔入〕 하려고 세상에 출현하시느니라.[137] 사리불아, 이것이 모든 부처님들께서 세상에 출현하시는 가장 크고 유일한 목적이 되느니라."

부처님께서 사리불에게 이르시었다.

---

135 일대사인연一大事因緣: 부처님께서 세상에 나오신 근본 이유를 말한다. 즉 중생을 깨닫게 하려는 크고도 간절한 이유가 부처님께서 세상에 출현하신 가장 중대한 인연이다.

136 제법실상의 이치를 깨달은 부처님의 참 지혜를 말한다.(여기에서는 이해하기 쉽도록 '지견'을 '지혜'로 바꾸어 종종 번역했음)

137 "열고〔開〕 보이고〔示〕 깨닫고〔悟〕 들어감〔入〕이 한 곳으로부터 들어가는 것이니, 깨달음의 지견으로 자기의 본래 성품을 깨닫는 것이 바로 세상에 나오는 것이니라. …(중략)… 중생의 소견을 내지 말고 부처의 지견을 열면 바로 세속에서 나오는 것이니라." - 『육조단경』, 청화 역, 광륜출판사 p.222-224

"모든 부처님 여래께서는 오로지 보살들을 교화하시고자 갖가지 법을 설하시며, 설하신 모든 것은 항상 한 가지 목적을 위해서이니라. 다시 말해 오로지 부처님의 지혜를 중생들에게 보여주고 깨우치려는 것이니라.[138]

사리불아! 여래는 다만 일불승[139]으로써 짐짓 중생들을 위하여 설법할 뿐이니라. 따라서 다른 가르침〔乘〕은 없거늘, 어찌 이승이나 삼승이 있겠느냐! 사리불아, 일체 시방에 계신 모든 부처님들의 법도 또한 이와 똑같으니라.

사리불아! 과거의 모든 부처님들께서 한량없는 무수한 방편과 여러 가지 인연과 비유와 갖가지 말로써 중생들을 위하여 많은 법을 연설하셨느니라. 그렇지만 그 법이 다 일불승을 위한 것이었기에, 과거의 여러 중생들이 부처님으로부터 법을 듣고는 마침내 모두 일체종지를 얻었느니라.

사리불아! 미래의 모든 부처님들께서도 앞으로 세상에 출현하시어 또한 한량없는 무수한 방편과 여러 가지 인연과 비유와 갖가지 말로써 중생들을 위하여 많은 법을 연설하시리라. 그렇지만 그 법이 다 일불승을 위한 것이기에, 미래의 여러 중생들도 부처님으로부터 법을 듣고는 마침내 모두 일체종지를 얻으리라.

---

138 본래 청정한 자기 본성〔自性〕, 곧 불성佛性을 깨닫도록 함.

139 일불승一佛乘 중생을 부처가 되도록 인도하는 유일한 가르침만이 참다운 불교라는 뜻이다. 따라서 불교는 중생들이 단순히 착한 일로 복을 지어 천당에 나거나, 또는 성문·연각의 지위에 오르는 것만을 목표로 하지 않는다. 일불승은 일체 중생들이 다 성불하는 것을 최고의 이상理想으로 삼고 지향해 가는 가르침이다.

사리불아, 현재 시방세계의 한량없는 백천만억 불국토 속에 계시는 모든 부처님 세존께서도 중생들을 많이 이익되게 하시고 안락하게 하시느니라. 그 모든 부처님들께서도 또한 한량없는 무수한 방편과 여러 가지 인연과 비유와 갖가지 말로써 중생들을 위하여 많은 법을 연설하시느니라. 그렇지만 그 법이 모두 일불승을 위한 것이기에, 현재의 여러 중생들이 부처님으로부터 법을 듣고는 마침내 모두 일체종지를 얻게 되느니라.

사리불아! 그 모든 부처님들께서는 오직 보살들을 교화하시고자 갖가지 법을 설하시는 것이니라. 즉 부처님 지혜를 중생들에게 보여주려고 하시기 때문이며, 부처님 지혜를 깨닫게 하려는 까닭이고, 중생들로 하여금 부처님 지혜에 들어가게 하려고 하시기 때문이니라.

사리불아! 나도 지금 또한 그와 마찬가지니라. 모든 중생들에게 여러 가지 욕망이 있으며 그 욕망에 마음속 깊이 집착하고 있음을 알고는, 그 본성本性에 따라 여러 가지 인연과 비유와 갖가지 말의 다양한 방편력으로써 그들을 위하여 법을 설하느니라. 사리불아, 이렇게 한 것은 모두 일불승으로 일체종지를 얻게 하기 위해서이니라. 사리불아, 시방세계에 이승도 없거늘 어찌 하물며 삼승이 있겠느냐.

사리불아! 여러 부처님들께서 다섯 가지 흐리고 악한 세상〔五濁惡世〕에 출현하시나니, 이른바 겁탁[140]·번뇌탁[141]·중생탁[142]·견탁[143]·명

---

140 겁탁劫濁: 세상이 오래되어 붕괴되는 시대의 혼탁함.

141 번뇌탁煩惱濁: 삼독의 번뇌가 깊어지고 치성하여 어지러운 번뇌의 혼탁함.

142 중생탁衆生濁: 중생의 성질이 갈수록 복잡하게 얽히고 대립되는 분규의 시대로, 중생의 자질이 저하되고 천박해지는 인품의 혼탁함.

탁[144]의 세상이니라.

이와 같이 사리불아! 시대가 탁하고 어지러울 때에는 중생들의 업장도 무겁기 마련이니라. 따라서 아끼고 탐내며 질투하는 등 온갖 나쁜 근성을 이루기가 십상이라서, 모든 부처님들께서는 방편력으로써 일불승을 삼승으로 분별하여 연설하시느니라.

사리불아! 만약 나의 제자가 스스로 아라한이나 벽지불이라 하면서 모든 부처님 여래께서 보살들을 교화하시는 일, 곧 일불승一佛乘의 도리에 대해 듣지도 못하고 알지도 못한다면, 이는 부처님의 제자가 아닐 뿐더러 아라한도 아니고 벽지불도 아니니라. 또 사리불아, 어떤 비구·비구니들이 스스로 이르기를 '이미 아라한을 얻었다'고 하며 '이것이 바로 윤회의 마지막 몸으로 열반의 상태'라고 하면서, 더 이상 마음으로 아뇩다라삼먁삼보리를 구하지 않는다면 마땅히 알아라. 이 무리들은 모두 깨닫지 못했으면서 깨달은 체하는 증상만자이니라. 왜냐하면 만약 어떤 비구가 실로 아라한을 얻었는데도 이 법〔一佛乘〕을 믿지 않는다는 것은 도무지 말이 안 되기 때문이니라.

하지만 부처님께서 열반하신 뒤 눈앞에 부처님이 계시지 않을 때는 제외되느니라. 왜냐하면 부처님께서 열반하신 뒤에는 이러한 경전을 수지하여 읽고 외우며 뜻을 아는 그런 사람조차 만나기가 어렵기 때문이니라. 그러나 만일 다른 부처님을 만나게 된다면 이 법 가운데에서 문득 분명하게 깨달음을 얻으리라.

사리불아, 너희들은 마땅히 일심으로 믿고 이해하며 부처님의 말씀

---

143 견탁見濁: 여러 삿된 견해들이 방자하게 풍미하는 그릇된 사상의 혼탁함.

144 명탁命濁: 복이 적어지면서 인간 수명도 줄어드는 수명의 혼탁함.

을 받아 지녀야 하느니라. 모든 부처님 여래의 말씀은 절대로 허망하지 않나니, 다른 가르침〔乘〕은 없고 오직 일불승뿐이니라."

그때 세존께서 거듭 의미를 표현하시고자 게송으로 말씀하셨다.

증상만의 비구·비구니로
잘난 체하는 이들과
아만 높은 우바새들
그리고 신심 없는 우바이들,

이와 같은 사부대중이
오천 명이나 되거늘
스스로 제 허물 보지 못하고
계행戒行에도 결함 있어,

그 허물 감추려고
잔꾀 가진 이들 얼른 떠나버리니
대중 가운데 찌꺼기
부처님 위덕으로 물러갔도다.

그들은 복덕이 적어서
감히 이 법을 들을 수 없지만,
여기 남은 대중은 잔가지나 잎사귀 없이
오직 순수한 열매뿐이로다.

사리불아, 잘 들으라.
모든 부처님께서는 증득하신 법을
한량없는 방편력으로
중생들을 위해 연설하시나니,

중생들이 마음으로 생각하는 것과
여러 가지로 수행한 도업,
또 많은 욕망과 성질들이나
지난 세상의 착하고 나쁜 업연에 대하여,

부처님은 이미 다 아시고
여러 가지 인연과 비유와
갖가지 말의 방편력으로써
일체 중생들을 환희케 하시느니라.

그리하여 혹 수다라[145]를 말씀하시기도 하고
독립된 게송[146]이나 불제자의 과거사〔本事〕
부처님의 전생담〔本生〕과 일찍이 없던 희유한 일들
또는 인연을 설해주시기도 하며,

비유와 경전 속의 게송[147]과

---

145 수다라修多羅: 범어 Sūtra의 음역으로 계경契經이라 한역. 모든 불교 경전을 말한다.
146 가타伽陀: 범어 Gāthā의 음역으로 풍송諷誦이라 한역. 독립된 형태의 운문이다.
147 기야祇夜: 범어 Geya. '중송重頌'이라 한역. 산문체 본문을 요약한 운문이다.

논의경[148] 등을 말씀하시나니
우둔한 근기는 소승법을 좋아하고
나고 죽는 데만 탐착하여,

여러 한량없는 부처님들 뵈어도
깊고 미묘한 도를 닦지 아니하고
많은 고통에 시달리므로
그들을 위해서 열반을 설하시도다.

나도 이런 방편을 베풀어서
중생들로 하여금 부처님 지혜에 들게는 했지만
일찍이 너희들에게 감히 미래에
성불하리라고 말하지는 않았도다.

이제까지 말하지 않았던 까닭은
아직 때가 이르지 않았기 때문이니,
그러나 지금 바로 때가 되었기에
결정코 대승을 설하리라.

내가 아홉 가지 법〔九部法〕을 설한 것은
중생들 근기에 따라 설한 것으로,
대승에 들어감을 근본으로 삼아

148 우바제사경優婆提舍經: 범어 Upadeśa의 음역으로 '논의論議'라고 한역. 교리를 문답 형식을 통해 의논한 것이다.

구부경[149]을 설하였도다.

그러나 어떤 불자 마음이 깨끗하고
부드럽고 지혜로우며
한량없이 많은 부처님들 처소에서
깊고 미묘한 도를 잘 닦았다면,

그런 불자들을 위해
이 『법화경』같은 대승경전 설해주며
내 그런 사람들에게
다음 세상 성불하리라 수기를 주나니,

마음속 깊이 염불하며
계행을 청정히 잘 닦았기 때문에
그들이 성불한다는 말을 듣게 되면
온몸이 큰 기쁨으로 충만하리라.

부처님은 그들의 마음가짐을 알고
일부러 그들 위해서 대승을 설하시지만
성문이나 보살들도

---

149 구부경九部經: 부처님의 일대 교설을 그 경문의 형식에 따라 9종류로 분류한 것이다. ①수다라修多羅 ②기야祇夜 ③가타伽陀 ④인연因緣 ⑤본사本事 ⑥본생本生 ⑦미증유未曾有 ⑧비유譬喩 ⑨논의論議 등이다. 여기에다 ⑩방광方廣 ⑪수기授記 ⑫무문자설無問自說 등을 더하면 대승 십이부경十二部經이 된다.

내가 설하는 법을 듣되,

한 게송만 받아 지니더라도
의심할 것 없이 모두 성불하거니
시방의 모든 불국토에는
오직 일승법一乘法만 있도다.

이승도 없고 삼승도 없으나
부처님의 방편 설법만은 예외이니
임시 가명으로써
중생을 인도하기 위한 것이로다.

부처님의 지혜를 가르치기 위하여
모든 부처님께서 세상에 출현하시거늘,
오직 일승만이 진실이요
나머지 이승과 삼승은 진실이 아니로다.

그래서 마침내 소승법으로써
중생을 제도하지 아니하시고
부처님 몸소 대승에 머무르시어
증득하신 법다웁게,

선정과 지혜의 힘으로 장엄하여
중생을 제도하시나니

만일 스스로 위없이 높은 진리〔無上道〕인
대승 평등법을 증득하고서,

단 한 사람이라도
소승으로써 교화했다면
부처인 나 역시 간탐에 떨어진 것으로
그런 일은 있을 수 없도다.

누구라도 믿음으로 부처님께 귀의하면
여래는 속이지 아니하며
또한 탐내거나 질투하지 않나니
모든 법 가운데 악업을 끊었기 때문이로다.

그러므로 부처님은 시방세계에서
홀로 두려울 것이 없으며
삼십이상으로써 몸을 장엄한 채
광명으로 세상을 비추어서,

한량없는 중생들의 존경 받으며
실상의 도리[150]를 연설하도다.
사리불은 마땅히 알라.
내가 본래 서원 세우기를,

---

150 실상인實相印: 제법실상의 도리는 부처님 말씀임을 인증하는 표시가 되므로 '인印'이라 하는 것이다.

일체 중생들을
나와 똑같이 성불하게 하는 것이었는데
내가 옛날부터 서원했던 것을
이제야 만족하게 되었도다.

일체 중생들을 교화하여
모두 불도에 들게 할 것이나
만일 내가 중생을 만날 때마다
전부 일불승의 불도로만 가르친다면,

어리석은 자는 제대로 정신 못 차리고
미혹하여 가르침도 듣지 않으리라.
내 알기에 이런 중생들은
일찍이 착한 근본을 닦지 않은 채,

오욕락[151]에만 깊이 집착하고
어리석은 애욕 탓에 번뇌만 일으키더니
여러 가지 욕심낸 인연으로
삼악도에 떨어져서,

육취 가운데 윤회하며
온갖 쓰린 고초 다 받거늘

---

151 오욕락五欲樂: 다섯 가지 욕망의 즐거움. ①재물욕 ②색욕(성욕) ③음식욕 ④수면욕 ⑤명예욕 등이다.

모태에서 작은 형상을 받아
세세생생 날 적마다 항상 고초가 자라나며,

박덕하고 복이 적어
여러 가지 고통에 시달리도다.
더욱이 삿된 소견의 밀림 속에 빠져
자아가 있다든가〔有見〕 없다든가〔無見〕 하는

여러 그릇된 소견들에 의지하여
예순두 가지 소견[152]을 갖추매
그런 허망한 법에 깊이 집착하게 되면
굳어져 쉽게 버리지 못할 뿐더러,

아만 있어 스스로 높이고 자랑하며
아첨하고 왜곡되어 마음도 진실치 아니하거니
천만억 겁 오랜 세월 지나도록
부처님 이름조차 듣지 못하며,

또한 정법도 듣지 못하거늘
이와 같은 사람들은 정말 제도하기 어렵도다.
그러므로 사리불아,
내가 그들 위해 방편을 베풀어서

---

152 육십이견六十二見: 부처님 당시 여러 이교도들의 견해를 말한다.

모든 고통 없애는 길을 설하여
열반으로써 가르쳐 보여주었나니
내가 비록 열반을 설하기는 했으나
이는 참된 대승의 열반이 아니로다.

모든 법은 본래부터
항상 고요한 열반의 모습 그대로이므로
불자가 이 도리를 닦게 된다면
다음 세상에 반드시 부처님이 되리라.

나에게 방편력이 있어
삼승법을 열어보였을 뿐,
일체 세존께서는
모두 일승도一乘道를 설하시느니라.

이제 여러 대중들은
전부 의심을 없앨지니,
모든 부처님 말씀은 틀리지 않아서
오직 일승뿐이요 이승은 없도다.

과거 무수한 겁 오랜 세월 전에
열반하셨던 한량없는 부처님들
그 수효 백천만억으로
헤아릴 수 없거늘,

그와 같은 모든 세존께서
여러 가지 인연과 비유와
무수한 방편의 힘으로
제법諸法의 모양을 연설하셨지만,

그 모든 과거의 세존께서도
모두 일승법을 설하시어
한량없는 중생들을 교화해서
중생들로 하여금 불도에 들게 하셨도다.

또 대성주大聖主이신 모든 부처님들
일체 세상의
하늘천신과 사람 및 여러 중생들
마음속의 깊은 욕망을 다 아시고,

다시 여러 방편으로써
실상의 진리〔第一義〕를 밝히도록 도우시나니
만일 어떤 중생들
과거의 많은 부처님 만나서,

법을 듣고 보시하거나
계행 지니고 인욕하거나
정진과 선정과 지혜를 닦는 등
여러 가지로 복덕과 지혜를 닦았다면,

이 같은 모든 사람들은
벌써 이미 불도를 성취하였으며
모든 부처님 열반하신 뒤에라도
마음 착하고 부드러운 사람이라면,

이와 같은 모든 중생들도
전부 이미 불도를 성취한 것이 되고
모든 부처님들께서 열반하신 뒤
사리에 공양하는 자들,

만억 가지 종류의 탑을 세우되
금과 은·파려
자거와 마노·매괴
유리 그리고 진주 등으로,

널리 깨끗하게 장식하여
모든 탑들 장엄하게 꾸미되
어떤 이는 돌로 탑묘를 세우거나
전단향목과 침수향목으로 세우며,

목밀향목과 그 밖의 다른 목재로 짓거나
벽돌과 기와·진흙 등으로 짓기도 하고
혹은 넓은 들판 가운데에
흙을 쌓아 부처님의 탑묘를 만들며,

아이들이 장난으로라도
모래 쌓아서 부처님의 탑을 만든다면
이와 같은 여러 사람들도
전부 이미 불도를 성취한 셈이 되느니라.

만일 어떤 사람이 부처님을 위하므로
여러 형상 건립하되
불상을 조각하여 만든다면
이런 사람들도 이미 불도를 성취한 것이니,

혹 칠보로써 불상을 조성하거나
놋쇠와 붉은 구리와 흰 구리로 조성하고
백납과 아연과 주석으로 만들거나
무쇠와 나무 그리고 찰흙 등으로 만들며,

혹은 아교로 옻칠한 천에다
단정하게 부처님 탱화를 장식하여 그린다면
이와 같은 모든 사람들도
전부 이미 불도를 성취한 것일 뿐더러,

물감으로 부처님 탱화를 그리되
백복으로 장엄한 모습을
직접 그리거나 남을 시켜 그리게 하더라도
전부 이미 불도를 성취한 것과 마찬가지니라.

그리하여 아이들이 장난으로
풀잎이나 나뭇가지 또는 붓이나
손가락 혹은 손톱을 사용하여
불상을 그리게 되면,

이와 같은 모든 사람들도
점점 공덕을 쌓아서
대비심을 구족히 갖추어
이미 불도를 성취한 것이나 다름없느니라.

부처님은 보살들을 교화하시는 일불승만으로
한량없는 중생들을 제도하시거늘
만일 어떤 사람 부처님의 탑묘나
보배로운 불상과 탱화 앞에,

꽃과 향과 깃발과 일산 등을 가지고
공경하는 마음으로 공양 올리거나
남을 시켜 음악을 연주하게 하여
북 치고 소라 불며,

퉁소와 피리, 거문고와 공후
비파와 징, 바라 등의
이런 여러 가지 아름다운 음률
골고루 갖추어 공양드리거나,

혹은 환희한 마음으로써
노래로 부처님 공덕을 찬송하되
다만 한 소절이라도 부른다면
이들도 전부 이미 불도를 성취한 셈이니라.

만일 어떤 사람 산란한 마음이지만
단지 한 송이 꽃이라도 가지고
부처님 탱화에 공양 올린다면
차츰 수없는 부처님들을 친견하게 되고,

어떤 사람 절하고 혹은 합장만 하며
하다못해 한 손을 들거나
혹은 머리를 약간 숙이기만 하여
그렇게 해서라도 불상에 공양 올린다면,

차츰 한량없는 부처님 친견하고 위없이 높은 진리 성취하여
널리 무수한 중생들을 제도하고는
남음 없는 대승의 무여열반에 들리니
나무가 다하면 불도 자연 꺼지는 것과 같으리라.

만일 누군가 산란한 마음이지만
부처님 탑묘에 들어가
한 번이라도 '나무불' 하고 부른다면
전부 이미 불도를 성취한 셈이 되며,

모든 과거 부처님들께서
세상에 계실 때나 열반하신 뒤에라도
이 법문 들은 사람들은
전부 이미 불도를 성취한 것과 매한가지고,

미래의 모든 세존님
그 수효 한량없으시나
그 모든 여래께서도
또한 방편으로 법을 설하시리니,

일체 여래께서는 한량없는 방편으로
모든 중생들을 제도하여
부처님의 무루지無漏智에 들게 하므로
법문 듣는 자는 성불 못할 사람 아무도 없느니라.

모든 부처님들의 근본 서원은
친히 수행하신 불도를
널리 중생들로 하여금 닦게 하여
이 도를 똑같이 얻게 하려는 것이니,

미래세의 모든 부처님들
비록 백천억 가지의
무수한 법문을 설하시더라도
그 속내용은 일불승을 위한 것이니라.

모든 부처님 양족존兩足尊께서
법에는 항상 일정한 성품이 없음을 아시지만
부처님 종자도 인연 따라 나오므로
그래서 일승법을 설하시느니라.

이 일승법은 법의 자리〔法位〕[153]에 머무르나
세간의 온갖 변화 모양 속에 상주하나니
도량에서 이미 일승의 도리를 알았으나
도사[154]는 방편으로 삼승을 설하시느니라.

하늘천신과 사람들의 공양 받으시는
현재 시방세계의 부처님들
항하 모래알처럼 무수히 세상에 출현하시어
중생들을 안락하게 하고자
또한 방편으로 이렇게 법을 설하시나니,

제일 적멸한 이치를 아시건만
방편의 힘을 쓰기 때문에
비록 여러 가지 도법을 보여주시긴 해도
그 속 내용은 일불승을 위한 것이니라.

---

153 법위法位: 모든 것의 변하지 않는 위치.

154 도사導師: 올바른 깨달음으로 인도하는 스승이란 뜻으로 부처님을 지칭하며, 일반적으로 '삼계대도사三界大導師'라고 부른다.

중생들의 모든 행위와
마음속 깊이 생각하는 것과
과거에 익힌 업과
욕망과 성질과 정진력에 대해,

그리고 모든 근기의 영리함과 둔함을 아시고
여러 가지 인연과
비유와 갖가지 말로써
근기에 맞게 방편으로 설하시거늘,

지금 나도 그와 같이
중생들을 안락하게 하고자
여러 가지 법문으로써
불도를 펴 보이건대,

내가 지혜의 힘으로써
중생들의 성질과 욕망을 알고
방편으로 여러 가지 법을 설하여
모든 중생들로 하여금 기쁘게 하노라.

사리불은 마땅히 알라
내가 불안佛眼으로써 관찰해보니
육도 중생들이 빈궁하고
복과 지혜가 없어서,

생사윤회의 험난한 길에 빠져
끝없는 괴로움 그칠 새가 없는데도
오욕락에 깊이 빠져 집착하니
마치 검정 물소가 제 꼬리를 아끼듯 하도다.[155]

탐욕과 애욕으로써 스스로 불성을 가려서
눈멀고 캄캄해 아무것도 보이지 않건만
큰 세력의 부처님 되는 길이나
고통 없애는 법조차 구하지 아니한 채,

여러 못된 사견에 빠져
고통으로써 고통을 버리고자 하매
이러한 중생들을 위하여
대비심을 일으키고는,

처음 도량에 앉아
보리수 아래서 관하고 거닐며
삼칠일[156] 동안에
이와 같은 일을 생각하되,

'내가 얻은 지혜는 미묘하기 으뜸인데

---

155 남방의 야아크 소가 자신의 신체 중 가장 멋있다고 소중히 아끼는 길고 털 많은 꼬리 때문에 사람들에게 잡히는 경우가 많은 것을 빗대어 말함.

156 삼칠일三七日: 일주일을 세 번 지낸 것이니, 21일간을 말한다.

중생들의 모든 근기 우둔할 뿐더러
쾌락에만 집착하여 어리석고 어두우니
이와 같은 무리들을 어떻게 제도해야만 하나?'

그때에 여러 범천왕들과
하늘의 제석천왕,
세상을 수호하는 사천왕
그리고 대자재천왕[157]과

나머지 하늘 대중들의
백천만 권속들이
공손히 합장하고 예배하며
나에게 법륜 굴리기를 청하였도다.

내가 곧 스스로 생각하기를,
'만약 일불승만 찬탄한다면
중생들이 고통에 빠져 있어서
능히 이 일승법을 믿지 못하리라.

그러면 법을 무시하고 믿지 않아서
결국엔 삼악도에 떨어지리니
내 차라리 설법하지 말고

---

157 대자재천왕大自在天王: 범어 Maheśvara의 한역. 마혜수라 곧 초선천初禪天의 임금. 외도들은 이 신神을 세계의 본체라 여기며 창조주로 떠받든다.

빨리 열반에나 들어야겠다.'

그러다가 문득 과거 부처님들께서
방편력 쓰셨던 것을 기억하고는,
'나도 지금 증득한 진리를
응당 삼승[158]으로 설하리라.'

이렇게 생각하고 있을 때
시방세계 부처님들 모두 나타나시어
범음으로 나를 위로하시되,
'거룩하시도다, 석가모니 부처님이시여!

제일 으뜸이신 삼계의 도사께서
이 위없이 높은 법〔無上法〕 얻으셨건만,
일체 모든 부처님들 하신 대로
방편력을 쓰려고 하시도다.

우리도 가장 미묘한
제일 높은 법 얻었지만
모든 중생들을 위하여
일승을 삼승으로 분별해서 가르치도다.

---

158 삼승三乘: 물건을 실어 나르는 '승乘'에 부처님의 가르침을 비유하여, 중생을 열반에 이르게 하는 데 ①성문승, ②연각승, ③보살승(혹은 佛乘)의 세 가지 교법이 있다는 뜻으로 삼승이라 한다. 주 130 참조

지혜 모자란 이는 작은 법 좋아하여
스스로 성불할 것을 믿지 못하니,
따라서 방편으로 여러 과위 분별하여 말하며
다시 삼승을 설하긴 했으나
오직 보살을 가르치기 위해 설한 것이로다.'

사리불은 마땅히 알라
나는 거룩하신 부처님들의
깊고 맑으며 미묘한 음성을 듣자 기뻐 외치기를,
'오, 거룩하신 모든 부처님들이시여!'

그리고 다시 생각하기를,
'내가 혼탁하고 악한 세상에 나왔으니
모든 부처님 말씀처럼
나도 또한 그에 수순하여 교화하리라.'

이렇게 생각하고 곧 바라나시[159]로 가서
모든 법의 적멸한 모양을
말로써 표현할 수 없으니
방편력을 써서 다섯 비구를 위해 설하였도다.

이것을 '전법륜'[160]이라 부르며

---

159 바라내波羅柰: 범어 Vārāṇasī의 음역. 중인도 마갈타국 서북쪽에 있는 나라. 석존께서는 성도하신 후 이곳의 녹야원에서 처음 설법하셨다.

이때 처음으로 '열반'이라는 말과 '아라한'
곧 '법보'와 '승보'[161] 등의
차별된 이름이 있게 되었도다.

머나먼 옛 겁으로부터
열반법을 찬탄하여 보이며
'생사의 괴로움 영원히 다한다'고
나는 항상 이와 같이 설하였도다.

사리불은 마땅히 알라
내가 불자들을 보니
마음에 불도를 구하는 이
헤아릴 수 없는 천만억,

모두 공경하는 마음으로써
전부 다 부처님 처소에 와서
일찍이 모든 부처님들로부터
방편으로 설한 법을 들었도다.

그리하여 내가 곧 생각하되,
'여래가 세상에 출현한 까닭은

---

160 전법륜轉法輪: 법륜을 굴린다는 것은 불법을 연설하여, 삿된 견해와 번뇌를 부수고 바르게 교화하는 것을 말한다.

161 여기에서 불보·법보·승보의 삼보三寶가 형성되었음을 상징한다.

부처님의 지혜를 설하기 위해서이니
이제 바로 그때가 되었도다.'

사리불은 마땅히 알라
우둔한 근기와 지혜 모자란 사람
그리고 상相에 집착하여 교만한 자는
능히 이 일승법을 믿지 못하리라.

이제 나는 두려움 없이 기쁘게
모든 보살들 가운데에서
정직하게 방편을 버리고
다만 위없이 높은 진리를 바로 설하리니,

보살이 이 법을 듣게 되면
의심의 그물이 다 없어지며
천이백 명의 아라한들도
모두 또한 마땅히 성불하리라.

삼세의 모든 부처님
설법하시는 의식대로
나도 이제 그와 같이
차별없는 일승법을 설하리라.

모든 부처님께서 세상에 출현하심은

매우 드물어 만나기 어렵고
설사 세상에 출현하셨더라도
이 법을 말씀하시기가 더 어려우며,

한량없이 무수한 겁 동안에
이 법을 듣는 것 역시 어려워
능히 이 법을 들을 수 있는 자
더욱 찾기 어렵도다.

비유컨대 우담발화 꽃을
모든 이가 사랑하고 좋아하지만
천상계와 인간계에 매우 희유하여
때가 되어야만 한 번 피는 것과 같나니,

법을 듣고 환희하여 찬탄하기를
하다못해 한 마디만 할지라도
곧 일체 삼세 부처님들께
이미 공양한 것이나 다름없도다.

그 사람이야말로 매우 희유하여
우담발화 꽃보다도 더욱 귀하거늘,
너희들은 의심하지 말라
나는 모든 법의 왕이니라.

널리 모든 대중들에게 이르노니
오직 일승도一乘道로써
모든 보살들을 교화함이요
애초에 성문 제자란 따로 없느니라.

너희들 사리불 같은 성문들과
보살들은 마땅히 알라,
이 훌륭한 법은
모든 부처님들의 중요한 비밀이니라.

오탁악세에서는
여러 욕망에만 사로잡히기에
그러한 중생들은
마침내 불도를 구하지 못하거늘,

미래 세상의 악한 사람들
부처님께서 일승법 설하시는 것을 듣더라도
미혹하여 믿고 받아들이지 못할 뿐만 아니라
오히려 법을 깨뜨려 악도에 떨어지리니,

그러므로 참회하며 청정한 마음으로
불도를 구하는 이가 있거든
마땅히 그와 같은 사람을 위해서
널리 일승도를 찬탄할지니라.

사리불은 마땅히 알라
모든 부처님의 법은 이와 같이
만억 가지의 무수한 방편으로써
근기에 맞게 법을 설하시거늘,

법을 배우고 익히지 않은 자는
이를 알아차릴 수 없겠지만
너희들은 이미 세간의 스승인 부처님께서
근기 따라 방편으로 교화하시는 일을 알았으니,

모든 의혹을 없애고
마음으로 크게 환희심을 내어
스스로 마땅히
성불할 것을 명심할지니라.

묘법연화경 제二권 제3 비유품譬喩品

그때에 사리불이 뛸 듯이 기뻐하며 즉시 일어나 합장하고, 부처님의 거룩하신 얼굴을 우러르며 사뢰었다.

"저는 지금 세존으로부터 이 법음法音을 듣고, 마음이 뛸 듯이 기뻐 일찍이 없던 희유함을 느끼옵니다. 왜냐하면 사실 저는 예전에 부처님으로부터 이와 같은 법을 들었었나이다. 그래서 모든 보살들이 성불하리라 수기 받는 광경을 다 보았었나이다. 그런데 저희들은 그 일에 참여하지 못하여, 여래의 한량없는 지혜를 잃었다고 스스로 몹시 슬퍼했었나이다.

세존이시여! 그래서 저는 항상 홀로 숲 속의 나무 아래에서 앉거나 거닐면서 매양 생각하기를,

'우리들도 똑같이 법의 성품에 들었거늘, 어찌하여 여래께서는 소승법으로써 제도하시는가?'

하였나이다.

그렇지만 그것은 저희들의 허물이요 세존의 탓이 아닙니다. 왜냐하면 만약 저희들이 부처님께서 아뇩다라삼먁삼보리를 성취하는 인연에 대해 말씀하실 때까지 기다렸더라면, 반드시 대승으로써 제도 해탈되었을 것이기 때문입니다. 그런데 저희들은 방편으로 부처님께서 근기에 맞게 말씀하신 줄을 알지 못하고, 처음 부처님 법을 듣자마자 곧 믿고 받아들여 증득했다고 여겼던 것입니다.

세존이시여! 제가 그때부터 지금까지 밤낮으로 항상 자책하면서 마음 아파했는데, 이제 부처님으로부터 일찍이 듣지 못했던 가르침을 듣고 나니 모든 의심이 끊어져서 몸도 마음도 태연하며 편안해졌나이다. 저희들은 오늘에야 진정한 부처님의 아들이요 부처님의 입으로부터 태어났으며, 법으로부터 화생化生하여 불법의 몫을 얻게 되었음을 알겠나이다."

그때 사리불이 거듭 의미를 표현하고자 게송으로 사뢰었다.

저는 부처님 법음 듣고
일찍이 없던 희유함을 느꼈으며
마음 크게 환희하여
의심이 다 사라졌나이다.

옛적부터 부처님의 가르침을 입어
대승의 가르침을 잃지는 않았나니,
부처님 말씀 매우 희유하사
능히 중생들의 번뇌를 제거해 주시나이다.

제가 이미 번뇌를 다했다고는 했지만
법문을 듣고 나서야 정말로 근심걱정 없앴나이다.
제가 산골짜기에 있거나
혹은 숲 속의 나무 아래에서

앉든지 거닐든지
항상 지난 일을 생각하고는
탄식하여 스스로 깊이 꾸짖기를,
'내가 왜 스스로 속았던가?

우리도 또한 부처님의 아들로
보살들과 똑같이 무루법[162]에 들었건만
미래에 능히
위없이 높은 진리를 연설할 수 없으며,

더욱이 금색신의 삼십이상과
십력[163]과 모든 해탈문이
똑같이 동일한 법 가운데 있건만

---

162 무루법無漏法: 번뇌 없는 법성法性을 말한다.

163 십력十力: 부처님께만 갖추어진 열 가지 지혜의 힘. ①처비처지력處非處智力 ②업이숙지력業異熟智力 ③정려해탈등지등지지력靜慮解脫等持等至智力 ④근상하지력根上下智力 ⑤종종승해지력種種勝解智力 ⑥종종계지력種種界智力 ⑦변취행지력遍趣行智力 ⑧숙주수념지력宿住隨念智力 ⑨사생지력死生智力 ⑩무루지력無漏智力

그것을 얻지 못하다니….

또 팔십 가지 미묘한 상호〔八十種好〕와
부처님만 지닌 열여덟 가지 특성[164] 등
이와 같은 여러 공덕들을
내가 다 놓치다니 참으로 애석하구나!'

제가 혼자 거닐 때에
부처님께서 대중 속에 계시며
명성이 시방에 퍼져
널리 중생들을 이익케 하시는 걸 보고는,

혼자 생각하되,
'이런 이익을 놓치게 된 것은
내 스스로 나를 속인 탓이로다.'
밤낮으로 매양 이 일만 사무쳤나이다.

그래서 부처님 세존께
'정말 이런 공덕들을 잃어버린 것입니까?
아니면 아직 잃지 않았습니까?'
하고 여쭙고 싶었나이다.

---

164 십팔불공법十八不共法: 성문이나 보살이 공유할 수 없는 부처님의 18가지 공덕.

저는 항상 세존께서
모든 보살들 칭찬하시는 것을 보고
그로써 밤낮으로 더욱
그와 같은 일만 골똘히 되씹었거늘,

이제 부처님 말씀 듣건대
근기에 맞게 설법하시어
번뇌 없으며 상상을 초월한 뛰어난 지혜로
중생들을 깨달음의 도량에 이르게 하시나이다.

저는 본래 사견에 집착하여
모든 외도 범지[165]의 스승이 되었었는데
세존께서 저의 마음을 아시고
삿됨을 뽑아 열반을 설해주시니,

제가 삿된 소견 없애고 공空한 법 증득하여
그때 마음으로 혼자 생각하기를
'나도 열반을 얻었도다' 했으나,
하지만 이제 스스로 깨닫고 보니
그것은 참된 열반이 아니었나이다.

만일 부처님이 되었다면 삼십이상 구족하고

165 범지梵志: 고대 인도의 바라문교에 4기期가 있는데, 이는 제1기로 스승에게 가서 수학하는 기간 동안의 바라문도를 말한다.

하늘천신과 사람과 야차 무리
용과 귀신들이 다함께 공경하리니
그때서야 '영원히 다 없어진 완전한 열반'이라 하겠나이다.

부처님께서 대중 가운데
제가 미래에 성불할 것이라 말씀하셨는데,
사실 그와 같은 법음을 듣고서야
의심과 망설임이 다 없어졌나이다.

처음엔 부처님 말씀 듣고
마음속으로 크게 놀라 의심하되,
'아마도 마구니가 부처님으로 변해서
나의 마음을 어지럽히는 게 아닐까?'

그러나 부처님께서 여러 가지 인연과
비유와 조리 있는 말씀으로 가르쳐주시니,
마음이 바다처럼 편안하여
설명 듣고는 의심 덩어리 다 사라졌나이다.

부처님께서 말씀하시기를,
'지난 세상 열반하셨던 한량없는 부처님들도
방편 가운데 편안히 머무시어
또한 모두 이 실상법을 설하셨으며,

현재와 미래의 부처님들도
그 수효가 한량없으시나
역시 여러 방편으로써
이와 같은 일승법을 설하시도다.'

마찬가지로 지금 세존께서도
탄생으로부터 출가하시어
도를 얻고 법륜을 굴리심에
또한 방편으로써 설하셨다 하시니,

세존께서는 실상의 진리를 설하시되
악마 파순[166]은 설할 수가 없나이다.
이로써 분명히 마구니가 부처님 된 것이 아님을 알겠거늘
제가 잠시 의심에 빠져서 마구니의 소치로 여겼나이다.

하지만 부처님께서 부드러운 음성으로
깊고 미묘하게 청정한 법을 설하시는 내용 듣자
저의 마음 크게 환희하여 의심이 아예 사라졌으며
바로 실상의 지혜 가운데 안주했나니,

저는 앞으로 반드시 성불하여

---

166 파순波旬: 범어 Pāpīyas의 음역으로, 살자殺者 또는 악자惡者라고 한역. 욕계 제6天의 임금인 마왕의 이름. 항상 악한 뜻을 품고 나쁜 법을 만들어, 수도인을 요란시키고 사람의 혜명慧命을 끊어 미혹하게 한다.

하늘천신과 사람들의 공경 받으며
위없이 높은 법륜 굴리어
모든 보살들을 교화하오리다!

그때에 부처님께서 사리불에게 이르시었다.

"내가 이제 하늘천신과 사람과 사문·바라문 등 여러 대중들에게 말하리라. 내가 옛적에 일찍이 이만억의 부처님 처소에서 위없이 높은 진리를 알게 하기 위하여 항상 너를 교화했으며, 너도 또한 오랜 세월 동안 나를 따라 배웠느니라. 그리고 내가 방편으로써 너를 인도했기 때문에 현재 나의 법 가운데 태어난 것이니라.

사리불아! 내가 옛적에 너를 가르쳐서 마음에 불도를 서원[167]하도록 하였거늘, 네가 지금은 다 잊어버리고 스스로 생각하기를 '이미 열반을 얻었노라' 하다니……. 내 이제 도로 네가 본래 서원을 세워 닦았던 도를 기억나게 하고자, 너를 포함한 모든 성문들을 위하여 이 대승경을 설하리니 바로 『묘법연화경』이니라. 즉 보살을 가르치는 법으로 부처님께서 호념하시는 경이니라.

사리불아! 너는 미래 세상에 무량무변하며 생각으로 헤아릴 수 없이 많은 겁을 지나도록 무수한 천만억 부처님들께 공양하고는, 정법을 받들어 지키며 보살이 닦아야 할 도를 구족히 닦아서 반드시

---

167 서원誓願: 결정코 목적을 이루려고 맹세하는 것. 총總서원과 별別서원이 있는데, 총서원은 사홍서원 같이 모든 불보살이 다 일으키는 것을 말한다. 반면에 별서원은 아미타불의 48대원이나 약사여래불의 12대원 같이 어느 한 부처님의 특별한 서원을 말한다.

성불하리라. 부처님의 이름은 화광華光여래·응공·정변지·명행족·선서·세간해·무상사·조어장부·천인사·불세존이니라.

그 세계의 이름은 '이구離垢'요, 그 땅은 평정하면서 깨끗하게 장엄되어 안온하고 풍요하며 하늘천신과 사람들이 많으리라. 청보석의 유리로 땅이 되고 바둑판처럼 여덟 줄로 길이 났는데, 황금으로 줄을 꼬아 길을 경계하리라. 또 길가에는 칠보로 된 가로수가 있어서 항상 꽃과 열매가 무성하리라.

그리고 화광여래도 또한 삼승으로써 중생들을 교화하리라. 사리불아, 그 부처님이 출현하실 때는 악한 세상이 아니지만 처음 세웠던 원력 때문에 삼승법을 설하는 것이니라.

그 시대의 이름은 대보장엄大寶莊嚴이라 하는데, 무슨 까닭으로 '대보장엄'이라 부르는가? 그 나라에서는 보살로써 큰 보배를 삼기 때문이니라. 그 나라의 보살들은 한량없어서 생각으로 짐작할 수 없고 숫자나 비유로도 알 수 없을 정도이니, 부처님의 지혜 말고는 도저히 헤아릴 수 없을 만큼 많으니라. 보살들이 만일 걷고자 하면 보배꽃이 발을 받드는데, 그 모든 보살들은 초발심보살이 아니라 전부 다 공덕의 근본을 오랫동안 심은 보살들이니라. 또한 한량없는 백천만억 부처님들 처소에서 깨끗이 범행을 닦아 항상 모든 부처님들의 칭찬을 받아왔으며, 늘 부처님 지혜를 닦아 큰 신통력을 갖춘 것은 물론 일체 법문 내용도 잘 알고 있느니라. 성품 바탕이 바르고 거짓이 없으며 뜻이 견고한 그와 같은 보살들이 그 세계에 가득 충만하리라.

사리불아!

화광불의 수명은 십이 소겁이나 되는데 왕자로서 성불하기 전의 수명은 제외한 것이며, 그 나라 사람들의 수명은 팔 소겁이니라. 화광여래께서는 십이 소겁을 지나서 견만堅滿보살에게 아뇩다라삼먁삼보리의 수기를 주시고 모든 비구들에게 이르시기를,

'이 견만보살이 다음에 부처님이 되리니, 부처님 이름은 화족안행華足安行 다타아가도(여래)·아라하(응공)·삼먁삼불타(정변지)이리라. 그 부처님의 세계도 또한 지금 나의 세계와 같으리라.'

사리불아! 그 화광 부처님이 열반하신 뒤에 정법이 세상에 머무는 기간은 삼십이 소겁이며, 상법[168]이 세상에 머무는 기간도 똑같이 삼십이 소겁이리라."

그때 세존께서 거듭 의미를 표현하시고자 게송으로 말씀하셨다.

사리불이 오는 세상에 부처님 되면
지혜가 넓고 거룩하여
이름을 화광불華光佛이라 하며
한량없는 중생들을 제도하리라.

무수한 부처님들께 공양하고
보살행을 구족하매
십력十力 등 여러 공덕 갖추어
위없이 높은 진리를 증득하리니,

---

168 상법像法: 정법 시대와 비슷한 시기라는 뜻. 정법 때에는 교敎와 행行과 증證이 갖춰 있지만, 상법 때에는 敎와 行만 있고 말법 때에는 敎만 있다고 한다.

한량없는 겁을 지나서
대보장엄大寶莊嚴 겁이 되면
세계 이름은 이구離垢로
깨끗하여 더러움이 없을 뿐 아니라,

유리 보배로 땅이 되고
황금줄로 그 길의 경계를 삼으며
칠보로 된 가지가지 가로수에는
항상 꽃과 과실이 가득하리라.

그 세계의 모든 보살들
뜻과 생각이 항상 견고하고
신통력과 육바라밀
이미 모두 구족한 채,

무수한 부처님들 처소에서
보살도를 잘 배웠나니
이와 같은 큰 보살들
화광 부처님께서 교화하신 제자로다.

부처님이 왕자일 때
나라와 세상의 영화를 버리고
윤회의 마지막 몸으로
출가하여 불도를 이루시리니,

화광 부처님 세상에 머무시는 수명은
십이 소겁이요
그 나라 백성들의 수명은
팔 소겁이며,

부처님께서 열반하신 다음
정법이 세상에 머무는 기간은 삼십이 소겁으로
널리 중생들을 제도할 것이고
정법이 다한 뒤의 상법도 삼십이 소겁이되,

사리가 널리 유포되어
하늘천신과 사람들이 두루 공양하리라.
화광 부처님의 일이
모두 이와 같나니,

그 거룩하신 부처님 양족존은
가장 수승하여 비길 바 없거늘
그 분이 바로 너의 몸이라
마땅히 스스로 기뻐할지니라!

그때에 사부대중인 비구·비구니·우바새·우바이와 하늘천신·용·야차·건달바·아수라·가루라·긴나라·마후라가 등 모든 대중들은 사리불이 부처님 앞에서 아뇩다라삼먁삼보리의 수기 받는 것을 보고는,

환희에 젖어 뛸 듯이 좋아하며 너무 기뻐 제각기 입고 있던 웃옷을 벗어서 부처님께 공양하였다.

석제환인과 범천왕들은 무수한 천자들과 함께 하늘나라의 아름다운 옷과 만다라 꽃·마하만다라 꽃들을 가지고 부처님께 공양하였다. 그러자 그 뿌려진 하늘옷들이 휘날리며 허공에서 저절로 빙글빙글 돌았다. 또 모든 하늘의 백천만 가지 악기들이 하늘에서 일시에 울려 퍼졌고, 여러 가지 하늘꽃들은 꽃비가 되어 휘날리는데 어디선가 이런 소리가 들려왔다.

"석가모니 부처님께서는 옛날 바라나시에서 처음으로 법륜을 굴리시더니, 지금은 또 위없이 높은 큰 법륜을 굴리고 계시네!"

그때 여러 천자들이 거듭 의미를 표현하고자 게송으로 사뢰었다.

옛날 바라나시에서 부처님
사제四諦 법륜을 굴리시어
모든 법이 오온[169]으로 생멸함에 대해
분별해 주셨고,

이제 다시 미묘하며
위없이 높은 대법륜을 굴리시니
이 법은 매우 깊고 오묘하여
믿을 수 있는 자 별로 없겠나이다.

---

169 오온五蘊: 오음五陰을 말한다. 주 26 참조

저희들이 예로부터
세존의 설법을 자주 들어왔으나
이렇게 깊고도 미묘한 최상 법문은
한 번도 듣지 못하였나이다.

세존께서 이 일승법을 설해주시니
저희들 모두 따라 기뻐하며
지혜 제일의 사리불이
지금 거룩한 수기를 받으매,

저희들도 역시 사리불처럼
반드시 미래에 성불하여
일체 모든 세간에서
위없이 가장 존귀한 세존 되오리다!

불도는 생각으로 알기 어려워서
방편으로 근기에 맞게 설하시나니,
저희들이 현재 또는 과거세에 지은 복덕과
지금 부처님 친견한 공덕을 다 불도에 회향하나이다!

그때 사리불이 부처님께 사뢰었다.

"세존이시여!

저는 이제 친히 부처님 앞에서 아뇩다라삼먁삼보리의 수기를 받았으니 두 번 다시 의심이 없사옵니다. 그러나 마음이 자재한 천이백 명의 아라한들이 옛날 배우는 유학의 경지에 있었을 때 부처님께서 항상 교화하시기를,

'나의 법은 생·노·병·사를 여의고 마침내 열반을 얻는 것이니라.' 라고 말씀하시지 않으셨습니까?

그래서 아직 배우는 과정에 있는 사람들〔有學〕과 배우기를 마친 사람들〔無學〕은, 각각 스스로 아견[170]과 유견[171] 및 무견[172] 등의 모든 삿된 소견을 떠나 열반을 얻었다고 생각하였습니다. 그런데 지금 부처님 앞에서 이제까지 듣지 못했던 법을 듣자 모두들 의심에 빠져 버렸습니다.

거룩하신 세존이시여! 부디 사부대중을 위하여 어찌된 사연인지 설명해 주시어, 의혹을 풀어 주시옵소서!"

그때 부처님께서 사리불에게 이르시었다.

"내가 먼저 말하지 않았더냐? 모든 부처님 세존께서 여러 가지 인연과 비유와 갖가지 말의 방편으로써 설법한 것은 모두 아뇩다라삼먁삼보리를 위해서라고 말이다. 왜냐하면 그 모든 설법이 다 보살들을

---

170 아견我見: '나'라는 존재는 오온五蘊이 임시 모여 이루어진 것으로, 고정적으로 유일하게 존재하는 것이 전혀 없는데도 '내'가 따로 존재한다고 착각하는 견해. 이로써 중생이 윤회하는 씨앗이 된다.

171 유견有見: 사후에도 고정된 나의 실체(자아)와 세계가 존재한다는 견해.

172 무견無見: 죽으면 완전히 다 없어져서 자아와 세계뿐 아니라 업도 따라 소멸하여 아무런 과보도 없다는 견해. 사후에 자아와 세계가 존재하는가 아닌가 하는 것은 각각 상주론常住論과 단멸론斷滅論을 이루는 외도들의 대표적인 그릇된 사상이다.

교화하기 위한 방편이기 때문이니라.

그러나 사리불아! 지금 마땅히 다시 비유로써 그 뜻을 밝히리니, 지혜로운 사람들은 비유를 통해 알아차릴 수 있으리라.

사리불아! 어떤 나라의 한 마을에 큰 재벌장자가 살고 있었느니라. 그의 나이는 늙었으나 재물은 한량없어, 전답과 가옥 그리고 하인들이 매우 많이 있었느니라. 그 집은 아주 넓고 크건만 문은 오직 하나뿐이었고, 식구는 많아서 백 명·이백 명 심지어 오백 명이나 되었는데 전부 그 안에서 같이 살고 있었느니라.

그런데 하도 오래되어 집과 누각은 낡을 대로 낡았고 담벼락은 내려앉았으며, 기둥은 썩고 대들보는 기울었느니라. 그러던 어느 날 별안간 사면에서 불이 한꺼번에 일어나 집을 태우기 시작했느니라. 하지만 장자의 아들 열 명인가 스무 명인가 서른 명인가는 아직 그 집에 남아 있었느니라. 장자[173]는 큰불이 온 사방에서 타오르는 것을 보고 깜짝 놀라 이렇게 생각하였느니라.

'나는 비록 불타는 집에서 무사히 빠져 나왔으나 아이들은 불타는 집에서 놀기에만 정신 팔려, 도대체 무엇이 위험한 줄 알지 못하고 놀라거나 두려워하지도 않는구나. 불이 몸에 붙으면 말할 수 없이 고통스러울 텐데도, 마음에 걱정할 줄도 모르고 나오려는 생각조차 아예 없구나.'

사리불아, 그 재벌장자는 또 이렇게 생각하였느니라.

'내가 힘이 좀 세니까, 옷 넣는 함이나 책 담는 궤짝이라도 써서

---

173 장자長者: 범어 Śreṣṭha. 인도에서 좋은 집안 출신으로, 많은 재산과 덕을 갖춘 이를 말한다. 여기에서는 뜻을 살리기 위해 장자 또는 재벌장자 등으로 번역함.

아이들을 담아 가지고 얼른 집에서 끌어내와야겠다.'

이윽고 다시 생각하기를,

'이 집은 문이 하나뿐인데다가 또 좁기까지 하니 어떡하면 좋은가? 애들은 어려서 철모르고 놀기에만 정신이 팔려 있으니, 궤짝에 담아 내가다가 자칫 떨어지게 되면 불에 타버릴 게 아닌가!

그러느니 아예 내가 불이 얼마나 두렵고 무서운 것인가를 알려주고, 이 집이 벌써 불에 타고 있으니 빨리 나오라고 하는 것이 좋겠다. 그래서 우리 애들로 하여금 불에 타지 않도록 해야겠구나!'

이렇게 생각하고는 마음먹은 대로 아이들에게 자세히 타일렀느니라.

'불이 났으니 너희들은 지체 말고 속히 나오너라!'

그런데 아버지가 불쌍히 여겨서 아무리 잘 타일러 주어도 아이들은 놀기에만 정신이 팔려 있었느니라. 그래서 아버지 말을 믿지도 않을 뿐더러 들은 척도 아니했으며, 놀라거나 겁내지도 않고 끝내 나오려고 하지 않았느니라. 또한 어떤 것이 불이고 어떤 것이 집인지도 모르며 무엇을 잃게 되는지도 알지 못한 채, 동서로 왔다갔다 뛰어놀면서 무심코 아버지를 쳐다만 볼 따름이었느니라.

그때 장자가 생각하되,

'이 집은 벌써 불에 훨훨 타고 있으니, 나와 아이들이 바로 이 시각에 나가지 않으면 반드시 불에 타버릴 것이다. 내가 이제 무슨 방편을 써서라도, 모든 아이들로 하여금 이런 피해를 입지 않도록 해야겠구나!'

아버지는 아이들이 이전부터 서로 가지고 싶어했던 여러 가지

기이한 장난감들이라면 반드시 좋아할 것이라고 생각하여 말하였느니라.

'너희들이 지난번 갖고 싶어했던 장난감은 매우 귀해서 쉽게 구할 수 없는 것이니라. 만일 너희가 지금 바로 나와서 갖지 않는다면 나중에 반드시 후회하게 되리라. 이와 같은 여러 가지 수레들, 곧 양이 끄는 수레·사슴이 끄는 수레· 소가 끄는 수레들이 지금 대문 밖에 있으니, 맘대로 가지고 장난하며 즐겁게 놀아라.

얘들아, 어서 이 불타는 집에서 나오너라! 너희들이 달라는 대로 전부 주리라!'

그때에 아이들은 아버지가 말씀하신 진귀한 장난감들이 마음에 들었기에, 너무 신이 나서 서로 밀치고 다투며 급히 불타는 집에서 뛰쳐나왔느니라.

당시 장자는 아이들이 모두 무사히 빠져나와 네거리 길 한가운데 편안히 앉아 있음을 보고는, 마음이 아주 안심되어 한없이 기뻐하였느니라.

이윽고 여러 아이들은 제각기 아버지께 사뢰기를,

'아버지! 아까 주시겠다고 하셨던 양이 끄는 수레랑 사슴이 끄는 수레랑 소가 끄는 수레를 지금 빨리 주세요!'

사리불아, 그때 장자는 아이들에게 각각 똑같이 큰 수레를 나누어주었느니라. 그 수레는 높고 넓으며 온갖 보배로 장식되었고, 주위에 난간을 둘렀으며 사면에는 풍경을 매달았느니라. 또 그 위에 일산을 펴고 휘장을 쳤는데 역시 진귀한 여러 보배들로 장식되었고, 보배줄을 얽어 늘어뜨리고 꽃과 영락을 드리웠으며, 포근한 자리를 겹겹이

깔고 붉은 비단쿠션을 놓았느니라. 그리고 피부색이 깨끗하고 몸체 좋고 기운 센 흰 소로써 수레를 끌게 하였으니, 걸음은 평탄하고 빠르기는 바람처럼 날쌔었느니라. 또 많은 시중들이 모시고 따라다니며 시위하였느니라.

그런데 이렇게 좋은 수레를 왜 모든 아이들에게 똑같이 나눠주었을까? 왜냐하면 장자에게는 재물이 한량없이 많고 창고마다 가득 차 있어서, 다음과 같이 생각했기 때문이니라.

'나의 재물은 한량없이 많은데 변변치 못한 작은 수레 따위를 아이들에게 줄 것이 뭐 있겠나. 더욱이 이 아이들은 다 나의 자식이거늘 사랑함에 차별이 있어서야 말이 되겠는가!

나에게 이처럼 칠보로 만든 큰 수레들이 굉장히 많으니, 응당 평등한 마음으로 똑같이 나눠주리라. 왜냐하면 이 물건을 가지고 온 나라 사람들에게 나누어준다고 하더라도 모자라지 않을 터인데, 어찌 하물며 내 아이들에게 차별하여 주겠는가!'

당시 아이들은 제각기 큰 수레를 타고는 일찍이 없던 희유함을 느꼈으나, 아이들이 원래 이것까지는 감히 바라지 않았던 것이었느니라. 사리불아, 너는 어떻게 생각하느냐? 그 장자가 모든 아이들에게 약속했던 것보다 훨씬 크고 좋은 보배 수레를 똑같이 나눠줬다고 해서 도리어 거짓말을 했다고 할 수 있겠느냐?"

사리불이 대답하였다.

"아니옵니다, 세존이시여! 그 장자가 다만 아이들로 하여금 화재를 면하게 하여 목숨만 건지게 했더라도 거짓말했다고는 할 수 없습니다. 왜냐하면 목숨만 보전하면 이미 좋은 장난감을 얻은 것이나 다름없기 때문입니다. 하물며 방편으로 저 불타는 집에서 구하여 살려낸 것이 어떻게 거짓말한 것이 되겠습니까? 세존이시여, 만약 그 재벌장자가 한 대의 볼품없는 수레조차 주지 않았다 하더라도 거짓말을 했다고는 할 수 없습니다. 왜냐하면 그 장자는 처음에 다음과 같이 생각했기 때문입니다.

'내가 방편으로써 아이들로 하여금 불타는 집에서 나오게 하리라.'

이러한 인연으로써 장자는 거짓말한 것이 아닙니다. 하물며 장자가 재물이 한량없음을 알고, 모든 아이들을 이롭게 하기 위해 똑같이 큰 수레를 준 것이 어찌 거짓말이 되겠습니까?"

부처님께서 사리불에게 이르시었다.

"그래그래, 네 말이 맞도다!

사리불아, 여래도 또한 그와 마찬가지로 곧 일체 세간의 아버지가 되느니라. 그리하여 모든 두려움과 쇠약함, 번뇌와 근심, 무명과 어둠을 영원히 없애어 아무것도 남아 있는 것이 없느니라. 반면에 한량없는 지혜, 곧 십력十力과 사무소외四無所畏를 모두 성취했을 뿐 아니라, 큰 신통력과 지혜력을 소유하고 방편과 지혜바라밀을 구족하였느니라. 그리고 대자대비한 마음으로 늘 게으름 없이, 언제나 착한 일을 추구해서 일체 중생들을 이롭게 하느니라.

그리하여 삼계[174]의 썩고 낡은 화택火宅 가운데에 태어나서 중생들

---

174 삼계三界: 중생이 생사 윤회하는 미迷한 세계를 우주 공간의 차원에서 세 가지 세계로 분류한 것이다. ① 욕계欲界_오욕五欲을 포함한 온갖 욕심이 치성한 세계(六道 가운데 지옥·아귀·축생·아수라·인간·그리고 지상에서 가장 가까운 四王天을 비롯한 6개 하늘나라). ② 색계色界_욕계와 같은 심한 욕심은 없지만, 아직 미묘한

의 생·노·병·사와 근심·슬픔·괴로움·번민과 어리석고 우매한 삼독[175]의 불에서 건져내려고, 그들을 교화하여 아뇩다라삼먁삼보리를 얻게 하느니라.

모든 중생들을 보아하니 생·노·병·사와 근심·슬픔·괴로움·번민으로 인해 불타고 있느니라. 또한 다섯 가지 욕망과 재물 때문에 여러 가지 고통을 당하고 있느니라. 또 욕망을 탐착하고 끝없이 추구하므로 살아서는 현세에서 온갖 고통을 받으며, 후세에 죽어서는 지옥이나 축생·아귀의 고통을 면치 못하느니라. 혹 천상이나 인간에 태어나더라도 빈궁하고 곤고하며, 사랑하는 사람과 이별하는 고통·미워하는 사람과 만나는 고통 등 이와 같은 여러 가지 고통들을 받게 되는 것이니라.

그래도 중생들은 그 속에 빠져서 재미있게 노느라고, 그런 괴로움을 깨닫지 못하고 알지 못하며 놀라거나 두려워하지도 않고 또한 싫증내지 않느니라. 따라서 해탈을 구하지도 않고 다만 삼계의 불타는 집에서 동서로 정신없이 뛰어다니며, 비록 큰 고통을 겪게 될지라도 걱정조차 하지 않느니라.

사리불아! 부처님은 이를 보고 문득 생각하되,

형체가 남아 있는 세계(初禪天을 포함한 18개의 하늘나라). ③ 무색계無色界_물질적인 것을 완전히 여의어서 색계와 같은 미묘한 형체도 없이 순정신적인 존재만 있는 세계(4개의 하늘나라). 이상은 모두 육도六道에 속하는 윤회의 세계이다.

175 삼독三毒: 번뇌가 삼계를 벗어나지 못하도록 만들어 중생을 해치는 것이 마치 독사와 같다고 해서, 세 가지 큰 번뇌를 삼독이라 한다. ① 탐욕貪欲_마음에 드는 사람이나 물건을 애착하여 탐내고 만족할 줄 모르는 것. ② 진에瞋恚_성질내고 마음에 원망을 품는 것. ③ 우치愚癡_잘못된 사견邪見 등과 같은 어리석음.

'나는 중생들의 아버지이니 응당 이 괴로움과 어려움을 뽑아 없애주고, 한량없고 그지없는 부처님 지혜의 즐거움을 주어서 중생들로 하여금 재미있게 놀도록 해야겠다.'

사리불아, 여래는 또 이렇게 생각하였느니라.

'내가 만약 다만 신통력과 지혜의 힘만 가지고 방편을 저버린 채, 모든 중생들을 위하여 여래의 열 가지 지혜의 힘과 네 가지 두려움 없음에 대해서만 찬탄한다면 중생들을 제도하기 어려우리라. 왜냐하면 이 모든 중생들은 생·노·병·사와 근심·슬픔·괴로움·번민을 면치 못해 삼계의 불타는 집에서 곧 불타 죽게 생겼거늘, 무엇을 말미암아 부처님 지혜를 이해할 수 있겠는가!'

사리불아! 아까 장자가 몸에 힘이 있었으나 그것을 쓰지 않고, 은근히 방편을 써서 모든 자식들을 불타는 집에서 건져낸 뒤에 각각 커다란 보배 수레를 주지 않았더냐? 여래도 또한 그와 마찬가지로 비록 지혜의 힘과 두려움 없음을 갖추고는 있지만 그것을 함부로 쓰지 않느니라. 대신에 지혜로운 방편으로써 삼계의 불타는 집에서 중생들을 건져내고자, 성문승·벽지불승·불승의 삼승을 설하여 이렇게 말하느니라.

'너희들은 삼계의 불타는 집에 머물러 있기를 좋아하지 말라. 즉 더럽고 변변치 않은 빛깔·소리·냄새·맛·감촉 따위를 탐내지 말라. 만일 탐내서 애착을 가지게 되면 곧 불에 타 죽게 되느니라.

너희들은 빨리 삼계에서 나오너라! 그러면 마땅히 성문승·벽지불승·불승의 삼승을 얻으리라. 내가 지금 너희들을 위하여 이 일을 책임지고 보증하리니, 결코 거짓이 아니로다. 너희들은 다만 마땅히

부지런히 닦으며 정진하도록 하라!'

여래는 이러한 방편으로써 중생들을 권유하여 더 나아가도록 하고는 다시 말하기를,

'너희들은 마땅히 알지니라. 이 삼승법은 바로 성인께서 다 찬탄하신 것으로, 자유자재하여 속박이 없으며 의지하거나 더 구할 것이 없느니라. 이 삼승법을 닦으면 번뇌 없는 무루無漏의 오근[176]·오력[177]·칠각지[178]·팔정도[179]·사선[180]·사정[181]·팔해탈[182]·삼삼매[183] 등으로써

---

176 오근五根: 깨달음에 이르기 위한 가르침의 수행능력, 곧 다섯 가지의 마음상태이다. ①신근信根 ②정진근精進根 ③염근念根 ④정근定根 ⑤혜근慧根

177 오력五力: 실천 수행의 다섯 가지 덕목으로, 오근五根에서 정진하다보면 힘이 붙기 때문에 오력이라 한다. ①信力 ②精進力 ③念力 ④定力 ⑤慧力

178 칠각지七覺支: 불도를 수행하는데 깨달음의 지혜를 성취하도록 도와주는 일곱 가지 사항이란 뜻으로 칠각지 또는 칠각분七覺分이라 한다. ①염각지念覺支_보리법을 생각하여 끝까지 잊지 않음. ②택법각지擇法覺支_지혜로 선악의 진위를 분별하여 선택함. ③정진각지精進覺支_용맹스런 마음으로 나쁜 것을 버리는 데 방일치 않음. ④희각지喜覺支_마음에 선법을 얻어서 환희심으로 모든 고뇌를 여읨. ⑤제각지除覺支_몸과 마음의 모든 번뇌를 제거함. 신심身心이 경쾌하므로 경안각분輕安覺分이라고도 함. ⑥정각지定覺支_선정에 의해 마음을 산란하지 않게 고요히 함. ⑦사각지捨覺支_모든 분별 망념을 버리고 평등한 마음으로 바른 도에 수순함 등이다.

179 팔정도八正道: 불교 수행의 여덟 가지 근본적인 실천 덕목. ①정견正見 ②정사유正思惟 ③정어正語 ④정업正業 ⑤정명正命 ⑥정정진正精進 ⑦정념正念 ⑧정정正定

180 사선四禪: ①初禪(有尋有伺定) ②二禪(無尋唯伺定) ③三禪(無尋無伺定) ④四禪(捨念法事定)

181 사정四定: 가행위加行位에서 사선근四善根을 닦으며 관하는 네 가지 定(유식종). ①명득정(明得定; 煖法) ②명증정(明增定; 頂法) ③인순정(印順定; 印法) ④무간정(無間定; 世第一法)

182 팔해탈八解脫: 오욕에 탐착하는 마음을 버리므로 '팔배사八背捨'라고 부르기도

저절로 즐거워질 뿐만 아니라 한량없이 안온한 쾌락을 얻으리라!'

사리불아! 만약 어떤 중생이 안으로 지혜의 성품을 지니어서 부처님께 법을 듣고는 믿고 수긍하며, 부지런히 정진하여 삼계에서 빨리 벗어나려고 스스로 열반을 구한다면 이를 일러 '성문승'이라 하느니라. 마치 저 여러 아이들이 양의 수레를 가지려고 불난 집에서 뛰쳐나온 것과 같으니라.

만약 어떤 중생이 부처님께 법을 듣고는 믿고 수긍하며 부지런히 정진하여 자연지혜[184]를 구하되, 혼자 고요한 곳에 있기를 좋아하며 모든 법의 인연을 깊이 헤아린다면 이를 일러 '벽지불승'이라 하느니라. 마치 저 여러 아이들이 사슴의 수레를 가지려고 불난 집에서 뛰쳐나온 것과 같으니라.

만약 어떤 중생이 부처님께 법을 듣고는 믿고 수긍하며 부지런히 정진하여 일체지一切智·불지佛智·자연지自然智·무사지無師智 등 여래의 지혜인 십력과 두려움 없음을 구한다고 하자. 그리고 한량없는 중생들을 가엾이 여겨 안락하게 하며, 하늘천신과 사람들을 이롭게 할 뿐 아니라 일체 중생들을 제도하여 해탈케 한다면 이를 일러

함. ①내유색상관외색해탈內有色想觀外色解脫 ②내무색상관외색해탈內無色想觀外色解脫 ③정해탈신작증구족주淨解脫身作證具足住 ④공무변처해탈空無邊處解脫 ⑤식무변처해탈識無邊處解脫 ⑥무소유처해탈無所有處解脫 ⑦비상비비상처해탈非想非非想處解脫 ⑧멸수상정해탈신작증구족주滅受想定解脫身作證具足住(滅盡定) 주 128 참조

183 삼삼매三三昧: ①공삼매空三昧 ②무상삼매無相三昧 ③무작삼매無作三昧

184 자연지自然智: 다른 공용功用을 빌리지 않고 법이자연法爾自然한 지혜를 말한다. '무사지無師智'라고도 한다.

'대승'이라 하느니라. 보살이 대승을 구하는 까닭에 '마하살'이라 부르나니, 마치 저 여러 아이들이 소의 수레를 가지려고 불난 집에서 뛰쳐나온 것과 같으니라.

사리불아!

저 장자가 모든 아이들이 불난 집에서 벗어나 걱정 없는 곳에 이르러 무사히 있는 것을 보고, 또 자기 재물이 한량없는 것을 감안해서 아이들에게 똑같이 큰 수레를 주었듯이 여래 역시 일체 중생들의 아버지이니라. 그리하여 만약 한량없는 억천 명의 중생들이 부처님 법문을 통해 삼계의 괴로움, 곧 두렵고 험한 길에서 벗어나 열반의 즐거움을 얻은 걸 보면 여래는 그때 문득 이러한 생각을 하게 되느니라.

'나는 한량없고 그지없는 지혜의 힘과 두려움 없음 등 모든 부처님의 법장[185]을 지니고 있으며, 모든 중생들은 다 나의 자식이니 똑같이 대승을 주리라. 그래서 어떤 누구라도 홀로 소승 열반을 얻게 하지 않고, 모두 여래의 참된 열반을 얻게 하리라!'

이리하여 삼계에서 벗어난 모든 중생들에게 전부 부처님의 선정과 해탈 등의 장난감을 주되, 그 모두가 한 모양이요 한 종류로 성인들이 칭찬하는 것이니 깨끗하고 미묘하며 제일가는 즐거움을 주느니라. 사리불아! 마치 장자가 처음엔 세 가지 수레로써 아이들을 달래어 나오게 해 놓고는, 보물로 장엄된 제일 안락하고 큰 수레만을 똑같이 나눠준 것과 같으니라.

---

185 법장法藏: ①경전은 수많은 법문, 곧 온갖 법의 진리를 갈무리하고 있으므로 보통 '경전'을 이렇게 일컫는다. ②진여법성眞如法性은 일체 공덕을 지니고 있으므로 이렇게 부른다. 여기서는 경전보다는 ②번의 뜻이 더 가깝다.

하지만 장자에게 거짓말의 허물이 없는 것처럼 여래도 마찬가지로 거짓말의 허물이 없느니라. 즉 여래는 처음에 삼승을 설하여 중생들을 인도한 다음부터는, 오로지 대승으로써 제도하여 해탈케 하느니라. 왜냐하면 여래는 한량없는 지혜의 힘과 두려움 없음 등 모든 법장들을 갖추고 있어서, 언제라도 일체 중생들에게 대승법을 줄 수 있었으나 다만 중생들이 다 받아들일 수가 없었기 때문이니라.

사리불아! 이러한 인연으로써 모든 부처님들께서는 방편력을 쓰느라고, 일불승을 삼승으로 분별하여 설하신다는 점을 명심해야 하느니라."

부처님께서 거듭 의미를 표현하시고자 게송으로 말씀하셨다.

예를 들어 어떤 장자가
큰 집을 가지고 있었는데,
지은 지 오래되어
낡고 퇴락하였도다.

집채는 높아 위태롭고
기둥뿌리는 썩어 들어가며
대들보는 기우는데다가
축대와 섬돌은 무너져 헐어지고,

벽과 담장은 갈라져서
진흙 바른 것이 허물어 부서지거늘

지붕의 이엉마저 어지럽게 떨어져 내리며
서까래와 처마도 엇갈려 벌어졌도다.

담장은 내려앉은 채
더러운 것들로 가득 찼는데
자그마치 오백 명이나 되는 사람들이
그 속에 살고 있었도다.

소리개·부엉이·독수리·까마귀·까치·비둘기와
뱀·살무사·전갈·지네·그리마·도마뱀·노래기와
족제비·살쾡이·생쥐·쥐 등
온갖 나쁜 벌레들이 서로 달음질치며,

똥과 오줌 냄새 뒤섞인 곳엔
더러운 오물이 넘쳐흐르고
말똥구리와 풍뎅이들
온갖 벌레들이 그 위에 우글거렸도다.

여우·이리·승냥이는
서로 씹어 먹고 짓밟으며
죽은 송장을 뜯어먹느라
골육이 낭자하고,

이로 인해 뭇 개들조차 달려와서

잡아 뜯으며 굶주림에 환장하여
곳곳에서 먹을 것을 가지고
다투며 서로 잡아당기고,

으르렁거리며
시끄럽게 짖어대나니
그 집의 두렵고
험악한 형국이 이러하였도다.

곳곳에서 도깨비와 허깨비가 출몰하매
야차와 사악한 귀신들 사람고기를 씹어 먹고
독한 벌레들과 금수들이
제각기 새끼를 몰래 감춰 길러도,

야차가 달려와서 다투어 잡아먹거늘
잡아먹고 배부르면
악한 기운만 치성해져 물어뜯는 소리
참으로 무섭기 짝이 없었도다.

구반다[186] 귀신은 흙더미에 걸터앉아
어떤 때는 땅 위에서
한 자 두 자 솟구쳐 뛰어오르고

---

186 구반다鳩槃茶: 범어 Kumbhāṇḍa의 음역. 증장천왕增長天王 밑에 있는 귀신으로, 사람의 정기精氣를 먹는 귀신이다.

오고가고 노닐며 멋대로 장난치다가,

개의 두 다리를 잡아서
찍소리 못하게 땅에 태질하고는
다리를 가지고 목을 졸라대어
개가 벌벌 떠는 걸 보고 혼자 좋아하며,

또 어떤 귀신들은 몸이 길고 큰데
벌거벗은 형상에다 시커멓고 야위었나니
항상 그 집 가운데 거처하면서
큰소리로 악을 쓰며 먹을 것을 찾아다니고,

또 어떤 귀신들은
목구멍이 바늘처럼 매우 좁으며
또 어떤 귀신들은
머리가 소대가리 같은데,

사람고기를 먹기도 하고
개도 잡아먹으면서
봉두난발로 흉악한 데다
기갈이 몹시 심해 울부짖으며 치달리고,

야차와 아귀들 사나운 새와 짐승들
배가 고파 사방으로 흩어져 창틈으로 엿보거니

이와 같은 갖가지 재난들로
정말이지 두렵기가 한량없었도다.

이 낡고 썩어빠진 집은
어떤 한 개인의 소유였는데
그 사람이 외출한 지
얼마 안 되어,

나중에 집에서 홀연히 불이 나
사면으로 일시에 불꽃이 타오르니
대들보와 서까래 기둥 튀는 소리
벼락치듯 부러져 내리고 담벼락까지 무너져,

모든 귀신들 큰 소리로 울부짖고
독수리 같은 많은 새들과
구반다 무리 귀신들은
창황히 얼이 빠져 도망 나올 줄 모르거늘,

사나운 짐승과 독한 벌레들은
구멍을 찾아 숨으며
비사사[187] 귀신도 그 속에 있다가
복덕이 없어 그만 불에 타죽게 되었는데도,

---

187 비사사毘舍闍: 범어 Piśāca의 음역. 죽은 시체의 고기를 먹는 악귀이다.

서로서로 잡아 죽여서
살을 씹고 피를 빨아 마시느라 정신없고
승냥이 무리들은
죽은 지 이미 오래되었거늘,

사나운 큰 짐승들이
달려와서 마구 뜯어먹나니
송장 타는 고약한 연기로
사면이 자욱했도다.

지네·그리마·독사 무리가
뜨거운 불에 데여
구멍에서 기어 나오는 것을
구반다 귀신들이 날름날름 주워 먹고,

또 모든 아귀들은
머리 위에 불이 붙으매
배고프고 뜨거워서
황급하게 미친 듯이 내달리나니,

그 집은 이처럼 아주 무섭고
혹독한 재앙과 화재로
여러 가지 어려움들이
한두 가지가 아니었도다.

이때 집주인이 문 밖에 서 있자
어떤 사람이 말하기를,
'당신 애들이 아까 노느라고 집에 들어갔는데
어리고 철이 없어 아직도 노는 데만 팔려 있나보오!'

장자가 그 말을 듣는 순간 놀라서
불타는 집에 들어가 방편으로 구해내어
불에 타지 않게 하려고
모든 아이들에게 환난에 대해 잘 설명하되,

'악한 귀신과 독한 벌레들
재앙과 화재까지 만연해서
온갖 고통들
차례로 끊이지 않으며,

독사와 살모사
여러 야차들과 구반다 귀신들까지
승냥이·여우·개·독수리·소리개·올빼미랑
또 지네·노래기 같은 여러 벌레들,

몹시도 굶주리고 목이 말라서
두려울 정도로 다급하게 허덕이거늘
이런 고통 난리 속에 큰불까지 났는데
그냥 있으면 어쩌느냐?'

하지만 모든 애들이 철이 없어서
아버지의 타이름을 듣긴 해도,
오히려 그곳에 더욱 재미를 붙이며
정신없이 계속 놀기만 하였도다.

이때 장자가 생각하기를,
'모든 아이들이
이처럼 철이 없으니
내 더욱 걱정이로다.

이제 이 집에는 즐거울 게 하나도 없거늘
아이들이 노는 데만 정신 팔려
나의 훈계를 전혀 듣지 않으니
장차 잘못하면 불에 타죽게 생겼도다.'

그래서 무슨 방편이라도 써야겠다며 이르기를,
'내게 여러 가지 장난감들이 있는데
귀한 보배로 꾸민 양의 수레랑 사슴의 수레,
소의 수레 등 좋은 수레들이 지금 문 밖에 있도다.

그러니 너희들은 어서 나오너라!
내가 너희들을 위하여
이 수레들을 만들었으니
너희들 갖고 싶은 대로 맘껏 가지고 놀아라!'

모든 아이들은
그런 수레가 있다는 말을 듣자마자
즉시 그 집에서 다투듯이 뛰쳐나와
커다란 빈 터에 이르러 모든 고난을 여의었도다.

이윽고 장자가 아이들이 불난 집에서 나와
모두 큰 길거리에 있는 것을 보고는
사자좌에 앉아서
스스로 기뻐하며 말하기를,

'내 이제야 안심되어 즐겁도다.
여러 애들 기르기 정말 어렵나니,
어리석고 철이 없어서
위험한 집 속에 들어가 있었네.

여러 독한 벌레들 투성이고
도깨비도 무서운데 큰불까지 나서
불길이 맹렬하게 사방에서 타오르건만
아이들은 장난에만 넋이 팔려 있었네.

그러나 내 이미 구해내어
재난에서 그들을 벗어나게 했으니,
그러므로 여러분!
내 지금 비로소 안심이 됩니다.'

그때에 모든 아이들
아버지께서 편안히 앉아 계심을 알고
모두 아버지 앞에
나아가 사뢰되,

'아버지, 저희들에게
아까 약속하셨던 대로
세 가지 보배수레를 주세요!
저희들이 나오기만 하면,

마땅히 세 가지 수레를
갖고 싶은 대로 주겠다고 하셨으니
지금이 바로 그것을 주실 때입니다.
어서 빨리 나누어주세요!'

장자는 큰 부자여서
창고의 금 은 유리(청보석) 자거 마노 등
여러 가지 많은 보배들을 가지고
큰 수레를 만들어 장엄하게 꾸몄으니,

주위에는 난간을 둘렀고
네 귀퉁이마다 풍경을 매달았으며
황금줄을 얽어 늘어뜨리고
진주로 엮은 차일을 그 위에 펼쳤으되,

금으로 된 꽃과 영락들 곳곳에 드리웠으며
각종 비단 두르고 부드러운 비단보료 깐 다음
제일 부드럽고 미묘하여 값이 천만억이나 되는
희고 깨끗한 모직물 방석을 그 위에 올려놓았도다.

살찌고 기운 세며 몸집 좋은
커다란 흰 소가 보배수레를 끄는데
많은 시종들이 모시고 호위하나니
이렇게 좋은 수레를 아이들에게 똑같이 나눠주었도다.

이때 여러 아이들은
환희로 뛸 듯이 기뻐하며
보배수레를 타고 사방으로 달리면서
희희낙락 웃음소리 자유자재 걸림 없었도다.

사리불에게 이르노니,
나도 또한 마찬가지로
모든 성인 가운데 가장 높은
세간의 아버지이니라.

일체 중생들은
모두 나의 아이들인데
세상의 욕락에 너무 집착하다보니
지혜로운 마음이 없어졌도다.

삼계 어디든 안전한 곳이 없나니
마치 불난 집에
온갖 고통들이 가득 차서
숨 막히게 두렵고 무서운 것처럼,

항상 생로병사의 근심 같은
이러한 불길이 맹렬히 타고 있지만
여래는 이미 삼계의 불타는 집에서 벗어나
한가롭게 숲에서 고요히 쉬고 있도다.

지금 이 삼계는 모두 나의 영역이며
그 속의 중생들은 모두 내 아이들이거늘
유감스럽게도 지금 이곳은 환난으로 가득하여
오직 나 한 사람만이 능히 구호할 수 있도다.

하지만 내가 아무리 타이르고 가르치더라도
중생들이 믿고 받아들이지 못하는 것은
다섯 가지 욕망의 즐거움에 물들어서
탐내고 집착하는 정도가 너무 심하기 때문이로다.

이에 좋은 방편으로써 삼승을 설하여
모든 중생들로 하여금
삼계윤회의 고통을 알게 하고는
세간에서 벗어나는 길을 열어 보여 연설하나니,

만일 모든 중생들이
마음을 결정하여 물러서지 않는다면
삼명三明과 육신통을 구족하여
연각승이나 불퇴전보살이 될 수 있도다.

자, 사리불아!
내가 중생들을 위하여
이러한 비유를 들어서
일불승에 대해 말하였거늘,

너희들이 능히
이 말을 믿고 수긍한다면
너희들 일체 중생 모두
반드시 불도를 이루리라.

이 일승법은 미묘하고
청정하기가 제일 으뜸이라
모든 세간에서
이보다 더 좋은 것이 없으며,

부처님께서 기뻐하시는 바이니
일체 모든 중생들이
마땅히 찬탄하고 공양하며
예배해야 하느니라.

한량없는 억천 가지의 모든 힘과
해탈과 선정과 지혜
그 밖의 여러 부처님 법 있지만
이와 같은 일불승을 얻어야만,

모든 중생 아이들로 하여금
오랜 세월 밤낮으로 항상 신나게 놀도록 하며
여러 보살·성문대중들과 같이
보배수레를 타고 깨달음의 도량에 이르게 하느니라.

이러한 인연으로써
시방세계 아무리 찾아 구해 보더라도
이승이나 삼승은 안 되고 오직 일불승만 가능하되
부처님께서 방편으로 쓰신 것만큼은 예외니라.

사리불에게 이르노니,
너희들 모든 사람들은
모두 다 나의 아이들이며
나는 곧 너희들의 아버지니라.

너희들이 오랜 겁 동안
온갖 고통의 불길에 타고 있거늘
내가 모두 건져내어
삼계에서 벗어나게 하리라.

너희들이 열반을 얻었다고 내 지난 번 말하긴 했지만
그것은 다만 생사를 다했을 뿐이요
모든 번뇌 다하여 진실로 열반한 것은 아니니,
지금 응당 할 일은 부처님의 지혜를 구하는 것이니라.

만일 어떤 보살이
이 대중 가운데 있다면
능히 일심으로
모든 부처님의 진실한 법을 들을지니,

여러 부처님 세존께서
비록 방편을 쓰시지만
교화 받는 중생들은
모두 다 보살이니라.

어떤 사람 지혜가 부족하여
애욕에 깊이 빠져 집착한다면
이들을 위하여
괴로움에 관한 진리〔苦諦〕를 말해주되,

그러면 중생이 마음으로 환희하며
일찍이 없던 희유함을 느끼나니
부처님이 가르치신 고제[188]는
진실하여 틀림이 없느니라.

만일 어떤 중생이 고통의 근본을 알지 못하고
괴로움의 원인[189]인 애욕에 깊이 집착하여
잠시도 능히 버리지 못하거든
이들을 위해 방편으로 도제[190]를 말해주느니라.

모든 괴로움의 원인은 탐욕이 근본이므로
탐욕을 없앤다면 괴로움도 의지할 데가 없거니
모든 고통을 다 소멸한 상태가
세 번째 진리, 곧 멸제[191]이니라.

고통이 다 없어진 멸제를 위하여
도제를 닦고 실천하다 보면
모든 괴로움의 속박에서 벗어나
해탈을 얻게 되느니라.

이 수행자가 어디에서 해탈을 얻는가?
단지 허망함을 여읜 것만으로도
해탈이라고 말할 수 있으나
실제로 모든 해탈을 얻은 것은 아니니라.

---

188 고제苦諦: 삼계의 괴로운 진상을 제대로 보고 파악하도록 하는 가르침.

189 고인苦因: 사제법四諦法으로 말하면 곧 '집제集諦'를 의미한다.

190 도제道諦: 멸제滅諦에 이를 수 있도록 하는 수행방법.

191 멸제滅諦: 열반涅槃의 다른 이름.

그리하여 부처님은 그에게
참된 열반을 얻은 것이 아니라고 말하거늘
아직 위없이 높은 진리를 얻지 못했기 때문이니
내 본뜻은 그런 열반 얻게 하려던 것이 아니었느니라.

나는 법왕으로
법에 자유자재하여
중생을 편안하고 안락하게 하려고
일부러 세상에 출현하였도다.

자, 사리불아!
나의 이 법인[192]은
세간을 이익케 하려고 설하는 것이나,
이곳저곳 아무데서나 함부로 선전하지 말라.

만일 어떤 사람이 듣고 나서
따라 기뻐하며 받들어 지닌다면
마땅히 명심할지니
그 사람은 아비발치[193], 곧 불퇴전보살이니라.

---

192 법인法印: 부처님의 가르침은 다른 외도의 법과 다른 것을 표標하기 때문에 '인印'이라 한다. 즉 여기에서 일불승의 법은 불교의 유일하며 중요한 핵심임을 인증한다는 뜻이다.

193 아비발치阿鞞跋致: 범어 Avinivartanīya의 음역. 불퇴不退·무퇴無退·불퇴전不退轉·불퇴위不退位라고 한역. 반드시 성불이 결정된 지위이며 동시에 보살위菩薩位에서

만일 어떤 누군가
이 『법화경』의 가르침을 믿고 받아들인다면
그 사람은 이미 일찍이 과거에 부처님을 뵙고서
공경히 공양했으며 또한 이 법문을 들었던 자이니라.

만일 어떤 사람이
너희가 말하는 내용을 믿는다면
그는 곧 나를 친견하는 것이 되고
너와 비구승 아울러 모든 보살들까지 친견한 셈이니라.

이 『법화경』은
지혜가 깊은 자를 위하여 설한 것으로
식견이 얕은 자가 들으면 미혹해서 알지 못하나니
일체성문과 벽지불도 이 경을 이해하기엔 역부족이니라.

사리불아,
지혜가 제일이라는 너조차도
이 경에는 믿음으로써만 들어갈 수 있거늘
하물며 다른 성문들이야 더 말할 것이 있겠느냐!

다른 나머지 성문들도
부처님 말씀을 믿기 때문에

타락하지 않는 위치이다.

이 경에 수순하는 것이요
자신의 지혜분상에서 따르는 것은 아니니라.

또 사리불아,
교만하고 게으르며
나라는 소견 내세우는 사람에게는
이 경을 설하지 말지어다.

범부는 식견이 얕아서
오욕에 깊이 탐착하므로
들어도 이해할 수 없나니
역시 그에게도 설하지 말라.

만일 어떤 이가 믿지 않고
이 경을 헐뜯고 비방한다면
곧 일체 세간의
불종자[194]를 끊는 것이 되거늘,

얼굴을 찡그려 빈축거리면서
경전 말씀에 의심을 품으면 어찌 되는지
너는 마땅히
그 사람의 죄보에 대해 들어보아라.

---

194 불종자佛種子: 불과佛果를 내는 종자. 보살의 수행과 선근을 말한다.

부처님이 세상에 계시거나 열반하신 뒤에
이와 같은 경전을 비방하거나
수지독송하는 이를 깔보고 미워하며 앙심을 품는다면
그 사람의 죄보를 네가 이제 다시 들어보아라.

그 사람은 목숨이 다하면
아비지옥에 들어가서 일 겁을 채우고
겁이 다하면 다시 태어나며
이와 같이 전전하여 무수한 세월을 보낼 것이며,

지옥에서 나오면 축생으로 떨어지되
개나 승냥이가 되어 모양이 수척한데다
새까맣고 비루먹어 가는 데마다 발에 채이며
또 사람에게 미움 받고 천대 받으리라.

항상 굶주려서 뼈와 가죽이 맞닿아 붙고
살아서는 매만 실컷 맞다가
죽어서는 돌무덤에 묻히리니
불종자를 끊었기 때문에 이런 죄보를 받느니라.

혹은 낙타도 되고 당나귀도 되어
무거운 짐 몸에 싣고 채찍을 맞으면서도
오직 여물 생각만 날 뿐 다른 것은 모르나니
이 경을 비방했기 때문에 이런 죄보 받느니라.

만일 승냥이가 되어 동리에 들어가면
온몸은 헐고 부스럼병에다 한 쪽 눈마저 멀어서
개구쟁이 아이들의 발에 채이고 돌에 맞으며
갖은 고통 받다가 비참하게 죽느니라.

여기서 죽은 후엔 다시 구렁이몸을 받는데
그 몸뚱이 길고 커서 오백 유순이나 되며
귀먹고 어리석은 데다 발이 없어서
꿈틀꿈틀 배로만 기어다니다가,

작은 벌레들에게 할퀴고 빨아 먹혀
밤낮으로 받는 고통 쉴 새가 없으리니
이 경을 비방했기 때문에
이런 죄보 받느니라.

만일 사람으로 태어나더라도
모든 감각기관〔諸根〕[195]이 둔하고 어두워서
난쟁이·곱배팔이·절름발이
장님·귀머거리·꼽추가 되며,

무슨 말을 하더라도
사람들이 믿지 않는데다가

195 눈·귀·코·혀·몸·생각〔眼耳鼻舌身意〕 등의 육근六根을 말한다.

입에서는 항상 나쁜 냄새가 나고
귀신들이 따라 붙어 다닐 뿐만 아니라,

빈궁하고 하천해서
남의 종이나 심부름꾼이 되거늘
병이 많고 수척하더라도
어디 의지할 데가 아무 데도 없고,

비록 남에게 가까이 가려 할지라도
사람들이 몰라라 하며
혹 무엇을 얻게 되더라도
곧 잃어버리고,

만일 의술을 배워서
처방대로 치료하더라도
다른 병이 더하거나
실수로 죽게까지 되며,

자신이 병들었을 적엔
치료해 줄 사람조차 없으며
설사 좋은 약을 쓰더라도
병만 더욱 악화될 뿐더러,

혹 다른 이의 역모나 강도

절도죄 그런 죄목 따위에
뜻하지 않게 걸려들어
형벌을 받게 되느니라.

이와 같은 죄인은
오랫동안 부처님을 뵙지 못하며
뭇 성인 중의 왕이신 부처님께서
법을 설하여 교화하실지라도,

이와 같은 죄인은
항상 팔난처[196]에 태어나서
귀먹고 미치거나 마음이 어지러워
오랫동안 법을 듣지 못하리라.

항하의 모래알처럼
한량없는 무수한 세월 동안
날 적마다 귀먹고 벙어리 되어
육근이 제대로 갖춰지지 못함은 물론,

걸핏하면 지옥에 떨어지기를
동산에서 산책하는 것처럼 일삼아 하고

---

196 팔난처八難處: 불도를 수행하기 어려운 여덟 곳을 말한다. 즉 고통이 많은 ①지옥 ②축생 ③아귀와 즐거움이 너무 많은 ④장수천 ⑤울단월 그리고 ⑥농맹음아聾盲瘖瘂 ⑦불전佛前 ⑧불후佛後 등이다.

나머지 다른 악도에 있기를
자기 집 안방처럼 드나들며,

낙타·나귀·돼지·개들이
그가 몸 받아 태어나는 곳이니
이 『법화경』을 비방했기 때문에
이런 죄보 받느니라.

만약 사람으로 태어나더라도
귀먹거나 눈멀고
벙어리에 가난뱅이 등
온갖 좋지 않은 것들로 치장하며,

수종다리 혹은 조갈 증세
옴·문둥병·등창·종기와 같이
이런 갖가지 병으로 의복을 삼아서
몸에서는 항상 냄새 나고 깨끗하지 못한데다가,

깊이 아견에 집착하여 걸핏하면 성내고
음욕이 치성해서 금수도 가리지 않나니
이 『법화경』을 비방했기 때문에
이런 죄보 받느니라.

사리불에게 이르되

『법화경』 비방한 사람의
그 죄보를 말하자면
겁이 다하여도 끝나지 않거늘,

이러한 인연으로써
내가 굳이 너에게 말하건대,
지혜 없는 사람에게
이 경을 설하지 말지어다.

그런데 만약 총명하고 지혜 밝으며
많이 듣고 잘 기억하는데다가
불도를 구하는 자가 있거든
그러한 사람에게 이 경을 설해주며,

어떤 사람 일찍이 백천억 부처님들 뵙고
많은 선근을 심어서
마음이 깊고 견고하거든
그러한 사람에게 이 경을 설해주고,

어떤 사람 정진하여
늘 자비심을 닦되
목숨마저 아끼지 않거든
이에 가히 이 경을 설해주며,

어떤 사람 공손하고 공경스럽되
다른 마음 없이
어리석은 범부를 떠나 홀로 숲 속에 머물거든
그러한 사람에게 이 경을 설해주어라.

또 사리불아,
어떤 사람 악지식惡知識을 떠나
착한 벗에 친근하는 것을 보거든
그러한 사람에게 이 경을 설해주며,

어떤 불자 계행 지키기를
맑고 밝은 구슬처럼 깨끗이 지키면서
대승경전 구하는 것을 보거든
그러한 사람에게 이 경을 설해주고,

만일 성내지 않고 정직하고 부드러우며
항상 일체 중생들을 불쌍히 여기는 것은 물론이고
모든 부처님들을 공경하거든
그러한 사람에게 이 경을 설해주며,

또 어떤 불자 대중 속에서 깨끗한 마음으로
여러 가지 인연과 비유와 온갖 말로써
걸림 없이 설법을 잘 하거든
그러한 사람에게 이 경을 설해주고,

만일 어떤 비구 일체지一切智를 위하여
사방으로 법을 구해 합장하고 정대하여 받아 지니되
대승경전만 수지하고 다른 경은 한 게송도 받지 않거든
그러한 사람에게 이 경을 설해주며,

어떤 사람 지극한 마음으로 부처님 사리 구하듯
대승경전 구하되 얻은 뒤에는 정대하여 받아 지니고
그 밖의 다른 경전은 구하지 않으며
더욱이 외도 서적 따위는 애초에 생각조차 없거든
그러한 사람에게 이 경을 설해주어라.

사리불에게 이르노니,
내가 이런 식으로
불도 구하는 사람에 대해 말하기로 한다면
겁이 다하여도 끝나지 않으리라.

이와 같은 사람들이
가르침을 잘 믿고 이해할 수 있으니
너는 마땅히 그들을 위하여
『묘법연화경』을 설해주어라.

제4 신해품信解品

그때 혜명[197] 수보리와 마하가전연과 마하가섭과 마하목건련이 부처님으로부터 일찍이 듣지 못했던 법문을 듣고, 또 세존께서 사리불에게 아뇩다라삼먁삼보리의 수기 주시는 것을 보더니 매우 희유하다고 생각하며 뛸 듯이 좋아하였다. 곧 자리에서 일어나 옷을 정돈하여 오른쪽 어깨를 드러내고[198] 오른쪽 무릎을 땅에 꿇은 채, 일심으로 합장하고 허리를 굽혀 공손히 부처님의 존안을 우러러보며 사뢰었다.

"저희들은 승가의 상수[199]로서 나이도 많고 스스로 이미 열반을 얻었으니 더 이상 할 일이 없다고 생각해서, 더 정진하여 아뇩다라삼먁

---

197 혜명慧命: 지혜가 바로 목숨이라는 뜻. 여기에서는 불법의 요지를 밝게 깨달은 수보리須菩提를 존칭하는 별호別號이다.

198 편단우견偏袒右肩: 오른쪽 소매를 벗어서 오른 어깨를 드러내는 것은 인도 예법 가운데 하나이다. 이는 자진하여 시중을 들겠다는 표시이다.

199 상수上首: 한 좌석 중에서 맨 처음에 앉는 이를 말하는데, 대중 가운데 가장 리더가 되는 우두머리를 뜻한다.

삼보리를 구하려고 아예 생각조차 하지 않았나이다.

세존께서는 이미 오래 전부터 설법하셨으며 당시 저희들은 늘 법문 듣는 자리에 있었으나, 몸이 피곤하고 게을러서 다만 공空과 무상無相과 무작無作만 생각하였습니다. 그래서 보살이 닦아야 할 법과 자유롭게 신통 부리며 부처님의 국토를 깨끗이 하고, 중생을 성취시키는 일에 대해서는 마음으로부터 시큰둥해 있었습니다. 왜냐하면 세존께서는 저희들로 하여금 삼계에서 벗어나 열반을 얻게 하셨고, 또 저희들도 이제 나이가 들게 되자 부처님께서 보살을 교화하시는 아뇩다라삼먁삼보리에 대해서 한 번도 괜찮다고 부러워하지 않았던 탓입니다.

그런데 지금 저희들은 부처님 앞에서 성문에게도 아뇩다라삼먁삼보리의 수기를 주시는 것에 대해 듣고 나니까, 마음이 너무 환희하여 일찍이 없던 희유함마저 느끼게 되었습니다. 지금 홀연히 희유한 법에 대해 듣고 나자, 스스로 생각해도 정말 다행스러울 정도로 너무 크고 좋은 이익을 얻게 되었나이다. 즉 한량없이 진귀한 보배들을 일부러 구하지 않았는데도 저절로 얻은 셈이옵니다.

세존이시여, 저희들이 이제 알기 쉽게 비유를 들어서 이 뜻을 밝히겠습니다.

예를 들어 어떤 사람이 나이 어릴 적에 아버지와 헤어지게 되어서, 다른 나라에서 십 년·이십 년 아니 오십 년이나 오랫동안 떠나 살게 되었습니다. 나이는 많은 데다 곤궁하여 사방으로 비럭질하며 의식을 구하였는데, 우연히 본국으로 차츰 향하게 되었답니다.

그 아버지는 이전부터 아들을 찾아다니다가 아직 찾지 못하고 어느 성에서 잠시 머물고 있었습니다. 그 집은 아주 부자여서 재물이 한량없이 많으니, 금·은·유리(청보석)·산호·호박·파려(크리스탈)·진주 등 온갖 보배들이 수많은 창고마다 가득 찼습니다. 하인과 청지기와 신하·보좌관·관리인·일반인들도 아주 많이 있었고, 코끼리·말·수레·소·양들도 헤아릴 수 없이 많았습니다. 게다가 전곡을 빌려주고 받는 이익금으로 타국과 무역을 하였으니, 장사하는 상인과 손님들도 역시 많아서 매우 북적거렸습니다.

그때에 빈궁한 아들은 여러 마을을 비럭질로 떠돌며 나라와 몇몇 고을을 지나다가 마침내 아버지가 살고 계시는 성에까지 이르게 되었습니다. 아버지는 늘 아들을 생각하였습니다. 헤어진 지 벌써 오십여 년이나 되었거늘, 하지만 여태까지 어느 누구에게도 그 사실을 말한 적이 없었습니다. 그냥 혼자서만 생각하고 마음으로 한탄하면서 또 생각하되,

'나이는 자꾸 늙어만 가는데 재물은 산더미처럼 불어나는구나. 아무리 금과 은 등 각종 진귀한 보배들이 창고마다 가득하더라도, 자식이 하나도 없으니 내가 하루아침에 죽고 나면 재물도 산산이 흩어져 버릴 것이 아닌가!'

이렇게 재산을 물려줄 사람이 없어서 은근히 매양 그 자식만을 기다리며 또 생각하기를,

'내가 만약 자식을 만나서 재물을 전해줄 수 있다면, 마음이 홀가분하고 즐거워서 아무런 근심걱정이 없으련만…….'

세존이시여, 그때 빈궁한 아들은 품팔이로 전전하다가 아버지가 사는 집에 우연히 이르게 되었습니다. 대문 옆에 서서 멀리 그 아버지

를 바라보자니, 사자상에 걸터앉아 보배궤에 발을 올려놓고 있었습니다. 그리고 많은 바라문과 찰리[200]와 거사들이 공경히 둘러서서 모시고 있었습니다. 아버지는 값이 천만 냥이나 됨직한 진주영락으로 몸을 치장하였고, 관리인과 일반인 그리고 하인과 시종들이 손에 흰 불자[201]를 들고 좌우에 서 있었습니다. 게다가 보배휘장을 치고 온갖 꽃번을 드리웠으며, 향수를 땅에 뿌리고 여러 가지 이름난 꽃잎을 흩뿌렸습니다. 더욱이 각종 보물들을 벌려놓은 채 내어주고 받았나니, 이처럼 여러 가지로 장엄하매 위엄과 덕이 한층 높아 보였습니다.

빈궁한 아들은 아버지의 커다란 세력을 확인하자, 곧 두려운 마음을 품고 여기까지 온 것을 후회하며 속으로 가만히 생각하였습니다.

'저 분은 왕이거나 왕족일 것이야.

내가 품을 팔아 삯을 받을 만한 곳이 아니로구나.

그러니 차라리 가난한 동네로 가서 일할 땅이 있으면, 내 힘껏 일하고 벌어서 의식을 얻는 편이 낫겠다. 자칫 여기서 오래 어물거리고 있다가는 강제로 붙들려 일을 하게 될지도 모르겠구나.'

이렇게 생각하고는 급히 그곳을 떠났습니다.

당시 부유한 장자는 사자좌에서 자기 아들이 온 것을 이내 알아채고, 마음으로 크게 기뻐하며 이렇게 생각하였습니다.

---

200 찰리刹利: 범어 Kṣatriya의 음역. 찰제리刹帝利의 준말로 인도의 사성四姓 가운데 하나이다. 귀족이나 왕족 또는 토전주土田主라고 한역.

201 불자拂子: 삼이나 짐승의 털을 묶어서 자루 한 끝에 매단 총채를 말한다. 주로 모기나 파리 따위를 쫓는데 쓰이나, 선가禪家에서는 흔히 삿된 소견을 물리치는 의미로 사용된다.

'나의 창고에 가득 찬 재물들을 물려받을 사람이 이제 제 발로 왔구나. 아무리 생각해도 만날 수가 없더니만, 홀연히 제 발로 직접 찾아왔으니 이것이야말로 내가 바라던 바가 아닌가. 내 비록 나이 많아 늙었으나, 이런 까닭에 여태까지 재물을 소중히 아껴두었도다.'

이윽고 곁에 있던 사람을 보내어 빨리 가서 아들을 데려오도록 하였습니다. 장자의 심부름꾼이 급히 가서 그를 붙잡으니, 비렁뱅이 아들은 놀라 원망하며 크게 부르짖었습니다.

'나는 아무 잘못한 것도 없는데, 어찌하여 붙잡아 가느냐?'

그러자 심부름꾼은 더욱 단단히 붙잡고 강제로 끌고서라도 데려가려고 하였습니다. 빈궁한 아들이 생각하기를,

'죄도 없는데 붙들려 가게 되었으니, 반드시 죽고 말겠구나!'

이런 생각이 들자 더욱 겁이 나서 정신을 잃고 땅에 쓰러져 버렸습니다.

장자인 아버지가 멀리서 그 광경을 보고는 심부름꾼에게 말하되,

'그 사람을 쓰지 않을 터이니 강제로 데려오지 말고, 냉수를 얼굴에 뿌려서 빨리 깨어나게 하여라. 그리고 다시는 그와 말도 하지 마라!'

왜냐하면 아버지는 아들의 마음이 용렬해졌음을 알았으며, 자신의 호사함과 고귀함이 아들에게는 받아들이기 어려운 점이 될 수도 있다는 사실을 이해했기 때문입니다. 그래서 자기 아들인 줄을 알면서도 일부러 어떤 사람에게도 그가 자기 아들이라고 말하지 않은 채, 심부름꾼에게 다음과 같이 말하도록 시켰습니다.

'내가 너를 놓아줄 터이니, 네 맘대로 가거라!'

빈궁한 아들은 너무 좋아서 일찍이 없던 희유함을 느끼며, 땅에서

벌떡 일어나 가난한 마을로 가서 밥벌이를 하였습니다.

그때 장자는 아들을 유인하여 데려오고자 방편을 베풀어, 모양이 초라하고 보잘것없는 두 사람을 은밀히 보내며 이렇게 일렀습니다.

'너희들은 저곳에 가서 저 사람에게 넌지시 말하기를, 「저기 품을 팔 곳이 있는데 삯을 두 배로 준다」고 말하거라. 그래서 저 사람이 허락하거든 데리고 오되, 「무슨 일을 할 것이냐」고 묻거든 똥거름을 치는 일이라고 답하여라. 그리고 「우리도 너와 함께 그곳에서 품을 팔 것이다」라고 하여라.'

곧 두 사람이 빈궁한 아들을 찾아가서 주인이 시킨 대로 말을 하자, 그때 빈궁한 아들은 품삯을 먼저 받기로 하고 똥거름을 치우게 되었습니다.

아버지는 아들을 보니 한없이 불쌍하고 안타까웠습니다. 어느 날 창 틈으로 멀리 아들을 보건대, 야위고 초췌하며 먼지투성이고 더럽기 짝이 없는 데다 말할 수 없이 지저분했습니다.

장자는 곧 목걸이와 부드러운 의복과 장신구 따위를 벗어던지고, 때 묻고 허름한 옷으로 갈아입었습니다. 흙과 먼지를 몸에 묻힌 채 오른손에는 똥거름치는 그릇을 잡고, 조심스럽게 일꾼들 있는 곳으로 가서 여러 사람들에게 말하였습니다.

'너희들은 부지런히 일하고, 게으름을 피우지 마라!'

이런 방편으로 그 아들에게까지 다가가서 또 이르기를,

'여보게, 이 사람아! 자네는 여기서만 일하고 다른 곳에는 아예 가지 말도록 하게. 그러면 품삯도 더 올려줄 것이며, 온갖 필요한 그릇이랑 곡식·소금 그리고 장 같은 일용품 따위도 걱정하지 않도록 대주겠네. 또한 늙은 일꾼도 있으므로 쓸 일이 있다면 언제든 붙여줄 터이니, 편안히 안심하고 일하며 잘 지내도록 하게나.

나는 자네 아버지와 같으니 다시는 염려하지 말게. 나는 늙었지만 자네는 젊지 않은가! 그리고 자네가 항상 일을 할 때에 속이고 성내거나 원망하는 등 일체 불평이 없어서, 다른 일꾼들과는 좀 다르더구만. 따라서 이제부터는 내 친자식처럼 여기겠네.'

이리하여 장자는 빈궁한 아들에게 이름을 다시 지어주며 '우리 아이'라고 애칭으로 불렀습니다.

그때 빈궁한 아들은 비록 이렇게 대우받는 것이 기쁘기는 했지만, 그래도 자기 생각에는 객지에서 온 천한 사람이거니 하여 이십 년 동안이나 똥거름만 치고 살았습니다. 이렇게 지내는 동안 마음으로 서로 알고 믿게 되어 출입이 무난해졌는데도, 그가 머무는 곳은 여전히 본래 있던 누추한 데를 벗어나지 못했습니다.

세존이시여!

그때 장자가 병이 들어 스스로 죽을 날이 멀지 않았음을 알고, 빈궁한 아들에게 말하였습니다.

'지금 나에게는 금과 은 진귀한 보배들이 창고마다 아주 잔뜩 있도다. 그 가운데 어떤 게 많고 적은가, 또 무엇을 내어주고 받아야 하는가 따위를 이제 네가 다 알아서 하여라.

내 마음이 이러하니 내 뜻을 잘 받들어 처리하도록 하여라. 왜냐하면 이제 너와 나는 거의 똑같기 때문이니, 더욱 조심해서 소홀히 하거나 실수하지 말지어다.'

그때 빈궁한 아들은 곧 분부를 받들어 여러 재산과 금·은의 진귀한 보배들이 들어있는 모든 창고들을 맡아서 처리하였습니다. 그렇지만 단 한 푼도 그냥 가지려는 뜻이 없었고, 머무는 곳도 여전히 본래 있던 곳이었으며 하열한 마음 역시 극복하지 못하였습니다.

다시 얼마가 지난 후에 아버지는 아들의 마음이 점점 커져서 큰 뜻을 지니게 되었고, 지난날 소심하게 생각했던 것을 후회하고 있는 것을 알아차리게 되었습니다. 목숨을 마칠 때가 다가오자 장자는 아들에게 분부하여, 친족들과 국왕·대신·찰리·거사들을 모두 다 모이게 해놓고 직접 선언하였습니다.

'여러분!

사실 이 아이는 나의 친아들입니다. 내 진짜 혈육이건만, 어떤 성에서 헤어져 자그마치 오십여 년 동안이나 홀로 헤매 다니며 갖은 고생을 겪었답니다. 이 아이의 본래 이름은 아무개이고 나의 이름은 아무개입니다. 그 옛날 잃어버린 성에서 혼비백산하여 찾느라고 무척 애를 썼으나 끝내 만나지 못하다가, 뜻밖에 이곳에서 만나게 되었습니다.

이 아이는 나의 아들이고, 나는 진짜 이 아이의 아버지입니다. 이제 내가 소유한 재물들은 전부 다 아들의 소유이며, 예전부터 내어주고 받아들이던 출납관계의 온갖 일들도 앞으로 이 아들이 다 알아서 할 것입니다.'

세존이시여!

이때 빈궁한 아들은 아버지의 그 말을 듣고 너무나 좋아서 일찍이 없던 희유함을 느끼며 혼자 생각하기를,

'나는 본래 재물에 대해 조금도 바라는 마음이 없었는데, 지금 이 엄청난 보배창고가 저절로 굴러왔도다!'

세존이시여!

큰 부자인 장자는 곧 여래이시고 저희들은 다 부처님의 아들과 같나니, 여래께서는 항상 말씀하시기를 저희들을 '아들'이라 부르셨습니다.

세존이시여!

저희들은 세 가지 고통[202] 때문에 나고 죽음의 윤회 가운데 갖은 번민에 시달리며, 미혹하고 무지하여 소승법에만 빠져 집착하였나이다.

오늘날 세존께서 저희들로 하여금 모든 법의 희론[203]을 똥거름으로 생각하고 치워버리게 하시니, 저희들은 가르침 가운데 부지런히 정진하여 열반의 하루 품삯을 얻는 단계에 오르게 되었나이다. 그런데 겨우 그것을 얻고서 마음으로 크게 환희하여 스스로 만족하게 여기며, '불법 가운데 부지런히 정진해서 얻은 소득이 아주 많다'라고 여기곤 했나이다.

그러나 세존께서는 저희들 마음이 부질없는 욕망에 집착되어 소승법만 좋아하는 것을 미리 아시고는 그냥 내버려 두셨습니다. 그래서 '너희에게도 마땅히 여래의 지혜에 해당하는 보배광의 몫이 있도다'라고 분별해 주시지 않으셨나이다.

---

202 삼고三苦: ①고고苦苦_몸은 고통의 조건에서 생겨났으므로, 자연히 생·로·병·사 등의 여러 고통을 면치 못하는 괴로움. ②괴고壞苦_애착하는 것이 괴멸壞滅하여 없어질 때 받는 괴로움. ③행고行苦_모든 현상의 끊임없는 변화로 받게 되는 괴로움.

203 희론戱論: 부질없이 희롱하는 아무 뜻도 없고 이익도 없는 말.

세존께서 방편력으로써 여래의 지혜를 설하셨건만, 저희들은 부처님으로부터 하루 품삯에 지나지 않는 열반만을 얻고도 크게 얻었다고 생각해서 대승을 구할 마음을 전혀 내지 않았나이다.

게다가 또 저희들은 여래의 지혜 덕택에 모든 보살들에게 대승을 열어 보이고 연설한 적이 있긴 있었지만, 정작 스스로는 조금도 마음으로 대승을 원하지 않았었나이다. 왜냐하면 부처님께서는 저희들이 마음으로 소승법만 좋아하는 것을 아시고 방편력으로써 저희들 근기에 맞게 말씀하셨건만, 저희들이 참으로 부처님 아들〔佛子〕인 줄을 미처 깨닫지 못했기 때문입니다.

이제야 바야흐로 세존께서는 부처님 지혜〔佛智〕에 대해서 조금도 아낌이 없었다는 것을 똑똑히 알겠나이다. 왜냐하면 저희들은 예로부터 참으로 부처님의 아들이면서도 소승법만 좋아했던 탓이니, 대승법을 좋아하는 마음이 애초에 있었더라면 부처님께서는 저희들을 위해 대승법을 설하셨을 것입니다. 사실 이 경에서도 오직 대승의 일승법만을 거론하시고 있지 않습니까! 그리고 옛날 보살들 앞에서 성문들이 소승법만 좋아한다고 걱정하기도 하셨으니, 참으로 부처님께서는 대승으로써 교화하셨던 것입니다. 그러므로 저희들이 말하기를,

'원래는 바라는 마음이 아예 없었는데, 지금 법왕의 큰 보배가 저절로 굴러 왔도다. 그러니 이제 부처님의 아들로서 얻어야 할 것을 모두 다 얻었도다.'

한 것입니다."

그때 마하가섭이 거듭 의미를 표현하고자 게송으로 사뢰었다.

저희들은 오늘날
부처님 말씀 듣고
환희심으로 뛸 듯이 좋아서
일찍이 없던 희유함을 느끼나이다.

부처님께서
성문도 성불한다 하시니
최고 값진 보배더미가
구하지 않았는데도 저절로 굴러온 셈입니다.

예컨대 어떤 동자 철이 없을 적에
아버지와 헤어져
멀리 타관 땅으로 돌고 돌아
오십여 년이나 되었거늘,

그 아버지 근심하며
사방으로 찾아다니다 하도 지쳐서
어느 성에 머물러 큰 집 짓고
오욕락 속에 파묻혀 지내게 되었는데,

그 집은 아주 큰 부자여서
여러 금·은·자거·마노
진주·유리(청보석)와
코끼리·말·소·양들과

연·가마·수레와
논·밭과 하인들
게다가 문객들까지
수없이 많았으며,

주고받는 이자로
널리 타국과 무역하여
상인과 고객들도
어디에나 북적대었고,

천만억 사람들이
둘러서서 공경할 뿐 아니라
임금이나 왕족들마저
늘 그를 귀하게 우대했으며,

여러 신하와 명문 호족들도
다 같이 받들고 존경했으니
이런 인연으로 늘
오고가는 손이 많았나이다.

이처럼 부귀하고 큰 세력 있으나
나이 많아서 늙게 되자
아들 생각만 더욱 간절하여
밤낮으로 생각하기를,

'죽을 때는 자꾸 다가오는데
어리석은 자식은 나와 헤어져
벌써 오십여 년이나 되었으니,
창고 안의 재물들을 어쩌면 좋단 말인가!'

당시 빈궁한 아들은
옷과 밥을 구하느라
이 마을에서 저 마을로
이 나라에서 저 나라로 떠돌며,

얻어먹을 때도 있지만
얻어먹지 못할 때도 많아서
굶주리고 야윈 데다가
몸에는 옴과 버짐까지 생겼으니,

그렇게 이곳저곳 헤매며
아버지 사는 마을에 이르러
품을 팔아 전전이 생활하다가
우연히 아버지 집에 이르게 되었나이다.

때마침 장자는 자기 집안에서
커다란 보배휘장 둘러치고
사자좌에 앉아
권속에 둘러싸여 하인들 시중 받거늘,

어떤 사람은
금과 은, 각종 보물들을 계산하고
재산 출납 등을
문서에 기록하였나이다.

빈궁한 아들은
훌륭하고 존엄한 아버지를 보고
'저 분은 임금이거나
혹은 임금의 일가쯤 되겠구나.'

놀라고 두려워 혼자 생각하되,
'내가 여기를 도대체 뭣 때문에 왔는가?
만일 오래 있다가 붙들리게 되면
강제로 일을 시킬지도 모르리라.'

이렇게 생각하고
정신없이 달아나
가난한 동리를 찾아
품팔이를 하고자 하였나이다.

장자는 이때 사자좌에 앉아
멀리서 그 아들을 바라보고는
묵묵히 아들임을 직감하고서
곧 하인을 보내어 데려오게 시켰나이다.

그러자 빈궁한 아들은 놀라 소리치고
기절하여 땅에 넘어지며 생각하기를,
'모르는 사람이 날 잡아가니 반드시 죽이리라.
그깟 의식을 얻으려고 뭐 하러 예까지 왔는고?'

장자는 아들이
우치하고 용렬해서
자기 말을 믿지 않을 뿐더러
아버지란 사실도 믿지 않을 것을 알고는,

곧 방편으로써
다시 다른 사람을 보내었으니
애꾸눈에 키 작고 누추하기 짝이 없는
아주 볼품없는 자를 시켜 말하기를,

'네가 가서 저기 품팔 데가 있으니
함께 가자 하거라.
똥거름이나 치워주면
딴 데보다 곱을 준다고 말하여라.'

빈궁한 아들이 그 말을 듣더니
좋다고 따라와서
똥거름을 치우며
집안 청소 깨끗이 하였나이다.

장자가 창 틈으로
항상 그 아들을 내다보건대
아들이 용렬해서
천한 일 좋아하는 것을 염두에 두고,

이에 때묻고 더러운 옷으로 갈아입고서
거름치는 똥통을 직접 손에 든 채
방편으로 아들 처소에 가까이 다가가
부지런히 일하도록 당부하며 말하되,

'이제 너의 품삯도 올려주고
발에 바르는 기름도 줄 것이며
음식도 넉넉하게 주고
자리도 따뜻하게 해주리라.'

다시 간절히 타이르기를,
'너는 마땅히 부지런히 일하도록 하여라.'
또 부드럽게 말을 하되,
'너는 마치 나의 자식과 같도다!'

장자가 지혜로워
점차 그로 하여금 출입시키면서
이십 년을 지내도록
집안일을 보살피게 하고,

금·은·진주·파려(크리스탈) 등
온갖 보배를 있는 대로 보여주며
주고받는 모든 살림살이도
다 맡아서 처리하게 하였나니,

그렇지만 아들은 여전히
대문 밖 초가집에 거처하면서
스스로를 가난뱅이라 여겼으며
'아무리 좋은 물건이라도 내 것은 하나도 없도다.'

아버지는 차츰 자식의 마음이
점점 커지는 것을 알고 재물을 물려주고자
친족들과 국왕·대신·찰리·거사들을 모아놓고
모든 대중들에게 말하기를,

'이 사람은 나의 친아들입니다.
나와 헤어져 다른 곳에 간 지
자그마치 오십 년이나 지났으며
자식을 만난 지도 벌써 이십 년이 되었습니다.

옛적 어느 성에서
이 녀석을 잃어버렸는데
정신없이 돌아다니며 찾다가
지금 이곳에까지 온 것이니,

나의 모든 소유물과
집이랑 하인 등을
다 그에게 물려주어
쓰고 싶은 대로 마음껏 쓰게 하렵니다.'

'옛날에는 가난하고 뜻도 하열했건만
지금은 아버지 집에서 귀한 보배와
집을 포함한 일체 재물을 죄다 얻었노라.'
아들은 크게 환희하여 일찍이 없던 희유함을 느꼈나이다.

부처님께서도 이와 같으사
저희가 소승을 좋아하는 줄 아시고
일찍이 너희들도
성불할 수 있다고 말씀하지 않으신 채,

단순히 저희들에게
여러 무루법을 얻어
소승법을 성취한
성문제자라고만 말씀하셨나이다.

부처님께서 저희들에게
최상의 진리를 설하라고 분부하셨으며
이 최상의 진리를 닦으면
반드시 성불한다고 하셔서,

저희는 부처님 가르침을 받드느라
대보살들을 위하여
온갖 인연과 여러 가지 비유와 갖가지 말로써
위없이 높은 진리를 설하곤 하였나이다.

많은 불자들이
저희들로부터 법을 듣고
밤낮으로 사색하며
부지런히 가르침을 닦아 익히더니,

당시 모든 부처님들께서
곧 그들에게 수기를 주시되,
'너희들은 앞으로 오는 세상에
마땅히 부처님이 되리라.'

모든 부처님의 비밀스런 법을
보살들만 위해 참된 실상을 연설해주었을 뿐
어리석게도 저희 자신을 위해서는
참되고 요긴한 이치를 설하지 않은 꼴이 되었으니,

마치 저 빈궁한 아들이
아버지를 가까이 모시고
비록 모든 살림살이를 맡긴 했으나
꿈에도 제 것으로 생각하지 않았던 것처럼,

저희들도 불법의
가장 보배 같은 가르침을 남에게 설하기만 하고
직접 내 것으로 삼으려는 원력이 없었으니
저 빈궁한 아들과 진배없었나이다.

저희들은 안으로 번뇌 끊은 것만을
스스로 흐뭇하게 여겨서
오직 그 정도만 최고로 알고
다시 다른 일은 아예 생각지도 못했기에,

저희들은
부처님 세계를 깨끗이 해야 하고
중생을 교화해야 한다는 말씀 듣고서도
도무지 기쁘게 여기지 않았나이다.

왜냐하면 일체 법은 공적하여
생기거나 사라지는 것도 없고 크고 작은 것도 없으며
번뇌도 없고〔無漏〕 함도 없나니〔無爲〕
이렇게 생각하자 별로 기꺼운 마음이 들지 않았나이다.

저희들은 오랜 세월 부처님 지혜에 대해
사무치게 탐내거나 집착하지도 않았고
마음으로 더 바라지도 아니한 채
스스로 얻은 법만을 구경[204]이라 생각했나이다.

저희들이 오랜 세월
공空한 법을 닦고 익혀
삼계의 고뇌와 근심을 벗어나
최후신[205]의 유여열반[206] 경지에 머물렀으매,

부처님의 교화를 입고
헛되지 않게 진리〔道〕를 얻은 것이니,
곧 이미 진리를 깨달았으므로
부처님 은혜에 보답한 것이라 여겼던 것입니다.

저희들은 많은 불자들에게
보살법에 대해 말해주어
불도를 구하도록 했으면서도
정작 그 법을 전혀 원치 않았나이다.

도사導師께서 그냥 내버려두신 것은
저희의 마음을 관하여 잘 아셨기 때문이니,
그래서 처음부터 실다운 이익이 있다고 말해서

---

204 구경究竟: 범어 Uttara. 울다라鬱多羅라 음역. 가장 궁극이라는 뜻으로, 최상最上·필경畢竟·구극究極이라 한역. 부처님의 깨달음을 구경각究竟覺이라 한다.

205 최후신最後身: 생사에 유전流轉하는 가장 마지막 몸. 아라한이나 등각等覺보살의 몸을 말한다. 여기서는 '윤회의 마지막 몸'이라 번역하였음.

206 유여열반有餘涅槃: 범어 Nirupadhiśeṣa-nirvāṇa. 무여열반에 상대적인 말, 번뇌의 습기가 아직 남아 있는 불완전한 소승의 열반이다.

나아가도록 권장하지 아니하셨던 것입니다.

마치 부유한 장자가
아들의 뜻이 하열함을 알고 방편의 힘으로
그 마음을 부드럽게 조복한 다음에야
모든 재물을 물려준 것과 마찬가지로,

부처님께서도 이와 같이 희유한 일을 나투사
저희가 소승법을 좋아하는 것을 아시고
방편의 힘으로 마음을 조복하신 뒤에야
대승의 지혜를 가르쳐 주셨나이다.

저희들은 오늘에야 일찍이 없던 희유함을 느끼며
애초 바라지도 않았던 걸 지금 저절로 얻게 되었으니,
저 빈궁한 아들이
한량없는 보배를 얻은 경우와 다름없나이다.

세존이시여!
저희는 지금 도를 얻고 과위를 얻어서
무루법無漏法에 대해
청정한 안목을 얻었나니,

저희들은 오랜 세월 동안
부처님의 깨끗한 계율을 지킨 끝에

비로소 오늘날
그 과보를 얻게 된 것이며,

법왕의 법 가운데
오래도록 깨끗한 범행을 닦아서
이제야 무루無漏의
위없이 높고 큰 과위를 얻게 되었나이다.

저희들은 지금에서야
참된 성문이니,
불도佛道의 소리로써
일체 중생들로 하여금 듣게 하겠나이다.

저희들은 지금에서야
참된 아라한이니,
모든 세간의 하늘천신과 사람과 마구니와 범천 등
널리 그 가운데에서 응당 공양 받을 만하나이다.

세존의 크신 은혜
드물게 희유한 일로써
대비로 교화하시어 저희들을 이익되게 하시니
무량억 겁에 누가 능히 그 은혜를 갚을 수 있으리까!

손과 발 공양하여 바치고

머리 숙여 예경드리며
일체 온갖 것으로 공양드린다 해도
그 은혜 다 갚을 수 없으며,

머리 위에 이고 두 어깨에 업고 다니면서
항하의 모래알처럼 오랜 세월 정성껏 공경하고
맛좋은 음식과 한량없는 보배옷
좋은 침구와 여러 가지 탕약으로 공양드리며,

우두전단향[207]과 여러 진귀한 보배로
탑을 세우고 보배옷을 땅에 펼치는 등
이러한 온갖 것으로 항하의 모래알처럼
오랜 겁 동안 공양하더라도 다 갚을 수 없나이다.

모든 부처님 희유하사 무량무변의
불가사의한 큰 신통력 있으시며
번뇌 없고 함이 없는
모든 법의 왕이시건만,

하열한 자를 위하여
일승의 가르침[208]을 참고 말씀하지 않으신 채

---

207 우두전단향牛頭旃檀香: 범어 GośĪrṣacandana의 번역. 인도 우두산에 나는 전단향나무로, 향기가 진하여 오래도록 없어지지 않아서 불구佛具 제작에 많이 사용된다.

상相에 매인 범부중생들의
근기에 맞게 설법하셨나이다.

모든 부처님들께서 법에 자재하시어
중생들의 온갖 욕망과 의지력을 아시고
중생이 감당할 수 있는 정도에 맞게
한량없는 비유로 법을 설하시되,

여러 중생들 숙세의 선근을 따라서
성숙한 근기와 그렇지 못한 근기 살피시어
갖가지로 헤아리고 분별하여 아시고는
근기에 맞게 일승도를 삼승으로 설하셨나이다.

---

208 일체 중생에게 불성이 있어서 모두 성불할 수 있다는 일불승一佛乘 사상을 말한다.

묘법연화경 제三권 제5 약초유품藥草喩品

그때에 세존께서 마하가섭과 여러 큰 제자들에게 이르시었다.

"착하고 착하도다, 가섭아! 여래의 진실한 공덕에 대해 잘 말하였나니, 진실로 네가 말한 바와 같도다. 더욱이 여래는 다시 한량없고 그지없는 아승기의 수많은 공덕을 가지고 있으니, 너희들이 설사 한량없는 억 겁 동안 그것에 대해 말한다 하더라도 다 말할 수 없느니라.

가섭아! 마땅히 잘 명심할지니, 여래는 모든 법의 왕으로 설법하는 내용들이 전부 그릇되지 않느니라. 모든 법을 지혜로운 방편으로써 연설하나니, 설법한 내용들이 전부 일체지[209]의 경지에 이르게 하느니라.

여래는 모든 법이 돌아가는 곳을 잘 살펴서 알고, 또한 일체 중생들이 마음속으로 짓는 바를 알되 모두 통달하여 걸림이 없느니라. 또

209 일체지一切智: 범어 Sarvajña. 모든 것을 빠짐없이 다 아는 부처님의 지혜.

일체 법을 구경까지 다 밝게 알아서 모든 중생들에게 일체지혜를 보여주느니라.

가섭아! 가령 삼천대천세계[210]의 산과 내와 계곡 그리고 땅 위에서 자라는 초목과 숲속 여러 약초들은 그 종류가 여러 가지이며 이름과 모양도 각각 다르니라. 짙은 먹구름이 가득 퍼져서 삼천대천의 온 세계를 두루 덮고 일시에 큰비가 흡족하게 내리면, 초목과 숲 속 모든 약초들의 작은 뿌리·줄기·가지·잎사귀와 중간 뿌리·줄기·가지·잎사귀와 큰 뿌리·줄기·가지·잎사귀들이 저마다 골고루 젖게 마련이니라. 그렇지만 크고 작은 모든 나무들은 상·중·하의 크기를 따라서, 제각기 서로 다르게 비를 받아들이느니라. 똑같이 한 구름에서 내리는 비를 맞으나, 그 초목의 종류와 성질에 합당하게 비를 머금고 생장하며 꽃을 피우고 열매를 맺느니라. 다시 말해 비록 한 땅에서 자라나고 똑같이 비를 맞더라도, 모든 초목들은 각각 차별이 있느니라.

가섭아! 마땅히 잘 명심할지니, 여래도 또한 이와 같으니라. 즉 여래가 세상에 출현함은 커다란 구름이 일어난 것과 같고, 큰 음성으로써 널리 온 세계의 하늘천신과 사람과 아수라에게 두루 설법함은

---

210 삼천대천세계三千大千世界: 고대 인도에서는 우주의 성립구조를 수미산을 중심으로 해서 구산팔해九山八海가 있으며, 사주四洲와 일日·월月 등을 한 단위로 해서 이를 '일세계一世界'라고 말한다. 一世界가 천 개 합해진 것이 '소천세계小千世界'이고, 이 소천세계가 천 개 합해진 것이 '중천세계中千世界'이며, 중천세계가 천 개 합해진 것이 '대천세계大千世界'이다. 즉 하나의 대천세계에는 小·中·大 3종의 千世界가 합해진 것이므로, 일대천세계一大千世界를 '三千大千世界'라고 말한다. 따라서 백억의 수미산과 백억의 일월을 삼천대천세계라고 하는데, 곧 우주는 이런 삼천대천세계들이 시방으로 항하의 모래알처럼 무수히 펼쳐져 있는 곳이다. (以下 '삼천대천세계'를 '삼천대천의 온 세계'로 번역함.)

마치 저 큰 구름이 삼천대천의 온 세계를 가득 덮은 것과도 같으니라.

그리고 대중 가운데에서 이렇게 외치되,

'나는 여래·응공·정변지·명행족·선서·세간해·무상사·조어장부·천인사·불세존이니라. 제도되지 못한 자를 제도시키고 이해하지 못하는 자를 이해시키며, 편안하지 못한 자를 편안하게 하고 열반을 얻지 못한 자로 하여금 열반을 얻게 하느니라. 지금 세상과 미래 세상을 있는 그대로 살피나니, 나는 일체를 아는 자인 동시에 모든 것을 보는 자이니라. 즉 진리〔道〕를 아는 자이며 진리를 여는 자이고 진리를 말하는 자이니라. 따라서 너희들 하늘천신과 사람과 아수라 대중들은 법을 듣기 위해 모두 이곳으로 모이도록 하라.'

그때에 무수한 천만억 종류의 중생들은 부처님 처소로 가서 법문을 듣고자 하리라. 여래께서는 이때 그 모든 중생들의 근기가 영리한가 둔한가 정진하는가 게으른가를 살피시어, 그들이 감당할 수 있는 정도에 맞게 여러 가지로 한량없이 설법하느니라. 그리하여 그들 모두로 하여금 기쁘고 즐겁게 하는 것은 물론, 아주 좋은 이익을 얻게 하시느니라.

그 모든 중생들이 법을 듣고 나면 살아 있을 때 안락하고 죽은 다음에도 좋은 곳에 태어나게 되거늘, 진리〔道〕로써 즐거움을 삼으니 또한 자연 법을 듣게 되느니라. 법을 듣고 난 다음에는 모든 장애를 여의고 모든 법 가운데에서 그 능력에 따라 점차 진리에 들어가게 되느니라. 마치 저 커다란 구름이 일체 초목과 숲 속 모든 약초들에 비를 뿌리면, 약초들은 그 종류와 성질에 맞게 흡족히 비를 맞으며 제각각 다르게 생장하는 것과 같으니라.

여래의 설법은 한 모양이며 한 맛이니, 이른바 해탈한 모양[211]이며 번뇌를 떠난 모양[212]이고 고통이 사라진 모양[213]으로 구경究竟에는 일체종지에 이르게 하느니라. 그리하여 어떤 중생이 여래의 법문을 듣고는 수지하여 읽고 외우고 설한 대로 수행한다면, 그가 얻게 되는 공덕은 본인 스스로도 알 수 없을 정도로 많으리라. 왜냐하면 오직 여래만이 그 중생의 종류와 모양과 본질과 성품을 아시기 때문이니라. 그래서 중생이 무슨 일을 기억하고 무슨 일을 생각하며 무슨 일을 수행하는지, 어떻게 기억하고 어떻게 생각하며 어떻게 수행하는지, 무슨 법으로써 기억하고 무슨 법으로써 생각하며 무슨 법으로써 수행하는지, 무슨 법으로써 어떤 법을 얻는지를 알 수 있느니라. 중생들이 각기 여러 가지 경지에 머물러 있는 것을 오직 여래만이 여실히 보고 밝게 알아 걸림이 없나니, 마치 저 초목과 숲 속 모든 약초들이 자기 스스로는 상·중·하의 성품을 알지 못하는 것과 같으니라.

여래는 한 모양이며 한 맛의 법을 아나니, 이른바 해탈한 모양이며 번뇌를 떠난 모양이고 고통이 사라진 모양이며 구경의 열반이니 항상 적멸한 모양[214]으로 마침내 공空에 돌아가느니라. 부처님은 이를 다 아시지만 중생들이 마음으로 하고 싶어하는 것을 살피시고 그것을 보호하느라, 중생들에게 단번에 일체종지를 설하지 않는 것이니라.

---

211 해탈상解脫相: 번뇌의 속박으로부터 벗어나 제법에 얽매이지 않는 모양.

212 이상離相: 모든 번뇌에 합하지 않고 티끌을 떠난 모양.

213 멸상滅相: 생사가 영원히 다하여 생사의 괴로움이 완전히 사라진 모양.

214 적멸상寂滅相: 生·住·異·滅 혹은 生·老·病·死의 사상四相에 움직이지 않고, 본래 적멸하여 불생불멸한 모양, 곧 진여불성眞如佛性의 영원한 모양을 말한다.

가섭아, 여래가 근기에 맞게 설법한 것을 알고는 너희들이 믿고 수긍할 수 있다니 참으로 희유하구나. 왜냐하면 모든 부처님 세존께서 근기에 맞게 설하신 법은 보통 이해하기도 어렵고 알기도 어렵기 때문이니라."

그때 세존께서 거듭 의미를 표현하시고자 게송으로 말씀하셨다.

존재의 있음[215]을 무너뜨리는
법왕께서 세간에 출현하사
우선 중생의 욕망에 따라
여러 가지로 법을 설하시니,

여래는 존귀하고
지혜도 매우 깊어서
오래도록 요긴한 법을 묵묵히 간직한 채
서둘러 말하지 않느니라.

왜냐하면 지혜로운 자가 들으면
곧 믿고 이해할 수 있으나
어리석은 자는 의심하여
영원히 공덕을 잃게 되기 때문이니라.

---

215 유有: 나와 나의 소유물이 실제로 존재한다고 생각하는 전도된 관념. 불교에서는 이 점에 대해 '무아無我'와 '무소유無所有'를 가르치고 있다.

그러므로 가섭아,
능력에 맞게 설법하되
여러 가지 인연으로써
바른 견해〔正見〕를 얻게 하느니라.

가섭아!
마땅히 명심할지니
가령 큰 구름이 세간에 일어나
일체 모든 것을 두루 덮으매,

지혜의 구름이 비를 품고
번갯불은 번쩍이며
우레 소리 멀리까지 진동하여
대중들을 즐겁게 하고,

햇빛이 가려져서
땅 위가 맑고 서늘해지며
비구름 뭉글뭉글 낮게 깔리어
가히 손에 잡힐 듯하매,

두루 평등하게 비 뿌리거늘
사방으로 함께 내려서
한량없이 흘러들어
온 국토에 흡족해지면,

산천의 험한 골짜기와
그윽하고 깊숙한 데서 자라나는
초목과 약초와 크고 작은 모든 나무들과
온갖 곡식의 싹과 감자며 포도들이

단비 맞고 촉촉해져서
모두 풍족해지고
마른 땅이 고루 젖으니
약초도 나무도 무성해지며,

구름에서 내리는 한 맛의 물줄기에
초목과 수풀이 제 분수 따라 비를 머금어
모든 나무들 상·중·하의 크고 작은 것에 맞게
제각기 생장함을 얻느니라.

뿌리와 줄기, 가지와 잎사귀
꽃과 열매의 빛깔과 모양이
똑같은 비의 혜택을 받아
모두 싱그럽게 윤택해지는 것은 사실이나,

그 본질과 모양과 성품에 있어서는
저마다 크고 작은 차이가 있듯이
비를 맞아 윤택해지는 건 같더라도
무성해지는 건 각각 다르니라.

부처님도 이와 같아서
세상에 출현하심은
비유컨대 큰 구름이
널리 일체를 덮는 것과 같거늘,

이 세상에 오신 뒤엔
여러 중생들을 위해
모든 법의 실상을
분별해서 연설하느니라.

큰 성인 세존께서
모든 하늘천신과 사람
일체 중생들 가운데
선언하시되,

'나는 여래如來이며
지혜 자비가 충만한 양족존兩足尊이라.
내가 세간에 출현한 것은
큰 구름이 일체를 적셔주는 것과 같아서,

마르고 야위고 생기 없는 중생들
모두 고통을 여의고
편안한 즐거움과 세간의 즐거움
열반의 즐거움을 얻게 하려는 것이니,

모든 하늘천신과 사람들은
일심으로 자세히 듣고
모두 응당 이곳에 와서
위없이 거룩한 부처님〔無上尊〕을 친견하여라!

나는 세상에 가장 존귀한 자〔世尊〕로
능히 나와 견줄 만한 이가 없건대
중생을 안락하게 하려고
세상에 출현해서,

모든 대중들을 위하여
청정한 감로법을 설하나니
이 법은 한 가지의 맛
바로 해탈이며 열반이니라.'

한결같이 미묘한 음성으로
이 뜻을 연설하여 펼치며
항상 대승을 위하여
인연을 짓거늘,

내가 일체를 관하되
골고루 다 평등하여
너와 내가 따로 없고
사랑하고 미워하는 마음도 없도다.

나는 탐욕도 집착도 없으며
또한 막히거나 걸릴 것도 없고
항상 일체 중생 위하여 평등하게 설법하되
한 사람을 위하듯이 여러 사람을 위하며,

일찍이 다른 일보다
언제나 설법하는 걸 우선시하여
아무리 가고 오고 앉고 서더라도
끝내 피곤과 싫증을 내지 않노라.

세간을 충족히 하되
단비가 널리 윤택하게 하는 것처럼
귀하거나 천하거나 높거나 낮거나
계를 지키거나 깨뜨렸거나,

위의가 갖춰졌거나 갖춰지지 못했거나
소견이 바르거나 삿되거나
근기가 총명하거나 우둔하거나 간에
평등하게 법비를 내리는 데 게으르지 않나니,

불법을 들은 일체 중생들
능력에 따라 받아들여 여러 경지에 머물거늘
인간이나 천상 또 전륜성왕이나 제석천왕·범천왕 등
여러 왕이 되는 것은 하품의 작은 약초요,

무루법無漏法을 알아 능히 열반 얻어서
육신통 일으키고 삼명을 얻는 동시에
홀로 산림 속에서 항상 선정을 닦아
연각의 깨달음 얻으면 이는 중품 약초요,

세존의 경지를 구하여
나도 꼭 부처님 될 수 있다고
정진하며 선정을 닦는다면
이는 상품 약초니라.

또 모든 불자가 마음을 오로지
불도에 전념하여 항상 자비를 행하며
스스로 성불할 것을 알아서
결정코 의심이 없다면 이는 작은 나무요,

신통에 편안히 머물러
물러나지 않는 법륜을 굴리면서
한량없는 억백천 중생들 제도한다면
이러한 보살은 큰 나무니라.

부처님의 평등한 설법
똑같은 맛의 비와 같으나,
중생의 성품에 따라서 받아들여짐이 다르나니
초목들이 똑같은 비를 맞고도 자라남이 다른 것과 같도다.

부처님은 이런 비유 방편으로 열어 보이고
여러 가지 말씀으로 일승법을 연설하시지만
부처님 참 지혜에 비하면
큰 바다의 한 방울 물에 지나지 않도다.

내가 법비를 내려 세간을 충만케 하건만
똑같은 맛의 법을 중생은 자기 능력에 따라 수행하니
마치 저 숲의 약초와 모든 나무들이
크고 작은 차이에 맞게 자라나는 것과 같도다.

모든 부처님 법은 언제나 한 맛으로써
모든 세간의 중생들로 하여금 두루 구족하게 하여
점점 차례로 수행해서
모두 도과道果를 얻게 하노라.

성문과 연각이 산림 속에서
윤회의 마지막 몸에 머물러
법을 듣고 과위를 얻으면
이는 약초가 각기 더욱 자라난 셈이며,

보살들이 지혜가 견고하여
삼계를 밝게 깨달아
최상승最上乘을 구한다면
이는 작은 나무가 더욱 자라난 격이고,

게다가 선정에 머물러서 신통력을 얻으며
모든 법이 공함을 듣고 마음에 크게 환희하여
무수한 광명 비추어 많은 중생들을 제도한다면
이는 큰 나무가 더욱 자라난 셈이로다.

이와 같이 가섭아,
부처님의 설법은
예를 들어 큰 구름이 똑같은 맛의 비로써
사람들의 꽃을 적시어 각각 열매 맺게 하는 것과 같도다.

가섭아! 마땅히 잘 명심하여라.
여러 인연들과 갖가지 비유로써
불도佛道를 열어 보이나니
이는 나의 방편이자 다른 부처님들도 마찬가지니라.

이제 너희들을 위하여
가장 참된 진실을 말하건대
여러 성문대중들은
모두 진짜 열반을 얻은 것이 아니니라.

너희들이 닦아야 할 바는
바로 보살도이니
점점 닦아 배워 나간다면
모두 마땅히 성불하리라.

제6 수기품授記品

그때 세존께서 이 게송을 다 마치시고 모든 대중들 앞에서 소리 높여 말씀하셨다.

"나의 제자 마하가섭[216]은 미래 세상에 마땅히 삼백만억의 모든 부처님 세존을 만나 뵈옵고, 공양드리며 공경히 존중하고 찬탄하리라. 널리 모든 부처님들의 한량없는 큰 가르침을 펼치다가 윤회의 마지막 몸으로 성불하리니, 부처님의 이름은 광명光明여래·응공·정변지·명행족·선서·세간해·무상사·조어장부·천인사·불세존이니라. 세계의 이름은 광덕光德이고, 시대의 이름은 대장엄大莊嚴이니라.

---

216 마하가섭摩訶迦葉: 범어 Mahākāśyapa의 음역. 석존의 십대제자 중 두타제일頭陀第一로 유명할 정도로, 그는 출가하여 엄격한 계율 속에서 수행했다. 원래 왕사성의 바라문 출신으로 일찍이 비야리성의 바라문 여인과 결혼했으나, 어려서 부모를 잃고 무상無常을 일찍 깨달아 욕망을 버리고 부부가 함께 출가하였다. 부처님의 설법을 듣고 8일 만에 아라한과를 증득했으며, 교단의 지도적 위치에 있었다.

부처님의 수명은 십이 소겁이며, 정법이 세상에 머무는 기간은 이십 소겁이고 상법도 이십 소겁 동안 머무르리라.

그 세계는 장엄하게 꾸며져서 여러 가지 더러운 쓰레기나 기와조각·자갈돌·가시덤불·대소변 등 부정한 오물이 하나도 없으리라. 게다가 땅도 평탄하고 반듯하여 높고 낮은 곳이나 구덩이나 언덕 따위가 아예 없으리라. 청보석의 유리로 땅이 되고 보배나무가 줄지어 늘어서 있으며, 황금으로 줄을 꼬아 길의 경계를 표시함은 물론 여러 보배꽃들이 뿌려져서 주변이 두루 청정하리라.

그 세계의 보살들은 한량없는 천만억이며, 모든 성문대중들도 헤아릴 수 없을 정도로 많으리라. 마구니의 장난은 전혀 있을 수 없고, 설사 마왕과 마의 권속이 있다 하더라도 모두 불법을 보호하리라."

그때 세존께서 거듭 의미를 표현하시고자 게송으로 말씀하셨다.

모든 비구들에게 이르노니,
내가 부처의 눈으로 가섭을 보건대
그는 미래세 무수한 겁을 지나서
반드시 성불하리라.

앞으로 삼백만억 부처님 세존을
공양하고 친견하여 받들며
부처님 지혜 얻기 위하여
깨끗이 범행을 닦으리니,

가장 최상의 양족존이신
부처님께 공양 올리고 나서
온갖 위없이 높은 지혜를 닦고 익히다가
윤회의 마지막 몸으로 성불하리라.

그 땅은 맑고 깨끗하여 유리로 땅이 되고
보배나무들 길가에 줄지어 늘어서 있으며
황금줄로 도로의 경계를 표시하니
보는 자마다 기뻐하리라.

항상 좋은 향기 풍겨나도록
아름다운 꽃들을 흩뿌리고
갖가지 훌륭한 것들로 장엄함은 물론
땅이 평탄해서 언덕이나 구덩이가 없으리라.

여러 보살대중들은
그 수효 가히 헤아릴 수 없이 많거늘
마음이 차분하고 부드러워 큰 신통 얻으며
모든 부처님의 대승경전 받들어 지니고,

번뇌 끊은 최후신의 법왕 아들인
여러 성문대중들도
역시 헤아릴 수 없을 정도여서
천안天眼으로 보더라도 다 셀 수 없으리라.

그 부처님 수명은 십이 소겁이며
정법이 세상에 머무는 기간은 이십 소겁이고
상법도 또한 이십 소겁 동안 머무르리니,
앞으로 광명 세존의 일이 이러하리라.

그때에 대목건련과 수보리와 마하가전연 등이 모두 송구스러워 어쩔 줄 몰라 당황하며 일심으로 합장하였다. 그리고 부처님의 거룩하신 얼굴을 우러러보며 잠시도 눈을 깜박거리지 아니한 채, 이윽고 함께 소리를 맞추어 게송으로 말씀드렸다.

크게 용맹하신 세존이시여!
모든 석가족의 법왕이시여!
저희들을 불쌍히 여기시어
부처님의 음성을 베풀어 주옵소서!

만일 저희들의 속마음 살피시고
수기를 주신다면
마치 감로수를 뿌려서
열을 식혀 시원함을 느끼게 해주시는 셈이 되며,

또 굶주린 나라로부터 와서
갑자기 대왕의 음식을 받기는 했더라도
먹어도 되는지 의구심을 품고 바로 먹지 못하다가

왕의 분부 받고서야 먹을 수 있는 것과 같으오리다.

저희들도 또한 그와 마찬가지로
매양 소승의 부족함만 한탄했을 뿐
마땅히 어떻게 해야만
부처님의 위없는 지혜를 증득하는지 몰라서,

너희도 성불한다는 부처님 음성 듣긴 했어도
마음에 아직 근심과 두려움을 떨치지 못하고 있나이다.
마치 왕의 음식을 감히 바로 먹지 못하는 것과 같으니
부처님의 수기를 받는다면 그때서야 정말 안락하오리다.

크게 용맹하신 세존이시여!
항상 세간을 편안케 하고자 하시니
부디 저희들에게도 수기를 내려주시어
마치 배고픈 이가 왕의 허락 받고 마음껏 먹게끔 해주소서!

그때에 세존께서는 큰 제자들이 마음속으로 생각하는 바를 아시고, 모든 비구들에게 이르시었다.

"이 수보리[217]는 오는 세상에 삼백만억 나유타[218] 부처님들을 받들어

---

217 수보리須菩提: 범어 Subhūti의 음역. 선현善現 또는 공생空生이라 한역. 제법의 공空한 이치를 석존의 십대제자 중 제일 먼저 깨달아서 해공제일解空第一이라 부른다. 『증일아함경增一阿含經』에 의하면, 그가 태어날 때 창고·상자·가구 등이 텅 비었었다고 한다.

뵈옵고 공양드리며 공경히 존중하고 찬탄하면서, 항상 깨끗한 범행을 닦아 보살도를 갖추고 윤회의 마지막 몸으로 성불하리라. 그 부처님의 이름은 명상名相여래·응공·정변지·명행족·선서·세간해·무상사·조어장부·천인사·불세존이니라.

시대의 이름은 유보有寶이며 세계의 이름은 보생寶生이니라. 그 땅은 평탄하고 반듯하며, 파려보배로 땅이 되고 보배나무로 찬란하게 장엄되리라. 그리고 언덕이나 구덩이 또는 모래나 자갈돌·가시덤불·대소변 등의 더러운 것이 전혀 없으며, 보배꽃이 땅을 덮어 주변이 두루 청정하리라.

그 땅의 백성들은 모두 보배로 된 정자와 진귀하고 아름다운 보배누각에 거처하리라. 또한 성문제자들이 한량없고 그지없어서 산수나 비유로도 능히 알 수 없을 정도이며, 보살대중들도 헤아릴 수 없이 많아서 무려 천만억 나유타나 되리라.

명상 부처님의 수명은 십이 소겁이며, 정법이 세상에 머무는 기간은 이십 소겁이고 상법도 또한 이십 소겁 동안 머무르리라.

그 부처님은 항상 허공에 계시면서 중생들을 위해 설법하여, 한량없는 보살들과 성문대중들을 제도하리라."

그때 세존께서 거듭 의미를 표현하시고자 게송으로 말씀하셨다.

모든 비구들아!

---

218 나유타那由他: 범어 Nayuta의 음역. 인도에서 아주 많은 수를 표시하는 수량. 수천만 혹은 천억·만억으로 일정치 않으나, 아승기의 만 배에 해당한다. 주 63, 65 참조

이제 너희들에게 이르노니
마땅히 모두 한 마음으로
내가 하는 말을 잘 듣도록 하라.

나의 큰 제자 수보리는 미래에 성불하리니
부처님 이름은 명상불名相佛이라.
헤아릴 수 없는 만억 부처님들께 공양 올리고
부처님 행하신 바를 따라서

점점 큰 도를 갖추다가
윤회의 마지막 몸으로 삼십이상을 얻으리니,
단정하고 아름다워
마치 보배산처럼 눈부시리라.

그 부처님 세계
엄숙하고 깨끗하기가 제일이어서
중생들 보는 자마다
모두 다 사랑하고 좋아하거늘,

명상 부처님은 그 가운데에서
한량없는 중생들을 제도하시되
그 부처님 법 가운데 수많은 여러 보살들은
근성이 총명하고 예리하여 불퇴전 법륜을 굴리리라.

그 세계는 항상 보살로 장엄되며
여러 성문대중들도 헤아릴 수 없이 많거니
전부 삼명을 얻고 육신통을 갖춘 채
팔해탈에 머물러 큰 위덕이 있으리라.

명상 부처님은 설법하실 때
한량없는 신통변화 나투어 불가사의하거늘
항하의 모래알처럼 수많은 하늘천신과 사람들이
모두 함께 합장하고 부처님 말씀을 들으리라.

그 부처님의 수명은 십이 소겁이며
정법이 세상에 머무는 기간은 이십 소겁이고
상법도 또한
이십 소겁 동안 머무르리라.

그때 세존께서 다시 모든 비구들에게 이르시었다.

"내가 지금 너희들에게 이르노니, 마하가전연[219]은 오는 세상에 여러 공양물로 팔천억 부처님들을 공양하고 받들어 섬기며 공경하고 존중하리라.

그리고 부처님들께서 열반하신 후 각각 탑을 세우는데, 높이는

---

219 마하가전연摩訶迦旃延: Mahā는 '대大'의 뜻으로 크고 위대함을 지칭하는 접두어이다. 가전연은 범어 Kātyāyana의 음역. 남인도 사람으로 석존의 십대제자 중 논의제일論議第一로 유명하다.

천 유순이고 가로와 세로는 똑같이 오백 유순이리라. 금·은·유리(청보석)·자거·마노·진주·매괴[220] 등 칠보로 조성하고, 여러 가지 꽃과 영락·바르는 향·가루향·사르는 향·비단일산·깃발〔幢幡〕 등으로 탑묘에 공양하리라.

그런 뒤에 다시 이만억 부처님들께도 그와 같이 공양할 것이며, 그 모든 부처님들께 공양드리고 나서 보살도를 구족하여 마땅히 성불하리라. 부처님의 이름은 염부나제금광閻浮那提金光여래·응공·정변지·명행족·선서·세간해·무상사·조어장부·천인사·불세존이니라.

그 땅은 평탄하고 반듯하며, 파려보배로 땅이 되고 보배나무로 찬란하게 장엄되리라. 황금으로 줄을 꼬아 길의 경계를 표시하고, 아름다운 꽃으로 땅을 덮어 주변이 두루 청정하매 보는 자마다 기뻐하리라. 네 가지 악도인 지옥·아귀·축생·아수라도가 없고 하늘천신과 사람들이 대부분이며, 한량없는 만억 명의 성문들과 보살들이 그 세계를 장엄하리라.

그 부처님의 수명은 십이 소겁이며, 정법이 세상에 머무는 기간은 이십 소겁이고 상법도 또한 이십 소겁 동안 머무르리라."

그때 세존께서 거듭 의미를 표현하시고자 게송으로 말씀하셨다.

여러 비구들은
모두 일심으로 들을지니,

---

220 매괴玫瑰 옥玉의 일종으로 칠보 가운데 하나이다.

내가 하는 말은
진실하여 틀림이 없느니라.

여기 가전연은
여러 가지 아름답고 훌륭한 공양물로
모든 부처님들께 공양드리고
부처님들 열반하신 뒤에는 칠보탑을 세우며,

또한 꽃과 향으로써
사리舍利에 공양드리고
윤회의 마지막 몸으로 부처님 지혜 얻어
등정각[221]을 이루리라.

그 부처님 세계 맑고 깨끗하며
한량없는 만억 중생들을
제도하고 해탈하여
시방 중생들의 모든 공양을 받으리니,

부처님 광명보다 더 밝은 것이 없어서
부처님 이름도 염부금광불[222]이며
일체 존재〔有〕의 모든 미혹을 끊은

---

221 등정각等正覺: 평등하고 올바른 깨달음.

222 염부금광불閻浮金光佛: 염부나무 밑으로 흐르는 강에서 나는 사금이 매우 뛰어나므로, 부처님의 광명을 그 찬란한 금빛에 견주어 부르게 되었다.

무량무수한 보살 성문들이 그 세계를 장엄하리라.

그때 세존께서 다시 대중들에게 이르시었다.

"내가 지금 너희들에게 이르노니, 마하목건련[223]은 오는 세상에 여러 가지 공양물로 팔천 분의 부처님들께 공양드리고 공경하고 존중하리라.

그리고 부처님들께서 열반하신 후 각각 탑을 세우는데, 높이는 천 유순이고 가로와 세로는 똑같이 오백 유순이리라. 금·은·유리(청보석)·자거·마노·진주·매괴의 칠보로 조성하고, 여러 가지 꽃과 영락·바르는 향·가루향·사르는 향·비단일산·깃발〔幢幡〕 등으로 탑묘에 공양하리라. 그런 뒤에 다시 이백만억 부처님들께도 역시 그와 같이 공양드린 다음에 마땅히 성불하리니, 부처님 이름은 다마라발전단향多摩羅跋栴檀香여래·응공·정변지·명행족·선서·세간해·무상사·조어장부·천인사·불세존이니라.

시대의 이름은 희만喜滿이며 세계의 이름은 의락意樂이니라. 그 땅은 평탄하고 반듯하며, 파려보배로 땅이 되고 보배나무로 찬란하게 장엄되리라. 진주로 된 아름다운 꽃을 흩뿌려서 주변이 두루 청정하매 보는 자마다 기뻐하리라. 다른 악도는 없이 하늘천신과 사람들이 대부분이며, 보살과 성문들도 한량없이 많으리라.

---

223 마하목건련摩訶目犍連: 범어 Mahā-Maudgalyāyana의 음역. 석존의 십대제자 중 신통제일神通第一이다. 중인도 왕사성 근방 구리가촌 바라문의 아들로, 처음에는 친구인 사리불과 같이 외도를 배웠다. 나중에 먼저 불법을 알고 귀의한 사리불과 함께, 죽림정사로 가서 부처님의 제자가 되었다.

그 부처님의 수명은 이십사 소겁이며, 정법이 세상에 머무는 기간은 사십 소겁이고 상법도 또한 사십 소겁 동안 머무르리라."

그때 세존께서 거듭 의미를 표현하시고자 게송으로 말씀하셨다.

나의 제자 대목건련은
현재의 몸을 마친 다음
팔천 부처님들과
이백만억 부처님들을 친견해서,

불도를 위하여 부처님께 공양 올리고 공경함은 물론
부처님들 처소에서 늘 범행을 닦으며
한량없는 세월 동안
불법을 받들어 지키리라.

부처님들 열반하신 후엔 칠보탑을 조성하되
황금 찰간刹竿을 높이 세우고
꽃과 향 그리고 음악으로써
모든 부처님들 탑에 공양 올리다가,

점점 보살도를 갖추어
의락국意樂國에서 성불하리니
부처님 이름은 다마라발전단향불이며
수명은 이십사 소겁이리라.

항상 하늘천신과 사람들 위해
불도를 연설하시니
성문들 한량없어 항하의 모래알처럼 많으며
삼명三明[224]과 육신통으로 커다란 위덕 갖추고,

보살들도 무수히 많거늘
뜻이 견고한 데다 부지런히 정진하여
부처님 지혜에서
모두 퇴전하지 않으리라.

그 부처님 열반하신 뒤
정법은 사십 소겁 동안 머물고
상법도 역시
사십 소겁 동안 머무르리라.

또 나의 여러 제자들
위엄과 덕을 구족한 자가 오백 명이거늘
그들에게도 모두 마땅히 수기하리니
미래세에 전부 다 성불하리라.

---

224 명明과 신통神通의 차이에 대하여, "과거 전생의 일만 아는 것을 神通이라 하고, 과거의 인연과 행업까지 전부 아는 것을 明이라 한다. 또 번뇌가 다함을 아는 것을 神通이라 하는데, 번뇌가 다하여 다시는 태어나지 않을 것까지 분명히 아는 것을 明이라 한다."(『대지도론』 제2권)

나와 너희들의
지나간 세상 인연을
내 지금 마땅히 설하리니
너희들은 잘 들을지니라.

제7 화성유품化城喩品

부처님께서 모든 비구들에게 이르시었다.

"지나간 옛적 한량없고 그지없으며 이루 헤아릴 수 없도록 머나먼 아승기 겁 이전에 그 당시 부처님께서 계셨느니라. 부처님의 이름은 대통지승大通智勝여래·응공·정변지·명행족·선서·세간해·무상사·조어장부·천인사·불세존이셨고, 세계의 이름은 호성好成이었으며 시대의 이름은 대상大相이었느니라.

모든 비구들아!

그 부처님께서 열반하신 지는 아주 오래 되었느니라. 예를 들어 삼천대천 온 세계에 있는 모든 땅덩어리를 어떤 사람이 갈아서 먹을 만들어, 동쪽으로 천 세계를 지나갈 때마다 먹물 한 방울씩 떨어뜨리되 제일 큰 것이 먼지 티끌 정도라고 하자. 이렇게 천 세계를 지날 때마다 한 방울씩 떨어뜨리기를 계속 되풀이하여, 마침내 땅덩어리의 먹을 다 썼다면 너희들은 어떻게 생각하느냐? 가령 아무리 셈이 빠른

선생이나 제자라 할지라도 먹물을 떨어뜨리고 지나간 모든 세계들의 숫자를 다 알 수 있겠느냐?"

"알 수 없습니다, 세존이시여!"

"모든 비구들아!

더욱이 그 사람이 지나간 국토 가운데에 먹물이 떨어진 곳과 떨어지지 않은 곳을 전부 다시 부수어 티끌을 만들었다고 하자. 그 티끌 하나하나를 일 겁으로 치더라도, 대통지승 부처님께서 열반하신 지는 그보다 훨씬 오래되어 한량없고 그지없는 백천만억 아승기 겁이 지났느니라. 하지만 나는 여래의 지혜묘력을 사용하므로, 그렇게 오래된 옛일을 마치 오늘 일처럼 환히 내다보느니라."

그때 세존께서 거듭 의미를 표현하시고자 게송으로 말씀하셨다.

내가 생각하니 지난 세상
한량없고 그지없는 겁 이전에
부처님 양족존께서 계셨으니
이름은 대통지승불이시니라.

예를 들어 어떤 사람이 힘으로 삼천대천의 온 세계
모든 땅덩어리를 갈아서 먹을 만들어
천 세계를 지날 때마다 먹물 한 방울씩 떨어뜨리고
이렇게 하기를 되풀이하여 먹물을 다 썼다고 하자.

또 그와 같은 모든 국토의

먹물 떨어진 곳과 떨어지지 않은 곳을
전부 다시 부수어 티끌을 만들어서
티끌 하나하나를 일 겁으로 치더라도,

그 모든 티끌수보다
대통지승불 열반하신 겁 수가 훨씬 많나니
저 대통지승 부처님 열반하신 지는
참으로 오랜 무량겁이로다.

그러나 여래는 걸림 없는 지혜로
저 부처님께서 열반하시던 모습과
당시의 성문·보살들까지
지금 열반함을 보듯이 환히 알거니,

모든 비구들은 마땅히 명심하되
부처님 지혜는 깨끗하고 미묘하며
번뇌 없고 장애될 것조차 없어서
한량없는 겁 이전까지 모두 통달하노라.

부처님께서 모든 비구들에게 이르시었다.

"대통지승 부처님의 수명은 오백사십만억 나유타 겁이었느니라. 그 부처님께서 본디 도량에 앉으사 마군중을 쳐부수고 아뇩다라삼먁삼보리를 거의 얻으셨으나, 모든 불법이 앞에 나타나지 않았느니라.

이렇게 하여 일 소겁이 지나고 십 소겁이 되도록 가부좌를 맺은 채 몸과 마음을 움직이지 아니하였건만, 모든 부처님의 법은 아직도 앞에 나타나지 않았느니라.

그때에 도리천의 하늘천신들이 먼저 그 부처님을 위하여 보리수 아래에 사자좌를 마련하니 높이가 일 유순이었는데, 부처님께서 그 자리에 앉으시어 마땅히 아뇩다라삼먁삼보리 얻으시기를 바랐느니라. 이윽고 마침 부처님께서 그 자리에 앉으시자, 당시 모든 범천왕들은 온갖 하늘꽃들을 꽃비로 내려서 주위 사면 백 유순이 온통 꽃밭이었느니라. 게다가 향기로운 바람이 때때로 불어와서 시든 꽃을 날려버리고 새 꽃을 뿌리곤 하였느니라. 이렇게 하기를 십 소겁 동안이나 쉬지 않고 대통지승 부처님께 공양하였을 뿐 아니라, 부처님께서 열반하실 때까지 항상 꽃비를 내렸느니라. 사천왕의 여러 하늘천신들은 언제나 부처님께 공양하기 위하여 하늘북을 두둥둥~ 울렸느니라. 그 나머지 다른 하늘천신들도 하늘악기를 연주하되 십 소겁 동안을 쉬지 않고 연주했으며, 부처님께서 열반하실 때까지 모두 그와 같이 연주하였느니라.

여러 비구들아!

대통지승 부처님께서는 십 소겁이 지나서야 모든 부처님의 법이 눈앞에 나타나 아뇩다라삼먁삼보리를 이루셨느니라.

그 부처님께서 출가하시기 전에 열여섯 명의 아들을 두셨는데, 그 첫째 아들을 '지적智積'이라고 불렀느니라. 모든 왕자들은 각각 여러 가지의 진귀하고 기이한 장난감들을 가지고 있었느니라. 그러나 아버지께서 아뇩다라삼먁삼보리를 이루셨다는 말을 듣자 모두 진귀한 장난감들을 내버리고, 부처님 계신 데로 가려고 집을 떠나니 어머니들은 눈물로 전송하였느니라. 그 할아버지인 전륜성왕은 백 명의 대신들과 나머지 백천만억 명의 백성들에게 둘러싸여 부처님 도량에 이르렀느니라. 전부 대통지승여래를 가까이 모시고 공양 올리며 공경하고 존중히 찬탄하고 싶어했느니라. 그래서 그들은 도량에 이르러 머리 숙여 부처님 발에 절한 다음 부처님 주위를 공손히 돌았느니라.[225] 이윽고 모두 한 마음으로 합장한 채, 세존을 우러러보며 게송으로써 부처님을 칭송하였느니라.

'큰 위덕 갖추신 세존이시여!
중생들 제도하시려고
한량없는 억 겁 지나 비로소 성불하시니,
모든 서원 이미 다 구족하시매
거룩하시며 더없이 길상하시나이다.

세존께서는 매우 희유하시어
한번 앉으사 십 소겁이 지나도록
신체도 수족도 고요히 안정되어 움직이지 않으시며
그 마음 역시 항상 담박하여 조금도 산란하지 않고
마침내 길이 적멸하여 편안히 무루법에 머무시거늘,

---

225 요불繞佛: 부처님께 대한 경의의 표시로, 오른쪽 옆구리를 부처님 쪽으로 향하고 그 주위를 세 번이나 혹은 그 이상 여러 번 둥글게 도는 것이다.(오늘날의 시계 방향)

이제 세존께서
안온하게 성불하심을 뵈오니
저희들은 그로 인해 좋은 이익 얻어
경사스러워 하며 더욱 크게 환희하나이다.

중생들이 항상 괴롭고 소경처럼 어두웁건만
인도해줄 스승이 없으니
고통 없애는 길조차 모르고
해탈을 구할 줄도 몰라서,

기나긴 세월 동안 악취惡趣만 늘고
하늘천신 무리는 줄어만 가거니
어두운 곳에서 어두운 곳으로 들어가
오래도록 부처님 이름도 듣지 못했나이다.

이제 부처님 가장 높고 편안한 무루도無漏道 얻으시어
저희를 포함한 하늘천신과 사람들이 가장 큰 이익 얻게 되니
그러므로 모두 머리 숙여
위없이 거룩하신 부처님께 목숨 바쳐 귀의[226]하나이다.'

그때에 열여섯 왕자가 게송으로 부처님을 찬탄하고 나서, 세존께

226 귀의歸依: '돌아가 의지하여 구원을 청한다'는 뜻이다. "자기의 본성인 진여불성의 공덕을 스스로 깨닫고 실천하는 것이 진정한 귀의이다."(『六祖壇經』 淸華 역, p.118)

법륜 굴려주시기를 간청하며 모두 이렇게 사뢰었느니라.

'세존께서 법을 설해주시면 저희들이 크게 안락하며 편안하오리다. 그러니 모든 하늘천신과 사람들을 연민히 여기시고, 넉넉히 이익되게 해주시옵소서!'

이읏고 다시 게송으로,

'세상의 영웅께서는 견줄 이 없을 만큼
백 가지 복덕의 모습으로 스스로 장엄하셨으며
위없이 높은 지혜까지 얻으셨으니
부디 세간 중생을 위하여 설법해주소서!

저희들과 모든 중생 무리들이 해탈하도록
가르침을 분별하시고 보여주시어
부처님 지혜를 얻게 해서
저희가 성불하게 된다면 다른 중생들도 성불하오리다.

세존께서 중생들 마음속 깊이 생각하고 있는 것과
그 동안 수행해온 경지까지 다 아시고
지혜의 힘과 욕망·복덕·숙세에 지었던 업마저
모두 다 알고 계시니, 부디 위없는 법륜을 굴려주소서!'

이렇게 거듭 사뢰었느니라."

석가모니 부처님께서 모든 비구들에게 계속 말씀하셨다.

"대통지승불께서 아뇩다라삼먁삼보리를 얻으셨을 때, 시방으로 각각 오백만억의 모든 부처님들 세계가 여섯 가지로 진동하였느니라. 그리고 심지어 세계와 세계 사이의 어두운 곳, 이를테면 해와 달의 광명조차 비추지 못하던 캄캄한 곳들도 크게 밝아졌느니라. 그래서 그 속의 중생들이 제각기 서로 쳐다보면서,

'이 가운데 어떻게 해서 홀연히 중생들이 생겨났을까?'

하고 저마다 중얼거릴 정도였느니라. 또 그 호성세계의 여러 천상과 범천[227]의 궁전들도 여섯 가지로 진동하였으며, 큰 광명이 온 세계 가득히 두루 비추니 다른 모든 천상의 광명보다도 더욱 밝고 수승하였느니라.

당시 동방의 오백만억 세계 가운데 있는 범천들의 궁전에도 밝은 광명이 비치었는데, 평상시 광명보다도 훨씬 몇 배나 밝았느니라. 그래서 범천왕[228]들은 각각 이렇게 생각하였느니라.

'지금 궁전을 비추고 있는 광명은 예전에 없던 것이다. 도대체 무슨 인연으로써 이러한 상서가 나타나는 것일까?'

이윽고 모든 범천왕들은 각기 서로 찾아가서 함께 그 일에 대해 의논하였느니라. 당시 그 대중 가운데 이름을 '구일체救一切'라고 하는

---

227 범천梵天: 범어 Brahma-deva. 욕계의 음욕을 여의어서 항상 깨끗하고 조용하므로 '깨끗한 하늘〔梵天〕'이라 한다. 색계 초선천을 말한다.

228 범천왕梵天王: 범어 Brahma. 범왕梵王 또는 대범천왕大梵天王이라고도 한다. 겁초에 광음천에서 이 세계에 내려와 대범천왕이 되어 만물을 만들었다고 한다. 제석천과 함께 정법을 옹호하는 신神으로, 부처님께서 세상에 나오실 때 제일 먼저 설법을 청한 신이다.

어느 대범천왕[229]이 있었는데, 그가 여러 범천 대중들을 위하여 게송으로 말하였느니라.

'우리들의 모든 궁전을 비추는
이 광명은 예전에 없던 것이니,
이것이 무슨 인연인가
마땅히 서로 함께 찾아 보세나.

대덕이 하늘에 나시려는가?
부처님께서 세상에 출현하시려는가?
이토록 큰 광명이
시방세계를 두루 비추다니…….'

그때 동방의 오백만억 세계에 있는 범천왕들은 궁전과 함께 각각 옷자락에 온갖 하늘꽃들을 가득 담아 가지고, 다 같이 서쪽으로 날아가 그 상서를 찾아보았느니라. 그러다가 대통지승여래께서 도량의 보리수나무 아래 사자좌에 앉으셨는데, 여러 하늘천신과 용왕 및 건달바·긴나라·마후라가 같이 사람인 듯하면서 아닌 이들에게 공손히 둘러싸여 계신 것을 보았느니라. 그리고 열여섯 명의 왕자들이 부처님께 법륜을 굴려달라면서 가르침을 간청하는 것도 보았느니라.

이에 즉시 동방의 모든 범천왕들은 머리 숙여 부처님께 예배하고,

---

229 대범천왕大梵天王: 색계 초선천 중의 화려한 고루 거각에 있으면서 사바세계를 차지한 천왕天王. 키는 1유순 반이며, 수명은 1겁 반이다.

그 주위를 백천 번 돌면서 하늘꽃으로써 부처님 머리 위에 뿌리니 그 뿌린 꽃들이 수미산처럼 높이 쌓였느니라. 아울러 부처님께서 앉으신 보리수나무에도 공양하였는데, 그 보리수나무에 뿌려진 꽃무더기의 높이가 십 유순이나 되었느니라. 이렇게 꽃공양을 다 마친 다음 각각 궁전을 가지고 대통지승 부처님께 받들어 올리며,

'오직 연민히 여기시어 저희들이 이익되도록, 저희가 드리는 궁전을 제발 받아 주시옵소서!'

라고 말하였느니라.

당시 모든 범천왕들은 곧 대통지승 부처님 앞에서 일심으로 소리를 맞추어 게송으로 사뢰었느니라.

'세존께선 참으로 희유하사
가히 만나뵙기 어렵나니
한량없는 공덕을 갖추시고
능히 일체 중생들을 구호하시어,

하늘천신과 인간의 큰 스승으로
세간을 연민히 여기시매
시방의 모든 중생들이
널리 다 이익됨을 얻나이다.

저희들이 오백만억 세계에서
깊은 선정의 즐거움마저 버리고

여기에 온 뜻은
오로지 부처님께 공양하기 위한 것이오니,

저희들의 지난 세상 복력으로
그나마 장엄하게 꾸며진 궁전을
이제 세존께 받들어 올리건대
제발 어여삐 여기시고 받아 주시옵소서!'

그때 동방의 모든 범천왕들은 게송으로 부처님을 찬탄하고 나서 각각 이렇게 말하였느니라.

'오직 원하옵건대, 세존이시여!

법륜을 굴리시어 중생을 제도하여 해탈되게 하시고, 열반의 길을 열어 주시옵소서!'

당시 동방의 모든 범천왕들은 일심으로 소리를 맞추어 게송으로 말씀드렸느니라.

'세상의 으뜸이신 양족존兩足尊이시여!
오직 원하옵건대 법을 연설하시어
크게 자비하신 힘으로써
고통 받는 중생들을 제도하여 주시옵소서!'

그때 대통지승여래께서는 말없이 이를 허락하셨느니라.

또 모든 비구들아!

동남방의 오백만억 세계에 있는 모든 대범천왕들도 각각 자기 궁전의 광명이 예전에 없이 찬란하게 빛나는 것을 보고는, 환희에 젖어 뛸 듯이 기뻐하며 아주 희유하게 여기고 각기 서로 찾아가서 함께 그 일에 대해 의논하였느니라.

당시 그 대중 가운데 이름을 '대비大悲'라고 하는 어느 대범천왕이 있었는데, 그가 여러 범천 대중들을 위하여 게송으로 말하였느니라.

'이것은 무슨 인연으로
이러한 상서가 나타나는 것일까?
우리들 모든 궁전에
이토록 밝은 광명 비친 적 한 번도 없었거늘,

대덕이 하늘에 나시려는가?
부처님께서 세상에 출현하시려는가?
일찍이 이런 현상을 본 적이 없었나니
마땅히 일심으로 함께 찾아보세.

천만억의 나라를 지나더라도
광명의 인연을 찾아 함께 알아보세.
아마도 부처님께서 세상에 나오시어
고통 받는 중생들을 제도하시려는 건 아닐까?'

그때 동남방의 오백만억 세계에 있는 범천왕들은 궁전과 함께 각각 옷자락에 온갖 하늘꽃들을 가득 담아 가지고, 다 같이 서북쪽으로 날아가 그 상서를 찾아보았느니라. 그러다가 대통지승여래께서 도량의 보리수나무 아래 사자좌에 앉으셨는데, 여러 하늘천신과 용왕 및 건달바·긴나라·마후라가 같이 사람인 듯하면서 아닌 이들에게 공손히 둘러싸여 계신 것을 보았느니라. 그리고 열여섯 명의 왕자들이 부처님께 법륜을 굴려달라면서 가르침을 간청하는 것도 보았느니라.

이에 즉시 동남방의 모든 범천왕들은 머리 숙여 부처님께 예배하고, 그 주위를 백천 번 돌면서 하늘꽃으로써 부처님 머리 위에 뿌렸느니라. 그러자 부처님께 뿌린 꽃들이 수미산처럼 높이 쌓였으며, 아울러 부처님께서 앉으신 보리수나무에도 공양하였느니라. 이렇게 꽃공양을 다 마친 다음에 각각 궁전을 가지고 대통지승 부처님께 받들어 올리며,

'오직 연민히 여기시어 저희들이 이익되도록, 저희가 드리는 궁전을 제발 받아 주시옵소서!'

라고 말하였느니라.

당시 모든 범천왕들은 곧 대통지승 부처님 앞에서 일심으로 소리를 맞추어 게송으로 사뢰었느니라.

'하늘 가운데 왕[230]이신 성주[231]이시여!

가릉빈가[232] 맑은 음성으로

---

230 천중왕天中王: 하늘 신들 중에서 가장 으뜸되시는 분, 곧 부처님을 가리킨다.

231 성주聖主: 부처님에 대한 존칭. 성인 중의 가장 으뜸되시는 분이라는 뜻.

232 가릉빈가迦陵頻伽: 범어 Kalaviṅka의 음역, 소리가 맑고 듣기 좋은 새라는 뜻으로

중생들을 가엾이 여기시는 분께
저희들 이제 공손히 절하옵나이다.

세존께서는 참으로 희유하사
오랜 세월 흐른 뒤에야 한 번 나타나시니
그 동안 백팔십 겁의 긴 세월만 부질없이 흘러
부처님 계시지 아니하매,

삼악도[233]는 붐비고 하늘천신 무리는 줄었으나
이제 부처님께서 세상에 출현하시어
중생들 위해 안목이 되어주시니
참으로 세간 중생들이 귀의할 곳입니다.

일체 중생들을 구호하시며
중생들의 아버지가 되시어
가엾이 여기시고
이익되게 하시는 분이시여!

저희들은
지난 세상의 복력으로

명호음조明好音鳥 혹은 극락조極樂鳥라고 한역. 소리를 들으면 희열을 느끼며 바른 정견을 갖추고 정진하려고 마음먹게 된다고 한다.

233 삼악도三惡道: 중생이 윤회하는 육도 가운데 가장 고통이 심한 3곳을 말한다. 즉 ①지옥 ②아귀 ③축생의 세계로, 삼악취三惡趣라고도 한다.

경사스럽게도 이제 다행히
세존을 만나뵙게 되었나이다.'

그때 모든 범천왕들은 게송으로 부처님을 찬탄하고 나서 저마다 이렇게 말하였느니라.

'오직 원하옵건대, 세존이시여!

일체 중생들을 가엾이 여기시고 법륜을 굴리시어, 중생들을 제도하여 해탈되게 하옵소서!'

당시 동남방의 모든 범천왕들은 일심으로 소리를 맞추어 게송으로 말씀드리되,

'큰 성인께서는 법문을 설하사
모든 법의 특성을 나타내 보이시고
고통 받는 중생들을 제도하여
큰 기쁨과 즐거움 얻게 하옵소서!

중생들이 불법을 듣게 된다면
도를 얻거나 하늘에 태어나서
모든 악도는 줄어들 것이고
인욕하는 착한 이들은 늘어나리다.'

그때 대통지승여래께서는 말없이 이를 허락하셨느니라.

또 모든 비구들아!

남방의 오백만억 세계에 있는 모든 대범천왕들도 각각 자기 궁전의 광명이 예전에 없이 찬란하게 빛나는 것을 보고는, 환희에 젖어 뛸 듯이 기뻐하며 아주 희유하게 여기고 각기 서로 찾아가서 함께 그 일에 대해 의논하였느니라.

'무슨 인연으로써 우리들 궁전에 이토록 밝은 광명이 비치는 것일까?'

당시 그 대중 가운데 이름을 '묘법妙法'이라고 하는 어느 대범천왕이 있었는데, 그가 여러 범천 대중들을 위하여 게송으로 말하였느니라.

'우리들의 모든 궁전을 비추는
차마 위엄스럽도록 찬란한 광명은
아무런 까닭 없이 비치는 법이 없나니
따라서 마땅히 이 상서를 찾아보세.

백천 겁의 긴 세월 동안에
일찍이 이런 상서 한 번도 본 적 없나니,
대덕이 하늘에 나시려는가?
아니면 부처님께서 세상에 출현하시려는가?'

그때 남방의 오백만억 세계에 있는 범천왕들은 궁전과 함께 각각 옷자락에 온갖 하늘꽃들을 가득 담아 가지고, 다 같이 북쪽으로 날아가 그 상서를 찾아보았느니라. 그러다가 대통지승여래께서 도량의 보리수나무 아래 사자좌에 앉으셨는데, 여러 하늘천신과 용왕 및 건달바·

긴나라·마후라가 같이 사람인 듯하면서 아닌 이들에게 공손히 둘러싸여 계신 것을 보았느니라. 그리고 열여섯 명의 왕자들이 부처님께 법륜을 굴려달라면서 가르침을 간청하는 것도 보았느니라.

이에 즉시 남방의 모든 범천왕들은 머리 숙여 부처님께 예배하고, 그 주위를 백천 번 돌면서 하늘꽃으로써 부처님 머리 위에 뿌렸느니라. 그러자 부처님께 뿌린 꽃들이 수미산처럼 높이 쌓였으며, 아울러 부처님께서 앉으신 보리수나무에도 공양하였느니라. 이렇게 꽃공양을 다 마친 다음에 각각 궁전을 가지고 대통지승 부처님께 받들어 올리며,

'오직 연민히 여기시어 저희들이 이익되도록, 저희가 드리는 궁전을 제발 받아 주시옵소서!'

라고 말하였느니라.

당시 모든 범천왕들은 곧 대통지승 부처님 앞에서 일심으로 소리를 맞추어 게송으로 사뢰었느니라.

'진정 만나뵙기 어려운 세존,
모든 번뇌 깨뜨리신 분이시여!
백삼십 겁이나 지난 다음 이제서야 한 번 친견하니
목마르고 주린 모든 중생들이 법비로써 충만해지나이다.

일찍이 예전에 보지 못했던
한량없이 지혜로우신 분이시여!
마치 우담발화 꽃을

오늘에야 만난 듯하나이다.

저희들의 모든 궁전들이
광명을 받아 찬란하게 꾸며졌으니
세존이시여, 대자비로
오직 원컨대 받아 주시옵소서!'

그때 모든 범천왕들은 게송으로 부처님을 찬탄하고 나서 각각 이렇게 말하였느니라.

'오직 원하옵건대, 세존이시여!

법륜을 굴리시어 모든 세상의 여러 하늘천신과 마구니와 범천 그리고 사문과 바라문들을 다 안락하게 하시고 제도하여 해탈되게 하옵소서!'

당시 남방의 모든 범천왕들은 일심으로 소리를 맞추어 게송으로 말씀드리기를,

'오직 원컨대 하늘과 사람 중 가장 높은 분〔天人尊〕이시여!
위없이 높은 법의 바퀴 굴리시어
큰 가르침의 북을 치시고
큰 가르침의 소라를 부시며,

큰 법비를 두루 내리시어
한량없는 중생들을 제도하여 주시옵소서!

저희들 모두 귀의하여 청하옵나니
마땅히 깊고 심오한 음성으로 법을 설해 주시옵소서!'

그때 대통지승여래께서는 말없이 이를 허락하셨느니라.

서남방과 하방도 또한 이와 같았느니라.

그때 상방의 오백만억 세계에 있는 대범천왕들도 모두 자기가 머물고 있는 궁전의 광명이 예전에 없이 찬란하게 빛나는 것을 직접 보고는, 환희에 젖어 뛸 듯이 기뻐하며 아주 희유하게 여기고 각기 서로 찾아가서 함께 그 일에 대해 의논하였느니라.

'무슨 인연으로써 우리들 궁전에 이토록 밝은 광명이 비치는 것일까?'

당시 그 대중 가운데 이름을 '시기尸棄'라고 하는 어느 대범천왕이 있었는데, 그가 여러 범천 대중들을 위하여 게송으로 말하였느니라.

'지금 무슨 까닭으로써
우리들의 모든 궁전들에
일찍이 이토록 장엄하게 빛난 적 없는
위덕 찬란한 광명이 눈부시게 빛나는 것일까?

이와 같이 아름다운 상서로움은
예전에는 듣도 보도 못했던 터이거늘,
대덕이 하늘에 나시려는가?
아니면 부처님께서 세상에 출현하시려는가?'

그때 상방의 오백만억 세계에 있는 범천왕들은 궁전과 함께 각각 옷자락에 온갖 하늘꽃들을 가득 담아 가지고, 다 같이 아래쪽으로 날아가 그 상서를 찾아보았느니라. 그러다가 대통지승여래께서 도량의 보리수나무 아래 사자좌에 앉으셨는데, 여러 하늘천신과 용왕 및 건달바·긴나라·마후라가 같이 사람인 듯하면서 아닌 이들에게 공경히 둘러싸여 계신 것을 보았느니라. 그리고 열여섯 명의 왕자들이 부처님께 법륜을 굴려달라면서 가르침을 간청하는 것도 보았느니라.

이에 즉시 상방의 모든 범천왕들은 머리 숙여 부처님께 예배하고, 그 주위를 백천 번 돌면서 하늘꽃으로써 부처님 머리 위에 뿌렸느니라. 그러자 부처님께 뿌린 꽃들이 수미산처럼 높이 쌓였으며, 아울러 부처님께서 앉으신 보리수나무에도 공양하였느니라. 이렇게 꽃공양을 다 마친 다음에 각각 궁전을 가지고 대통지승 부처님께 받들어 올리며,

'오직 연민히 여기시어 저희들이 이익되도록, 저희가 드리는 궁전을 제발 받아 주시옵소서!'

라고 말하였느니라.

당시 모든 범천왕들은 곧 대통지승 부처님 앞에서 일심으로 소리를 맞추어 게송으로 사뢰었느니라.

'부처님 뵙다니, 아 얼마나 다행인가!
세상 고통을 구원하시는 대성존께서
능히 삼계의 감옥[234]에서
힘써 모든 중생들을 건져내시나니,

넓고 큰 지혜의 천인존天人尊께서
뭇 중생들을 연민히 여기시어
능히 감로의 문을 여시고
널리 일체 중생들을 제도하여 주시나이다.

지난 옛날 한량없이 오랜 겁 동안에
부처님 없이 그냥 세월만 보냈나니
세존께서 세상에 나오시지 않자
시방세계는 항상 어두웠고,

삼악도는 늘어만 갔으며
아수라 역시 치성하여
하늘천신 무리들은 점점 줄어들고
죽어서는 흔히들 악도에 떨어졌나이다.

부처님으로부터 법을 듣지 못하여
항상 나쁜 일만 저지르므로
육체의 힘과 지혜도 저절로 다 감소했거늘
죄업인연으로 기쁨과 즐거운 생각조차 모두 잃고,

삿된 법에 머물러서

---

234 삼계옥三界獄: 스스로 지은 번뇌에 의해 윤회의 업보를 벗어나지 못하고 삼계三界를 왔다갔다 윤회하는 모양이, 보이지 않는 커다란 감옥 속에 갇힌 바와 다름없기에 삼계를 감옥에다 비유한 것이다.

올바른 예의와 법칙도 알지 못한 채
부처님의 교화를 입지 못하여
항상 악도에 떨어졌나이다.

부처님께서는 세간의 눈이 되사
세월이 오래 흐른 뒤에 출현하시거늘,
모든 중생들 가엾이 여기시어
일부러 세상에 나오시나이다.

세상 욕망 초월하여 정각을 이루시니
저희들 너무 기뻐 경사스러워 하며
나머지 다른 일체 중생들까지도
일찍이 없던 일이라 기뻐하고 찬탄하나이다.

저희들의 모든 궁전들이
광명을 받아 장엄스럽기에
이제 세존께 드리오니
오직 연민히 여기시어 받아 주시옵소서!

원하옵건대 이 공덕
널리 일체 중생들에게 미치어
저희들과 모든 중생들이
다 함께 불도를 이루어지이다!'

그때 오백만억의 모든 범천왕들이 게송으로 부처님을 찬탄하고 나서 저마다 부처님께 사뢰었느니라.

'오직 원하옵건대, 세존이시여!

법륜을 굴리시어 많은 중생들을 안락하고 해탈케 하옵소서!'

당시 상방의 모든 범천왕들이 게송으로 말씀드리기를,

'세존이시여!
법륜 굴리시고 감로의 법고를 치시어
고통 받는 중생들 제도하사
열반의 길을 열어 보여 주시옵소서!

부디 저희들 간청을 받아 주시어
부처님의 크고 훌륭하신 음성으로써
중생을 가엾이 여기사
한량없는 겁 동안 익히신 법을 가르쳐 주시옵소서!'

그때 대통지승 여래께서는 시방의 모든 범천왕들과 열여섯 왕자들의 청을 받으시어, 사제의 가르침을 세 차례 굴려서[235] 열두 가지 수행의 법륜을 설하셨느니라. 이는 사문이나 바라문·하늘천신·마왕·범천 그리고 나머지 세간의 어떤 누구도 굴릴 수 없는 가르침이었

---

235 삼전三轉: 사제四諦를 세 단계로 나누어 설하시니, ①시상전示相轉_이것이 고苦·집集·멸滅·도道임을 나타내 보임〔見道〕. ②권수전勸修轉_苦·集·滅·道를 직접 닦도록 권함〔修道〕. ③작증전作證轉_스스로 苦·集·滅·道를 깨달아 증득하게 함〔無學〕.

느니라. 이른바 이것은 괴로움〔苦〕이요, 이것은 괴로움의 원인〔集〕이며, 이것은 괴로움이 없어진 열반〔滅〕이고, 이것은 괴로움 없는 열반에 이르는 길〔道〕이니라.

그리고 널리 십이인연법을 설하셨느니라. 즉 무명[236]이 조건이 되어 행[237]이 있게 되고, 행이 조건이 되어 인식[238]하게 되며, 인식이 조건이 되어 명색[239]이 생기고, 명색이 조건이 되어 여섯 군데 인식기관[240]이 생겨나며, 여섯 군데 인식기관이 조건이 되어 접촉〔觸〕하게 되고, 접촉이 조건이 되어 느낌〔受〕이 생기며, 느낌이 조건이 되어 갈애〔愛〕가 생기고, 갈애가 조건이 되어 집착〔取〕이 생기며, 집착이 조건이 되어 생존에 대한 본능〔有〕이 생기게 되고, 생존에 대한 본능이 조건이

---

236 무명無明: 범어 Avidyā의 한역. ①진리를 모르는 당체, 곧 번뇌로 말미암아 진리에 어두운 어리석은 마음상태이며 근원적인 무지를 말한다. 이는 생로병사 등의 온갖 고통을 초래하는 윤회의 원인으로, 가장 근본적인 번뇌이다. ②구사종에서는 지난 과거세상의 번뇌라 한다.

237 행行: 범어 Saṃskāra의 한역. 조작造作의 뜻. 인연 따라 생겼다가 사라지는 모든 유위법有爲法의 변화하는 의미를 내포함. 특히 여기에서는 무명無明을 근원으로 하여, 감각感覺 등 여러 가지를 발생시킨 과거세의 삼업三業을 가리킨다.

238 식識: 범어 Vijñāna의 한역. 경계를 대하여 요별了別하고 인식하는 마음의 작용. 소승에서는 과거세의 번뇌와 업에 의해 심식心識이 처음 모태에 들어가는 제1순간이라 한다.

239 명색名色: 범어 Nāmarūpa의 한역. 명名은 심법心法에 속하는 것으로 심왕心王·심소心所의 어떤 모양새 없이 이름으로만 부르는 심적인 요소를 말한다. 반면에 색色은 색법色法에 속하는 것으로 모양새는 있으나 아직 육근六根이 명확하게 갖춰지지 못한 물질적인 요소를 말한다. 결국 명색名色이란 미세한 몸과 뜻만 있는 것으로, 탁태托胎 이후 제2 순간으로써 육근六根이 갖춰지기 전의 상태를 말한다.

240 육입六入: 눈·귀·코·혀·몸·뜻(생각, 정신)의 육근六根을 말한다.

되어 태어나게〔生〕 되며, 태어남이 조건이 되어 늙고 죽음으로 인한 근심과 슬픔 등 갖가지 고통들이 생겨나게 되느니라. 따라서 무명[241]이 없어지면 곧 행이 사라지고, 행이 없어지면 인식〔識〕이 사라지며, 인식이 없어지면 명색名色이 사라지고, 명색이 없어지면 여섯 군데 인식기관〔六入〕이 사라지며, 여섯 군데 인식기관이 없어지면 접촉〔觸〕이 사라지고, 접촉이 없어지면 느낌〔受〕이 사라지며, 느낌이 없어지면 갈애〔愛〕가 사라지고, 갈애가 없어지면 집착〔取〕이 사라지며, 집착이 없어지면 생존에 대한 본능〔有〕이 사라지고, 생존에 대한 본능이 없어지면 태어남〔生〕이 사라지며, 태어남이 없어지면 늙고 죽음으로 인한 근심과 슬픔 등 온갖 고통들이 사라지게 되느니라.

대통지승 부처님께서 하늘천신과 인간 대중 가운데에서 이 가르침을 연설하셨을 때에, 육백만억 나유타 사람들이 일체 세간법에 영향을 받지 않았기에 모든 번뇌에서 마음이 해탈하게 되었느니라. 그래서 모두 깊고 미묘한 선정과 삼명과 육신통을 얻었고 팔해탈을 구족하였느니라. 두 번째와 세 번째 그리고 네 번째 설법하셨을 때에도, 천만억 항하의 모래알처럼 많은 나유타 중생들이 역시 일체 세간법에 영향을

---

241 "번뇌는 무지에 의존하고 있다. 촉감이 신체 전체에 퍼져 있는 것처럼, 무지도 모든 번뇌 속에 퍼져 있다. ……무지는 온갖 번뇌를 일으키는 강한 부정적인 마음 상태이다. 우리를 윤회 속으로 던져 버리는 것도 무지이다. 무지는 자아에 대한 착각을 말한다."(『평화롭게 살다 평화롭게 떠나는 기쁨』 달라이 라마 지음, 주민황 옮김, 넥서스Books, 2003, p.24)
"우리가 무지에 의존하고 있고 우리가 무지의 산물인 동안은, 우리가 어디에 머물든지 어디에 태어나든지 간에 우리는 결국 죽게 마련이다. 우리가 무지에게 지배당하는 동안은 진정한 행복을 얻을 수 없다. …(중략)… 무지를 없앨 수 있는 유일한 무기는 '무아無我'를 깨닫는 지혜뿐이다."(같은 책. pp.43-44)

받지 않았기에 모든 번뇌에서 마음이 해탈하였느니라. 그 후로도 해탈한 모든 성문대중들은 한량없고 그지없어 이루 다 헤아릴 수 없을 정도였느니라.

그때 열여섯 명의 왕자들이 모두 동자로서 출가하여 사미[242]가 되었는데, 모든 근기가 총명하고 영리하였으며 지혜가 밝았느니라. 그들은 이미 옛날부터 백천만억 분의 부처님들께 공양하였고, 깨끗이 범행을 닦아 아뇩다라삼먁삼보리를 구했었느니라.

그 열여섯 명의 사미들이 함께 부처님께 사뢰었느니라.

'세존이시여! 이 한량없는 천만억의 덕 높은 성문제자들이 벌써 다 법을 성취하였나이다.

세존이시여! 그러하오니 또한 마땅히 저희들을 위하여 아뇩다라삼먁삼보리법을 가르쳐 주시옵소서! 저희들이 듣고 나면 다 같이 세존의 가르침을 열심히 닦고 배울 것입니다.

세존이시여! 저희들은 마음으로 간절히 여래의 지혜를 원하옵나이다. 부처님께서는 저희들이 마음속 깊이 생각하는 바에 대해 더 잘 아시지 않습니까?'

당시 전륜성왕이 데리고 왔던 대중 가운데 팔만억이나 되는 사람들이 열여섯 왕자들이 모두 출가하는 것을 보고, 따라서 출가하고자 하였느니라. 이에 전륜성왕은 곧 그들의 출가를 허락하였느니라.

그때 대통지승 부처님께서 사미들의 청을 받고, 이만 겁이 지난

---

242 사미沙彌: 범어 Śrāmaṇera의 음역으로 행자行慈·근책남勤策男으로 한역. 출가하여 십계十戒를 받고 수행하는 20세 미만의 남자 승려를 말한다. 여자 승려인 경우는 사미니沙彌尼라고 한다.

뒤에 사부대중 가운데에서 대승경을 설하시니 이름을 『묘법연화경』이라 하였느니라. 그 경은 보살들을 가르치는 법으로, 부처님께서 호념하시는 바이니라.

부처님께서 경을 다 설하시고 나자, 열여섯 명의 사미들은 아뇩다라삼먁삼보리를 위하여 다 같이 『법화경』을 받아 지니고 읽고 외워서 통달하였느니라.

대통지승 부처님께서 이 『법화경』을 설하셨을 때에 열여섯 명의 보살경지에 오른 사미들이 모두 가르침을 믿고 받아들였으며, 성문대중에서도 믿고 이해하는 사람들이 더러 있었느니라. 그렇지만 나머지 다른 천만억 무리의 중생들은 모두 의심을 품었느니라.

대통지승 부처님께서는 이 『묘법연화경』을 팔천 겁 동안이나 설하시며 잠시도 쉬지 않으셨느니라. 이윽고 부처님께서 경전을 다 설하신 다음, 고요한 방에 들어가시어 팔만사천 겁 동안을 선정에 머무셨느니라.

그 당시 보살경지에 오른 열여섯 명의 사미들은 부처님께서 방에 들어가시어 고요히 선정에 드신 것을 알고는, 각각 법좌에 올라가 역시 팔만사천 겁 동안 사부대중을 위해 『묘법연화경』을 자세히 해설하고 분별하였느니라. 그래서 보살 한 분마다 모두 똑같이 육백만억 나유타 항하의 모래알처럼 많은 중생들을 제도하고 가르쳐서 이롭고 기쁘게 하였으며, 그들로 하여금 위없이 높고 바른 깨달음(아뇩다라삼먁삼보리)을 이루고자 하는 마음을 내도록 하였느니라.

대통지승 부처님께서 팔만사천 겁이 지난 다음 삼매로부터 일어나시어 법좌에 편안히 앉으시자마자 말씀하시기를,

'이 열여섯 명의 보살사미들은 참으로 희유하니라. 모든 근기가 총명하고 영리하며 지혜가 밝을 뿐만 아니라, 이미 한량없는 천만억 수의 모든 부처님들께 공양하였느니라. 그리고 모든 부처님들 처소에서 항상 범행梵行을 닦아 부처님의 지혜를 받아 간직하였으며, 중생들에게 지혜를 열어 보여 그 가운데 들어가도록 인도했느니라.

그러므로 너희들은 마땅히 자주 친근히 모시며 공양드려야 하느니라. 왜냐하면 성문이나 벽지불 그리고 보살들이 열여섯 명의 보살사미들이 설하는 경전의 가르침을 믿고 받아 지니어 훼방하지 않는다면, 모두 마땅히 아뇩다라삼먁삼보리 곧 여래의 지혜를 얻을 수 있기 때문이니라.'

하고 널리 대중들에게 이르셨느니라."

석가모니 부처님께서 모든 비구들에게 다시 이르시었다.

"그 열여섯 명의 보살들은 항상 이 『묘법연화경』 설하기를 좋아하여, 보살 한 분마다 교화한 중생들이 육백만억 나유타 항하의 모래알처럼 많은 중생들이었느니라. 그 중생들은 모두 세세생생 태어날 적마다 보살사미들과 함께 태어나서, 그 보살들로부터 법을 듣고 모두 다 가르침을 믿고 이해하였느니라. 이러한 인연으로써 사만억 분의 여러 부처님 세존을 만나 뵈었으며, 지금까지도 아직 그 인연이 다하지 않았느니라.

모든 비구들아!

내가 이제 너희들에게 이르건대, 대통지승 부처님의 제자 열여섯 명의 사미들이 지금은 모두 아뇩다라삼먁삼보리를 얻었느니라. 그리하여 시방세계에서 현재에도 계속 설법하고 계시며, 한량없는 백천만억 보살들과 성문들을 권속으로 삼고 계시느니라.

그 가운데 두 사미가 동방에서 부처님이 되셨으니, 한 분은 환희歡喜세계의 아촉불阿閦佛이시며 다른 한 분은 수미정불須彌頂佛이시니라. 동남방에서도 두 사미가 부처님이 되셨으니, 한 분은 사자음불師子音佛이시고 다른 한 분은 사자상불師子相佛이시니라. 남방에서도 두 사미가 부처님이 되셨으니, 한 분은 허공주불虛空住佛이시고 다른 한 분은 상멸불常滅佛이시니라. 서남방에서도 두 사미가 부처님이 되셨으니, 한 분은 제상불帝相佛이시고 다른 한 분은 범상불梵相佛이시니라. 서방에서도 두 사미가 부처님이 되셨으니, 한 분은 아미타불阿彌陀佛이시고 다른 한 분은 도일체세간고뇌불度一切世間苦惱佛이시니라. 서북방에서도 두 사미가 부처님이 되셨으니, 한 분은 다마라발전단향신통불多摩羅跋栴檀香神通佛이시고 다른 한 분은 수미상불須彌相佛이시니라. 북방에서도 두 사미가 부처님이 되셨으니, 한 분은 운자재불雲自在佛이시고 다른 한 분은 운자재왕불雲自在王佛이시니라. 그리고 동북방에서 부처님 되신 분은 괴일체세간포외불壞一切世間怖畏佛이시고, 열여섯 번째 부처님은 바로 나 석가모니불釋迦牟尼佛로 사바세계에서 아뇩다라삼먁삼보리를 이루었느니라.

모든 비구들아!

우리들이 사미로 있었을 때 각각 한량없는 백천만억 항하의 모래알처럼 수많은 중생들을 교화하였느니라. 그들은 우리들로부터 법을 듣고 아뇩다라삼먁삼보리를 이루기 위해 노력하고 있지만, 지금도 성문지위에 머물러 있는 자들이 더러 있느니라. 그러나 우리가 항상 아뇩다라삼먁삼보리를 이루도록 교화하니, 마침내 그 사람도 응당 이 법을 통해서 천천히 불도에 들어가리라. 왜냐하면 여래의 지혜는 믿기도 어렵고 알기도 어렵기 때문이니라. 그때 교화 받았던 한량없는 항하의 모래알처럼 많은 중생들은 지금 너희 비구들과 내가 열반한 뒤 미래 세상의 성문제자들이니라.

그런데도 내가 열반한 뒤에 어떤 제자는 이 『법화경』을 듣지 못해 보살이 닦아야 할 바를 알아차리거나 깨닫지 못한 채, 스스로 얻은 공덕에 대하여 멸도[243]라는 관념 속에서 열반에 들고자 할 것이니라. 그러면 나는 다른 세계에서 또 다른 이름을 가지고 성불하리라. 그래서 비록 그 사람이 멸도라는 관념 속에서 열반에 들었을지라도, 다른 세계에서 부처님의 지혜를 구하여 이 『묘법연화경』을 듣게 하리라. 이를테면 '오직 일불승만이 멸도를 얻게 하며 다른 승으로는 멸도를 얻게 할 수 없도다. 하지만 모든 여래께서 방편으로 설법하신 것만은 예외니라.'[244]라는 법문을 들으리라.

모든 비구들아!

만약 여래께서 스스로 열반하실 때가 되셨고, 대중들 또한 청정하여 이해하고 믿는 마음이 견고하며 공空의 가르침을 통달해서 선정이 상당히 깊어진 것을 파악하시게 되면 말이다. 그러면 문득 여래께서는 모든 보살들과 성문들을 모아놓고, 그들을 위하여 이 『묘법연화경』을 설하시느니라. 즉 '세상에서 이승으로는 절대로 멸도를 얻을 수 없으며, 오직 일불승만이라야 멸도를 얻게 할 수 있느니라.'라고 말씀하시

---

243 멸도滅度: 나고 죽는 생사번뇌의 바다를 건넜다는 뜻으로, 니르바나에 대한 한역漢譯이다. 이에 반해 열반涅槃은 니르바나의 음역에 해당한다. 주 18 참조

244 제2 〈방편품〉 참조

느니라.

비구들아, 마땅히 잘 유념해야 하느니라. 여래는 방편으로 중생들의 성품 가운데 깊이 들어가, 중생들이 마음으로 소승법을 좋아하고 다섯 가지 욕망[245]에 탐착한 상태임을 알고 계시느니라. 그래서 그들을 위하여 일부러 열반을 설했던 것인데, 어리석은 사람들이 그걸 듣고는 진짜 열반으로 믿고 받아들였던 것이니라.

가령 오백 유순이나 되는 험난한 악도에 인적마저 끊기어 겁나고 무시무시한 밀림이 있다고 하자. 그런데 많은 대중들이 그 길을 지나서 진귀한 보물이 있는 곳으로 가려고 하는데, 마침 한 인도자가 있었느니라. 그는 총명한 지혜로 밝게 꿰뚫어보아 밀림 속 험한 길의 막히고 통하는 사정까지 잘 살피며, 여러 사람들을 거느리고 그 어려운 곳을 지나가고 있었느니라. 그런데 따라가던 사람들이 중도에 하도 지치고 싫증이 나서 인도자에게 말하기를,

'저희들은 너무 피곤하고 게다가 겁나고 두렵기까지 해서, 더 이상 한 발짝도 앞으로 나갈 수 없습니다. 더욱이 아직 가야 할 길은 멀기만 하니, 이제 그만 되돌아가는 것이 좋겠습니다.'

여러 가지 방편을 많이 갖고 있던 인도자는 이렇게 생각하였느니라.

'참으로 불쌍한 사람들이로다! 어찌하여 크고도 진귀한 보배를 버리고 되돌아가려고 생각한단 말인가!'

이렇게 생각하고는 방편의 힘으로써 험난한 길 가운데 삼백 유순 정도 떨어진 곳에다, 한 성곽을 변화로 지어놓고 여러 사람들에게

---

245 오욕五欲: 주 151 참조

말하였느니라.

'여러분! 두려워하지 말고, 되돌아가지 마십시오!

이제 저기 큰 성에서 잠시 중단한 채 쉬고 싶은 만큼 마음껏 쉬세요! 저 성에 들어가면 아주 즐겁고 안락하답니다. 그러다 만일 아까처럼 앞에 있는 보물섬에 가고자 하면 또 언제든 다시 가면 되는 것이구요.'

당시 피로에 지쳐 있던 사람들은 마음으로 크게 환희하며, 일찍이 없던 희유한 일이라 찬탄하였느니라.

'우리들은 이제 지긋지긋한 악도를 벗어나서 즐거운 안락을 얻게 되었도다!'

이리하여 대중들은 눈앞에 있는 변화로 된 성안으로 들어가게 되었는데, 이미 밀림을 다 벗어나서 최종 목적지에 도착했다고 생각하며 안심하였느니라.

그때에 인도자는 사람들이 푹 쉬어서 더 이상 피로하지 않은 상태가 되었음을 살핀 다음, 곧 변화로 만든 성을 없애버리고 여러 사람들에게 말하였느니라.

'여러분, 어서 갑시다! 조금만 가면 보물섬이 나옵니다.

아까 그 큰 성은 진짜가 아니라 내가 변화로 만들었던 것입니다. 여러분들을 쉬어가게 하기 위해서 거짓으로 만들었던 것입니다.'

모든 비구들아!

여래도 또한 이와 같아서 지금 너희들을 위하여 큰 인도자가 되었느니라. 그리하여 생사번뇌의 험악한 길들이 참으로 험난하기도 하고 멀기도 하지만, (성불하기 위해서는) 반드시 통과해야만 하고 건너야만 하는 길임을 익히 알고 있느니라. 그런데 만약 중생이 다만 일불승의 가르침만 듣게 된다면 너무 어려워 부처님을 뵈려고 하거나 아예 가까이 모시려고도 하지 않은 채 단순히 생각하기를,

'불도는 멀고멀어서 오랫동안 고행을 해야만 부처님이 될 수 있나 보다.'

하고 지레 겁을 먹어서 쉽게 포기하고 말 것이니라.

부처님께서는 중생들 마음이 겁 많고 나약하며 하열[246]함을 아시고, 방편의 힘으로써 중도에 쉬게 하기 위해 일부러 이승의 두 가지 열반 경지[247]를 설하느니라. 그러다 만일 중생이 이승의 열반 경지에 오르게 되면 여래는 그때가 되어서야 말하느니라.

'너희들은 아직 할 일을 다하지 못하였도다.

너희들이 머물러 있는 경지는 부처님 지혜에 근접하기는 했으나, 아직 좀 더 관찰하고 헤아려야만 하느니라. 너희들이 얻은 열반은 진실한 열반이 아니고, 다만 여래가 방편력으로 일불승을 분별하여 삼승으로 설했던 것이니라.'

마치 저 인도자가 쉬게 하려고 큰 성을 변화로 만들었다가, 휴식이 끝난 것을 알고는

'보물이 아주 가까이 있어요. 이 성은 실재 있는 것이 아니고 내가 변화로 만들었을 따름이지요.'

라고 한 것과 같으니라."

그때 세존께서 거듭 의미를 표현하시고자 게송으로 말씀하셨다.

---

246 하열下劣: '하열하다'는 것은 게으르고 방일하면서, 일심으로 도道를 수행하지 않아 죄와 복이 잡다함을 말한다. 『대지도론』 권77(대정장 25, p.606.b)

247 성문의 경지와 독각(벽지불)의 경지 두 가지를 말한다.

대통지승 부처님
십 겁 동안 도량에 앉으셨으나
부처님 법이 앞에 나타나지 않아서
불도를 이루지 못하셨도다.

모든 하늘천신과 용왕
아수라 대중들
항상 하늘꽃을 가지고 꽃비 내려서
그분께 공양 올렸으며,

천신들은 하늘북을 두둥둥~ 울리고
여러 가지 악기들을 연주함은 물론,
향기로운 바람이 시든 꽃을 날려버리고
갓 피어난 고운 꽃잎을 흩날렸도다.

그렇게 십 소겁이 지나고 나서야
불도를 이루셨으니
모든 하늘천신과 세상 사람들
마음으로 뛸 듯이 다 함께 기뻐했도다.

대통지승 부처님의 열여섯 왕자들이
천만억 권속들에게 둘러싸인 채
부처님 계신 데 이르러 머리 숙여 부처님 발에 예배하고
법륜을 굴려달라고 간청하기를,

'거룩하신 스승님!
법비를 내리시어
저희들과 일체 중생들을
충만케 하옵소서!'

세존 뵈옵기 심히 어려워
오랜 세월 지난 뒤에야 한 번 나타나시며
뭇 중생들 깨닫게 하기 위하여
일체를 진동시키시거늘,

동방으로
오백만억 많은 세계
범천의 궁전마다 광명이 비치되
예전에 없이 찬란한지라.

동방의 모든 범천왕들
이 상서로움 보고 찾아나서
마침내 대통지승 부처님 계신 데 이르러
꽃을 뿌려 공양하며 궁전도 받들어 올리고,

부처님께 법륜 굴려주시기를 간청하며
게송으로 찬탄하였으나
부처님께서는 아직 때가 되지 않았음을 아시고
청을 받으신 채 말없이 앉아 계셨도다.

남방 서방 북방의 세 방위와 네 간방〔四維〕과
상방 하방의 모든 범천왕들도 마찬가지로
꽃을 뿌려 공양하고 궁전을 받들어 올리며
부처님께 법륜 굴려주시기를 간청하되,

'세존이시여! 만나 뵙기 심히 어려우니
원하옵건대 본래의 대자비로써
널리 감로문을 여시고
위없이 높은 법륜 굴리어 설법해 주시옵소서!'

한량없는 지혜의 세존께서
그 많은 여러 대중들의 청을 받으시자
그들을 위해 갖가지 가르침들
곧 사제와 십이인연법 펼치시기를,

'무명無明에서 노사老死에 이르기까지
다 생生으로부터 인연하여 있는 것이니,
이와 같은 여러 근심과 우환에 대해
너희들은 응당히 잘 알아야 하느니라.'

이 법문 연설하실 때
육백만억해의 엄청난 대중들이
모든 괴로움 다 여의고
아라한이 되었으며,

두 번째 설법하실 때에도
천만 항하의 모래알처럼 많은 대중들이
일체 세간법에 물들지 아니하매
또한 아라한을 얻었고,

나중에 도를 얻은 이들까지 거론하자면
그 수효 참으로 한량없어
설사 만억 겁 동안을 헤아리더라도
그 끝을 알 수 없을 만큼 많았도다.

당시 열여섯 명의 왕자들
출가해서 사미가 되어
모두 함께 대통지승 부처님께
지극한 마음으로 간청하되,

'대승의 가르침을 연설해 주시옵소서!
그래서 저희들과 같이 온 수행원들도
모두 마땅히 불도를 이루어
부디 세존처럼 제일 맑은 혜안慧眼을 얻어지이다!'

부처님께서 동자들의 마음을 아시고
또 지난 세상 닦았던 일들도 아시므로
한량없는 인연과 여러 가지 비유로써
육바라밀과 각종 신통한 일들 말씀하셨으며,

진실한 법과
보살이 닦아야 할 도를 분별하시어
항하의 모래알처럼 수많은 게송으로
이 『법화경』을 설하셨도다.

대통지승 부처님께서 『법화경』을 다 설하신 다음
고요한 방에서 선정에 드신 채
일심으로 팔만 사천 겁 동안을
한 자리에 앉아 계시자,

그 모든 사미들은 부처님께서
선정에 드시어 나오시지 않을 것임을 알고
무량억 중생들을 위하여
위없이 높은 부처님의 지혜를 일러주었거늘,

각각 법좌에 앉아서
이 대승경전(법화경)을 설하였음은 물론이고
부처님께서 고요히 입적하신 뒤에도
잘 선양하여 법으로 중생교화를 도왔도다.

그리하여 한 사미마다 똑같이 제도한 중생들
대통지승불 열반하신 뒤에 가르침 들었던
육백만억 항하의 모래알처럼 많은 무리들이
여러 부처님 세계 곳곳마다 항상 스승과 같이 태어났도다.

그 열여섯 명의 사미들
불도를 구족하게 닦아
지금 현재 시방세계에서
각각 정각을 이루셨으니,

그 당시 가르침 들었던 자들도
각기 그 부처님들 처소에 있는데
그들 중 성문에 머물러 있는 자마저
점차 불도로써 교화되도다.

나도 열여섯 왕자 가운데 한 사람으로
또한 일찍이 너희들을 위하여 설법했나니
그러므로 방편으로써 너희들을 인도하여
부처님 지혜로 나아가게 했으며,

이런 지난 세상의 인연으로써
내 지금도 『법화경』을 설하여
너희들로 하여금 불도에 들게 하는 것이니
너무 놀라거나 두려워하지 말라.

예를 들어 어떤 인적 없고
독사와 맹수만 드글거리며
게다가 먹을 만한 물이나 채소도 아예 없는
두렵기 짝이 없는 험악한 밀림이 있다고 하자.

무수한 천만 대중들이
그 험악한 길을 지나가려는데
길이 너무 멀고 아득하여
자그마치 오백 유순이나 되건만,

마침 당시에 한 인도자가 있어
아는 것도 많고 지혜로우며
명료하고 마음가짐이 확고하여
험한 곳에서 온갖 어려움을 극복해 나가거늘,

그런데 여러 사람들이 모두 피로하고 지쳐서
인도자에게 말하기를,
'우리들은 정말 피곤해 죽겠어요.
이쯤에서 그만 되돌아가렵니다.'

인도자가 생각하되,
'참으로 불쌍한 무리로다.
어찌하여 그렇게 진귀한 보배들을
포기하고 되돌아가려는가!'

즉시 방편을 생각하고는
마땅히 신통력을 써서
변화로 큰 성곽을 만들고
모든 저택들을 훌륭하게 장엄하거니,

주위에는 정원과 숲이 빙 둘러쳐 있고
흘러가는 시냇물과 맑은 연못이며
안팎의 이중 대문과 높은 누각 위에는
남자 여자들이 잔뜩 모여 살게 하였도다.

이렇게 변화로 성을 만든 다음 대중을 위로하되,
'여러분! 이제 걱정마시고
저 성에 들어가시어
각기 쉬고 싶은 만큼 실컷 쉬세요!'

모든 사람들 성안으로 들어가 보니
마음이 마냥 기쁜지라
모두 편안하고 안락하게 여기며
스스로 밀림을 다 통과했다고 생각하였도다.

충분히 휴식하고 나서
인도자가 사람들을 모아놓고 이르기를,
'여러분, 이제 앞으로 조금만 더 갑시다!
이곳은 변화로 만들어진 가짜 성일 따름입니다.

여러분이 하도 피곤해 하며 중도에서 되돌아가려기에
일부러 방편의 힘으로써 변화로 이 성을 만들었답니다.
여러분, 이제 조금만 더 부지런히 나아간다면
틀림없이 함께 보물섬에 닿게 될 것입니다.'

나도 또한 그와 마찬가지로
일체 중생들의 인도자가 되어
구도자들이 중도에 게으름피고 싫증내며
생사번뇌의 험한 밀림 속을 통과하지 못하는 걸 보고는,

일부러 방편의 힘으로써
잠시 쉬게 하려고 열반을 설하되,
'너희들의 괴로움이 소멸되면
그것으로 해야 할 바를 다 마친 셈이로다!'

이윽고 너희들이 열반의 상태에 이르러
모두들 아라한 경지에 오른 것을 알고는
비로소 이에 대중들을 모아서
진실한 법을 설하노라.

모든 부처님들께서 방편력으로
분별하여 삼승을 설하시지만,
사실은 오직 일불승만 있을 뿐인데
잠깐 쉬게 하려고 이승을 설하신 것이니라.

이제 너희들을 위하여 진실을 말하리니
너희들이 얻은 것은 진짜 열반이 아니로다.
그러니 부처님의 일체지一切智를 얻기 위해서
마땅히 크게 정진하려는 마음을 낼지어다.

너희들이 일체지와
십력十力 등의 불법을 증득하고
삼십이상을 두루 갖추어야만
이에 참된 열반이라 할 수 있느니라.

인도자이신 모든 부처님께서는
잠시 쉬게 하려고 이승의 열반을 설하시나,
휴식이 다 끝난 줄 알게 되면
부처님의 지혜로 이끌어 (진짜 열반으로) 인도하시느니라.

묘법연화경 제四권 제8 오백제자수기품五百弟子受記品

그때 미다라니의 아들 부루나[248]는 부처님으로부터 지혜로운 방편으로 근기에 맞게 설법하신다는 말씀을 직접 들었고, 또 여러 큰 제자들에게 주시는 아뇩다라삼먁삼보리의 수기 내용에 대해서도 들었다. 더욱이 지난 과거 세상의 인연 이야기를 들었으며, 또 모든 부처님들은 크게 자재하신 신통력을 갖추셨다는 말씀을 들었다. 그리하여 부루나는 일찍이 없던 희유함을 느끼며, 마음이 깨끗하고 순수해져서 뛸 듯이 좋아하였다. 그는 곧 자리에서 일어나 부처님 앞에 나아가 머리

248 부루나富樓那: 부루나미다라니자Pūrṇamaitrāyaṇī-putra를 줄여서 부루나Pūrṇa라고 부른다. 즉 인도 풍습대로 미다라니彌多羅尼라는 어머니의 성을 따라서 지은 것이다. 인도 교살라국의 바라문 출신으로, 아버지는 카필라성 부근의 대부호였으며 정반왕의 국사였다. 부루나는 부처님과 생년월일이 동일하고, 어려서부터 대단히 총명하여 4베다에 능통했다고 한다. 그리고 녹야원에서 부처님의 설법을 듣고 귀의하여 아라한과를 증득하였다. 부처님의 십대제자 중 설법제일說法第一로 유명하다.

숙여 부처님 발에 절하였다. 이윽고 한 쪽으로 물러나 부처님의 거룩하신 얼굴을 우러러보며, 잠시도 눈을 떼지 않은 채 이렇게 생각하였다.

'세존께서는 매우 훌륭하시며 특별하시어, 하시는 바도 역시 아무나 흉내낼 수 없도다. 세상의 여러 근기에 맞게 방편의 지혜로써 설법하여, 중생들이 곳곳에서 집착하는 것을 빼내 건져주시도다. 우리들은 감히 부처님의 공덕에 대해 이루 다 말할 수 없으며, 오직 부처님 세존만이 우리들의 마음속 깊이 자리한 근본 서원까지도 능히 아실 수 있도다.'

그때 부처님께서 모든 비구들에게 이르시었다.

"너희들은 미다라니의 아들 부루나를 보고 있느냐?

나는 항상 그를 설법하는 사람들 중에서 제일 설법을 잘한다고 칭찬했으며, 또한 늘 그의 여러 가지 공덕들을 찬탄하였느니라. 곧 부지런히 정진해서 나의 가르침을 보호하고 지키며 나를 도와 법을 연설하고 펼쳐서, 능히 사부대중에게 잘 보여주고 가르쳐 이롭고 기쁘게 하느니라. 그래서 부처님의 바른 법을 정확하게 이해하고 풀이하여, 함께 청정히 수행하는 도반들에게 많은 도움을 주느니라. 그리하여 여래를 제외하고는 어느 누구도 그 언론의 변재를 당해낼 만한 자가 없느니라.

너희들은 부루나가 비단 나의 가르침만을 보호하고 지키며 나를 도와 법을 연설하여 펼친다고 말하면 안 되느니라. 그는 지난 과거세상 구십억 여러 부처님들 처소에서도 부처님의 정법을 보호하고 지켰으며, 부처님을 도와 정법을 연설하여 펼쳤느니라. 그래서 당시 설법하는 사람들 중에서도 역시 가장 설법을 잘하였느니라. 또 모든 부처님들께서 말씀하신 공법空法에 대해 명료하게 통달했으며 사무애지[249]를 얻어서, 항상 상세하고 청정히 설법하여 의혹이 없게 하였느니라. 그리고 보살의 신통력을 구족하여 목숨이 다하도록 언제나 범행梵行을 닦았나니, 그 부처님 나라의 사람들이 전부 '이분이야말로 참다운 성문'[250]이라고 말할 정도였느니라.

따라서 부루나는 이러한 방편으로써 한량없는 백천 명의 중생들을 이롭게 하였고, 또 한량없는 아승기 수효의 사람들을 교화해서 아뇩다라삼먁삼보리를 이루도록 하였느니라. 다시 말해 부처님 세계를 깨끗이 하기 위해[251] 끊임없이 부처님 일을 하며 중생들을 교화하였느니라.

모든 비구들아!

부루나는 또한 과거 일곱 부처님[252] 시절에도 그 설법하는 사람들 가운데에서 제일이었으며, 지금 나의 처소에서도 설법하는 사람들 중에 역시 제일이니라. 게다가 현겁[253] 가운데 앞으로 오실 많은 부처님

---

249 주 125 참조

250 여기에서는 보살에 비해 하열하다고 하기 위해 성문이라 한 것이 아니라, 부처님의 참 제자임을 강조하기 위해 '성문 제자'라고 말한 것이다. 즉 부처님 가르침을 들은 대로 실천하는 '진짜 수행자'라는 의미이다.

251 "어떻게 부처님 국토를 깨끗이 합니까?" 하는 수보리 질문에 부처님께서는 다음과 같이 답변하셨다. "보살이 처음 마음을 내어서부터 줄곧 스스로 몸의 거친 업을 없애고 말의 거친 업을 없애며 뜻의 거친 업을 없애고, 또한 다른 사람의 몸과 말과 뜻의 거친 업을 없애어 맑히는 것이다.…… "(『대품반야경』 〈정토품〉)

252 과거칠불過去七佛: 석가모니불 이전의 비바시불·시기불·비사부불·구류손불·구나함모니불·가섭불 등의 6불佛과 석가모니불을 합하여 '과거칠불'이라 한다.

253 현겁賢劫: 현재의 대겁大劫을 말하므로 '현겁現劫'이라고도 하는데, 과거와 현재와 미래에 각각 천불千佛씩 출현하신다고 한다.

들 처소에서 설법하는 사람들 가운데 역시 또 제일이어서, 불법을 보호하고 지키며 적극적으로 펼치리라. 또한 미래에도 한량없고 그지없는 모든 부처님들의 법을 보호하고 지키며 부처님을 도와 법을 연설하고 펼쳐서, 무량한 중생들을 교화하여 이롭게 하고 그들로 하여금 아뇩다라삼먁삼보리를 이루게 하리라. 곧 부처님 세계를 깨끗이 하기 위해 늘 부지런히 정진하며 중생들을 가르쳐서 교화하리라.

부루나는 이렇게 점점 보살도를 구족하고 한량없는 아승기의 오랜 세월을 지나서, 마땅히 여기 사바세계에서 아뇩다라삼먁삼보리를 얻으리라. 부처님의 이름은 법명法明여래·응공·정변지·명행족·선서·세간해·무상사·조어장부·천인사·불세존이니라. 그 법명 부처님은 항하의 모래알처럼 수많은 삼천대천세계들을 가지고 하나의 세계로 만드시리라. 칠보로 땅이 되고 땅은 또 손바닥처럼 평탄하여, 산등성이나 계곡·도랑·골짜기 따위가 일절 없는 데다 칠보로 만든 큰 전각들이 그 안에 가득하리라. 게다가 여러 하늘나라 궁전들이 허공 가까이에 있어서, 인간과 천상이 서로 쳐다볼 수 있을 정도로 인접해 있으리라. 일체 악도가 없고 또한 여인도 없으며, 그곳의 모든 중생들은 전부 변화로 태어나서[254] 음욕이란 것은 아예 없으리라. 따라서 그들은 큰 신통[255]을 얻은 채, 몸은 광명으로 찬란히 빛나며

---

254 화생化生: 생물이 태어나는 4가지 방식〔四生〕인 태생胎生·난생卵生·습생濕生·화생化生 가운데 하나. 태胎에 의지하지 않고 자체가 없이 홀연히 생겨나는 것으로, 주로 천상이나 지옥 그리고 겁초劫初의 인간이 태어나던 방식이다.

255 음욕이라는 큰 번뇌만 없어도 발이 저절로 땅에서 뜬다고 한다. 이는 신통이란 바깥에서 따로 구해지는 것이 아니라, 중생의 마음에 본래 구족한 불성佛性의 무한한 공덕이 번뇌가 소멸됨에 따라 자연스럽게 드러나는 결과임을 말한다.

공중을 자유롭게 날아다니리라. 더욱이 그들은 뜻이 견고하여 부지런히 정진하는데다가 지혜로우리니, 전부 황금빛 몸에다 삼십이상의 거룩한 상호가 저절로 장엄되어 갖춰져 있으리라.

그 세계의 중생들은 항상 두 가지 음식만 먹나니, 첫째는 법의 기쁨에서 오는 음식〔法喜食〕이요, 둘째는 선정의 기쁨에서 오는 음식〔禪悅食〕이니라. 그 세계에는 한량없는 아승기 천만억 나유타의 수많은 보살들이 있는데, 큰 신통력과 사무애지를 얻어서 여러 중생 무리들을 잘 교화하리라. 또한 성문들은 숫자로 계산할 수 없을 만큼 많이 있으리니, 모두 육신통과 삼명 및 팔해탈 등을 갖추고 있으리라.

그 부처님 세계는 이와 같이 한량없는 공덕으로 성취되어 장엄스러우리니, 시대의 이름은 보명寶明이며 세계의 이름은 선정善淨이니라. 그 법명法明 부처님의 수명은 한량없는 아승기 겁[256]의 오랜 세월이고, 가르침도 세상에 아주 오랫동안 남아 있으리라. 그리고 법명 부처님께서 열반하신 후에는 온 나라에 부처님의 칠보탑이 가득 세워지리라."

그때 세존께서 거듭 의미를 표현하시고자 게송으로 말씀하셨다.

모든 비구들은 자세히 들을지니,
부처님 제자가 닦는 도업道業이란
방편을 잘 배웠기에

즉 본래 청정한 마음을 가리는 번뇌만 없앤다면, 마음의 전지전능한 능력은 조금도 손상되지 않은 채 차별 없이 발휘되는 것임을 뜻한다.

256 한량없는 아승기 수효의 겁이란 말로 표현할 수 없는 '무량 세월'을 나타낸다. 아승기는 엄청나게 많은 수數이며, 겁은 오랜 기간 또는 오랜 세월을 의미한다. 주 65, 111 참조

가히 생각으로 짐작할 수 없도다.

소승법만 즐기는 중생들이
큰 지혜 꺼려하는 줄 알고는
그러기에 모든 보살들 스스로 성문·연각 되어
무수한 방편으로써 여러 중생 무리를 교화하되,

자기도 여태 성문이라서 불도 이루려면
아직도 한참 멀었다고 말하면서
한량없는 중생들 제도하여
모두 깨달음을 성취케 하도다.

그래서 소승만 원하고 대승을 게을리 하더라도
그들도 차츰차츰 틀림없이 성불하게 하되,
안으로는 은밀히 보살행을 감추고
밖으로는 그냥 성문으로 행세하도다.

소승을 원하여 생사윤회를 싫어하는 듯하나
실은 부처님 세계를 저절로 깨끗이 하려는 것이니,
그래서 중생들에게 삼독 지닌 범부로도 보이고
또 삿된 견해의 외도 모습으로 나오기도 하도다.

나의 성문 제자는 이와 같이
절묘한 방편으로 중생들을 제도하거늘,

만약 갖가지 변화로 나툰 일까지 죄다 말한다면
중생들이 듣고는 마음으로 의심을 품게 되리라.

지금 이 부루나는
옛날 천억 분의 부처님들 처소에서
닦아야 할 도를 부지런히 닦았으며
모든 불법을 잘 펼치고 수호하였나니,

위없이 높은 지혜 구하기 위해
여러 부처님들 처소에서도
가장 으뜸가는 상수 제자였으며
많이 들어 박식하였고 지혜로웠도다.

설법함에 두려움이 없었고
대중들로 하여금 환희롭게 함은 물론이며
본인도 일찍이 설법하는 것을 싫증내지 않았나니
이렇게 하여 부처님의 교화사업을 도왔도다.

그래서 그는 벌써 위대한 신통력을 얻었고
사무애지를 갖춤과 동시에
여러 근기들의 총명하고 우둔함을 잘 알아서
언제나 청정한 법을 설하거늘,

참되고 깊은 뜻을 유창하게 연설하여

여러 천억 대중들을 교화하고
대승의 가르침에 머물게 해서
저절로 부처님 세계를 정화시키도다.

미래 세상에도 또한
무량무수한 부처님들께 공양할 것이며
정법을 지키고 널리 펼쳐서
역시 부처님 세계를 저절로 청정하게 하되,

항상 여러 방편을 가지고
두려움 없이 설법하여
헤아릴 수 없는 중생들을 제도하고
일체지를 이루게 하리라.

부루나는 많은 부처님들께 공양하며
법보장法寶藏을 받들어 지키다가
그 후에 성불하리니
부처님 이름은 법명불法明佛이니라.

세계의 이름은 선정善淨이고
칠보로 모든 것이 이루어져
시대의 이름조차 보명寶明이거늘
보살들이 매우 많아서,

그 수효 한량없는 수천억으로
모두 다 위대한 신통력과
위엄스런 덕의 힘까지 두루 갖추어
그 세계에 가득 충만하며,

성문들도 또한 수없이 많아서
삼명과 팔해탈 그리고
사무애지 얻은 능력 있는 이들로
승가가 구성되리라.

그 세계 모든 중생들은
음욕이 아예 다 끊어져서
순일하게 변화로만 태어나되
좋은 상호를 두루 갖추어 몸을 장엄하며,

법의 기쁨과 선정의 즐거움만 음식으로 먹을 뿐
다시 다른 음식에 대해서는 생각조차 없고
여인들도 원래 없는데다가
일체 악도마저 없으리라.

부루나 비구는 공덕을 원만히 성취하여
마땅히 이러한 정토를 얻으리니
거룩한 성인들이 매우 많으리라.
이 같이 한량없는 일들을 내 지금 줄여서 말했노라.

그때 마음이 자재한 천이백 명의 아라한들이 이렇게 생각하였다.

'우리들은 정말 환희하여 일찍이 없던 희유함을 느끼게 되었도다. 그런데 만일 세존께서 다른 큰 제자들에게 수기 주신 것처럼, 우리들에게도 각기 수기를 내려주신다면 얼마나 좋겠는가!'

부처님께서는 아라한들이 마음속으로 생각하는 바를 아시고 마하가섭에게 이르시었다.

"여기 천이백 명의 아라한들에게 내가 이제 마땅히 눈앞에서 차례로 아뇩다라삼먁삼보리의 수기를 주리라.

이 대중 가운데 나의 큰 제자 교진여[257] 비구는 마땅히 육만이천억 부처님들을 공양한 뒤에 성불하리라. 부처님 이름은 보명普明여래·응공·정변지·명행족·선서·세간해·무상사·조어장부·천인사·불세존이니라. 그리고 오백 명의 아라한에 해당되는 우루빈나가섭·가야가섭·나제가섭·가루타이·우타이·아누루타·이바다·겁빈나·박구라·주타·사가타 등도 다 마땅히 아뇩다라삼먁삼보리를 얻으리라. 그리고 그들도 모두 똑같이 이름을 보명불普明佛이라 하리라."

그때 세존께서 거듭 의미를 표현하시고자 게송으로 말씀하셨다.

교진여 비구는 앞으로
한량없는 부처님 뵈옵고
아승기 겁의 오랜 세월 지나
등정각等正覺을 이루리라.

---

257 교진여憍陳如: 아야교진여를 지칭한다. 주 58 참조

항상 큰 광명이 빛나고 모든 신통 구족하매
명성이 온 시방에 드날려져 일체 중생들 공경 받으며
언제나 위없이 높은 진리를 설하리니
그러므로 부처님 이름도 보명불普明佛이니라.

그 세계 청정하고
보살들은 모두 용맹하여
다함께 멋진 누각을 타고
여러 시방세계 다니면서,

위없이 좋은 공양물로써
여러 부처님들께 공양을 받들어 올리나니
이렇게 공양드린 다음엔 큰 환희에 젖어
찰나[258]에 본국으로 돌아오는 이런 신통력 있으리라.

보명 부처님의 수명은 육만 겁이며
정법이 세상에 머무는 기간은 수명의 두 배이고
상법이 세상에 머무는 기간 역시 정법의 두 배이거늘
법이 소멸하게 되면 하늘천신과 사람 모두 슬퍼하리라.

여기 있는 오백 명 비구들도
차례로 성불하여 똑같이

---

258 수유須臾: 잠깐 동안, 매우 짧은 순간을 말한다.

이름을 보명불이라 부르고
돌아가며 서로서로 수기를 주되,

'내가 열반한 뒤에는
앞으로 아무개가 성불하리니,
그 부처님께서 교화하시는 세상 역시
오늘날의 내 세상과 똑같으리라.'

그 부처님 세계의 장엄함과 깨끗함
모든 신통력과 보살이나 성문들
정법과 상법 또 수명의 길고 짧음 등도
앞서 말한 내용과 전부 똑같으리라.

가섭아, 너도 알다시피 오백 명의 마음 자재한 아라한들과
그 나머지 다른 성문들의 미래도 역시 또 이와 같으리니,
여기 이 자리에 참석하지 못한 자들에게는
(다음에) 네가 마땅히 말해 주도록 해라.

그때에 오백 명의 아라한들은 부처님 앞에서 친히 수기를 받고 뛸 듯이 좋아하였다. 이윽고 곧 자리에서 일어나 부처님 앞에 나아가 머리 숙여 부처님 발에 절하고 참회[259]하면서 말하였다.

---

259 참회懺悔: 참회에는 삼종참회三種懺悔와 삼품참회三品懺悔가 있다. 삼종참회는 ①작법참作法懺_규정된 作法에 따라 부처님과 대중 앞에서 참회하여 죄를 없앰, ②취상참取相懺_참회하며 선정에 들어 불보살께서 정수리 만져주시는 것과 같은

"세존이시여! 저희들은 항상 '이미 궁극의 완전한 열반을 얻었다'고 생각했나이다. 그런데 이제 와서 알고 보니 참으로 어리석은 소견이었습니다. 왜냐하면 저희들은 응당 여래의 지혜를 얻을 수 있었는데도, 스스로 작은 지혜에 만족해버렸기 때문입니다.

세존이시여!

예를 들어 어떤 가난한 사람이 친구네 집에 갔다가 술에 취해 잠이 들었습니다. 이때 마침 친구는 관청 일로 나가보게 되었습니다. 친구는 값으로 따질 수 없이 귀한 보배구슬을 술에 취해 잠이 든 친구의 안 호주머니 속에 넣어주고 떠났습니다. 그렇지만 가난한 사람은 술에 취해 잠이 들어서 전혀 알아차리지 못하였답니다. 이윽고 잠에서 깨어난 그는 일어나서 걸식하며 돌아다니다가, 어느덧 다른 나라에까지 구걸하러 떠돌게 되었습니다. 의식을 해결하기 위해 부지런히 애를 쓰기는 했지만, 고생이 이만저만 아니었습니다. 그리하여 혹 조금이라도 얻게 되면 곧 그것으로써 아주 만족하게 여기곤 하였습니다.

그러다 나중에 얼마인가 지나서 보배를 줬던 친구와 다시 만나게 되었습니다. 친구가 그에게 말하기를,

'이 한심한 사람 좀 보게나!

서상瑞相을 얻어 죄를 없앰, ③무생참無生懺_마음을 바로 하고 불생불멸의 실상을 관해 근본번뇌를 없애어 죄를 없앰 등이다. 삼품참회는 ①상품참上品懺_온몸의 털구멍과 눈에서 피가 흐르는 참회, ②중품참中品懺_온몸에는 땀이 나고 눈에서 피가 흐르는 참회, ③하품참下品懺_온몸에서 열이 나고 눈에서는 눈물이 흐르는 참회 등이다.

어찌 옷과 밥을 얻어먹느라 이 지경이 되었단 말인가!

내가 예전에 자네로 하여금 오욕락을 즐기며 편히 살게끔 하고자, 아무 해 몇 월 며칟날에 값으로 따질 수 없이 귀한 보배구슬을 자네 옷 안 호주머니 속에 넣어주지 않았던가. 아마 지금도 그대로 있을 걸세. 자네는 그것도 모르고 이리 고생하며 궁색하게 살고 있으니, 아 정말 바보가 따로 없지 않은가!

자네는 지금 당장이라도 이 보배를 팔아서 필요한 돈으로 바꾸도록 하게. 그래 언제나 쓰고 싶은 만큼 맘대로 쓰면서 행여 부족한 것이 없도록 하게나!'

부처님께서도 이와 같이 보살로 계셨을 때 저희들을 교화하시어, 저희들로 하여금 일체지 구하는 마음을 내게끔 하시었나이다. 그런데도 저희들은 곧 그것을 잊어버려서 알지 못하고 깨닫지도 못한 채, 이미 아라한도를 얻었으니 스스로 열반을 얻었다고 생각했나이다. 다시 말해 사는 것이 어려우니 적은 것을 얻고도 만족하게 여겼던 셈입니다. 하지만 일체지를 얻고자 하는 서원만은 아직도 그대로 남아 있어 완전히 잃어버린 것은 아닙니다. 따라서 지금 세존께서 저희들을 깨우치려고 말씀하시기를,

'모든 비구들아, 너희들이 얻은 것은 궁극의 완전한 열반이 아니니라. 나는 오래 전부터 너희들로 하여금 부처님이 되는 선근을 심게 하려고 방편을 써서 일부러 열반의 상태만 보여줬을 뿐인데, 너희들은 실지로 열반을 얻은 줄로 착각하고 있구나!'

세존이시여! 저희들은 지금에야 참된 보살로 아뇩다라삼먁삼보리의 수기를 받았다는 걸 비로소 확실히 알겠나이다. 이런 이유로 매우

크게 환희하며 일찍이 없던 희유함을 느끼옵니다."

그때 아야교진여와 오백 명의 다른 비구들이 거듭 의미를 표현하고자 게송으로 사뢰었다.

위없이 가장 편안하게
수기 주시는 부처님 음성을 듣사옵고,
저희들 환희로워 일찍이 없던 희유함을 느끼며
한없이 지혜로우신 부처님께 절하옵나이다.

지금 세존 앞에서 비로소 모든 잘못 참회하건대,
한량없는 부처님의 보배 가운데에서
열반의 일부분만 조금 얻고는
어리석고 무지한 사람처럼 스스로 만족해 버렸나이다.

예를 들어 가난한 사람이 친구집에 놀러갔는데
친구는 아주 큰 부자라서 온갖 음식으로 대접하고
값으로 따질 수 없이 귀한 보배구슬을 안 호주머니에 넣어주고는
볼 일이 있어 말없이 먼저 나가버렸나이다.

당시 그는 잠이 들어 알지 못한 채
깨어나 걸식하며 돌아다니다 외국에까지 나가
옷과 밥을 빌어 혼자 먹고사느라고
고생이 이만저만 아니었나이다.

그래서 형편없는 음식을 얻어도 만족해 하며
좋은 음식은 아예 원하지도 아니했나니,
안 호주머니 속에 값으로 따질 수 없이 귀한
그런 보배구슬이 있는 줄은 꿈에도 생각지 못했나이다.

구슬을 주었던 절친한 벗은
나중에 가난한 친구를 다시 만나게 되었는데
몹시 속상해 하며 책망하면서
그때 넣어줬던 구슬을 직접 꺼내 보여주자,

그 구슬을 본 가난한 친구
마음이 그야말로 크게 환희하여
모든 재물 부귀하게 갖추고는
오욕락을 마음껏 누리게 되었나이다.

저희들도 또한 이와 같아서
세존께서 기나긴 세월 동안
늘 저희를 가엾이 여기고 교화하시어
위없이 높은 깨달음의 원력을 세우게 하셨으나,

저희들이 지혜가 모자란 탓에
그것을 깨닫지 못하고 알지 못하여
열반의 일부분만 조금 얻고는
스스로 흡족해서 더 이상 구하려고도 하지 않았나이다.

지금 부처님께서 저희들을 깨우쳐
저희가 얻은 건 진짜 열반이 아니라고 말씀하시며
부처님의 위없이 높은 지혜를 얻어야만
참된 열반이라 하시고,

이제 부처님으로부터 친히
성불의 수기와 국토 장엄에 관한 내용
더욱이 차례대로 수기하리라는 말씀을 듣고는
저희들의 몸과 마음 기쁘고 즐겁기 한량없나이다.

제9 수학무학인기품授學無學人記品

그때 아난[260]과 라후라[261]가 이렇게 생각하였다.

'우리들도 매양 학수고대했던 것처럼 수기를 받을 수 있다면 얼마나 좋을까!'

이윽고 아난과 라후라는 곧 자리에서 일어나, 부처님 앞에 나아가 머리 숙여 부처님 발에 절하고는 함께 사뢰었다.

"세존이시여!

---

260 아난阿難: 범어 Ānanda의 약칭. 부처님의 십대제자 중 다문제일多聞第一로 유명하다. 부처님의 사촌 동생이며, 제바달다의 친동생이다. 부처님 성도하시던 밤에 태어나 8세에 출가하였다. 미남이어서 유혹이 제법 많았으나, 지조가 견고하여 수행을 완성하였다. 부처님께서 전법傳法 생활을 하신 지 20년이 지나, 여러 제자들 중 부처님의 시자로 선출되어 부처님을 바로 곁에서 모셨다.

261 라후라羅睺羅: 범어 Rāhula의 음역. 부처님의 아들로 15세에 출가하였으며, 부처님의 십대제자 중 밀행제일密行第一로 유명하다. 사리불舍利弗을 스승으로 사미가 되어 나중에 아라한과를 성취하였다.

저희도 응당 수기를 받을 만한 몫이 조금은 있지 않을까 합니다. 저희들이 믿고 귀의할 대상은 오직 여래뿐이니까요. 게다가 저희들은 일체 세간의 하늘천신·인간·아수라들에게도 잘 알려져 있지 않습니까? 보시다시피 여기 아난은 항상 시자[262]가 되어 법장[263]을 수호하여 간직하고 있으며, 라후라는 바로 부처님의 친아들이니까요. 만약 부처님께서 저희에게 아뇩다라삼먁삼보리의 수기를 주신다면, 저희들의 소원이 만족하게 될 뿐더러 여러 사람들의 소망도 만족하게 될 것입니다."

그때 성문제자 가운데 이천 명의 유학인과 무학인[264]들이 모두 자리로부터 일어나서, 오른쪽 어깨를 드러내고 부처님 앞으로 나아갔다. 그들은 모두 일심으로 합장한 채 세존을 우러러보며, 아난과 라후라와 같이 소원을 사뢰고 한 쪽으로 물러났다.

그러자 부처님께서 아난에게 이르시었다.

"너는 오는 세상에 반드시 성불하리니, 부처님 이름은 산해혜자재통왕山海慧自在通王여래·응공·정변지·명행족·선서·세간해·무상사·조어장부·천인사·불세존이니라. 앞으로 육십이억 많은 부처님들께 공양 올리고, 부처님의 법문을 수호하여 지닌 다음에 아뇩다라삼먁삼보리를 얻으리라. 그리고 이십천만억 항하의 모래알처럼 무수히 많은 보살들을

---

262 시자侍者: 곁에서 시중들며 모시는 제자.

263 법장法藏: 모든 부처님의 가르침을 뜻한다. 즉 경전은 온갖 법의 진리를 갈무리하고 있으므로 '법의 창고[法藏]'라고 부른다. 여기에서는 이해하기 쉽도록 '법장' 혹은 '법문'으로 번역하였다.

264 아직 더 배워야 하는 이를 유학인有學人이라 하고, 모든 번뇌를 없애 더 배울 것이 없는 이를 무학인無學人이라 한다. 주 90, 91 참조

교화하여 아뇩다라삼먁삼보리를 이루게 하리라.

그 세계의 이름은 상립승번常立勝幡이며, 그 땅은 청정하여 청보석의 유리로 땅이 되고 시대의 이름은 묘음변만妙音遍滿이니라. 그 산해혜자재통왕 부처님의 수명은 한량없는 천만억 아승기 겁의 무량세월이니, 어떤 사람이 천만억 한량없는 아승기 겁 동안에 아무리 숫자로 헤아려 보려고 할지라도 전혀 알 수가 없느니라. 정법이 세상에 머무는 기간은 수명의 두 배가 되고, 상법이 세상에 머무는 기간은 다시 정법의 두 배가 되리라.

아난아! 산해혜자재통왕불은 시방세계 한량없는 천만억 항하의 모래알처럼 무수히 계시는 제불여래의 찬탄을 받는 동시에 그 공덕을 칭찬 받게 되리라."

그때 세존께서 거듭 의미를 표현하시고자 게송으로 말씀하셨다.

내가 이제 대중들에게 말하건대
법을 잘 기억하는 아난은
앞으로 많은 부처님들께 공양드린 다음
그 후에 정각을 이루리라.

부처님 이름은 산해혜자재통왕불이며
그 세계 청정하여 상립승번이라 부르고
많은 보살들을 교화하리니
그 수효 항하의 모래알처럼 많으리라.

그 부처님 큰 위덕 갖추시어
명성이 시방에 가득 차되
수명도 한량없이 길거니
중생을 불쌍히 여기시기 때문이니라.

정법은 수명의 두 배가 되고
상법은 다시 정법의 두 배가 되어
항하 모래알처럼 무수히 많은 중생들이
그 부처님 법 가운데에서 불도의 인연을 심으리라.

그때 모임 가운데 처음 발심한 팔천 명의 보살들이 모두 이렇게 생각하였다.

'다른 대보살들도 이와 같이 성불할 것이라고 수기 받는 것을 우리들은 한 번도 듣지 못하였도다. 그런데 무슨 사연으로 한낱 성문 따위가 이와 같이 성불한다는 증명〔決〕[265]을 받는 것일까?'

그때 세존께서 여러 보살들이 마음속으로 생각하는 바를 아시고 말씀하셨다.

"여러 선남자들이여!

나와 아난은 똑같이 공왕空王 부처님 처소에서 동시에 아뇩다라삼막삼보리심을 일으켰었느니라. 아난은 항상 가르침을 많이 듣는 것만 좋아했지만, 나는 늘 부지런히 정진하고 수행하였느니라. 그래서

265 결決: 틀림없이 최고의 깨달음을 성취하리라는 결정. 수결授決, 곧 수기授記와 같은 뜻이다.

나는 벌써 아뇩다라삼먁삼보리를 이루었으되, 아난은 여전히 나의 가르침만 지키며 기억하고 있느니라. 또한 미래 여러 부처님들의 법문도 잘 지켜서, 많은 보살대중들을 교화하고 성취케 하리라. 그의 근본서원[266]이 이와 같으므로 이런 수기를 받게 된 것이니라."

아난은 부처님 앞에서 직접 수기를 받고, 그 세계의 장엄스런 모습에 대해서도 들었다. 이렇게 원하던 바가 달성되자 아난의 마음은 크게 환희하여 일찍이 없던 희유함을 느꼈다. 그리하여 즉시 과거의 한량없는 천만억 모든 부처님들의 법문까지 다 기억해내어 통달하게 되니, 마치 지금 막 듣는 것처럼 하나도 막힘이 없었다. 그리고 자신이 처음 세웠던 근본서원이 무엇인지 분명히 알게 되었다.

그때 아난이 게송으로 사뢰었다.

세존 매우 희유하사
저로 하여금 과거의 한량없는
모든 부처님들 가르침을 생각나게 하시니
마치 지금 당장 듣고 있는 듯하나이다.

저는 이제 전혀 의심 없이
불도의 깨달음에 안주하게 되었으나
방편으로 (여전히) 시자가 되어
모든 부처님 법을 지키고 기억하오리다.

---

266 본원本願: 불보살이 옛날에 세운 서원誓願. 즉 보살이 과거세에 수행하고 있을 때 처음 세웠던 원래의 원願을 말한다.

그때 부처님께서 라후라에게 이르시었다.

"너는 오는 세상에 반드시 성불하리니, 부처님 이름은 도칠보화蹈七寶華여래·응공·정변지·명행족·선서·세간해·무상사·조어장부·천인사·불세존이니라.

앞으로 십 세계의 먼지 티끌수처럼 많은 부처님 여래께 다 공양 올릴 것이며, 또 지금 내 아들이 된 것처럼 언제나 그 모든 부처님들의 맏아들〔長子〕[267]로 태어나리라.

도칠보화 부처님 세계의 장엄과 수명 겁수·교화할 제자들과 정법·상법 등에 관한 것은 산해혜자재통왕여래와 똑같으리라. 뿐만 아니라 산해혜자재통왕 부처님의 맏아들로도 태어날 것이니, 그 시기를 지난 다음에 마땅히 아뇩다라삼먁삼보리를 얻으리라."

그때 세존께서 거듭 의미를 표현하시고자 게송으로 말씀하셨다.

내가 태자로 있을 적에
라후라가 나의 맏아들이더니,
내가 지금 불도를 이루매
법을 받고 법의 아들이 되었도다.

앞으로 미래 세상에
무량억 부처님들을 친견할 것이며
모두 그 부처님들의 맏아들로 태어나
일심으로 불도를 구하리라.

---

267 장자長子: 큰 아들, 곧 맏아들을 말한다.

라후라의 은밀한 수행[268]은
오직 여래인 나만이 다 알 수 있나니
현재는 나의 맏아들로 태어나
여래의 아들로 중생들에게 보이지만,

그의 숨겨진 무량 억천만 공덕들은
가히 헤아릴 수 없거늘
부처님 가르침에 안주하여
위없이 높은 진리를 구하도다.

그때 세존께서 이천 명의 유학인과 무학인들의 마음이 부드럽고 고요하며 청정한 데다, 일심으로 부처님을 우러러보는 것을 살피시고 또 아난에게 이르시었다.

"너는 저 이천 명의 유학인과 무학인들을 보고 있느냐?"

"예, 아까부터 보고 있습니다."

"아난아! 저 사람들은 마땅히 오십 세계의 먼지 티끌수처럼 많은 부처님 여래들께 공양 올리고, 공경히 존중하며 법문을 지키고 간직하리라. 그러다가 윤회의 마지막 몸으로 한꺼번에 시방세계에서 제각기 성불하리라. 부처님 이름은 모두 똑같이 보상寶相여래·응공·정변지·명행족·선서·세간해·무상사·조어장부·천인사·불세존이니라.

그 부처님들의 수명은 일 겁이며, 세계의 장엄과 성문·보살 그리고

---

268 밀행密行: ①계율을 청정히 잘 지키는 것. ②남이 모르게 비밀히 선행을 행하는 것. ③오로지 면밀하게 불도 수행에만 힘쓰는 것 등이다.

정법·상법의 기간 등도 전부 다 똑같으리라."

그때 세존께서 거듭 의미를 표현하시고자 게송으로 말씀하셨다.

지금 내 앞에 서 있는
이천 명의 성문들에게
모두 다 수기를 주리니
미래에 반드시 성불하리라.

그들이 공양할 여러 부처님들
앞서 말한 대로 먼지 티끌수처럼 많지만
그 부처님들 법장을 수호하여 지니다가
나중에 마땅히 정각을 이루리니,

저마다 시방세계에서
모두 동일한 이름으로
한 날 한 시 도량에 앉아
위없이 높은 지혜 증득하리라.

부처님들 이름은 모두 보상불寶相佛이며
세계와 제자들
정법과 상법도
전부 똑같으리니,

모두 다양한 신통으로써
시방 중생들 두루 제도하매
명성이 널리 퍼지고
그러다 점차 열반에 들리라.

그때에 이천 명의 유학인과 무학인들이 부처님께서 주시는 수기 내용을 듣자, 환희하여 뛸 듯이 좋아하며 게송으로 사뢰었다.

지혜의 등불이신 세존께서
직접 수기 주시는 음성을 들으니,
저희들 마음 환희 충만하여
마치 감로수를 마신 듯하나이다.

제10 법사품法師品

그때 세존께서는 약왕보살을 비롯한 팔만 명의 여러 대보살[269]들에게 이르시었다.

"약왕보살[270]이여! 그대는 이 대중 가운데에서 한량없는 하늘천신·용왕·야차와 건달바·아수라·가루라·긴나라·마후라가 같이 사람인 듯하면서 아닌 이들과 성문을 구하거나 벽지불을 구하거나 불도를 구하는 비구·비구니·우바새·우바이들을 보고 있느냐? 이와 같은 무리들이 다 부처님 앞에서 『묘법연화경』의 한 게송이나 한 구절을 듣고, 하다못해 한 생각 찰나라도 따라서 기뻐한다면 내가 전부 수기를

269 대사大士: 범어 mahāsattva의 한역漢譯. 대보살을 가리킨다.

270 약왕藥王: 과거세에 유리광소琉璃光昭 여래께서 열반하신 후 일장日藏 비구가 여러 대중에게 대승의 평등한 지혜를 연설하였다. 대중 가운데 성수광星宿光이라는 장자가 아우와 함께 환희심으로 과실과 좋은 약을 대중 공양하며 대보리심을 내었다. 그때의 장자는 지금의 약왕藥王보살이며, 그 아우는 약상藥上보살이다.

주리니 반드시 아뇩다라삼먁삼보리를 얻으리라."

부처님께서 약왕보살에게 계속 이르시었다.

"또 여래가 열반한 뒤에 누구라도 『묘법연화경』을 듣되, 심지어 한 게송이나 한 구절을 듣고 한 순간 찰나라도 따라서 기뻐한다면 마찬가지로 내가 그에게 아뇩다라삼먁삼보리의 수기를 주노라.

또 가령 어떤 사람이 『묘법연화경』에서 그 중의 한 게송이라도 받아 지니고 읽고 외우며 남을 위해 설명해주고 베껴 쓴다고 하자. 뿐만 아니라 이 경책을 부처님과 같이 소중히 생각하여 꽃과 향·영락·가루향·바르는 향·사르는 향·비단일산·깃발〔幢幡〕·의복과 악기 등 여러 가지로 공양하고 하다못해 합장이라도 해서 공경한다면, 약왕보살이여! 마땅히 잘 명심하여라. 그 모든 사람들은 이미 일찍이 십만억 부처님들께 공양하였고 모든 부처님들 처소에서 대원을 성취하였으나, 중생을 불쌍히 여겨서 다시 이 인간세계에 태어난 자들이니라.

약왕보살이여!

'어떤 중생이 미래 세상에 반드시 성불하겠습니까?'라고 누군가 질문한다면, 응당 앞에서 언급한 이런 모든 사람들이 미래 세상에 반드시 성불한다고 대답하여라. 왜냐하면 가령 어떤 선남자 선여인이 『법화경』에서 그 중의 한 구절만이라도 받아 지니고 읽고 외우며 남을 위해 해설해주고 베껴 쓴다고 하자. 게다가 꽃과 향·영락·가루향·바르는 향·사르는 향·비단일산·깃발〔幢幡〕·의복·악기 등 여러 가지로 경책에 공양하고 합장하여 공경한다면, 그 사람은 모든 세상 사람들이 응당 우러러보고 받들어야 할 분이기 때문이니라. 따라서 여래를 공양하듯이 그를 공양해야 하나니, 그 사람은 마땅히 대보살임을 유념하도록 해라. 즉 이미 아뇩다라삼먁삼보리를 성취하였으나, 중생을 가엾이 여기어 원력으로 이 세상에 태어나 『묘법연화경』을 자세히 연설하며 분별하는 것이니라. 하물며 『법화경』 전체를 다 수지하여 읽고 외우며, 여러 가지로 공양 올리는 사람이야 두말할 것이 있겠느냐! 약왕보살이여, 마땅히 잘 명심하여라. 그 사람은 스스로 청정한 업보를 포기하고, 내가 열반에 든 뒤 후세의 중생들을 가엾이 여기어 오탁악세에 태어나 자세히 이 경전을 연설하는 것이니라.

만약 그 선남자 선여인이 내가 열반한 뒤에 가만히 한 사람을 위해 『법화경』에서 그 중의 한 구절만이라도 말해준다면, 마땅히 잘 새겨듣도록 해라. 그 사람은 곧 여래의 심부름꾼이며 여래가 보낸 자로서, 여래의 일을 하는 사람이니라. 하물며 대중 가운데에서 널리 많은 사람들을 위하여 설법하는 사람이야 더 말할 나위가 있겠느냐!

약왕보살이여!

만약 어떤 못된 사람이 나쁜 마음으로 일 겁 동안 부처님 앞에 나타나서, 항상 부처님을 헐뜯고 욕할지라도 그 죄는 오히려 가볍다고 할 수 있으리라. 그러나 어떤 사람이 한 마디라도 나쁜 말로써 『법화경』을 읽고 외우는 재가신도나 출가한 스님을 헐뜯고 비방한다면 그 죄는 훨씬 더 무거우니라.

약왕보살이여! 만일 어떤 이가 『법화경』을 읽고 외우면, 마땅히 잘 명심하여라. 그 사람은 부처님의 장엄구로써 스스로 장엄하는 것이나 마찬가지이니, 곧 여래께서 어깨에 업고 계신 셈이니라. 따라서 그가 가는 곳마다 응당 따라가서 예배하고, 일심으로 합장하며 공경히 공양하고 존중하며 찬탄해야 하느니라. 그래서 꽃과 향·영락·

가루향·바르는 향·사르는 향·비단일산·깃발(당번)·의복·맛있는 음식물을 올리고 여러 악기들을 연주하여라. 즉 인간세상에서 구할 수 있는 최고 좋은 공양물로 그에게 공양하도록 하여라. 그리고 마땅히 하늘나라 보배를 가져다 뿌려드리되, 천상의 보배산이라도 받들어 헌납해야 하리라. 왜냐하면 그 사람이 환희심으로 설법할 때에 잠깐이라도 그 법문을 듣게 되면, 마침내 아뇩다라삼먁삼보리를 얻게 되기 때문이니라."

그때 세존께서 거듭 의미를 표현하시고자 게송으로 말씀하셨다.

만약 부처님 경지에 머물러
자연 지혜[271]를 성취하고 싶거든
항상 마땅히 성심껏
『법화경』 수지자를 공양하여라.

그 어떤 이가
일체종지를 빨리 얻고자 하거든
본인도 마땅히 『법화경』을 수지할 것이며
아울러 『법화경』 수지하는 다른 이도 공양하여라.

만약 누군가 능히 『법화경』을 수지하거든
마땅히 명심하여라.
그는 부처님의 심부름꾼으로

---

271 자연지自然智: 부처님의 지혜를 말한다. 주 184 참조

모든 중생들을 불쌍히 여기는 자이니라.

『법화경』을 수지하는 모든 이들은
청정한 불국세계를 버리고
중생을 가엾이 여겨서
이곳에 태어난 것이거늘,

마땅히 그런 사람들은
나고 싶은 데 자유자재하여
능히 이 오탁악세에서 상세히
위없이 높은 진리를 설법한다는 걸 명심하고,

하늘의 아름다운 꽃과 향
하늘나라 보배로 장식한 의복과
하늘의 훌륭하고 값진 보배들로써
설법하는 자에게 공양하여라.

내가 열반한 뒤 오탁악세에서
능히 『법화경』 수지하는 이에게
마땅히 합장하고 예배하되
세존께 공양 올리듯이 할지니,

맛있는 진수성찬
그리고 여러 가지 의복으로

그 불자에게 공양 올리고
잠깐이라도 법문을 듣도록 하여라.

만약 능히 후세에
이 경을 수지하는 이들은
내가 그들을 인간세계에 보내어
여래의 교화사업을 하도록 하는 것이니,

만약 일 겁 동안이나
항상 나쁜 마음먹고
성난 얼굴로 부처님 비방한다면
한량없는 중죄를 얻겠지만,

그 어떤 이가
『법화경』을 독송하며 수지하는 자를
잠깐이라도 욕한다면
부처님 욕한 죄보다 훨씬 더 무거우니라.

어떤 사람이 부처님 경지를 구하여
일 겁 동안을 합장한 채
내 앞에서
무수한 게송으로써 찬탄한다면,

부처님을 찬탄했기에

한량없는 공덕을 얻겠지만
『법화경』 수지자를 찬탄한다면
그 복이 훨씬 더 많으리니,

팔십억 겁 동안
가장 좋은 물건〔色〕과 찬송하는 말〔聲〕
그윽한 향〔香〕·맛있는 음식〔味〕·부드러운 의복〔觸〕으로
『법화경』 수지자를 공양하여라.

이와 같이 공양하고 나서
잠시 잠깐 법문을 듣더라도
스스로 매우 기뻐하며
'내 지금 엄청난 이익을 얻었다' 할지니,

약왕보살이여,
지금 그대에게 말하건대
내가 설한 많은 경전들 가운데
『법화경』이 가장 제일이로다.

그때 부처님께서 다시 약왕 보살마하살에게 이르시었다.

"내가 설한 경전들은 자그마치 무량 천만억 가지로 과거에 이미 설했으며, 현재에 설하고 있을 뿐 아니라 미래에도 설할 것이니라.[272]

---

272 미래에 설한 것은 『열반경』이다.

그러나 그 가운데에서 이 『법화경』이 가장 믿기 어렵고 이해하기도 어려우니라.

약왕보살이여, 이 경전은 모든 부처님들께서 비밀히 간직하시는 중요한 법장法藏이니라. 그러므로 아무렇게나 퍼뜨려서 함부로 사람들에게 전하지 말지어다. 이는 모든 부처님 세존께서 수호하시는 가르침으로, 예로부터 여태껏 완전히 드러내어 설한 적이 없었느니라. 왜냐하면 이 경전은 여래가 눈앞에 버젓이 살아있어도 원망과 질시가 많기 때문이니, 하물며 여래가 열반한 뒤에는 오죽이나 비방하는 소리들이 많겠느냐!

약왕보살이여, 마땅히 잘 명심하여라. 여래가 열반한 뒤에 이 경을 써서 지니고 읽고 외우며 공양하고 다른 사람을 위해 설명해주는 이는 여래가 곧 옷자락으로 감싸주며, 또 현재 다른 세계에 계시는 모든 부처님들께서도 보호해 주시느니라. 그 사람은 큰 믿음의 힘[273]과 서원의 힘[274]과 선근의 힘[275]이 있나니, 마땅히 잘 명심하여라. 그 사람은 여래와 함께 거주하며, 여래가 손으로 그의 머리를 쓰다듬어 주시느니라.

약왕보살이여!

이 경을 설하거나 읽거나 외우거나 쓰거나 하여 어디든 이 경책이 있는 모든 곳에는 당연히 칠보탑을 세워야 하느니라. 그런데 높고 넓게 탑을 조성하여 장엄하게 꾸미되, 굳이 사리를 모실 필요까지는

273 대신력大信力: 믿음이 굳세어서 얻는 힘.

274 지원력志願力: 뜻과 서원이 굳세어서 얻는 힘.

275 선근력善根力: 좋은 공덕을 짓고 선한 행위를 많이 한 데서 얻는 힘.

없느니라. 왜냐하면 경책 속에는 이미 여래의 전신全身이 모셔져 있기 때문이니라. 따라서 그 탑에 마땅히 온갖 꽃과 향·영락·비단일산·깃발〔幢幡〕, 그리고 각종 악기들을 연주하며 노래와 찬송으로 공양하고 공경하며 존중히 찬탄해야 하느니라. 만약 누군가 그 탑을 보고 예배하고 공양한다면, 그 사람들은 모두 아뇩다라삼먁삼보리에 가까워졌음을 명심하도록 해라.

약왕보살이여!

흔히 보살도를 닦고자 하는 재가 신도나 출가한 스님이, 만일 이 『법화경』을 보고 듣고 읽고 외우며 써서 간직하지 않고 공양하지 않는다면 마땅히 잘 명심하여라. 그 사람은 보살도를 제대로 잘 닦지 못하고 있는 자이니라. 그에 반해 누군가 이 경전을 듣고 읽는 자가 있다면 그 사람이야말로 능히 보살도를 제대로 잘 닦고 있는 자이니라. 부처님의 깨달음을 구하는 어떤 중생이 『법화경』을 보거나 듣고, 들은 뒤에는 믿고 이해하며 수지한다면, 그는 분명 아뇩다라삼먁삼보리에 가까워졌음을 각별히 명심하도록 하여라.

약왕보살이여!

가령 어떤 사람이 목이 말라서 물을 구하느라 저 높은 언덕에서 우물을 파내려 가고 있다고 하자. 그런데 여전히 마른 흙만 보게 된다면, 물이 아직 멀리 있다고 짐작하게 마련이니라. 하지만 계속 공들여 포기하지 않고 파내려 간다면 젖은 흙이 나오는 걸 보게 되리라. 점점 더 파서 마침내 질척질척한 진흙탕이 나오게 되면, 그 사람은 마음속으로 물이 곧 나올 것을 분명히 알게 되리라.

보살도 또한 그와 같아서 이 『법화경』을 아직 듣지 못한 상태이고 이해하지 못한 상태이며 닦아 나갈 수 없는 상태라면, 마땅히 명심하여라. 그런 사람은 아뇩다라삼먁삼보리를 이루려면 아직도 한참 멀었느니라. 그러나 만약 『법화경』을 듣고 이해하며 깊이 사색하여 닦아 나간다면 틀림없이 아뇩다라삼먁삼보리에 가까워졌음을 알게 되리라. 왜냐하면 모든 보살들이 얻으려는 아뇩다라삼먁삼보리가 모두 이 『법화경』 속에 설해져 있기 때문이니라. 다시 말해 이 경은 방편문을 열고 진실한 모습을 보여주느니라. 따라서 『법화경』의 가르침은 그 의미가 분명하고 심오하다 못해 너무 아득하고 멀어서 누구도 능히 그 경계를 쉽게 파악할 수 없느니라. 그렇지만 이제 부처님은 보살들을 교화하여 깨달음을 성취시키고자, 보살들을 위해 그 가르침을 열어 보여주느니라.

약왕보살이여!

만일 어떤 보살이 이 『법화경』을 듣고 놀라서 의심하며 두려워한다면, 그 자는 발심한지 얼마 안 된 보살[276]임에 틀림없느니라. 그러나 성문 지위에 있으면서 이 경을 듣고 놀라서 의심하며 두려워한다면, 그 사람은 깨닫지 못하고도 깨달은 체하는 증상만자임에 틀림없으니 잘 유념하도록 하여라.

약왕보살이여!

만약 어떤 선남자 선여인이 여래가 열반한 뒤에 사부대중을 위하여 이 『법화경』을 설하고자 한다면 어떻게 설해야 하는가? 그 선남자 선여인은 여래의 방에 들어가서 여래의 옷을 입고 여래의 자리에

---

276 신발의보살新發意菩薩: 서원을 세워 수행한 지가 오래되지 않아, 수행의 경계가 얕은 보살을 말한다.

앉아, 사부대중을 위해 자세히 이 경을 설해야 하느니라. 여래의 방이란 일체 중생들에 대하여 크게 자비한 마음이며, 여래의 옷이란 부드럽고 온화한 인욕의 마음이고, 여래의 자리란 모든 법의 공한 경지가 그것이니라. 따라서 그런 조건 속에 편안히 머문 뒤에 게으른 마음 없이 여러 보살들과 사부대중을 위하여 상세하게 이 『법화경』을 설해야 하느니라.

약왕보살이여!

(선남자 선여인이 여래가 열반한 뒤에 사부대중을 위해 『법화경』을 설한다면) 내가 다른 세계에서 변화로 된 사람을 보내어 설법하는 자를 위해 가르침 들을 만한 대중들을 모이게 하리라. 또한 변화로 된 비구·비구니와 우바새·우바이를 보내어 그의 설법을 듣도록 하리라. 변화로 된 모든 사람들은 가르침을 들으면 믿고 잘 받아들이며 어기지 않고 순응하리라.

그리고 만약 설법하는 자가 아무도 없는 한적한 곳에 있다면, 내가 하늘천신과 용·귀신·건달바·아수라 등을 두루 보내어 그의 설법을 듣게 하리라. 또 내가 비록 다른 세계에 있더라도 때때로 설법하는 자로 하여금 나의 몸을 보게끔 할 것이며, 만약 암송하다가 경의 구절을 잊어버리면 내가 그에게 돌아가서 가르쳐주고 완벽하게 외우도록 하리라."

그때 세존께서 거듭 의미를 표현하시고자 게송으로 말씀하셨다.

모든 게으른 생각 없애려고 노력하며
응당 이 『법화경』을 들어야 하나니,

이 경은 듣기도 어렵지만
믿고 받아들이기 또한 어렵기 때문이니라.

마치 누군가 목말라 물을 구하여
높은 언덕에서 우물을 파되
물기 없는 마른 흙만 보게 되면
물이 나오려면 아직 멀었다고 알기 마련이나,

점점 축축한 흙과 진흙탕을 보게 되면
물이 곧 나올 것임을 확실히 짐작하게 마련이듯
약왕보살이여,
마땅히 잘 명심하여라.

이와 같이 모든 사람들이
『법화경』을 듣지 못하면
부처님 지혜 얻기가
매우 아득한 일이나,

성문 소승법의 한계를 명확히 밝혀낸
이 깊은 경전이야말로
경전들 중의 왕이란 말씀을 듣고 깊이 사색한다면
이들은 부처님 지혜에 거의 다다른 상태임을 유념하라.

만약 누군가 이 경을 설하려면

응당 여래의 방에 들어가 여래의 옷을 입고
여래의 자리에 앉아 대중 가운데에서
두려움 없이 널리 분별하여 자세히 설할지니,

대자비로 방을 삼으며
부드럽고 온화한 인욕의 옷을 입고
모든 법이 공한 경지를 법좌로 삼아
그런 조건 속에서 중생을 위해 설법하되,

만약 이 경을 설할 때
어떤 사람이 나쁜 말로 욕하며
칼과 작대기·기와·돌로 때리더라도
부처님 생각하고 응당 참아야 하느니라.

나도 천만억 세계에서
깨끗하고 견고한 몸 나타내어
무량억 겁 동안 한량없이
중생 위해 설법하리니,

내 열반한 뒤에 이 경전을 설하는 이에게는
변화로 된 비구·비구니와 청신사·청신녀 보내어
법사를 공양하도록 하며
많은 중생들 인도하고 소집하여 법을 듣게 하리라.

만일 누군가 법사에게 나쁜 마음먹고
칼과 몽둥이·기와·돌로 해치려고 한다면
즉시 변화로 된 사람 보내어
법사를 지키고 보호하게 하며,

만약 설법하는 사람이
홀로 고요한 곳에 있으며
적막하고 아무도 없는 곳에서
이 경전을 읽고 외우거든,

내 그때 청정한 광명의 몸을 나타내어
혹 그가 글귀를 잊어버려서 막히게 되면
그를 위해 일러주어서
막히지 않고 통달케 하리라.

만약 누군가 이런 공덕 갖추고
혹 사부대중 위해 설하거나
외진 곳에서 경을 읽고 외우면
모두 나의 몸을 볼 것이니,

만일 그가 외딴 곳에 있다면
내가 하늘천신과 용왕
야차와 귀신들을 보내어
청법 대중이 되도록 하되,

그는 설법하기를 좋아하고
내용을 분별함에 전혀 막힘이 없는 데다
모든 부처님들의 가호를 받고 있으므로
대중들로 하여금 기쁘게 할 수 있으리라.

법사를 가까이 모시게 되면
빨리 보살도를 완성할 것이고,
그 법사 말에 수순하여 배운다면
항하의 모래알처럼 많은 부처님들을 뵙게 되리라.

제11 견보탑품見寶塔品

그때 석가모니 부처님 앞에 높이가 오백 유순이며 가로와 세로는 이백오십 유순 정도 되는 칠보탑 하나가 땅이 갈라지면서 땅속에서부터 솟아 나와 공중 한가운데에 멈추었다. 그 탑은 여러 가지 보물로 장식되었고 오천 개의 난간에 감실[277]만도 천만 군데이며, 수많은 깃발〔幢幡〕로써 장엄하게 꾸며져 있었다. 게다가 보배영락이 아름드리 드리워졌는데 만억 개나 되는 보배방울이 그 위에 대롱대롱 매달렸고, 사면에서는 다마라발[278] 전단나무 향기가 그윽히 풍겨 나와 온 세계에 진동하였다. 그 모든 번기〔幡〕[279]와 일산들은 금·은·유리(청보석)·자거·마노·진주·매괴의 칠보로써 이루어졌으며, 일산의 높이

277 감실龕室: 불상을 모시는 방

278 다마라발多摩羅跋: 전단나무의 일종으로 향기가 으뜸이라 한다.

279 번기〔幡〕: 원문에 幢과 幡이 같이 나온 곳은 '깃발幢幡'로 번역하고, 원문에 幡만 나온 곳은 '번기'로 번역하였음. 주 23, 24 참조.

는 무려 사천왕궁[280]에까지 이르렀다.

삼십삼천[281]의 천신들은 하늘의 만다라꽃을 꽃비로 내리며 보배탑에 공양하였고, 나머지 다른 하늘천신들과 용·야차 그리고 건달바·아수라·가루라·긴나라·마후라가 같이 사람인 듯하면서 아닌 천만억 대중들은 온갖 꽃과 향·영락·번기·일산·악기 등을 가지고 보배탑에 공양드리며 공경하고 존중히 찬탄하였다.

그때 보배탑 속에서 큰 음성이 울려 나와 찬탄하기를,

"오, 거룩하시고 거룩하십니다! 석가모니 세존이시여!

능히 평등한 큰 지혜로써 보살을 가르치는 법이며 부처님이 호념하시는 『묘법연화경』을 대중 위해 설하시다니, 참으로 훌륭하십니다! 석가모니 세존께서 설하신 내용들은 모두 참이며 진실입니다!"

그때 사부대중은 거대한 보배탑이 공중에 둥실 떠 있는 것을 보고, 또 탑 속에서 우렁우렁 크게 울려 나오는 음성을 듣자 모두 법의 기쁨을 느꼈다. 그리고 일찍이 없던 일이라 의아스럽게 여기며, 자리에서 일어나 공손히 합장한 채 한 쪽으로 물러났다.

그때 대요설大樂說이라 부르는 한 보살마하살이 있었는데, 모든 세상의 하늘천신과 사람 그리고 아수라들이 마음속으로 이상스럽게 생각하는 것을 알고는 부처님께 사뢰었다.

---

280 사천왕궁四天王宮: 욕계의 여섯 하늘나라 가운데 첫 번째 하늘로, 지상과 가장 가까운 하늘인 사천왕천四天王天의 왕궁을 말한다.

281 삼십삼천三十三天: 욕계의 여섯 하늘나라 가운데 두 번째 하늘로, 일명 도리천忉利天이라고도 한다.

“세존이시여!

무슨 인연으로써 저 보배탑이 땅속에서부터 솟아 나왔으며, 또 어떤 분이 탑 속에서 저렇게 큰 소리를 내시나이까?”

그때 부처님께서 대요설보살에게 이르시었다.

“저 보배탑 속에는 여래의 몸 전체가 모셔져 있느니라.

먼 옛날 동방으로 한량없는 천만억 아승기의 수많은 세계를 지나서, 보정寶淨세계가 있었느니라. 그 세계에 부처님께서 계셨으니, 바로 다보 부처님[282]이셨느니라. 그 부처님께서 보살도를 닦고 계실 때에 큰 서원을 세우셨으니,

‘만약 내가 성불하고 나서 열반한 뒤에 시방세계 어느 곳이든 『법화경』을 설하는 곳이 있다면, 나의 탑이 경을 듣기 위해서 그 앞에 솟아나리라. 그리고 설법을 증명하기 위해 거룩하다고 찬탄하리라.’

이윽고 그 다보 부처님께서 성도하신 다음 열반하실 때가 이르자, 부처님께서는 하늘천신과 인간 대중 가운데에서 여러 비구들에게 말씀하셨느니라.

‘내가 열반한 뒤 나의 전신에 공양하고자 하는 이는 마땅히 큰 탑을 하나 세우도록 하여라!’

이리하여 다보 부처님의 신통력과 원력으로써 시방세계 어느 곳이든 『법화경』을 설하는 세존이 계신 곳이라면, 부처님의 보배탑이 모두 대중 앞에 솟아 나오느니라. 그리고 다보 부처님의 전신이 탑 속에 계시면서 말씀하시기를, ‘거룩하시고 거룩하십니다!’라고 칭찬

---

282 다보불多寶佛: 범어 Prabhūtaratna의 역. 동방 보정세계寶淨世界의 교주敎主이신 부처님.

하시느니라.

대요설보살이여!

그래서 지금도 다보여래의 탑이 『법화경』 설하는 것을 듣고자 땅속에서부터 솟아 나와서, '거룩하시고 거룩하십니다!'라고 칭찬해 주신 것이니라."

이때 대요설보살이 여래의 위신력을 입고 부처님께 사뢰었다.

"세존이시여! 저희들은 다보 부처님의 몸을 직접 뵈었으면 좋겠습니다."

부처님께서 대요설 보살마하살에게 이르시었다.

"그 다보 부처님께서는 깊고 중대한 원력을 다음과 같이 세우셨느니라.

'만일 내 보배탑이 『법화경』을 듣기 위해 여러 부처님들 앞에 나타났을 때 어느 부처님이든 내 몸을 사부대중에게 보여주고자 한다면, 그 부처님의 모든 분신[283]부처님들이 시방세계에서 설법하다가 전부 한 곳에 모인 다음에야 나의 몸을 나타내 보여주리라!'

그러니 대요설보살이여! 다보 부처님의 몸을 보려면 이제 시방세계에서 설법하고 있는 나의 분신부처님들을 먼저 다 모이도록 해야 하느니라."

대요설보살이 부처님께 사뢰었다.

"세존이시여! 저희들은 세존의 모든 분신부처님들도 뵙고 절하고

---

283 분신分身: 범어 Ātabhāva-nirmata의 한역. 중생을 교화하고 인도하기 위해 화현化現하여 나타내시는 몸을 말한다.

싶습니다. 그리고 그분들께도 공양 올리고 싶습니다."

그때 부처님께서 두 눈썹 사이의 백호[284]에서 한 줄기 광명을 놓으시니, 곧 동방으로 오백만억 나유타 항하의 모래알처럼 수많은 세계 속의 여러 부처님들을 친견하게 되었다. 그 여러 세계들은 전부 파려보배로 땅이 되었고, 보배나무와 보배옷으로써 눈부시게 장엄되었다. 게다가 천만억의 무수한 보살들이 그 세계들마다 충만하거늘, 보배장막을 널따랗게 치고 보배그물이 그 위에 펼쳐져 있었다. 그 세계의 여러 부처님들께서는 크고 미묘한 음성으로써 많은 가르침들을 연설하시고 계셨다. 그리고 천만억의 한량없는 보살들이 여러 세계들에 충만한데, 대중을 위해 설법하고 있는 광경이 보였다.

남방세계도 마찬가지였고 서방세계와 북방세계도 그러했다. 또한 네 간방의 동남방·동북방·서남방·서북방세계도 그러했으며, 상방세계와 하방세계 등 백호상의 광명이 뻗친 곳은 모두 다 그러하였다.

그때 시방의 모든 분신부처님들께서 각각 여러 보살들에게 이르시었다.

"선남자[285]들이여!

내 지금 응당 사바세계의 석가모니 부처님 처소로 가야겠구나. 아울러 다보여래의 보배탑에도 공양 올려야겠다!"

그러자 이때 사바세계는 곧 청정하게 바뀌어 청보석의 유리로

---

284 백호白毫: 주 33 참조

285 선남자善男子: 일반적으로 불법에 귀의해 신심 있게 공부하는 재가 불자들을 일컫는 말이지만, 여기서는 착한 공덕을 쌓아가는 보살들에 대한 존칭으로 사용되었다.

땅이 되고 많은 보배나무로 장엄되었다. 황금으로 줄을 꼬아 팔도八道를 경계하였으며, 여러 작은 부락과 마을·성읍 따위들과 큰 바다와 강·시내·산과 숲들이 다 없어졌다. 큰 보배향을 사르매 향내가 진동하였고, 아름다운 만다라꽃이 땅에 두루 뿌려졌다. 또 그 위에 보배그물과 보배장막을 펼쳤는데, 거기에다 갖가지 보배방울들이 여기저기 매달렸다. 그리고는 오직 그 회상에 모였던 대중들만 머무를 뿐, 그 밖의 다른 하늘천신들과 사람들은 모두 다른 세계로 옮겨졌다.

당시 석가모니의 여러 분신부처님들께서는 각각 대보살 한 명씩만 시자로 거느리신 채, 사바세계에 이르러 저마다 보배나무 아래에 앉으셨다. 하나하나의 보배나무 높이는 오백 유순이거늘, 가지와 이파리가 알맞게 돋자 꽃도 피고 열매도 맺으며 차례로 아름드리 장엄되었다. 그리고 모든 보배나무 아래에는 전부 사자좌가 마련되었으니, 높이는 오 유순이고 역시 큰 보배들로써 화려하게 꾸며졌다. 그때 여러 분신부처님들께서 저마다 자리에 가부좌를 맺고 앉으시되, 이렇게 계속 앉다보니 삼천대천의 온 세계가 꽉 차게 되었다. 그렇지만 아직 석가모니 부처님의 한 쪽 방위에 계셨던 분신부처님들도 다 앉지 못하신 상태였다.

당시 석가모니 부처님께서는 모든 분신부처님들을 영접하기 위해서, 팔방[286]으로 다시 각각 이백만억 나유타 세계를 변화시켜 전부 청정하게 하셨다. 그래서 지옥·아귀·축생·아수라가 아예 없어졌고, 또 거기에 있던 모든 하늘천신과 사람들은 다른 세계로 옮겨졌다.

---

286 팔방八方: 동서남북의 사방四方과 네 간방〔四維〕을 말한다.

변해진 세계도 역시 청보석의 유리로 땅이 되고 많은 보배나무로 장엄되었다. 그 나무들의 높이는 오백 유순이거늘, 가지와 이파리가 알맞게 돋자 꽃도 피고 열매도 맺으며 차례로 아름드리 장엄되었다. 그리고 나무 아래에는 전부 보배로 된 사자좌가 마련되었으니, 높이는 오 유순이고 여러 가지 많은 보배들로써 화려하게 꾸며졌다. 또한 큰 바다·강·시내와 목진린타산[287]·마하목진린타산·철위산[288]·대철위산·수미산[289] 등 큰 산이 없이 전부 하나의 부처님 세계로 통일되었다. 보배로 된 땅은 고르고 평탄하건만, 그 위에 알록달록 보배 섞인 장막을 눈부시게 펼쳐서 많은 번기와 일산을 달았다. 큰 보배향을 사르매 향내가 진동하였고, 하늘의 여러 아름다운 보배꽃들이 땅 위에 색색으로 뿌려졌다.

석가모니 부처님께서는 모든 분신부처님들께서 오시어 앉으시도록 하기 위해, 또 다시 팔방으로 각각 이백만억 나유타 세계를 변화시켜서 전부 청정하게 하셨다. 그래서 지옥·아귀·축생·아수라가 아예 없어졌고, 또 거기에 있던 모든 하늘천신과 사람들은 다른 세계로 옮겨졌다.

새로 변해진 세계도 역시 청보석의 유리로 땅이 되고 많은 보배나무

---

287 목진린타산目眞隣陀山: 범어 Mucilinda의 음역. 산의 이름인데, 그 산에 사는 용의 이름을 따서 붙였다고 한다.

288 철위산鐵圍山: 범어 Cakravāḍa의 한역. 수미산을 중심으로 9산山 8해海가 있는데, 가운데 가장 바깥쪽에 있는 무쇠로 된 산이다.

289 수미산須彌山: 범어 Sumeru의 음역. 세계의 중심이라고 하는 이 산은 높이가 팔만 유순에 해당한다. 꼭대기에는 제석천이 살고, 중턱에는 사천왕천이 있다고 한다. (1由旬은 30리-40리 정도이다.)

로 장엄되었다. 그 나무들의 높이는 오백 유순이거늘, 가지와 이파리가 알맞게 돋자 꽃도 피고 열매도 맺으며 차례로 아름드리 장엄되었다. 그리고 나무 아래에는 전부 보배로 된 사자좌가 마련되었으니, 높이는 오 유순이고 역시 큰 보배들로써 화려하게 꾸며졌다. 또한 큰 바다·강·시내와 목진린타산·마하목진린타산·철위산·대철위산·수미산 등 큰 산이 없이 전부 하나의 부처님 세계로 통일되었다. 보배로 된 땅은 고르고 평탄하건만, 그 위에 알록달록 보배 섞인 장막을 눈부시게 펼쳐서 많은 번기와 일산을 달았다. 큰 보배향을 사르매 향내가 진동하였고, 하늘의 여러 아름다운 보배꽃들이 땅 위에 색색으로 뿌려졌다.

그때 동방으로 백천만억 나유타 항하의 모래알처럼 수많은 세계 가운데 계셨던 석가모니 분신부처님들께서 각각 설법을 하시다 말고 이곳 사바세계로 모이셨다. 이렇게 해서 차례로 시방의 모든 분신부처님들께서 다 모이시어 팔방에 앉으시니, 팔방의 낱낱 방위마다 각각 사백만억 나유타의 넓고 넓은 세계가 여러 분신부처님들로 가득 충만하게 되었다.

이때 모든 분신부처님들께서 각각 보배나무 아래에 있는 사자좌에 앉으신 채, 모두 시자를 보내시어 석가모니 부처님께 문안드렸다. 즉 모든 분신부처님들께서는 제각기 시자에게 보배꽃을 한 아름씩 안고 가도록 지시하며 말씀하시되,

"선남자여! 그대는 기사굴산의 석가모니 부처님 처소로 찾아가서 다음과 같이 내 말대로 안부를 여쭈어라.

'아프신 데 없고 걱정도 없으시며, 기력도 괜찮으십니까?

그리고 보살과 성문들도 다 편안하겠지요?'

그러면서 이 보배꽃을 가지고 부처님께 뿌려 공양하고는,

'저 아무개 부처님도 이 보배탑을 세존께서 열어주시기를 바라고 계십니다.'라고 말씀드려라."

모든 분신부처님들께서 저마다 이와 똑같이 시자를 보내셨다. 그러자 석가모니 부처님께서는 분신부처님들이 전부 모여서 각각 사자좌에 앉으신 것을 확인하시고, 또 모든 분신부처님들께서 똑같이 보배탑 여는 데 동의하신다는 말씀을 전해 듣고는 곧 자리에서 일어나 허공 한가운데 올라가 멈추셨다. 이에 일체 사부대중도 덩달아 일어서서 합장하고 일심으로 숨죽인 채 부처님을 우러러보았다.

이윽고 석가모니 부처님께서 오른 손가락으로 칠보탑의 문을 여시니 아주 크고 웅장한 소리가 났다. 그것은 마치 잠겨 있던 빗장을 뽑고 자물쇠를 풀어서 커다란 성곽의 문을 열어제치는 소리와도 흡사했다. 그러자 즉시 거기에 모였던 일체 대중들은 다보여래께서 보배탑 속의 사자좌에 앉아 계신 것을 이내 알아보았다. 다보 부처님의 몸은 하나도 손상되지 않고 완전한 상태로 선정에 드신 양 고요히 앉아 계셨다.

그 다보여래의 음성이 다시 들려왔으니,

"거룩하시고 거룩하십니다. 석가모니 부처님이시여!

아주 훌륭하게 이 『법화경』을 잘 연설하시고 계십니다.

저는 이 경전을 듣기 위하여 이곳에 왔습니다."

그때 사부대중은 과거 한량없는 천만억 겁 이전에 열반하셨던 부처님께서 이와 같이 말씀하시는 것을 실제로 보게 되자 일찍이 없던 희유한 일이라 찬탄하였다. 그래서 하늘의 보배 꽃송이들을

가지고, 다보 부처님과 석가모니 부처님 머리 위에 극진히 뿌리며 공양하였다.

그때 다보 부처님께서 보배탑 속의 자리를 절반으로 나누어 석가모니 부처님께 양보하시며 이렇게 말씀하셨다.

"석가모니 부처님, 어서 이 자리에 앉으십시오!"

석가모니 부처님께서 즉시 그 탑 안에 들어가 절반의 자리에 가부좌를 맺고 앉으셨다. 그때 대중들은 두 여래께서 칠보탑 속의 사자좌 위에 같이 가부좌를 맺고 앉으신 것을 보고는 저마다 이렇게 생각하였다.

'부처님 자리는 너무 높고 멀기만 하니, 부디 거룩하신 여래시여! 신통력으로써 저희들도 부처님 계신 허공에 함께 오르도록 해주십시오!'

그러자 석가모니 부처님께서 바로 신통력으로써 모든 대중들을 이끌어 허공에 올라오게 하시고, 큰 음성으로써 널리 사부대중에게 이르시었다.

"누가 능히 이 사바세계에서 『묘법연화경』을 널리 설할 수 있겠느냐? 지금이 바로 이 경전을 설할 때이니, 여래는 머지않아 열반에 들 것이니라. 그래서 부처님은 이 『묘법연화경』을 부촉[290]할 데가 있었으면 좋겠노라."

그때 세존께서 거듭 의미를 표현하시고자 게송으로 말씀하셨다.

성인 중의 으뜸〔聖主〕이신 다보세존께서도

---

290 부촉付囑: 가르침을 보존하여 전하도록 위촉함.

비록 열반하신 지 그렇게 오래 되셨으나
오히려 보배탑 속에 계시며 법을 위해 여기까지 오셨거늘
어찌하여 사람들이 법을 위해 부지런히 정진하지 않을쏜가!

다보 부처님께서 열반하신 지는
참으로 오랜 겁 이전이건만
어디서든 곳곳마다 법을 들으려 하심은
이 가르침을 듣기가 어렵기 때문이니,

그 부처님의 근본 서원이
'내 열반한 뒤에
어느 곳이든 설법하는 데 찾아가서
항상 『법화경』을 들으리라!'였도다.

또 항하의 모래알처럼 한량없는
나의 분신부처님들도
모두 와서 『법화경』을 듣고
열반하신 다보여래 뵈옵고자,

저마다 훌륭한 세계와 제자들,
하늘천신·사람·용·귀신들의 온갖 공양 마다하고
부처님 가르침을 오래 머무르게 하려고
일부러 여기에 다 모였도다.

모든 부처님들 앉으시도록
신통력으로써
한량없는 대중들을 옮겨 놓아
세계를 맑고 깨끗하게 하매,

이윽고 많은 분신부처님들
각각 보배나무 아래에 이르시거늘
마치 청정한 못을
연꽃으로 수놓아 장엄한 듯하며,

보배나무 밑의 모든 사자좌 위에
부처님들 앉으시어 광명 비추시니
마치 깜깜했던 한밤중에
커다란 횃불을 밝힌 듯 환하도다.

부처님 몸에서 나는 그윽한 향기가
시방세계에 두루 진동하자
중생들은 부처님 향내에 취하여
못내 기쁨을 이기지 못하거니,

마치 거대한 폭풍이 쉴 새 없이
작은 나뭇가지를 흔들어대듯 하거늘
이러한 방편으로써
가르침을 오래 머무르게 하도다.

모든 대중들에게 이르되,
내 열반한 뒤에
누가 능히 이 『법화경』을
받들어 간직하며 읽고 설할 수 있겠는가?

지금 부처님 앞에서
스스로 맹세하여 말할지니,
이 다보 부처님도 비록 오래 전에 열반하셨으나
큰 서원 세우셨기에 사자후를 하시지 않는가!

다보여래와
나 석가모니불과
여기 모인 모든 화신불들은
마땅히 그 서원의 참된 뜻을 알리니,

모든 불자들이여!
누가 능히 가르침을 지키겠느냐?
마땅히 큰 원력 세워서
법을 오래 머무르게 하여라.

만일 어떤 이가 이 경의 가르침을 지킨다면
곧 나와 다보불께 공양 올리는 셈이니,
다보 부처님께선 보배탑 속에 계시며 이 경을 위해
언제나 시방세계 곳곳을 다니시느니라.

또한 이 가르침을 지키게 되면
시방 여러 곳에서 오신 화신 부처님들
장엄하고 화려하게 모든 세계 빛내시는
그 부처님들께도 역시 공양 올리는 격이니,

만일 이 경전을 설한다면
곧 나와 다보여래
그리고 모든 화신불마저
친견한 셈이 되느니라.

모든 선남자들이여,
각각 깊이 생각할지니
이는 매우 어려운 일이므로
마땅히 큰 원력을 세워야 하느니라.

비록 항하의 모래알처럼 수많은
다른 나머지 경전들을
전부 다 연설한다 하더라도
그다지 어렵지 않으며,

혹은 수미산을 잡아 빼어
수없이 많은 다른 부처님들 세계에
집어던지는 일 따위도
별로 어렵지 않고,

발가락으로써
대천세계를 움직여
멀리 다른 세계에 집어던지는 일도
역시 어렵지 않으며,

유정천[291] 꼭대기에 서서
중생들을 위하여
나머지 한량없는 경전들을 연설하는 것도
또한 그다지 어렵지 않거니와,

그러나 부처님 열반하신 후
오탁악세 험한 세상에
능히 『법화경』을 연설하는 일이야말로
이것이 정말 어려운 일이니라.

가령 어떤 사람이
손으로 허공을 잡아서
갖고 노닐며 다닐지라도
별로 어렵지 않거니와,

---

291 유정천有頂天: 무색계無色界의 네 하늘나라 가운데 맨 끝에 있는 비유상비무상처천非有想非無想處天을 말한다. 삼계三界의 맨 위에 있으므로 유정천이라고도 한다. 외도들은 이곳을 열반처로 삼고 있으나, 불교에서는 이곳 역시 미세한 생각이 아주 없는 곳이 아니므로 생사윤회의 범주에 포함시키고 있다.

내 열반한 뒤에
『법화경』을 직접 써서 간직하거나
남을 시켜서 쓰게 하는 일
이것이 어려우니라.

거대한 땅덩어리를
발톱 위에 얹어 놓은 채
하늘나라 범천[292]에까지 오르는 일도
그다지 어렵지 않거니와,

부처님 열반하신 후
오탁악세 험한 세상에서
잠깐만이라도 『법화경』을 읽는 일
이것이 진정 어려우니라.

가령 겁화[293]가 탈 적에

---

292 범천梵天: 색계의 초선천初禪天을 말하는데, 여기에는 범중천梵衆天·범보천梵輔天·대범천大梵天 등의 3개 하늘나라가 있다. 그것을 총칭하여 범천이라 부른다.

293 겁화劫火: 세계는 이루어졌다가 없어지는 기간이 성겁成劫·주겁住劫·괴겁壞劫·공겁空劫의 4주기로 구성된다. 겁화劫火란 그 중 세계가 무너지는 괴겁(壞劫: 세계의 종말) 때에 일어나는 큰 화재를 말한다. 이때 초선천初禪天 이하의 일체 모든 것이 다 타버린다. 겁수(劫水: 괴겁 때에 일어나는 큰 수해. 이때 큰비가 내리며 땅속에서도 큰물이 솟아나와 산천초목이 모두 잠기게 된다. 물이 점점 불어나 제2선천에까지 전부 이 수해를 입힌다)와 겁풍(劫風: 괴겁 때에 일어나는 풍재. 땅속의 풍륜에서 사나운 바람이 일어나 제3선천까지 온통 바람으로 날려버린다)과 함께 무서운 삼재三災

마른 풀을 짊어지고
불 속에 들어가서 타지 않는 일도
크게 어렵지 않거니와,

내 열반한 뒤에
이 『법화경』을 수지하며
한 사람을 위해서만이라도 말해주는 일
이것이 정말 어려우니라.

팔만 사천의 법장 곧 십이부경 가지고
남을 위해 연설해주어서
듣는 사람 전부 육신통을 얻게 하는 일도
그리 어렵지 않거니와,

내 열반한 뒤에
이 『법화경』을 듣고 수지하여
그 뜻에 대해 질문하는 일
이것이 참으로 어려우니라.

혹 어떤 사람이 법을 설해서
천만억 무량무수 항하의 모래알처럼 많은 중생들에게
아라한과는 물론 육신통을 갖추게 하여

가운데 하나이다.

그처럼 이롭게 하는 일도 별로 어렵지 않거니와,

내 열반한 뒤에
능히 이러한 대승경전을
받들어 간직하는 일이야말로
이것이 진짜 어려우니라.

내가 불도를 위해
한량없는 세계에서
처음부터 지금까지 널리 여러 경전들 설했으나
그 가운데에서 『법화경』이 제일이니라.

만약 누군가 능히 이 경을 간직한다면
곧 부처님 몸을 모시는 경우나 마찬가지이니
모든 선남자들이여!
내 열반한 뒤 누가 이 경전 수지하여 독송할 수 있겠느냐?

지금 부처님 앞에서 스스로 맹세하여 말할지니,
이 경은 간직하기 어렵기에
잠깐만이라도 누군가 간직한다면
나는 물론이고 모든 부처님들께서도 기뻐하시리라.

그런 사람은 모든 부처님들께 칭찬 받으리니
이것이 곧 용맹이자 정진이며 지계이고

두타를 닦는 행으로
위없이 높은 불도를 빨리 이루리라.

능히 앞으로 오는 세상에
이 『법화경』을 읽고 간직한다면
그는 참된 부처님의 아들로
순일한 마음의 경지에 머물 것이며,

부처님 열반한 뒤 능히 이 경전의 뜻을 알게 되면
바로 모든 하늘천신과 사람들의 세상 안목이 되거늘,
두렵고 험한 오탁악세에서 잠깐만 연설하더라도
일체 하늘천신과 사람들이 모두 응당 공양하리라.

제12 제바달다품提婆達多品

그때 부처님께서는 모든 보살들 그리고 하늘천신과 사람 등 여러 사부대중들에게 이르시었다.

"나는 과거 한량없는 겁 동안 『법화경』을 구할 적에 단 한 번도 게으름을 피운 적이 없었느니라. 아주 오랜 겁 동안 항상 국왕이 되어서도 위없이 높은 깨달음을 구하려고 발원했으며, 단 한 차례도 마음으로 물러서지 아니하였느니라. 또한 육바라밀을 성취하기 위해 부지런히 보시를 행하되, 마음에 도무지 인색함이 없었느니라. 그래서 코끼리·말 따위의 짐승과 일곱 가지 진귀한 보배와 국가·도시·처자식·노비·시종들과 내 자신의 머리·눈·골수·몸·살덩이·손발 심지어 목숨까지도 전혀 아까워하지 않았느니라.

오랜 옛날 당시 세상 사람들의 수명은 한량없이 길었으나, 나는 법을 구하기 위해 국왕 자리를 버리고 정사를 태자에게 맡겼느니라. 그리고는 북을 치고 영을 내려 사방으로 법을 구하되,

'누가 능히 나를 위해 대승을 가르쳐 주시겠습니까? 그런 분이 계시다면 내 마땅히 종신토록 (노예가 되어) 섬기며 시중들겠나이다.'

당시 어느 선인이 왕에게 찾아와 말하기를,

'나에게 『묘법연화경』이라는 대승경이 있는데, 만약 내 뜻을 어기지 않는다면 마땅히 왕을 위해 설법해 주겠소.'

왕은 선인의 말을 듣고 크게 기뻐하며 곧장 선인을 따라가 필요로 하는 것들을 공급했느니라. 다시 말해 과일을 따오고 물긷고 나무하며 음식을 장만하는 것은 물론, 심지어 자기 몸으로써 그가 깔고 앉는 평상 노릇을 하기도 했느니라. 그러나 왕은 몸이나 마음으로 조금도 싫증내지 않았으니, 이렇게 받들어 섬기기를 천 년 동안이나 모셨느니라. 왕은 법을 위해서 그를 정성껏 부지런히 모셨으며, 조금도 부족함이 없게 극진히 받들었느니라."

그때 세존께서 거듭 의미를 표현하시고자 게송으로 말씀하셨다.

내 지난 과거 겁의 전생을 생각하건대
큰 법을 구하기 위하여
비록 세상의 국왕이 되었으나
오욕락에 탐착하지 않았고,

종을 쳐서 사방에 이르대
'누가 큰 법을 가지고 있는가?
만약 나를 위해 설명해준다면
이 몸 마땅히 평생 종이 되어 섬기리라.'

당시 아사[294]선인이 왕에게 와서 말하기를,
'나에게 미묘한 법 있으니 세간에 희유한 바라.
만약 능히 수행할 수 있다면
내 마땅히 그대 위해 말해주리다.'

이때 왕은 선인의 말을 듣고
마음으로 크게 기뻐하며
곧장 선인을 따라가서
필요로 하는 것들을 시중들었으니,

나무하고 과일 따고 열매 주우며
때에 맞게 공경히 받드느라 힘은 들었건만
생각이 미묘한 법에 있었으므로
몸이나 마음으로 전혀 싫증내지 않았노라.

이렇게 널리 모든 중생들 위하여
부지런히 큰 법을 구하였나니,
비단 자기 몸만 편하게 하기 위해서나
오욕락을 위한 것이 아니었도다.

그러므로 대국왕이 되어서도
부지런히 이 묘법을 구하여

---

294 아사阿私: 범어 Asita의 음역. 아사타阿私陀·아사타阿斯陀의 준말로, 무비無比 또는 단정으로 한역. 과거세에 석존을 위해 『법화경』을 설했던 사람이다.

마침내 성불하였거늘
지금 일부러 너희들을 위해 말하는 것이니라.

부처님께서 모든 비구들에게 이르시었다.

"그때의 왕은 나 자신이었으며, 당시의 선인은 지금의 제바달다[295]이니라. 제바달다는 훌륭한 선지식이었기 때문에 나로 하여금 육바라밀과 인자한 마음·가엾이 여기는 마음·함께 기뻐하는 마음·집착을 버린 평등한 마음 등의 사무량심과 삼십이상·팔십종호와 자마금색의 몸과 십력·사무소외·사섭법[296]·십팔불공법, 그 밖의 여러 신통력과 도력 등을 구족하게 하였느니라. 그리하여 마침내 등정각을 이루어 널리 중생들을 제도하게끔 하였으니, 이는 모두 다 제바달다 선지식[297] 덕분이니라.

따라서 모든 사부대중에게 이르노니, 제바달다는 이후 한량없는

---

295 제바달다提婆達多: 범어 Devadatta의 음역. 아난의 형이며 석존의 종제從弟. 출가하여 신통을 배워 몸에 32상을 갖추고 6만의 법장을 다 외웠으나, 이양利養을 위해 삼역죄三逆罪를 짓고 산 채로 지옥에 떨어졌다. 그러나 그 본 바탕은 깊은 보살의 경지로, 지옥의 과보를 마친 다음에는 나중에 성불하게 된다는 수기를 받았다.

296 사섭법四攝法: 보살이 중생을 구제하기 위해 섭수하는 4가지 행동 덕목. ①보시섭布施攝_중생이 원하는 재물이나 법을 베풀어 거두어들임. ②애어섭愛語攝_부드럽고 온화한 말로 거두어들임. ③이행섭利行攝_중생을 이익케 하는 삼업으로 거두어들임. ④동사섭同事攝_슬프고 기쁜 일을 함께 나눔으로 거두어들임.

297 선지식善知識: "능히 모든 것이 공空·무상無相·무작無作·불생不生·불멸不滅임을 가르치고 일체종지를 설하여, 사람들에게 즐거움과 믿어서 기쁜 마음을 일으키게 하는 이를 말한다."(『大品般若經』 卷27 〈第88 常啼品〉) 주 16 참조

겁을 지나서 반드시 성불하리라. 부처님 이름은 천왕天王여래·응공·정변지·명행족·선서·세간해·무상사·조어장부·천인사·불세존이니라.

세계의 이름은 천도天道이며, 당시 천왕불天王佛께서 세상에 머무시는 수명은 이십 중겁이 되리라. 널리 중생들을 위하여 묘법을 설하리니, 항하의 모래알처럼 수많은 중생들이 아라한과를 얻고 또 한량없는 중생들이 연각의 마음[298]을 내리라. 또한 항하의 모래알처럼 무수한 중생들이 위없이 높은 진리를 이루고자 하는 마음을 내어, 무생인[299]을 얻고 물러나지 않는 경지에 이르리라.

천왕불께서 열반하신 뒤 정법이 세상에 머무는 기간은 이십 중겁이리라. 그리고 부처님의 전신사리[300]로 칠보탑이 세워지되, 높이는 육십 유순이고 가로와 세로는 사십 유순이리라. 모든 하늘천신과 사람들이 온갖 꽃과 가루향·사르는 향·바르는 향과 의복·영락·깃발·보배 일산과 악기를 연주하고 노래함으로써 칠보로 된 아름다운 사리탑에 예배하고 공양하리라. 그리하여 한량없는 중생들이 아라한과를 얻으며 수없는 중생들이 벽지불도를 깨닫고, 생각으로 헤아릴 수 없이 많은 중생들이 보리심을 내어 불퇴전의 경지에 이르리라."

부처님께서 모든 비구들에게 이르시었다.

"앞으로 미래 세상 가운데 만일 어떤 선남자 선여인이 『묘법연화

298 벽지불도를 이루고자 하는 마음. 주 49 참조

299 무생인無生忍: 무생법인無生法忍의 준말. 주 72 참조

300 전신사리全身舍利: 화장한 유골을 부수어 남은 쇄신사리碎身舍利와는 달리, 천왕여래는 다보불처럼 몸 전체가 사리이므로 전신사리라고 한다.

경』의 〈제바달다품〉을 듣고는 청정한 마음으로 믿고 공경하며 의심하지 않는다면 지옥·아귀·축생의 삼악도에 떨어지지 않으리라. 뿐만 아니라 시방에 계시는 여러 부처님들 앞에 태어나되, 태어나는 곳에서 항상 이 『법화경』을 들으리라. 만약 인간이나 하늘나라에 태어나면 수승한 즐거움을 누리게 될 것이고, 부처님 앞에 태어나게 되면 연꽃에 화생하리라."

이때 땅 아래 하방下方세계에서 다보세존을 따라온 보살들 가운데 지적智積보살이 다보 부처님께 여쭈었다.

"이제 그만 마땅히 본국토로 돌아가셔야 되지 않겠습니까?"

그러자 석가모니 부처님께서 지적보살에게 이르시었다.

"선남자여, 잠깐 기다려라! 여기 문수사리보살이 있는데, 서로 만나서 묘법에 대해 논설한 다음 본국토로 돌아가도록 해라."

그때 문수사리보살은 수레바퀴만큼 커다란 천 개의 꽃잎으로 된 연꽃 위에 앉았고, 같이 따라온 보살들도 역시 보배연꽃 위에 앉은 채 큰 바다 속 사갈라 용궁으로부터 자연히 솟아나와 허공 속에 떠서 멈추었다. 이윽고 영취산에 이르자 연꽃 위에서 내려 부처님 계신 곳으로 나아가, 머리 숙여 다보 부처님과 석가모니 부처님 두 분 세존의 발에 절하였다. 예배를 마친 다음 문수사리보살은 지적보살이 있는 데로 가서, 서로 함께 안부를 물으며 인사를 나누고는 물러나 한 쪽에 앉았다.

지적보살이 문수사리보살에게 물었다.

"인자[301]께서 용궁에 가셔서 얼마나 많은 중생들을 교화하셨습니까?"

문수사리보살이 대답하였다.

"그 수는 한량이 없어서 가히 헤아릴 수가 없습니다. 입으로 말할 수 없을 뿐만 아니라 마음으로도 짐작할 수가 없답니다. 그러니 잠깐만 기다리십시오. 이제 저절로 증명이 되어 아시게 될 것입니다."

문수사리보살의 말이 미처 끝나기도 전에 무수한 보살들이 보배연꽃 위에 앉은 채 바다 속에서부터 솟아나왔다. 그리고 영취산으로 다가와 허공 가운데 떠 있거늘, 이들은 전부 다 문수사리보살이 교화하여 제도한 보살들이었다. 이들은 보살행을 구족하고 모두 함께 육바라밀을 논설하였는데, 본래 성문이었던 사람들은 허공 속에서 성문수행에 대해 말하기도 했지만 지금은 모두 대승의 공空한 이치를 수행하고 있었다.

문수사리보살이 지적보살에게 일러 말하기를,

"바다 속에서 교화한 일이 이러합니다."

그때 지적보살이 게송으로써 찬탄하였다.

큰 지혜와 높은 위덕
용맹스런 뜻으로
무량중생 교화하고 제도하신 일
지금 이 모임에 있는 대중과 내가 이미 확인했나니,

실상의 뜻 펼치시어
일승법을 열어 밝히시고

301 인자仁者: 상대방을 높여서 부르는 말.

널리 모든 중생들 인도하사
깨달음을 속히 이루게 하시었도다.

문수사리보살이 말하였다.

"나는 바다 속에서 오직 항상 『묘법연화경』만 연설하여 가르쳤답니다."

지적보살이 문수사리보살에게 물었다.

"이 경전은 매우 깊고 미묘하여, 모든 경전들 가운데 보배이자 세상에서 아주 희유한 바입니다. 그런데 과연 어떤 중생이든 부지런히 정진하며 이 『법화경』을 수행한다고 해서 정말로 빨리 성불할 수 있겠습니까?"

문수사리보살이 대답하였다.

"사갈라 용왕의 딸이 하나 있는데, 나이가 이제 겨우 여덟 살밖에 안 되었습니다. 하지만 지혜롭고 총명하여 중생들의 여러 근성과 행업[302]에 대해 잘 알며, 다라니를 얻어 모든 부처님들께서 설하신 깊고 비밀한 법장까지 다 수지하여 외울 정도입니다. 게다가 선정에 깊이 들어 온갖 법에 대해서 밝게 통달하고 있습니다. 또한 순간 찰나에 보리심을 내어 불퇴전의 경지를 얻었고, 변재가 걸림 없으며 중생을 갓난아이 보살피듯 자비롭게 사랑합니다. 공덕이 구족하여 마음으로 생각하고 입으로 말하는 것이 넓고 미묘하며 광대할 뿐만 아니라 자비롭고 어질며 겸허하기 그지없습니다. 마음먹고 생각하는

---

302 행업行業: 일반적으로 '행위'를 뜻한다. 즉 몸으로 하는 행위〔身業〕와 입으로 하는 행위〔口業〕, 생각으로 하는 행위〔意業〕의 세 가지 삼업三業을 말한다.

것이 온화하고 우아하여, 능히 깨달음[303]에 도달할 만합니다."

지적보살이 말하였다.

"내 생각하건대, 석가여래께서도 한량없이 오랜 겁 동안 어렵고 힘든 고행을 수행하셨소이다. 그래서 많은 공덕을 쌓아 보리도를 구하셨으니, 일찍이 한 번도 공덕 쌓는 것을 소홀히 한 적이 없으셨습니다. 오죽하면 삼천대천의 온 세계를 살펴볼 때, 전생의 석가 여래께서 중생을 위해 목숨을 바치지 않았던 곳이 단 겨자씨만큼도 없을 정도였겠습니까? 석가모니 부처님께서도 그렇게 하신 후에야 깨달음을 이루셨거늘, 한낱 용녀龍女 따위가 잠깐 사이에 문득 정각을 이룬다는 말은 도무지 믿어지지가 않습니다."

지적보살이 말을 채 맺기도 전에 용왕의 딸이 홀연히 부처님 앞에 나타났다. 그녀는 부처님께 머리 숙여 공손히 절하고, 한 쪽으로 물러나 게송으로써 부처님을 찬탄하였다.

죄와 복의 모양 깊이 통달하여
시방세계 두루 비추시며
미묘한 청정 법신에 삼십이상 갖추시고
팔십종호로써 법신을 장엄하시니,

하늘천신과 사람들이 우러러 받들고
용과 귀신들도 모두 공경하오며

---

303 보리菩提: 범어 Bodhi의 음역. 도道·지智·각覺이라 한역. 불타의 정각 지혜, 곧 불과佛果를 말한다.

일체 중생 무리들
높이 받들지 않는 자 아무도 없나이다.

또 설법 듣고서 깨달음 얻을 것을
오직 부처님께서만은 마땅히 증명하시리니,
저도 역시 대승의 가르침 열어서
고통 받는 중생들을 제도하오리다.

이때 사리불이 용녀에게 말하였다.

"네가 수행한 지 얼마 안 되어 위없이 높은 도를 얻는다는 것은 참으로 믿기 어려운 일이다. 왜냐하면 여자의 몸은 때 끼고 더러워서 법의 그릇이 아니기 때문이다. 그런데 어떻게 네가 능히 위없이 높은 깨달음을 얻을 수 있단 말이냐?

부처님 되는 길은 멀고멀어서 한량없는 겁이 흐르도록 부지런히 고행을 쌓고, 모든 바라밀을 구족히 닦고 난 다음에야 겨우 성취되는 법이다. 또 여인의 몸에는 다섯 가지 장애[304]가 있지 않느냐? 말하자면 첫째, 범천왕[305]이 되지 못하며 둘째, 제석[306]이 되지 못하고 셋째, 마왕[307]이 되지 못하며 넷째, 전륜성왕[308]이 되지 못하고 다섯째, 부처

---

304 오장五障: 번뇌에 물들기 쉽고 욕심이 많으며, 유약하고 투기하는 성질이 있는데다 신경질적이고 모진 성깔 등이 스스로 장애를 불러일으키기 때문에 '다섯 가지 장애'라고 한다.

305 범천왕梵天王: 정행淨行을 상징함. 주 93 참조

306 제석帝釋: 소욕小欲을 상징함. 주 92 참조

307 마왕魔王: 견고堅固함을 상징함. 주 166 참조

님[309]이 되지 못하는 법이니라. 그런데 어찌하여 여자의 몸으로 속히 성불할 수 있단 말이더냐?"

그때 용녀는 보배구슬을 하나 가지고 있었는데, 삼천대천의 온 세계에 상당할 만큼 어마어마하게 값나가는 것이었다. 그것을 가져다가 부처님께 올리니 부처님께서 이내 받으셨다. 그러자 용녀가 지적보살과 사리불 존자에게 말하였다.

"제가 보배구슬을 드리자 세존께서 받으셨거늘, 이 일이 빠릅니까 더딥니까?"

지적보살과 사리불이 대답하되,

"아주 빠르도다!"

용녀가 말하였다.

"여러분의 신통력으로써 이제 제가 성불하는 것을 똑바로 보십시오. 이보다 더 빠를 것입니다."

당시 모인 대중들이 다 용녀를 바라보자, 잠깐 사이에 남자로 변하여 보살행을 구족하였다. 이윽고 남방의 무구無垢세계로 가서 보배연꽃 위에 앉아 등정각을 이루더니, 삼십이상과 팔십종호를 갖추고 널리 시방 일체 중생들을 위하여 묘법을 연설하는 것이었다.

그때 사바세계의 보살과 성문들 그리고 하늘천신과 용 등 팔부신중의 사람인 듯하면서 아닌 이들[310]은 전부 멀리서 용녀가 성불하여,

---

308 전륜성왕轉輪聖王: 대인大仁을 상징함. 주 99 참조

309 불佛: 온갖 덕德을 상징함. 범어 Buddha. 불타佛陀라 음역하며 불佛이라 약칭하기도 함. 각자覺者라 한역. 미망迷妄을 여의고 모든 법의 진리를 깨달아, 다른 중생들도 깨닫도록 교화하는 자각自覺·각타覺他의 이행二行을 원만히 성취하신 분.

당시 무구세계에 모인 사람과 하늘천신들을 위해 널리 설법하는 것을 보았다. 그들은 모두 마음으로 크게 환희하여 하염없이 바라보며 공손히 예배드렸다.

무구세계의 한량없는 중생들은 법을 듣고 깨달아서 불퇴전의 경지를 얻었으며, 또 한량없는 중생들이 불도佛道의 수기를 받자 무구세계가 여섯 가지로 진동하며 움직였다. 그리고 삼천 명의 사바세계 중생들도 불퇴전의 경지에 머물게 되었고, 다른 삼천 명의 중생들은 보리심을 내어 수기를 받았다.

이에 지적보살과 사리불 그리고 일체 대중들은 용녀의 성불을 잠자코 인정하며 받아들일 수밖에 없었다.

---

310 인여비인人與非人: 불법을 수호하는 팔부신장(八部神將: 천·룡·야차·건달바·아수라·가루라·긴나라·마후라가) 가운데 천과 용을 대표로 해서, 보통 신장들을 천룡팔부天龍八部라고 일컫는다. 이 가운데 건달바·아수라·가루라·긴나라·마후라가 등은 사람의 몸에 짐승의 얼굴을 하고 있으며, 또 법문 들을 때는 사람 형상으로 변화하여 나타나기 때문에 人非人 혹은 人與非人 등의 표현으로 그 무리를 지칭한다. 주 98 참조

제13 권지품勸持品

그때 약왕藥王 보살마하살과 대요설大樂說 보살마하살은 이만 명의 보살들과 함께 부처님 앞에서 모두 이렇게 맹세하였다.

"부디 세존이시여, 너무 염려하지 마시옵소서!

부처님께서 열반하신 후 저희들이 마땅히 이 경전을 받들어 지니고 읽고 외우며 설하겠나이다. 후세의 오탁악세 중생들은 선근이 점점 줄어들어, 깨닫지 못하고도 깨달은 체하는 교만한 자들이 많을 것입니다. 게다가 이익과 공양을 탐내니 나쁜 근본만 자꾸 쌓여 해탈에서 더욱 멀어지게 될 것입니다. 그래서 비록 그들을 교화하기가 어렵다 할지라도, 그럴수록 저희들은 마땅히 인욕의 힘을 크게 일으키겠습니다. 그리하여 이 경을 독송하여 지니고 해설하며 베껴 쓰고 여러 가지로 공양하는 데 결코 목숨을 아끼지 않겠나이다."

그때 대중 속에서 앞서 수기 받았던 오백 명의 아라한들이 부처님께 사뢰었다.

"세존이시여! 저희들도 이 법문 펼칠 것을 스스로 서원합니다. 그러나 사바세계 말고 다른 세계에 가서 널리 이 『법화경』을 설하겠나이다."

또 수기 받았던 팔천 명의 유학인과 무학인들이 자리에서 일어나 합장하고 부처님을 향해 이렇게 맹세하였다.

"세존이시여!

저희들도 또한 마땅히 사바세계 말고 다른 세계에서 널리 이 경을 설하겠나이다. 왜냐하면 이 사바세계 사람들은 타락해서 사악한 이가 많으며, 깨닫지 못하고도 깨달은 체하기가 일쑤입니다. 또 공덕이 얄고 천박해서 성질을 잘 내고 정신까지 흐리멍덩한 데다, 아첨하기나 좋아하고 교묘하여 마음도 진실하지 못하기 때문입니다."

그때 부처님의 이모인 마하파사파제[311] 비구니는 육천 명의 유학·무학 비구니들과 함께 자리에서 일어나 일심으로 합장한 채, 부처님의 거룩하신 얼굴을 우러러 잠시도 눈을 깜빡이지 아니하였다. 그러자 세존께서 교담미[312] 비구니에게 이르시었다.

"무슨 까닭에 그렇게 근심스런 얼굴로 여래를 보는가?

그대 생각에 내가 그대의 이름을 부르며 아뇩다라삼먁삼보리의

---

311 마하파사파제摩訶波闍波提: 범어 Mahāprajāpatī의 음역. 대애도大愛道로 한역. 부처님 어머니인 마야부인의 여동생으로, 정반왕의 부인이 되어 석존의 양육을 맡으며 뒤에 난타難陀를 낳아 두 아들을 양육했다. 석존께서 성도하신 후 야수다라와 함께 오백 명의 석가족 여인들을 데리고 출가·수도했으니, 이것이 바로 비구니의 시초가 되었다.

312 교담미憍曇彌: 범어 Gautamī의 음역. 석존의 이모 마하파사파제 비구니를 구담족瞿曇族의 여성이란 뜻으로 이렇게 부른다.

수기를 주지 않아서인가? 하지만 교담미여, 내가 앞서 모든 성문들에게 한꺼번에 이미 다 수기를 주지 않았던가? 그런데도 이제 그대의 수기만 따로 분명히 알고자 한다면 잘 들어라.

그대는 장차 미래 세상에 마땅히 육만팔천억의 여러 부처님 법 가운데에서 대법사가 되리라. 그리고 나머지 육천 명의 유학·무학 비구니들도 그대와 함께 법사가 되리라. 그대는 이런 식으로 해서 점점 보살도[313]를 갖추어 마땅히 성불하리니, 부처님 이름은 일체중생희견一切衆生喜見여래·응공·정변지·명행족·선서·세간해·무상사·조어장부·천인사·불세존이니라.

교담미여! 일체중생희견 부처님과 육천 명의 보살들은 차례차례 서로 수기를 주어 아뇩다라삼먁삼보리를 얻으리라."

그때 라후라의 어머니인 야수다라 비구니가 이렇게 생각하였다.

'세존께서 딴 사람은 다 수기를 주시면서, 어찌 내 이름만 언급하지 않으시는 걸까?'

부처님께서 야수다라[314] 비구니에게 이르시었다.

"그대도 앞으로 오는 세상에 백천만억의 여러 부처님 법 가운데에서 보살행을 닦아 대법사가 되리라. 이렇게 점점 불도를 완성해 나아가 선국善國세계에서 마땅히 성불하리니, 부처님 이름은 구족천만광상具足千萬光相여래·응공·정변지·명행족·선서·세간해·무상사·조어

---

313 보살도菩薩道: 붓다가 되기 위해 보살이 닦아야 하는 수행을 말한다.

314 야수다라耶輸陀羅: 범어 Yaśodharā의 음역. 지칭指稱 또는 명문名聞이라 한역. 구리성주 선각왕의 딸로서 신달타 태자의 비妃였다. 뒤에 마하파사파제와 함께 출가·수도하였다.

장부·천인사·불세존이니라. 그리고 부처님의 수명은 한량없는 아승기 겁의 오랜 세월이 되리라."

그때 마하파사파제 비구니와 야수다라 비구니 그리고 그 권속들은 모두 크게 환희하여 일찍이 없던 희유함을 느꼈다. 그리하여 부처님 앞에서 즉시 게송으로 사뢰었다.

세존 대도사께옵서는
하늘천신과 사람들을 안락하게 하시나니,
저희들 이제 수기 듣사옵고
마음이 매우 편안하오며 흡족하옵니다.

이 게송을 마치고 나서 비구니들은 다시 부처님께 사뢰었다.

"세존이시여! 저희들도 능히 사바세계 말고 다른 세계에서 널리 이 『법화경』을 펼치겠나이다!"

그때 세존께서 팔십만억 나유타 여러 보살마하살들을 바라보셨다. 그 많은 보살들은 전부 아유월치[315] 보살로서, 이미 불퇴전 법륜을 굴리며 각종 다라니를 얻은 상태였다. 그 보살들은 곧 자리에서 일어나 부처님 앞으로 나아가 일심으로 합장하며 이렇게 생각하였다.

'만약 세존께서 우리들에게 이 『법화경』을 잘 간직하여 연설하라고 분부하신다면, 마땅히 부처님 가르침대로 널리 이 법을 펼치련만……'

그리고 다시 또 이렇게 생각하였다.

---

315 아유월치阿惟越致: 범어 Avaivartika의 음역. 성불이 결정되어 물러서지 않는 불퇴전의 지위를 말한다. 아비발치阿毘跋致라고도 한다. 주 193 참조

'부처님께서 지금 침묵하신 채 아무 분부도 내리지 않으시니, 우리들은 마땅히 어찌해야 좋은가?'

이윽고 당시 모든 보살들은 부처님 뜻을 공손히 따르는 동시에 스스로 자신의 근본 서원도 만족시키고자, 문득 부처님 앞에서 사자의 울부짖음처럼 우렁차게 맹세하였다.

"세존이시여! 저희들도 여래께서 열반하신 후 시방세계에 두루 다니면서, 능히 중생들로 하여금 이 경전을 베껴 쓰고 받아 지니며 읽고 외우고 그 뜻을 해설하도록 하겠습니다. 그뿐만 아니라 경전의 가르침대로 수행하며 바르게 기억하도록 하겠습니다. 하지만 이 모든 것은 바로 부처님의 위신력으로 하는 것이니, 오직 원컨대 세존께서는 설사 다른 곳에 계시더라도 멀리서 보시며 수호하여 주시옵소서!"

즉시 모든 보살들은 다 함께 소리 내어 게송으로 사뢰었다.

부디 너무 염려하지 마시옵소서!
부처님 열반하신 뒤
두렵고 험한 오탁악세에서
저희들이 마땅히 이 경을 널리 설하오리다.

어떤 어리석은 사람들이
나쁜 말로 욕하고 꾸짖으며
칼과 몽둥이로 내리치더라도
저희들 모두 당연히 참으오리다.

말법의 오탁악세 비구들은
삿된 지혜로 마음이 사특하고 비뚤어져
얻지 못한 것을 얻었다 하며
아만심만 가득하나니,

어떤 비구는 조용한 숲 속 암자[316]에서
누더기 입고 외딴 곳에 지내는 것으로
참된 도를 닦고 있다 착각하여
다른 사람들을 잔뜩 업신여기고,

또는 이익만 탐착하여
속인에게나 설법하되
세상에서 공경 받기를
육신통 얻은 아라한이라도 된 듯하거니와,

이런 비구들은 나쁜 마음먹고
항상 세속 일만 생각하면서도
조용한 숲 속 암자에 거짓으로 틀어박혀서
저희들의 허물이나 들춰내기 좋아해 말하기를,

'저 비구들은 이익만 탐내서
외도 학설 지껄여대며 직접 경전까지 지어내

---

316 아련야阿練若: 범어 Araṇya의 음역으로 적정처寂靜處라고 한역. 여기서는 이해하기 쉽게 '조용한 숲 속 암자'라고 번역하였다.

세상 사람들을 속이고 미혹케 하니,
이름 내기 위해서 저런 경전을 분별하도다.'

그래서 늘 대중 가운데서 훼방코자 하여
국왕·대신·바라문·거사들과
나머지 다른 비구들에게도
저희들을 나쁘다고 비방하며 말하되,

'사견을 가진 사람들이라서
외도의 학설이나 지껄여댄답니다.'
이리 하여도 부처님을 공경하기에
그 못된 짓들 다 참으오리다.

또 아예 가벼이 여겨 말하기를,
'오냐, 너희들이 진짜 다 부처로구나!'
이처럼 업신여기며 빈정대는 말투도
마땅히 죄다 참고 감수하오리다.

무서운 일 허다한 오탁악세 험한 시절에
악귀라도 지핀 듯이 사나운 이들
모진 말로 욕하며 꾸짖고 헐뜯더라도
부처님 공경하고 믿기에 인욕의 갑옷을 입으오리다.

이 『법화경』을 설하기 위해

저희들은 그 모든 어려운 일들 끝까지 참으며
위없이 높은 진리를 목숨보다 더 소중히 아껴서
앞으로 부처님 부촉을 잘 지키고 간직하오리다.

세존께서도 의당 스스로 아시되
오탁악세의 그릇된 비구들은
부처님께서 방편으로
근기에 맞게 설법하셨던 내용을 몰라서,

욕설하고 빈축거리며 툭하면 저희들 쫓아내나니
할 수 없이 절에서 멀리 추방당하게 되더라도
그와 같이 억울한 일조차
부처님 분부 생각하고 모두 마땅히 참으오리다.

어떤 마을이든 도시나 시골에서
법을 구하는 사람이 있다면
어디든 그 처소에 가서
부처님께서 부촉하신 법을 설하오리다.

저희들은 세존의 심부름꾼으로
대중 속에서도 두려움 없이
마땅히 잘 설법하리니
부처님 제발 걱정 마시고 편안히 계시옵소서!

저희들은 석가세존과
시방에서 오신 많은 부처님들 앞에
이와 같이 맹세하옵나니
누구보다 부처님께서 저희들 마음 잘 아시오리다.

묘법연화경 제五권 제14 안락행품安樂行品

그때 문수사리 법왕자[317] 보살마하살이 부처님께 사뢰었다.

"세존이시여, 이 보살들은 아주 어려운 일을 감당해야만 될 것입니다. 즉 부처님을 공경하고 순종하기에 큰 서원을 세웠으니, 미래 오탁악세에서 이 『법화경』을 수호하여 간직하며 읽고 연설할 것입니다. 하지만 세존이시여, 보살마하살이 미래 오탁악세에서 어떻게 해야만 이 경을 널리 연설할 수 있겠습니까?"

부처님께서 문수사리보살에게 이르시었다.

"만약 보살마하살이 미래 오탁악세에서 이 경을 연설하고자 한다면 마땅히 네 가지 행법을 잘 지켜야 하느니라.

첫째, 보살의 올바른 수행자세와 가까이 해야 할 영역에 바로 안주해

317 법왕자法王子: 보살은 나중에 법왕法王의 자리, 곧 부처가 될 분이므로 '법왕의 아들'이라 부른다. 특히 보살들 중에 제일 상수上首가 되는 문수보살을 지칭하여 '법왕자'라고 부르는 경우가 많다.

야만, 능히 중생들을 위하여 이 경을 연설할 수 있느니라.

문수사리보살이여, 무엇을 보살마하살의 올바른 수행자세라 하는가? 보살마하살은 인욕의 경지에 머물러서 부드럽고 온화하며 착하고 순하여 발끈발끈 성내지 말아야 할 뿐만 아니라, 또한 마음으로 깜짝깜짝 놀라지 말아야 하느니라. 또 무엇에도 사로잡히지 말고 모든 법을 실상 그대로 관찰하되, 역시 함부로 생각하지 말고 분별하지 말아야 하느니라. 이것을 말해 '보살마하살의 올바른 수행자세'라 하느니라.

다음에 무엇을 보살마하살이 가까이 해야 할 영역이라 하는가? 보살마하살은 국왕과 왕자·대신·관청의 우두머리들과 교제하며 비위를 맞추거나 섬기지 말아야 하느니라. 또 모든 외도들, 곧 범지[318]나 니건자[319] 등과 가까이 사귀지 말며, 세속 문필가나 외도의 서적을 찬탄하는 이들, 그리고 로가야타[320]와 역로가야타[321] 등과도 친하게 지내지 말아야 하느니라. 또한 모든 흉칙한 놀이와 서로 찌르고 격투하며 힘 겨루는 일, 배우나 광대들[322]이 갖가지로 변화하는 놀이와 오락 등에도 가까이 하지 말아야 하느니라. 또 전다라[323]와 돼지·양·닭·개

---

318 범지梵志: 범어 Brahmacārin의 음역. 정행淨行으로 한역. 바라문교도를 말함.

319 니건자尼揵子: 범어 Nirgrantha-putra의 음역. 이계자離繫子로 한역. 나체로 다니며 걸식하는 고행외도苦行外道로, 나중에 자이나교의 일파一派가 됨.

320 로가야타路伽耶陀: 범어 Lokayāta의 음역. 유물론을 주장하는 순세외도順世外道이다.

321 역로가야타逆路伽耶陀: 범어 Vāmalokāyata. 세상의 욕락을 좇는 로가야타에 반하여, 고행을 주장하는 외도 가운데 일파이다.

322 나라那羅: 범어 Naṭa의 음역. 춤추고 노래하는 여러 놀이, 또는 그런 일들에 종사하는 배우를 말한다.

323 전다라旃陀羅: 범어 Caṇḍāla의 음역. 험악인險惡人 또는 주살인主殺人으로 한역.

따위를 기르는 이와 산짐승을 사냥하고 물고기를 잡는 등 여러 나쁜 짓을 하는 사람들과 친하게 사귀지 말아야 하느니라. 그러나 혹시 그와 같은 사람들이 찾아오거든, 그들을 위하여 그때그때 알맞게 설법해주되 바라는 바가 없어야 되느니라.

또 성문승을 구하는 비구·비구니·우바새·우바이와 가깝게 지내지 말며, 문안도 하지 말라. 그래서 방안에서나 혹은 다니는 길에서, 아니면 강당 안에서라도 함께 가까이 머물지 말라. 하지만 혹시 찾아오거들랑 근기에 맞게 법을 설해주되, 역시 대가를 구하는 바가 없어야 되느니라.

문수사리보살이여!

또 (여인들에게 설법할 때) 보살마하살은 여자의 몸에 애욕을 일으킬 수 있는 태도로 설법해서는 절대로 안 되며, 또한 여자들과 만나는 것을 좋아해서도 안 되느니라. 그리하여 만약 남의 집에 들어가더라도 어린 소녀나 처녀 혹은 과부들과 더불어 삼가 말하지 말며, 게다가 또 다섯 종류의 사내 아닌 남자들[324]과도 친하게 지내지 말라. 그리고 혼자서 남의 집에 들어가지 말되, 어쩌다 그럴만한 사정이 생겨서 할 수 없이 혼자 들어가야만 할 때에는 오로지 일심으로 염불하며 들어가야 하느니라. 만약 여인을 위하여 설법하게 되거든, 치아를

인도의 사성四姓 가운데 하나로, 최하위 천민 계급이다. 주로 백정이나 옥졸 등에 종사한다.

324 오종불남五種不男: ①태어나면서부터 남근을 사용할 수 없는 자. ②독충에 물렸거나 칼에 잘려 사용할 수 없는 자. ③다른 이의 음행을 볼 때만 일어나고 실제로는 사용할 수 없는 자. ④음행 중에 상실하여 사용할 수 없는 자. ⑤반달은 사용하고 반달은 사용할 수 없는 자 등이다.

드러내어 웃지 말고 가슴을 헤쳐 보여서도 안 되느니라. 심지어 법을 위해서라도 오히려 여인과 허물없이 친해져서는 안 되는데, 하물며 다른 목적으로 여인과 친하게 지내서야 되겠느냐!

그리고 나이 어린 제자나 사미·어린애들 기르는 것을 좋아하지 말고, 또한 스승과 더불어 같이 풍류하지 말라. 그보다 항상 좌선하기를 좋아하고, 한적한 곳에서 그 마음을 거두어 닦도록 하여라. 문수사리보살이여, 이것을 '보살마하살이 가까이 해야 할 첫 번째 영역'이라 하느니라.

다음에 또 보살마하살은 일체법이 공하여 실상과 같음을 관찰해야 하느니라. 즉 모든 법은 뒤바뀌지 않고 흔들리지 않으며 물러나거나 옮겨가지 않나니, 마치 허공에 아무런 성품이 없는 것처럼 일체 언어의 길이 끊어져 말로써 표현할 수가 없느니라. 그래서 사실 모든 법은 생기는 것도 아니고 나오는 것도 아니며 일어나는 것도 아니고, 이름도 없으며 모양도 없어서 실제로 있는 게 아무것도 없느니라. 다시 말해 일체법은 한량없으며 끝도 없고 걸림도 없을 뿐더러 막힘도 없느니라. 왜냐하면 모든 법은 오로지 인연에 의해서만 존재하며, 전도된 생각으로부터 생기기 때문이니라. 그러므로 늘 이와 같이 법상[325]을 즐겨 관찰하라고 말하나니, 이것을 '보살마하살이 가까이 해야 할 두 번째 영역'이라 하느니라."

그때 세존께서 거듭 의미를 표현하시고자 게송으로 말씀하셨다.

---

325 법상法相: 있는 그대로의 모양.

만약 어떤 보살이 미래 오탁악세에서
두려움 없는 마음으로 이 경을 설하고자 하거든
마땅히 올바른 수행 자세와
가까이 해야 할 영역에 입각해야 하느니라.

언제나 국왕과 왕자
왕의 시종인 대신과 관장
흉악한 놀이의 장난꾼과 전다라
외도 범지인 이교도들을 멀리 하며,

또한 깨달은 체하는 증상만인과
소승에 집착하는 삼장 학자들
파계한 비구와 이름뿐인 아라한 그리고
희롱하기 좋아하는 비구니들과 사귀지 말고,

오욕락에 깊이 탐착한 채
현세에서 안락한 상태를 구하는
그런 재가 여성들과도
일절 교제하지 말라.

그런데 만약 그 사람들이 좋은 마음으로써
보살 있는 데를 찾아와 불법을 듣고자 하거든
보살은 두려움 없는 마음으로써
대가를 바라는 마음 없이 설법해 주도록 해라.

과부나 처녀
그리고 사내 아닌 남자들과
모두 가까이 하여
친하게 지내지 말며,

짐승 잡는 백정이나 회치는 이
사냥꾼이나 어부들 같이
이익을 위해 살생하는
그런 사람들과도 가까이 지내지 말고,

고기 팔아 생활하며
몸을 파는 여자들
그와 같은 사람들과도
모두 교제하지 말고,

험상스럽게 서로 격투하는 자와
여러 가지 희롱하며 노는 자,
유녀遊女나 모든 음탕한 여자들과
전부 사귀지 말라.

그리고 혼자 으슥한 곳에서
여인을 위해 설법하지 말고
만약 법을 설할 때에는
농담하며 실없이 웃지 말라.

마을에 들어가 걸식할 때에는
다른 비구와 같이 갈 것이며
만약 동행할 스님이 없거든
일심으로 염불하며 가도록 해라.

이것이 바로 보살의
올바른 수행자세와 가까이 할 영역이니,
이 두 가지 처신으로써
능히 안락하게 설법할 수 있으리라.

또 다시 상·중·하의 법이나
유위법과 무위법
진실한 법과 진실하지 않은 법을
구태여 따지지 말고,

또한 남자다 여자다 분별하지 말며
모든 법을 얻으려 하지도 말고
알려거나 보려고도 하지 말지니
이것이 보살의 올바른 수행 자세니라.

모든 법은 공하여 있는 게 없기에
항상 머무는 것도 없고
또한 생기거나 사라지는 것도 없나니
이것이 지혜로운 자가 가까이 할 영역이니라.

전도된 망상으로
모든 법이 있네 없네
이것이 옳네 옳지 않네
생기네 생기지 않네 분별하나니,

한가한 곳에 있으며
그 마음을 거두어 닦되
편안히 머물러 움직이지 않기를
수미산과 같이 하라.

일체법을 관하여도
아무것도 없나니
마치 허공에 견고한 것이
하나도 없는 것과 같아서,

생기지도 않고 나오지도 않으며
움직이지도 않고 물러나지도 않은 채
항상 일정한 모양으로 머물러 있음을 관찰할지니
이것이 바로 수행자가 가까이 해야 할 영역이니라.

만약 어떤 비구라도 내 열반한 뒤에
올바른 수행 자세와
가까이 해야 할 영역에 입각한다면
이 경을 설할 때에 겁날 것이 없으리라.

보살이 때때로
고요한 방에 들어가
올바른 생각으로써
이치에 맞게 법을 관찰하며,

선정으로부터 일어나서는
모든 국왕과 왕자·신하·백성 및 바라문들을 위하여
이 경전을 펼쳐 교화하고 선양하여 연설한다면
그 마음 편안하여 겁날 것이 없으리라.

문수사리보살이여,
이것을 말하여
보살이 후세에 『법화경』을 설하기 위해
안주해야 할 첫 번째 행법이라 하느니라.

"또 문수사리보살이여!

여래가 열반한 뒤 말법 세상 가운데에서 이 경을 연설하려면 응당 다음의 안락한 행법에도 머물러야 하느니라. 다시 말해 입으로 경전을 연설하거나 독경할 때, 삼가 남의 허물이나 경전의 허물을 말하는 것을 좋아해서는 안 되느니라. 또한 다른 법사들을 가벼이 업신여기지 말며, 다른 사람의 좋고 나쁜 잘잘못을 말하지 말아야 하느니라. 아무리 성문승을 구하는 사람이라도 역시 그 사람 이름을 불러가며 허물을 말하지 말고, 그 사람 이름을 불러가며 좋은 점을 찬탄하지도 말라. 또 마찬가지로 원망하고 싫어하는 마음도 품지 말지니라. 설법자가 그렇게 안락한 마음을 잘 닦게 되면, 따라서 듣는 청중들도 모두 그의 뜻을 어기지 않으리라.

그리고 만일 어려운 질문을 받거든 소승법으로써 대답하지 말고, 오로지 대승법으로써 해설해주어 듣는 사람들로 하여금 일체종지를 얻도록 해야 하느니라."

그때 세존께서 거듭 의미를 표현하시고자 게송으로 말씀하셨다.

보살은 항상 안락하게 설법하되
깨끗한 땅에 높은 자리 마련해서
기름[326]을 몸에 발라
더러운 때 씻어버리고,

깨끗한 새 옷을 갈아입어
안과 밖을 함께 청결히 한 다음
법좌에 편안히 앉아서
물음에 따라 설법하여라.

어떤 비구·비구니·우바새·우바이와
국왕·왕자·대신·백성들에게도
미묘한 뜻으로써
온화한 얼굴로 설법해 줄지니,

---

326 인도에서는 몸의 더러움을 씻고 청결을 유지하는데 향유香油를 쓴다.

만약 어려운 질문을 받거든
뜻에 맞게 대답해주되
인연과 비유를 들어서
알기 쉽게 자세히 분별하여 설명하여라.

이러한 방편으로써
듣는 사람 모두 발심케 하여
점점 공덕을 쌓아서
불도에 들게끔 하여라.

게으른 마음과 나태한 생각을 없애고
여러 쓸데없는 근심 걱정 떠나
오로지 자비한 마음으로
법을 설해야 하나니,

밤낮으로 늘 위없이 높은 진리의 가르침 설하되
갖가지 인연 이야기와 한량없는 비유로써
중생들에게 최고 가르침을 열어 보여
듣는 사람들 모두 즐겁고 기쁘게 하여라.

그렇지만 혹여 그 답례로
의복이나 이부자리
음식이나 의약품 등
그 중에 한 가지도 바라지 말고,

다만 일심으로 염원하기를
설법의 인연으로 반드시 불도를 이루고
듣는 청중들도 똑같이 불도 이루기만 바랄지니
이것이야말로 큰 이익이며 안락한 공양이로다.

내 열반한 뒤 어떤 비구라도
능히 이렇게 『묘법연화경』을 연설할 수 있다면
마음에 질투와 성냄 등 온갖 번뇌와 장애가 사라져
근심할 것도 없고 걱정할 것도 없으며,

누구도 그를 욕하거나 꾸짖을 수 없고
또 두렵게 할 수도 없을 뿐만 아니라
칼·몽둥이 따위로 때리거나 쫓아낼 수도 없나니
바로 인욕에 안주했기 때문이니라.

지혜로운 자가 이와 같이
그 마음을 잘 닦는다면
내 앞서 말한 대로
능히 안락함에 머물 수 있으리니,

그 사람의 공덕은
천만억 겁의 세월 동안에
어떤 숫자나 비유로도
능히 다 말할 수 없으리라.

"또 문수사리보살이여!

보살마하살이 미래 말법 세상에서 법이 없어지려고 할 때, 이 경전을 받아 지니고 읽고 외우는 사람은 질투하고 아첨하며 속이는 마음을 품지 말아야 하느니라. 또한 불도를 공부하는 자에 대해 가볍게 여겨 나무라거나, 그의 잘잘못을 찾아내려 해서도 안 되느니라. 설사 성문을 구하거나 벽지불을 구하거나 보살도를 구하는 비구·비구니·우바새·우바이들이 있더라도, 그들을 괴롭혀서 곤혹스럽게 하려고 다음과 같이 말해서는 안 되느니라.

'너희들은 진리〔道〕와 거리가 너무 떨어져서 마침내 일체종지를 얻을 수 없을 것이다. 왜냐하면 너희들은 방일하기 짝이 없는 사람들로 도를 닦는 데 너무 게으르기 때문이다.'

또 응당 모든 법을 희론하여 다투는 일이 있어서도 안 되느니라. 그리고 마땅히 일체 중생들을 크게 불쌍히 여기며, 모든 여래를 인자하신 아버지라고 생각해야 하느니라. 또 모든 보살들을 큰 스승으로 생각해서, 시방의 여러 대보살들을 항상 마음속 깊이 공경하고 예배해야 하느니라. 또한 모든 중생들에게 평등하게 설법하되, 법에 수순하는 까닭에 가르침을 더하지도 말고 빼지도 말아야 하느니라. 심지어 법을 깊이 사랑하는 자일지라도 역시 지나치게 많이 보태 설해서는 안 되느니라.

문수사리보살이여!

보살마하살이 미래 말법 세상에 법이 없어지려고 할 때 이 세 번째 안락한 행법을 성취한다면, 이 가르침을 설할 때 어떤 것도 그를 괴롭힐 수 없으리라. 좋은 도반을 얻어서 함께 이 경전을 읽고 외우며,

또한 대중들이 찾아와서 가르침을 듣고 받으리라. 대중들이 법을 들은 뒤에는 능히 간직할 것이고 간직한 뒤에는 능히 외우며, 외운 뒤에는 설할 수 있으리라. 또 설한 다음에는 능히 쓰거나 남을 시켜 쓰게 할 뿐 아니라, 경책에 공양하며 공경하고 존중히 찬탄하리라."

그때 세존께서 거듭 의미를 표현하시고자 게송으로 말씀하셨다.

만약 『법화경』을 연설하려거든
마땅히 질투하고 성내며 교만한 마음과
아첨하고 기만하며 삿되고 거짓된 마음 다 버리고
항상 바르고 정직한 행을 닦도록 하여라.

남을 가벼이 업신여기지 말며
또한 법을 함부로 희론하지 말고
'네까짓 게 무슨 성불이냐!' 말하여
남들로 하여금 곤혹스럽게 하지 말라.

불자가 설법하려면
항상 부드럽고 온화하게 잘 참으며
일체를 사랑하고 불쌍히 여김과 동시에
게으른 마음을 내지 말아야 하느니라.

시방의 모든 대보살들도
중생을 가엾이 여겨 도를 수행하시니

응당 공경하는 마음을 내어
거룩하신 스승님으로 섬기고,

모든 부처님 세존을
위없이 가장 좋은 아버지로 생각하여
교만한 마음을 깨뜨린다면
설법하는 데 아무런 장애가 없으리라.

세 번째 행법 이와 같으니
지혜로운 자가 잘 지켜서
일심으로 안락한 행법을 따른다면
한량없는 중생들이 공경하리라.

"또 문수사리보살이여!

보살마하살로서 미래 말법 세상에 법이 없어지려고 할 때 이 『법화경』을 간직하는 자가 있다면, 재가 신도나 출가한 스님들께 크게 자비한 마음을 내어야 하느니라. 또한 보살이 아닌 다른 사람들에게는 크게 불쌍히 여기는 마음을 내어서, 응당 다음과 같이 생각해야 되느니라.

'아, 이 사람들이 엄청나게 큰 손실을 보겠구나. 여래께서 방편으로 근기에 맞게 설법하셨거늘, 그런 것에 대해 전혀 듣지 못하고 알지 못하며 깨닫지 못하고 묻지도 못하며 믿지 못하고 이해하지 못하다니……. 그러나 이 사람들이 지금은 비록 이 경전에 대해 묻지도 못하고 믿거나 이해하지도 못하지만, 내가 아뇩다라삼먁삼보리를 얻을 때에는 반드시 어느 곳에 중생이 있든지 신통력과 지혜의 힘으로써 인도하여 꼭 이 가르침〔法〕 안에 머물게 하리라!'

문수사리보살이여!

보살마하살로서 여래가 열반한 뒤 이 네 번째 행법을 성취하는 자가 있다면, 이 가르침〔法〕을 연설할 때에 아무런 과실이 없으리라. 그래서 항상 비구·비구니·우바새·우바이·국왕·왕자·대신·백성·바라문·거사들이 공양하고 공경하며 존중히 찬탄하리라. 또한 허공의 모든 하늘나라 천신들도 법을 듣기 위해 늘 따라다니며 모시리라. 혹시 마을이나 도시 또는 한적한 숲 속에 있을 때 어떤 사람이 와서 어려운 것을 묻더라도, 모든 하늘천신들이 밤낮으로 항상 법을 위해 호위하므로 듣는 자로 하여금 모두 기쁘게 할 수 있으리라. 왜냐하면 이 경은 바로 과거 현재 미래의 일체 부처님들께서 신통력으로 보호해 주시기 때문이니라.

문수사리보살이여! 이 『법화경』은 한량없이 많은 세계 가운데에서 심지어 그 이름조차 듣기가 어렵거늘, 하물며 직접 경전을 보고서 받아 지니고 읽고 외우는 일이란 얼마나 어려운 일이 되겠느냐!

문수사리보살이여!

예를 들어 강력한 전륜성왕이 그 당당한 위세로써 모든 나라들을 항복시키려고 하는데, 여러 작은 나라 왕들이 명령에 순종하지 않는다면 전륜성왕은 당장 여러 군사들을 거느리고 토벌하러 가리라. 이윽고 왕은 병사들 중에서 싸움에 공이 있는 자를 보면 크게 환희하여 공로에 따라 상을 주나니, 논밭이나 집 또는 마을과 도시를 상으로 주기도 하며 혹은 의복이나 몸을 단장하는 장신구를 주기도 하리라.

또 여러 가지 보배인 금·은·유리·자거·마노·산호·호박과 코끼리·말·수레 따위와 혹은 노비와 백성들을 주리라.

그러나 오직 상투 속에 간직한 밝은 구슬만은 주지 않는 법이니, 왜냐하면 이 구슬은 세상에서 오직 하나 전륜성왕의 정수리에만 있기 때문이니라. 이 구슬까지 준다면 왕의 모든 권속들은 반드시 크게 놀라서 어리둥절해 하리라.

문수사리보살이여!

여래도 또한 그와 같아서 선정과 지혜의 힘으로써, 법의 국토를 얻어 삼계의 왕이 되었느니라. 그런데 모든 마왕들이 기꺼이 순종하지 않으면 여래의 모든 장수들, 곧 현자와 성인들이 마왕들과 함께 싸우느니라. 그리하여 싸움에 공로가 있는 자에게는 여래도 역시 마음으로 환희하며, 사부대중 가운데에서 여러 경전들을 설해 그들 마음을 기쁘게 하느니라. 그래서 선정과 해탈, 무루無漏의 오근五根과 오력五力 등 많은 법의 재물을 나눠주느니라. 게다가 또 열반의 성읍을 주며 열반을 얻었다고 말하여, 그들 마음을 인도해 모두 환희롭게 하느니라. 그렇지만 이 『법화경』만은 쉽사리 설해주지 않는 법이니라.

문수사리보살이여!

그러나 저 전륜성왕이 모든 군사들 가운데에서 공로가 가장 탁월한 자를 보게 된다면 마음속으로 아주 크게 환희하리라. 그래서 믿기 어려운 보배구슬을 상투 속에 오랫동안 간직한 채 함부로 남에게 보여주지 않다가 그제서야 내어 주느니라.

여래도 역시 그와 마찬가지로 삼계 가운데 대법왕이 되어, 바른 법으로써 일체 중생들을 교화하느니라. 그런데 현자와 성인 군사들이 오음마[327]·번뇌마[328]·사마[329] 따위 등과 함께 싸워서 큰 공훈을 세우고, 삼독을 없앰은 물론 삼계에서 벗어나 마왕의 그물까지 깨뜨리는 걸 보게 된다면 여래도 그때 크게 환희하리라. 능히 『법화경』이 중생들을 일체지에 이르게 할 수 있지만, 모든 세간[330]에 원망이 많아서 잘 믿기가 어렵기에 여태까지 설하지 않고 있다가 그제서야 설해주는 것이니라.

문수사리보살이여!

이 『법화경』은 바로 모든 여래의 제일 으뜸가는 설법이니라. 즉 모든 설법 가운데에서 그 뜻이 가장 심오하여 맨 나중에야 설하는 것이니라. 마치 저 힘센 전륜성왕이 오랫동안 밝은 구슬을 간직하다 나중에서야 주는 것과 마찬가지니라.

문수사리보살이여!

이 『법화경』은 모든 부처님 여래의 비밀한 법장으로 모든 경전들 가운데 가장 최고이니라. 그래서 기나긴 세월 동안 수호하며 함부로 말하지 않고 있다가, 비로소 오늘날에야 너희들에게 가르쳐주는 것이니라."

그때 세존께서 거듭 의미를 표현하시고자 게송으로 말씀하셨다.

---

327 오음마五陰魔: 중생의 몸과 정신을 구성하는 色·受·想·行·識 다섯 가지 요소로 인한 여러 장애.

328 번뇌마煩惱魔: 중생의 마음을 산란하게 요란시키는 각종 번뇌로 인한 장애.

329 사마死魔: 죽음에 대한 공포와 그로 인해 겪게 되는 고통으로 인한 장애.

330 세간世間: 범어 Loka의 한역. 로가路迦라 음역. 세상을 말하는데, 일반적으로 유정세간(有情世間 ; 衆生世間)과 기세간(器世間 ; 國土世間)의 二種으로 분류한다.

항상 인욕을 행하고
일체 중생들을 불쌍히 여겨야
부처님 찬탄하시는 경을
능히 설할 수 있도다.

미래 말법 세상에 이 『법화경』을 지니는 자는
재가자나 출가자에게
그리고 보살 아닌 다른 이에게도
응당 자비한 마음으로 생각하되,

'이 경을 듣지 않고 믿지 못하여
이들은 엄청나게 큰 손실을 보겠구나!
내가 불도를 얻게 되면 온갖 방편으로라도 이 경을 설해주어
바른 가르침 안에 머물게 하리라!'

예를 들어 강력한 전륜성왕이
싸움에 공 있는 군사가 있으면
모든 물품을 상으로 나눠주리니
코끼리·말·수레·장신구와

그리고 많은 전답과 집
마을이나 성읍 따위를 주고
혹은 의복과 여러 가지 진귀한 보배들
노비와 재물들을 흔쾌히 주다가,

어떤 이가 용맹하고 굳세어
가장 힘든 공훈을 세우게 되거든
그때서야 비로소 상투 속에 간직했던
밝은 구슬을 꺼내어 주듯이,

여래도 또한 그와 같아서
모든 법의 왕이 되어
인욕의 큰 힘과 지혜의 보물창고를 지니고
대자대비로써 법답게 세상을 교화하되,

모든 사람들이 많은 고통 감수하며
해탈을 구해 마구니들과 싸우는 것을 보고
그 중생들 위해 갖가지 법을 설하며
큰 방편으로써 많은 경전들 연설하다가,

이미 중생들이 능력을 갖춘 걸 알게 되면
맨 나중에서야 이 『법화경』을 설해주나니
마치 왕이 상투를 풀어서
밝은 구슬을 꺼내주는 것과 같도다.

이 『법화경』은 존귀하여
여러 경전들 가운데 으뜸이므로
내 항상 수호하고 함부로 열어 보이지 않다가
지금 바로 적절한 때가 되어 너희들을 위해 설하노라.

내 열반한 뒤에
불도를 구하는 자들이
이 경을 안락하게 연설하려거든
응당 앞서 말한 네 가지 행법을 잘 익힐지니,

그렇게 『법화경』 읽는 자는
항상 근심 걱정이 없는데다가
또 병이 없어 얼굴빛이 깨끗하고 희며
빈궁하고 하천한 데 살지 아니하고,

성현을 사모하듯
중생들이 보기 좋아하며
하늘의 동자들이
시자가 되어 모시리라.

칼과 몽둥이로 감히 법사를 때리지 못하고
독약도 능히 해치지 못하며
만일 누군가 법사를 욕설한다면
그 입이 곧 막혀지리라.

아무리 돌아다녀도
사자왕처럼 두려움이 없으며
지혜의 광명은
햇살처럼 찬란히 빛나리라.

혹 꿈속에서조차 좋은 일만 보리니
모든 여래께서 사자좌에 앉으사
여러 비구들에게 둘러싸여
설법하시는 꿈을 꾸게 되고,

또 항하의 모래알처럼 무수한
용과 천신·아수라들이 공손히 합장하거든
그 자신이 직접 그들을 위해
설법해주는 꿈을 꾸게 되며,

또 모든 부처님 몸은 황금빛이거늘
한량없는 광명으로 일체를 비추시는데
깨끗한 음성으로써
모든 법 연설하시는 광경을 보게 되리라.

부처님께서 사부대중 위하사
위없이 높은 법을 설하시거늘
자기 자신도 그 가운데 있는 것을 보되
합장한 채로 부처님을 찬탄하고 있으며,

이윽고 법을 듣자 환희한 마음으로 공양드리고
다라니 얻어 물러남 없는 지혜를 증득하거든
부처님께서 불도에 깊이 들어갔음을 아시고
최정각 이룰 것을 꿈에서 수기하여 말씀하시되,

'그대 선남자는 앞으로 오는 세상에
한량없이 지혜로운 부처님의 깨달음을 얻으리니,
국토는 맑고 깨끗하며 비길 바 없이 넓고 큰 데다
또한 사부대중이 있어 합장하고 법을 들으리라!'

또 자기 자신이 산 속에 있으면서
올바른 가르침을 익히고 닦아
모든 실상 증득하고 선정에 깊이 들어
시방의 모든 부처님들 친견하는 꿈을 꾸리니,

모든 부처님들의 몸은 황금빛이요
백 가지 상서로운 복덕으로 장엄하셨으며
부처님께 법을 듣고 나서 남을 위해 설법하는
항상 이런 좋은 꿈을 꾸리라.

또 꿈속에서조차 국왕이 되어
궁전과 친족 권속들 모두 버리고
오욕락을 마다하고 출가하여
도량에 나아가 보리수 밑 사자좌에 앉거늘,

그렇게 도를 구한 지 칠 일만에
모든 부처님 지혜를 얻어서
위없이 높은 진리를 성취한 다음
다시 일어나 법륜을 굴리되,

사부대중 위해 천만억 겁 동안이나
무루의 묘법을 설하여 한량없는 중생들 제도한 뒤
열반에 들 적엔 기름 다한 등잔불처럼
연기가 그치매 불빛도 자연 사라지는 꿈을 꾸리라.

만약 미래 오탁악세에서
제일 으뜸가는 이 법을 설한다면
그 사람은 여태까지 말한 공덕과 같은
큰 이익을 얻게 되리라.

제15 종지용출품從地涌出品

그때 다른 세계에서 온 보살마하살들이 무려 여덟 항하의 모래 수보다 훨씬 숫자가 많았는데, 모두 대중 속에서 일어나 합장하고 절하며 부처님께 사뢰었다.

"세존이시여!

저희들이 부처님께서 열반하신 후 이 사바세계에 남아 부지런히 정진하면서 이 경전을 지키고 간직하며 읽고 외우고 베껴 쓰고 공양하도록 허락해 주신다면, 당연히 이 사바세계에서 이 경을 널리 설하겠나이다."

그때 부처님께서 다른 세계에서 온 많은 보살마하살들에게 이르시었다.

"괜찮도다, 선남자들이여! 그대들까지 굳이 애써서 이 경을 지키며 간직하지 않아도 되느니라. 왜냐하면 우리 사바세계에는 본디 육만 항하의 모래알처럼 많은 보살마하살들이 있으며, 또 그 보살 한 명마다 각각 육만 항하의 모래알처럼 많은 제자들이 딸려 있느니라. 그 보살들이 모두 내가 열반하고 난 후에도 이 경을 지키고 간직할 뿐만 아니라 읽고 외우며 널리 설할 것이기 때문이니라."

부처님께서 이렇게 말씀하실 때에 사바세계의 삼천대천 온 세계 땅이 죄다 진동하며 갈라지더니, 그 속에서 한량없는 천만억 보살마하살들이 동시에 솟아올라왔다. 그 보살들은 모두 황금빛의 몸에다 삼십이상을 갖추었고, 한량없는 광명으로 눈이 부시었다. 그들은 아주 오랜 옛날부터 이 사바세계 아래의 허공 가운데 머물고 있었는데, 석가모니 부처님께서 말씀하시는 음성을 듣고는 당장 땅속에서 솟아올라온 것이었다.

보살 한 분마다 모두 대중을 통솔하는 스승으로서, 각각 육만 항하의 모래알처럼 많은 제자들을 거느리고 있었다. 하물며 오만·사만·삼만·이만·일만 항하의 모래알 같은 제자들을 거느리고 온 보살들은 훨씬 더 숫자가 많았다. 더욱이 항하의 모래알과 똑같은 수의 제자들이나 그 절반에 해당하는 제자들, 또는 항하의 모래알 사분의 일에 해당하는 제자들, 하다못해 항하의 모래알 천만억 나유타분의 일에 해당하는 제자들을 거느리고 온 보살들은 더욱 헤아릴 수 없을 지경이었다. 게다가 천만억 나유타 수의 제자들과 억만 명이나 천만 명·백만 명·만 명의 제자들을 거느리고 온 보살들은 그보다 수도 없이 많았다. 거기다 천 명·백 명·열 명의 제자들을 거느리고 온 보살들은 정말 부지기수였다. 더욱이 다섯 명이나 네 명·세 명·두 명 혹은 한 명의 제자만 거느리고 온 보살들은 그야말로 말할 수 없이 많았다. 하물며 거기에다 번거로운 것을 싫어해 혼자서 온 보살들은 이루 헤아릴 수 없이 많았으니, 그와 같은 보살들은 한량없고 끝이 없어서 어떤 숫자나 비유로도 알 수가 없을 정도였다.

그 많은 보살들은 전부 땅속에서 솟아 나와서, 각각 하늘 한가운데 떠 있는 아름다운 칠보탑 속의 다보여래와 석가모니 부처님 처소로 나아갔다. 이윽고 도착하자 보살들은 두 분 세존을 향해 머리 숙여 부처님 발에 절하였다. 그리고 모든 보배나무 밑의 사자좌 위에 앉아 계신 분신부처님들 처소에 가서도 역시 공손히 절하였으며, 오른쪽으로 세 번씩 돌고는 합장하여 공경하였다. 이렇게 보살들이 찬탄하는 갖가지 법식으로써 부처님을 찬탄하고는 한 쪽으로 물러나 두 분 세존을 하염없이 기쁘게 우러러보았다.

그 모든 보살마하살들이 처음 땅에서 솟아나와 보살들이 찬탄하는 갖가지 법식으로써 부처님을 찬탄한 시간만 해도 자그마치 오십 소겁이나 걸렸다. 그런데도 당시 석가모니 부처님께서는 말없이 앉아만 계셨고, 모든 사부대중들도 마찬가지로 그냥 말없이 앉아 있었다. 오십 소겁이라는 어마어마한 세월이 부처님의 신통력 덕분에 모든 대중들에게 흡사 반나절처럼 짧게 여겨졌던 것이었다.

그때 사부대중은 역시 부처님의 신통력 덕분에 많은 보살들이 한량없는 백천만억 세계의 허공 가운데 가득 찬 것을 보았다. 그 보살들 가운데 네 명의 지도자가 있었으니, 첫째는 상행上行보살이요, 둘째는 무변행無邊行보살이며, 셋째는 정행淨行보살이고, 넷째는 안립행安立行보살이었다. 이 네 명의 보살님들은 보살들 가운데 가장 으뜸가는 대표이자 무리를 이끄는 법사로서, 보살대중 앞에서 각각 서로 합장한 채 석가모니 부처님을 우러러 문안을 여쭈었다.

"세존이시여! 아프신 데 없으시고 걱정도 없으시며, 편안하게 지내셨습니까? 제도 받는 중생들은 가르침을 순순히 잘 받아들이는지요? 혹시 세존을 피로하게 하지는 않습니까?"

그때 네 명의 대보살들이 게송으로 사뢰었다.

세존께서는 안락하시어
병도 없고 걱정도 없으시며,
행여 중생을 교화하시느라
피로하시지는 아니하십니까?

또 모든 중생들은
교화를 잘 받아들이는지요?
혹여 세존으로 하여금
수고스럽게 하지는 않습니까?

그때 세존께서 보살대중들 가운데에서 이렇게 말씀하셨다.

"그래그래, 모든 선남자들이여! 여래는 안락하여 병도 없고 걱정도 없느니라. 모든 중생들은 교화하고 제도하기 쉬워서, 별로 피로하지 않느니라. 왜냐하면 이 여러 중생들은 옛날부터 태어날 적마다 항상 나의 교화를 받아왔으며, 또한 과거 모든 부처님들을 공경하였고 존중하여 많은 선근을 심어왔기 때문이니라. 그래서 이 중생들은 처음 나의 몸을 보고 나의 설법을 듣자마자, 모두들 믿고 받아들여 바로 여래의 지혜에 들어갔느니라. 다만 먼저 소승의 가르침을 배워서 닦고 익혔던 사람만은 제외되었으나, 그런 사람들도 내가 이제『법화경』을 듣게 해서 부처님 지혜로 들어가게끔 하리라."

그때 대보살들이 게송으로 사뢰었다.

거룩하시고 거룩하시어라!
큰 영웅이신 세존이시여!
많은 중생들이
쉽게 교화되어,

능히 모든 부처님의
깊은 지혜에 대해 여쭈오며
법문을 듣고는 믿고 실천한다 하니
저희들도 덩달아 기쁘기 한량없나이다.

이때 세존께서 대표인 네 명의 대보살들을 찬탄하셨다.

"착하고 착하도다, 선남자들이여! 그대들이 능히 여래의 일을 함께 기뻐하다니, 참으로 훌륭하구나!"

그때 미륵보살과 팔천 항하의 모래알처럼 많은 보살들이 모두 이렇게 생각하였다.

'우리들은 예로부터 지금까지 이렇게 많은 대보살마하살들이 땅에서부터 솟아나와, 세존 앞에 서서 합장하고 공양하며 여래께 문안여쭙는 것을 보지도 듣지도 못하였도다. (도대체 이 보살들은 누구일까?)'

당시 미륵 보살마하살은 팔천 항하의 모래알처럼 많은 보살들이 저마다 마음속으로 의심하고 있는 것을 짐작하고 있거니와, 또 자기 자신도 궁금한 것을 해결하기 위해 부처님을 향하여 합장하고 게송으로 여쭈었다.

한량없는 천만억 대중의
수없이 많은 보살들을
여태껏 한 번도 본 적이 없나니
양족존이시여, 부디 설명해주소서!

이 보살들은 어디에서 왔으며
무슨 이유로 모였나이까?
거대한 몸에 큰 신통력 갖추고
지혜 또한 헤아릴 수 없으며,

뜻과 생각이 견고한 데다
인욕하는 힘도 커서
중생들이 보기 좋아하거니
대체 어느 곳에서 왔나이까?

보살 한 분마다
거느리고 온 제자들
그 수효 헤아릴 수 없어

항하의 모래알처럼 무수하거늘,

혹 어느 대보살은
육만 항하의 모래알 같은 제자들 거느렸는데
그처럼 많은 대중들이
일심으로 불도를 구하되,

그 여러 위대한 법사들
육만 항하의 모래알 같은 제자들과
모두 함께 와서 부처님께 공양하며
이 경전을 지키고 간직하나이다.

오만 항하의 모래알 같은 제자들을
거느린 보살들은 그보다 훨씬 많으며
사만·삼만·이만·일만 항하의 모래알 같은 제자들
거느린 보살들은 더더욱이나 많고,

천 항하에서 백 항하의 모래알 같은 제자들
심지어 항하의 모래알과 똑같은 수이거나 절반의 제자들
또는 삼분의 일·사분의 일·억만분의 일에 해당하는
제자들 거느린 보살들은 그야말로 부지기수이며,

천만 나유타 수의 제자들과
만억 명의 제자들

하다못해 오천만 명의 제자들을
거느린 보살들은 그보다 훨씬 무수할 뿐더러,

백만 명에서 만 명의 제자들이나
천 명에서 백 명 혹은 오십 명과 열 명의 제자들
하다못해 세 명이나 두 명·한 명의 제자만
거느린 보살들은 더 말할 수 없을 정도로 많고,

거기에다 홀로 있는 것을 좋아해
제자도 없이 부처님 처소에
혼자서 온 보살들까지 거론하자면
그 수효 더 무지무지해 이루 헤아릴 수 없나니,

이와 같은 모든 대중들을
누군가 숫자로 헤아린다면
설사 항하의 모래알처럼 오랜 세월 흐르더라도
다 알 턱이 없을 정도로 많사옵니다.

큰 위덕을 갖춘 채
정진하는 이 보살대중들을
누가 설법하여
교화하고 성취시켰으며,

누구를 따라 맨 처음 발심하였고

어떤 부처님 법을 찬탄하였으며
어떤 경전을 수지하였고
어떤 불도를 닦아 배웠나이까?

이러한 모든 보살들은
신통력과 큰 지혜의 힘으로
사방의 땅이 저절로 갈라지매
그 안에서부터 모두 솟구쳐 나오거늘,

세존이시여,
저는 옛적부터 지금까지
일찍이 이런 일은 처음 보나니
그들이 어느 세계에서 왔는지라도 가르쳐주소서!

제가 늘 여러 세계들을 다녀봤지만
이런 대중들은 본 적이 없나이다.
이 많은 보살들 가운데
도무지 한 분도 아는 이가 없건만,

이렇게 홀연히 땅에서 솟아 나오게 된
그 사연을 제발 좀 말씀해주소서!
지금 이 법회의 한량없는 백천억 보살들도
마찬가지로 모두 알고 싶어하오니,

이 많은 보살들의
처음과 나중 사연[331]을 설명해주소서!
한량없는 덕 구비하신 세존이시여,
부디 대중의 의심을 풀어주소서!

그때 한량없는 천만억 타방 세계로부터 오신 석가모니 부처님의 모든 분신부처님들께서 여덟 방위의 보배나무 밑 사자좌 위에 가부좌를 맺고 앉아 계셨는데, 그 부처님의 시자들도 많은 보살대중들이 삼천대천의 온 세계 사방 땅속에서 솟아올라와 허공 한 가운데 떠 있는 것을 보고 놀라서 각기 자기가 섬기는 부처님께 여쭈었다.

"세존이시여! 이 모든 한량없고 끝이 없는 아승기 수의 보살 대중들은 대체 어느 곳에서 왔습니까?"

그때 모든 분신부처님들께서 각기 시자들에게 이르시었다.

"선남자여, 잠깐만 기다리도록 해라. 여기에 미륵彌勒이라 부르는 한 보살마하살이 있는데, 석가모니 부처님께 수기를 받고 다음에 부처님이 될 보살이니라. 그 보살이 이미 그 일에 대해 여쭈었으니, 이제 곧 석가모니 부처님께서 대답하실 것이니라. 그러면 너희도 자연 그로 인해 듣게 되리라."

그때 석가모니 부처님께서 미륵보살에게 이르시었다.

"장하고 장하도다, 아일다[332]보살이여!

---

331 처음 발심하여 보살행을 닦게 된 사연부터, 땅속에서 솟아나와 지금 이 순간 부처님 앞에 합장하고 서게 된 총체적인 인연을 말한다.

능히 부처님께 이 같이 중요한 사항에 대하여 질문하다니, 참으로 훌륭하도다!

그대들은 마땅히 다함께 일심으로 정진의 튼튼한 갑옷을 입고, 견고한 마음을 굳게 다지도록 하여라. 여래가 이제 모든 부처님의 지혜와 자재한 신통력과 사자처럼 용맹스럽게 떨쳐 일어나는 힘과 위엄 있고 용맹한 큰 세력을 나타내 펼쳐 보여주겠노라."

그때 세존께서 거듭 의미를 표현하시고자 게송으로 말씀하셨다.

마땅히 일심으로 정진하라
내 그 사연에 대해 말하리니
절대로 의심하지 말라
부처님 지혜는 불가사의하니라.

그대들은 이제 믿음의 힘을 내어
인욕과 올바름 속에 머물지니,
예전에 듣지 못했던 법을
지금 마땅히 모두 듣게 되리라.

---

332 아일다阿逸多: 범어 Ajita의 음역. 미륵보살의 이름으로써 무능승無能勝이라 한역. 성姓은 미륵으로써 범어 Maitreya의 음역으로 자씨慈氏라 한역한다. 인도 바라나국의 바라문 가문에서 태어나 석존의 교화를 받고, 미래에 성불한다는 수기를 받았다. 석존보다 먼저 입멸하여 도솔천에 올라가 하늘의 천신들을 교화하고, 석존 입멸 후 56억7천만 년이 지나면 다시 사바세계에 출현한다. 화림원華林園 안의 용화수龍華樹 밑에서 성도하여, 3회의 설법으로 석존의 교화에서 빠진 모든 이들을 제도한다고 한다. 현겁賢劫 1,000불佛 가운데 제5번째 부처님이다.

내 이제 그대들을 위로하건대
절대로 의심하거나 두려워하지 말라.
부처님은 거짓말하지 아니하며
부처님 지혜는 가히 헤아릴 수 없느니라.

부처님이 증득한 제일 으뜸가는 법은
너무 깊어서 분별할 수 없지만,
이제 곧 설할 것이니
그대들은 일심으로 들으라.

그때 세존께서 게송을 설하신 다음 미륵보살에게 이르시었다.

"내가 지금 이 대중 가운데에서 그대들에게 이르노라.

아일다보살이여!

그대들이 예전에 한 번도 보지 못했던 무량무수한 아승기 수의 땅속에서 나온 대보살마하살들은, 사실 내가 사바세계에서 아뇩다라삼먁삼보리를 얻은 뒤에 그 모든 보살들을 교화하고 인도했으며, 그들의 마음을 조복해서 진리〔道〕를 구하는 마음을 내게 하였느니라. 그 모든 보살들은 전부 이 사바세계 아래 허공 가운데에서 살고 있느니라. 그들은 모든 경전들을 읽고 외워서 막힘없이 통달하고 있으며, 깊이 사색하여 뜻을 잘 분별할 뿐만 아니라 바르게 기억하고 있느니라.

아일다보살이여!

그 모든 선남자들은 대중 속에서 많이 떠들며 사귀는 것을 좋아하지 않고 늘 조용한 곳을 좋아하되, 부지런히 정진하며 잠시도 그냥 쉬지 않느니라. 또한 인간이나 천신들 틈에서 그럭저럭 지내지 않고, 항상 깊은 지혜를 좋아해 막히거나 걸림이 없느니라. 더욱이 그 보살들은 모든 부처님 법을 좋아하여, 일심으로 한결같이 정진하며 위없이 높은 지혜를 구하고 있느니라."

그때 세존께서 거듭 의미를 표현하시고자 게송으로 말씀하셨다.

아일다보살이여, 마땅히 명심할지니
그 모든 대보살들은
아주 헤아릴 수 없이 오랜 세월 동안에
부처님 지혜를 갈고 닦아 배워왔노라.

모두 다 내가 교화하여
큰 진리 구하는 마음을 내도록 했나니
그들은 바로 나의 제자들로서
이 사바세계 의지하여 머물되,

언제나 두타행을 닦으며
마음에 조용한 곳을 좋아하고
대중의 번잡함과 시끄러움을 떠나
수다스럽게 떠드는 것을 싫어하노라.

이러한 모든 제자들이

나의 도법道法을 배우고 익히면서
밤낮으로 불도를 위해 늘 정진하며
이 사바세계 아래의 허공 가운데 있거늘,

뜻과 생각하는 힘이 견고하여
항상 부지런히 지혜를 구하고
갖가지로 미묘한 법을 연설하되
그 마음에 전혀 두려움이 없노라.

내 가야성[333]의
보리수 아래 앉아서
최정각最正覺을 이루고
위없이 높은 법의 바퀴를 굴리며,

그들을 교화하여
처음으로 진리의 마음을 내도록 해서
지금은 모두 불퇴전의 경지에 올랐고
미래에는 모두 성불하리라.

내 지금 하는 말은 전부 사실이니
그대들은 일심으로 믿으라.
나는 아주 오랜 옛적부터

---

333 가야성伽耶城: 중인도 마갈타국의 도시. 이 도시 남쪽에 부처님께서 성도하신 붓다가야가 있다.

그 보살대중들을 교화했노라.

그때 미륵 보살마하살과 무수한 보살들이 마음속으로 의심하며, 난생 처음 듣는 일이라 의아해 하면서 이렇게 생각하였다.

'어떻게 세존께서 그토록 짧은 시간 안에 이처럼 무량무변한 아승기수의 많은 대보살들을 교화하여, 아뇩다라삼먁삼보리에 머무르게 하셨단 말인가?'

이윽고 미륵보살이 부처님께 여쭈었다.

"세존이시여!

여래께서는 태자로 계실 적에 석가족의 궁궐에서 나와, 가야성에서 별로 멀지 않은 도량에 앉으시어 아뇩다라삼먁삼보리를 이루셨나이다. 그로부터 지금까지 불과 사십 년밖에 되지 않았거늘, 세존께서 어떻게 그 짧은 기간 동안에 이런 엄청난 불사를 하셨단 말입니까? 정말 그 짧은 세월 동안 부처님의 세력과 공덕으로써 이렇게 한량없는 대보살 무리들을 교화하여 아뇩다라삼먁삼보리를 이루게 하셨단 말씀입니까?

세존이시여! 이 대보살 무리들은 가령 어떤 사람이 천만억 겁의 오랜 세월 동안 헤아린다 하더라도, 다 세지도 못할 뿐 아니라 끝도 알 수 없을 정도이옵니다. 더구나 이 보살들은 오랜 옛날부터 지금까지 무량무변하게 많은 부처님들 처소에서, 여러 선근을 심어 보살도를 완성했으며 항상 깨끗하게 범행을 닦아오지 않았습니까? 그러므로 세존이시여, 이런 일은 너무 황당하여 세상에 정말 믿기 어렵나이다.

가령 어떤 사람이 얼굴빛도 곱고 머리털까지 검어서 나이가 스물다섯 살밖에 안 되어 보이는데, 백 살 먹은 노인더러 '내 아들'이라 말하고 백 살 노인 역시 청년을 가리켜서 '우리 아버지이며 우리들을 낳아 길러주셨다' 한다면 이 일을 쉽게 믿을 수 있겠나이까?

부처님께서도 그와 마찬가지로 깨달음을 얻으신 지는 사실 얼마 되지 않았습니다. 그런데 이 대중의 여러 보살들은 이미 한량없는 천만억 겁 훨씬 전부터 불도를 위해서 부지런히 정진하지 않았습니까? 그리하여 한량없는 백천만억의 온갖 삼매에도 잘 들어갔다가 나오고 머무를 뿐 아니라 대신통력까지 얻었습니다. 게다가 오랫동안 범행을 닦아서 여러 훌륭한 법들을 차근차근 잘 익혔고, 문답에도 능숙하여 사람 가운데 보배이자 모든 세상에서 매우 드문 존재이옵니다. 그러하거늘 오늘 세존께서는 바야흐로 이르시기를,

'내가 불도를 얻었을 때 처음 그들을 발심하게 하여 교화했으며, 그들을 인도해서 아뇩다라삼먁삼보리로 나아가게 하였도다.'

이렇게 말씀하시니 참 알 수가 없습니다. 세존께서 부처님 되신 지가 그리 오래 되지 않았건만, 어떻게 이처럼 큰 공덕 불사를 실제로 지으셨단 말씀입니까?

저희들은 부처님께서 근기에 맞게 설법하시고 또 부처님께서 하시는 말씀은 조금도 거짓이 없다는 것을 믿습니다. 그리고 부처님께서는 모든 것에 전부 환히 통달하셨음을 틀림없이 믿고 있습니다. 그러나 부처님께서 열반하신 후에 처음 발심한 보살들은 부처님께서 성도하신 지 얼마 안 되어 이렇게 큰 불사를 하셨다는 말을 듣게 되면 혹 믿지 않을 수도 있을 것입니다. 그렇게 되면 자칫 법을 깨뜨리는 죄업의 인연을 저지르게 될 것입니다.

그러니까 제발 세존이시여, 원하옵건대 자세히 그것을 설명해주시어 저희들의 의심을 없애주소서! 그래서 앞으로 미래 세상의 모든 선남자들이 이 일을 듣고 난 다음에도 의심하지 않도록 해주소서!"

그때 미륵보살이 거듭 의미를 표현하고자 게송으로 사뢰었다.

옛날 석가족 궁궐에서 출가하시어
부처님께서 가야성 부근의
보리수 아래 앉으신 지가
그다지 오래 되지 않으셨건만,

이 모든 불자들
헤아릴 수 없이 많으며
오랫동안 불도를 닦아
신통력에 안주하였고,

보살도를 잘 배워서
세간법에 물들지 않으니
마치 연꽃이 물 속에 피어 있으나
물에 젖지 않는 것과 같나이다.

보살들이 땅속에서 솟아 나와 공경하는 마음으로
모두 세존 앞에 머물고 있거늘
도대체 상상하기도 어려운 이 일을

어찌 가히 믿을 수 있겠나이까?

부처님 득도하신 지는 불과 최근이온데
성취하신 바는 너무 많사오니
원컨대 대중의 의심이 없어지도록
여실히 분별하여 설명해주소서!

예를 들어 스물다섯 살의 젊고 씩씩한 청년이
백발성성한 주름진 얼굴의 백 살 먹은 노인더러
자기 아들이라 부르며
노인 역시도 청년을 아버지라 부르는 것과 같아서,

아버지는 젊고 아들은 늙었으니
온 세상이 믿지 못할 터인즉
세존께서도 또한 그와 마찬가지로
성도하신 지는 정말 얼마 되지 않으셨잖아요?

그런데 이 모든 보살들은
뜻이 견고하여 겁내거나 나약하지 않으며
한량없이 오랜 세월 동안에
보살도를 구족히 닦아서,

어려운 질문에도 잘 대답하고
마음에 아무 두려움이 없는데다가

인내심 깊고 단정하며 위덕까지 구비해
시방 부처님들의 찬탄을 받는 것은 물론,

뜻을 제대로 분별해서 설법을 잘하면서도
시끄러운 대중 속에 있기보다는
항상 선정에 들기를 좋아하되
불도를 구하느라 아래 허공 가운데 있나니,

저희들은 직접 부처님께 듣사와
이 일을 별로 의심하지 않건만
부처님이시여, 부디 미래 중생을 위해
사연을 말씀해주시어 까닭을 밝혀주소서!

만약 누군가 이 경을
의심하고 믿지 않는다면
당연히 악도에 떨어지리니
제발 지금 설명해주소서!

이 한량없는 보살들을
어떻게 그처럼 짧은 시간 안에
정말 부처님께서 교화하시고 발심케 하여
불퇴전 경지에 머물게 하셨나이까?

제16 여래수량품如來壽量品

그때 부처님께서 여러 보살들을 비롯한 일체 대중들에게 이르시었다.

"모든 선남자들이여! 그대들은 마땅히 여래가 하는 진실한 말을 믿고 이해해야 하느니라."

다시 모든 대중들에게 이르시었다.

"그대들은 마땅히 여래가 하는 진실한 말을 믿고 이해해야 하느니라."

또 다시 모든 대중들에게 이르시었다.

"그대들은 마땅히 여래가 하는 진실한 말을 믿고 이해해야 하느니라."

이때 보살들은 미륵보살을 선두로 하여 모두 합장한 채 부처님께 사뢰었다.

"세존이시여, 제발 어서 말씀해 주시옵소서!

저희들은 마땅히 부처님 말씀을 믿고 받아들이겠습니다."

이와 같이 세 차례 여쭙고 나서 또 다시 사뢰었다.

"제발 어서 말씀해 주시옵소서!

저희들은 마땅히 부처님 말씀을 믿고 받아들이겠습니다."

그때 세존께서는 모든 보살들이 세 번이나 간청하고도 계속 청하는 것을 보시고 이렇게 말씀하셨다.

"그대들은 여래의 비밀한 신통력에 대하여 자세히 들으라. 일체 세간의 하늘천신과 인간 그리고 아수라 등 모든 중생들은 전부 현재의 석가모니불이 석가족의 궁궐에서 나와, 가야성에서 가까운 도량에 앉아 아뇩다라삼먁삼보리를 얻었다고들 알고 있느니라. 그러나 선남자들이여, 사실 내가 성불한 지는 벌써 한량없고 끝없는 백천만억 나유타 겁이 지났느니라.

가령 오백천만억 나유타 아승기 수의 어마어마한 삼천대천 온 세계들을 어떤 사람이 작은 티끌로 만들어서, 동쪽으로 오백천만억 나유타 아승기 수의 세계들을 지나칠 때마다 티끌 한 점씩을 떨어뜨렸다고 하자. 모든 선남자들이여! 이와 같이 동쪽으로 계속 가면서 그 티끌들을 다 떨어뜨렸다면 어떻게 생각하느냐? 그 지나친 세계들을 추측하고 헤아려서 몇 나라들인지 숫자로 파악할 수 있겠느냐?"

미륵보살과 다른 모든 보살들이 함께 부처님께 사뢰었다.

"세존이시여! 그 세계들은 한량없고 끝이 없어서, 숫자로 계산하여 파악할 수 없고 또한 생각의 힘으로도 추론할 수 없습니다. 일체 성문과 벽지불들이 무루無漏의 지혜로써 생각하더라도 어느 정도인지 가늠할 수조차 없습니다. 더욱이 저희들은 불퇴전의 아유월치[334] 지위에 머물러 있는데도, 그런 일에 대해서는 역시 속수무책으로 짐작도

할 수 없습니다. 세존이시여, 그렇게 지나친 세계들은 너무 많아서 한량없고 끝이 없사옵니다."

그때 부처님께서 대보살들에게 이르시었다.

"모든 선남자들이여, 이제 분명히 그대들에게 말하노라.

작은 티끌이 떨어진 곳과 떨어지지 않은 모든 세계들을 다시 전부 먼지 티끌로 만들어, 먼지 티끌 하나를 일 겁으로 친다고 하자. 그렇더라도 내가 성불한 지는 그보다 훨씬 많아, 무려 백천만억 나유타 아승기 겁의 세월보다도 더 오래 되었느니라. 성불한 이래로 나는 항상 이 사바세계에 있으면서 법을 설하여 교화하였고, 또한 그 밖의 다른 백천만억 나유타 아승기 수의 많은 세계들 속에서도 중생들을 인도하여 이롭게 하고 있느니라.

모든 선남자들이여!

그런 동안에 나는 연등불과 다른 부처님들을 이야기했으며, 또 그 부처님들께서 열반에 드셨다고 말하였느니라. 하지만 그와 같은 것들은 모두 방편으로써 일부러 분별하여 말했던 것이니라.

모든 선남자들이여!

어떤 중생이든지 나의 처소에 오면 나는 부처의 안목으로써, 그의 신근을 비롯한 오근[335]이 잘 다듬어졌는가 그렇지 않은가를 자세히 살피느니라. 그리고 어떻게 하면 그가 제도될 것인가에 따라, 여러 곳곳에서 스스로 이름도 다르고 수명이나 기간도 많거나 적게 하여 달리 말하느니라. 게다가 앞으로 열반에 들 것이라 말하기도 하고,

---

334 아유월치阿惟越致: 주 315 참조

335 오근五根: 주 176 참조

또 여러 가지 방편으로써 미묘한 법을 설하여 능히 중생들로 하여금 환희한 마음을 내게 하느니라.

모든 선남자들이여!

이를테면 소승법을 좋아하는 중생들이 공덕은 작은데 죄업만 무거운 것을 보게 되면, 여래는 그런 사람들을 위하여 '나는 젊어서 출가하여 아뇩다라삼먁삼보리를 얻었다'고 말하였느니라. 그러나 사실 내가 성불한 지는 앞서 말한 대로 매우 오래 되었거늘, 다만 방편으로써 중생을 교화하여 불도에 들게 하기 위해서 그와 같이 말한 것이니라.

모든 선남자들이여!

여래가 연설한 경전들은 모두 중생을 제도하고 해탈[336]시키기 위한 것이므로, 자신의 몸이나 타인의 몸에 대해 말해주느니라. 혹 자신의 몸이나 타인의 몸을 보여주기도 하고, 어떤 경우에는 자신의 행적이나 타인의 행적을 보여주기도 하느니라. 하지만 여래가 말한 모든 내용들은 전부 진실이며 헛되지 않느니라. 왜냐하면 여래는 삼계 우주의 진실한 모양을 있는 그대로 정확히 파악하고 있기 때문이니라. 즉 실상은 나고 죽음이 없음에 들어가거나 나오는 것도 없고 또한 세상에 존재하거나 열반하는 것도 없어서, 실재하는 것도 아니지만 없는 것도 아니며 같지도 않고 다르지도 않느니라. 말하자면 삼계의 어리석은 중생이 삼계를 인식하는 것과는 차원이 달라서, 이러한 사항을 여래는 분명히 보기에 절대 착오가 없느니라.

---

336 해탈解脫: 범어 Vimokṣa. 번뇌의 미혹함에서 기인한 온갖 고통에서 해방된다는 의미. 곧 미迷의 세계를 초월하여 자유로운 열반의 경지에 이르는 것을 말하며, 해탈을 얻는 것을 득탈得脫이라고 한다.

하지만 여러 중생들은 갖가지 성품과 욕망 그리고 갖가지 행동과 기억·관념·분별 망상 따위에 휩싸여 있으므로, 그 중생들에게 많은 선근이 생기도록 다양한 인연과 비유와 온갖 말로써 가지가지 법문을 하는 것이니라. 그러한 불사를 여래는 잠깐도 소홀히 하여 그만 둔 적이 없느니라.

이와 같이 내가 성불한 지는 매우 오래 되었고, 수명도 한량없는 아승기 겁으로 열반에 들지 않은 채 항상 살아 있느니라. 게다가 선남자들이여! 내가 본래 보살도를 닦아서 이룬 수명만 하더라도 지금껏 아직 다하지 아니했나니, 다시 앞서 말한 숫자의 족히 두 배는 될 것이니라.

그런데 지금 실제로 열반하는 것도 아니면서 '앞으로 열반할 것이다'라고 말하나니, 여래는 그런 방편으로써 중생들을 가르쳐 교화하느니라. 왜냐하면 부처님께서 세상에 오래 계신다고 하게 되면, 공덕이 부족한 사람들은 아주 태만해져서 선근을 심지 않느니라. 그러면 더욱 빈궁하고 하천하게 되며, 오욕락만 탐착하여 부질없는 억측과 그릇된 소견의 그물에 걸리기 십상이기 때문이니라. 다시 말해 중생은 여래가 항상 곁에 머물러서 열반하지 않는 것을 보게 되면, 곧 방자하고 교만한 마음이 나서 정진하는 데 싫증내며 게으름을 피우게 되느니라. 결국 부처님을 뵙기가 정말 어렵다는 생각을 하지 못하게 되고, 부처님을 공경하는 마음 역시 내지 못하게 되느니라. 그러므로 여래는 방편으로써 다음과 같이 말하느니라.

'비구들이여, 마땅히 잘 명심하여라. 부처님들께서 세상에 출현하시는 것을 만나 뵙기란 대단히 어려운 일이니라!'

왜냐하면 공덕이 얕은 사람들은 한량없는 백천만억 겁이 지나게 되면 혹 부처님을 친견하는 자가 있기도 하지만, 그래도 친견하지 못하는 자들이 태반이기 때문이니라. 그렇기 때문에 내 말하기를 '모든 비구들이여, 여래는 정말 만나 뵙기 어렵도다!'라고 하는 것이니라. 중생들이 이런 말을 듣게 되면 정말로 만나 뵙기 어렵다는 생각을 내어서, 마음에 사모하는 마음을 품고 목마르게 부처님을 그리워하여 문득 선근을 심게 되느니라. 그러므로 여래는 사실 완전한 열반에 들지 않으면서도 '열반한다'고 말하는 것이니라. 또 선남자들이여! 모든 부처님 여래의 법은 다 그와 같이 중생을 제도하기 위한 것으로 모두 사실이며 헛되지 않느니라.

예를 들어 지혜롭고 총명하며 사리에도 밝은 어떤 훌륭한 의사가 있었다고 하자. 그는 약을 조제하는 데[337]에 훤히 능숙하여, 온갖 병들을 잘 치료하였느니라. 그 의사는 슬하에 자식이 많아서, 열 명에서 스무 명 심지어 나중에는 백 명이나 두게 되었느니라. 그런데 아버지가 잠시 볼 일이 있어 멀리 다른 나라에 가고 없는 동안에 아이들이 잘못하여 독약을 마셔버렸느니라. 차츰 약기운이 번지자 그들은 괴로워서 정신없이 땅에 뒹굴며 몸부림쳤느니라. 마침 이때 아버지가 집에 돌아오시게 되었느니라. 독약 먹고 괴로워하다가 본심을 잃고 정신착란이 된 아이도 있었고, 아직 본심까지는 잃지 않은 아이도 있었느니라. 그들은 모두 멀리서 아버지를 보고 크게 기뻐하며, 무릎을 꿇고 절하면서 문안하였느니라.

337 방약方藥: 약제를 알맞게 섞는 일. 여기서는 '약을 조제한다'고 번역했다.

'아버지, 안녕히 다녀오셨어요?

저희들은 어리석게도 잘못 독약을 먹었사옵니다. 그러니 제발 병을 치료해주시어 다시 살려주세요!'

아버지는 아이들이 괴로움으로 몸부림치는 것을 보고는 여러 약방문에 의거하여, 빛깔은 물론 향과 맛까지 잘 갖추어진 좋은 약초를 구해다가 찧고 체로 치고 섞어서 아이들에게 먹으라고 갖다 주면서 이렇게 말하였느니라.

'이것은 영험이 매우 뛰어난 약이니라. 빛깔도 좋고 향기도 그만인데다가 맛까지 좋아서, 너희들이 먹기만 하면 금방 아픈 것이 낫고 다른 나쁜 질환들도 싹 없어지리라.'

자식들 가운데 본심을 잃지 않은 아이들은 아버지가 주시는 약이 빛깔은 물론 향기까지 좋은 것을 보고 바로 먹었는데, 그러자 병이 다 낫게 되었느니라. 그렇지만 정신착란이 된 나머지 다른 애들은 아버지가 오신 걸 보고 기뻐하며 인사도 드리고 병을 낫게 해달라고 말은 했으면서도, 아버지가 주시는 약을 기꺼이 먹으려고 하지 않았느니라. 왜냐하면 이미 독기가 깊이 스며들어 본심까지 잃고 정신착란이 되었기 때문이니라. 그래서 이렇게 빛깔과 향기가 좋은 영약조차 별로 달갑게 여기지 않았던 것이니라.

아버지는 생각하기를,

'참, 불쌍한 녀석들 같으니라고! 독약에 중독되어서 마음이 완전히 거꾸로 착란되었구나! 그래 비록 날 보고 반색하며 고쳐달라고 애걸해서, 이렇게 좋은 약을 줬는데도 정작 먹지를 않다니……. 하지만 내 지금 마땅히 무슨 방편을 써서라도 꼭 이 약을 먹게끔 하리라!'

이윽고 아이들에게 다음과 같이 말하였느니라.

'너희들은 마땅히 잘 들어라. 나도 이제 늙어서 어언 죽을 때가 다가왔구나. (그렇지만 그렇게 낙담할 필요까지는 없느니라.)[338] 내가 지금 여기에다 이 약을 놓아둘 터이니, 너희들은 아무 때나 가져다가 먹도록 하여라. 그리고 혹시 차도가 없을까 하는 쓸데없는 걱정일랑 아예 하지도 마라.'

이렇게 일러두고는 다시 다른 나라로 가서 사람을 보내어 소식을 전하되,

'너희 아버지가 벌써 돌아가셨다!'

이때 모든 아이들은 아버지가 자기들을 저버린 채 돌아가셨다는 말을 듣자 마음으로 크게 슬퍼하며 생각하기를,

'만일 아버지가 살아 계셨다면 우리들을 불쌍히 여기고 능히 구해주셨을 텐데……. 지금 우리를 버리고 멀리 타국에서 돌아가셨으니 어찌해야 좋은가! 졸지에 우리는 부모 없이 의지할 데 하나 없는 진짜 고아가 되어버리고 말았구나!'

그들은 계속 비탄에 젖어 슬퍼하다가 마침내 정신을 차리게 되었느니라. 그리고 나서 이전에 아버지가 놓고 가셨던 약이 빛깔뿐 아니라 향과 맛도 아주 좋은 것을 알아차렸느니라. 그리하여 이내 약을 갖다가 먹고 나니, 독약으로 생겼던 병들이 깨끗이 낫게 되었느니라. 아버지는 아이들의 병이 다 나았다는 소식을 듣자, 곧 고국으로 돌아가서 아이들과 상봉하였느니라.

---

338 범본梵本에 나와 있는 내용으로, 글의 흐름을 원만하게 하기 위하여 인용하였다.

모든 선남자들이여, 어떻게 생각하느냐? 과연 의사가 거짓말을 했다고 비난할 수 있겠느냐?"

"절대 그럴 수 없습니다, 세존이시여!"

부처님께서 말씀하셨다.

"나도 역시 그 의사의 경우와 마찬가지니라. 즉 나는 성불한 지가 이미 한량없고 끝없는 백천만억 나유타 아승기 겁이나 되었느니라. 그런데 중생들을 교화하기 위하여 방편력으로써 '앞으로 열반할 것'이라고 말했느니라. 또한 그렇지만 법 자체만으로 분명하게 내가 거짓말을 했다고 비난할 수는 없을 것이니라."

그때 세존께서 거듭 의미를 표현하시고자 게송으로 말씀하셨다.

내가 성불한 이래
지나간 겁의 수만 해도
헤아릴 수 없는
백천만억 아승기 겁의 무량 세월이니라.

항상 설법하며
무수억 중생들을 교화하여
불도에 들게 하다 보니
어느 덧 한량없는 겁이 지났노라.

중생을 제도하기 위하여
방편으로 열반을 나타내지만

사실은 열반하지 않은 채
늘 여기 머물러 설법하나니,

내 항상 여기에 머물지만
온갖 신통력으로써
생각이 전도된 중생들은
비록 가까이 있어도 보지 못하게 하노라.

중생들이 내 열반함을 보고
널리 사리에 공양하며
모두 사모하는 마음으로
간절히 그리워하는 마음을 내거늘,

중생들이 참으로 믿고 조복되어
순박하고 정직하며 뜻이 부드럽고
일심으로 부처님 뵙고자 목숨도 아끼지 아니하면
그때에 나와 비구들이 함께 영취산에 출현하노라.

그리고는 내가 중생에게 말하기를,
'나는 항상 이곳에 있으면서 열반하지 않건만
방편력을 쓰기 때문에
어떤 때는 열반했다가 하지 않았다가 하노라.'

그러나 다른 세계에서도

공경스레 믿고 좋아하는 이가 있으면
내 다시 그들 가운데에도 나타나
그들을 위해 위없이 높은 법을 설하노라.

너희들은 이 사실을 듣지 못하여
내가 열반한 줄로만 여기나
내 보건대 모든 중생들이
고통 속에 빠져 있기에,

일부러 몸을 나타내지 아니하고
그들로 하여금 갈앙심을 내도록 해서
마음의 사모하는 정성이 지극해진 다음에야
비로소 그들에게 나타나 법을 설하나니,

이와 같은 신통의 힘으로
아승기 겁의 무량 세월 동안
항상 영취산과
다른 여러 곳에서 살고 있노라.

중생들 언젠가 겁이 다하여
온 천지가 불에 타는 것을 볼 때에도
나의 정토세계는 안락하나니
하늘천신과 사람들 항상 가득하며,

동산과 숲 속의 많은 집과 누각들은
여러 가지 보배로 장엄된 데다
보배나무에 꽃과 과실이 무성하매
중생들 즐거이 노닐고,

하늘천신들은 하늘북을 두둥둥~ 울리며
끊임없이 여러 악기 연주할 뿐더러
만다라 꽃비를 내려
부처님과 대중 위에 흩뿌릴 것이로다.

나의 정토 이렇게 무너지지 않건만
중생들은 불에 타서 없어지는 것으로 보며
근심과 두려움 그리고 각종 괴로움
그와 같은 고통들로 만연한 줄 인식하거니,

죄 많은 여러 중생들은
악업의 인연 때문에
아승기 겁 지내도록
삼보의 이름조차 듣지 못하되,

모든 공덕을 잘 닦고
부드럽고 온화하며 곧은 사람은
내가 이곳에 있으면서
설법하는 것을 전부 보리라.

어떤 때는 그런 대중 위하여
부처님의 수명이 한량없다고 말하거니와
오랜만에 부처님을 보는 이에겐
부처님 뵙기가 매우 어렵다고 설하거늘,

부처님 지혜의 힘 이와 같으니
지혜로운 광명 끝없이 찬란할 뿐더러
수명도 헤아릴 수 없는 겁으로
오래도록 선업을 닦아 얻게 된 것이니라.

지혜로운 그대들은
이 점에 대해 조금도 의심하지 말며
마땅히 의심을 끊어서 아예 없애버릴지니
부처님 말씀은 진실하여 거짓이 없느니라.

마치 의사가 좋은 방편으로
미친 자식을 고치기 위하여
살아 있으면서도 죽었다고 소문낸 것을
진짜 거짓말했다고 비난할 수 없는 것처럼,

나 역시 세상의 아버지로서
고통 받고 괴로워하는 모든 이들을 구원하고자
생각이 전도된 범부 중생들을 위하여
사실 살아 있으면서도 열반한다고 말하나니,

왜냐하면 어리석은 중생이 나를 항상 보게 되면
자칫 교만하고 방자한 마음이 생겨나
제멋대로 방일하며 오욕락에 집착하다가
십중팔구 악도에 떨어지게 되기 때문이니라.

내 언제나 중생이 도를
잘 닦는지 그렇지 않은지를 알아서
응당 제도될 근기에 맞추어
그들 위해 갖가지 법을 설하되,

'어떻게 하면 중생들로 하여금
위없이 높은 지혜에 들어가게 하여
빨리 부처님 몸이 되게 할 수 있을까?'
매양 스스로 노심초사하노라.

제17 분별공덕품分別功德品

그때 큰 법회에서 부처님 수명의 길이가 그처럼 영원하다고 말씀하시는 것을 듣고, 무량무변한 아승기 수의 많은 중생들이 큰 이익을 얻게 되었다.

이때 세존께서 미륵 보살마하살에게 이르시었다.

"아일다보살이여!

내가 여래의 수명이 영원하다고 법문할 때, 육백팔십만억 나유타 항하의 모래알처럼 많은 중생들이 무생법인을 얻었느니라. 다시 그 천 배에 해당하는 무수한 보살마하살들이 문지다라니문[339]을 얻었느니라. 게다가 한 세계[340]의 티끌수에 해당하는 보살마하살들이 자유자

---

339 문지다라니문聞持陀羅尼門: 귀로 한 번 들은 것은 모두 잊어버리지 않는 다라니.

340 일세계一世界: 수미산을 중심으로 사방四方에 사대주(四大洲 ; 南섬부주·東승신주·西우화주·北구로주)가 있으며, 그 바깥 주위를 대철위산大鐵圍山이 둘러싸고 있다. 해와 달을 포함한 이것을 '1 세계'라 한다.

재로 걸림없이 설법 잘하는 변재를 얻었고, 또 한 세계의 티끌수에 해당하는 보살마하살들이 백천만억의 한량없는 선다라니[341]를 얻었느니라. 다시 삼천대천의 온 세계 티끌수에 해당하는 보살마하살들이 불퇴전 법륜을 굴리게 되었으며, 또 이천중천세계[342]의 티끌수에 해당하는 무수한 보살마하살들이 청정 법륜을 굴릴 수 있게 되었느니라.

뿐만 아니라 소천세계의 티끌수에 해당하는 보살마하살들은 여덟 번 다시 태어난 뒤에 반드시 아뇩다라삼먁삼보리를 성취할 것이라는 확신을 얻었느니라. 또 사천하 네 배의 티끌수에 해당하는 보살마하살들은 네 번 다시 태어난 뒤 아뇩다라삼먁삼보리를 성취하고, 사천하 세 배의 티끌수에 해당하는 보살마하살들은 세 번 다시 태어난 뒤 아뇩다라삼먁삼보리를 성취한다는 확신을 얻었느니라. 사천하 두 배의 티끌수에 해당하는 보살마하살들은 두 번 더 태어난 뒤 아뇩다라삼먁삼보리를 성취하며, 사천하 그만큼의 티끌수에 해당하는 보살마하살들은 한 번만 더 태어나면 아뇩다라삼먁삼보리를 성취한다는 확신을 얻었느니라. 게다가 여덟 세계의 티끌수에 해당하는 수많은 중생들도 모두 아뇩다라삼먁삼보리를 구하려고 마음먹게 되었느니라."

석가모니 부처님께서 여러 보살마하살들이 크게 법의 이익을 얻은 점에 대하여 말씀하실 때에, 하늘에서는 만다라꽃과 마하만다라꽃의

---

341 선다라니旋陀羅尼: 『법화경』의 〈권발품〉에 나오는 세 다라니 가운데 하나로, 번뇌를 깨뜨려서 공空한 이치에 통달하는 지력智力을 말한다.

342 이천중천세계二千中千世界: 1사천하 곧 1세계가 천 개 모여 '小千세계'가 되고, 小千세계 천 개가 모여 하나의 '中千세계'가 된다. 여기에서는 二千세계(2소천세계)의 중천계이므로 '이천중천세계'라 칭한 것이다.

꽃비가 내렸다. 그래서 한량없는 백천만억의 보배나무 밑 사자좌 위에 앉아 계시는 모든 분신부처님들께 곱게 뿌려졌다. 아울러 칠보탑 속의 사자좌 위에 앉아 계시는 석가모니 부처님과 이미 오래 전에 열반하신 다보여래께도 색색으로 뿌려졌으며, 또한 일체 대보살들과 사부대중들에게도 뿌려졌다.

또 부드러운 가루로 된 전단향과 침수향들이 비 오듯 흘러내렸고, 천상에서는 하늘북이 저절로 울리니 미묘한 소리가 깊고 그윽하여 멀리까지 울려 퍼지게 되었다. 또 수천 가지나 되는 아름다운 하늘나라 옷들이 비처럼 나부껴 내렸고, 진주영락·마니주영락·여의주영락 등 갖가지 영락들이 아홉 방위[343] 곳곳에 가득 드리워졌다. 각종 보석으로 만들어진 향로에는 값으로 따질 수 없이 귀한 향이 사루어지매, 그윽한 향취가 저절로 두루 퍼지며 법회에 모인 대중들에게 공양하였다. 그리고 부처님 한 분마다 그 위에 번기와 일산을 든 보살들이 차례로 줄을 지어 올라가 범천의 하늘나라에까지 이르렀는데, 그 보살들은 아름답고 고운 음성으로써 수많은 노래를 부르며 모든 부처님들을 찬탄하였다.

그때 미륵보살이 자리에서 일어나 오른쪽 어깨를 드러내고 합장한 채 부처님을 향하여 게송으로 사뢰었다.

부처님께서 희유한 가르침 설해주시니
세존의 위대한 능력과

---

343 구방九方: 분신부처님들 계신 팔방八方에다 허공의 칠보탑을 합하면 모두 九方이 된다.

무한한 수명에 대하여
예전에는 한 번도 들은 적 없었나이다.

무수한 여러 불자들은
세존께서 법의 이익 얻은 자들에 대해
알기 쉽도록 분별해주시는 이야기 듣고서
온몸이 그만 기쁨으로 충만해졌나이다.

누군가는 불퇴지에 머물게 되었고
혹은 다라니를 얻었으며
또 걸림 없이 설법 잘하는 변재를 얻었고
혹은 만억의 선旋다라니를 얻었으며,

대천세계 티끌수처럼 무수한 보살들은
각각 모두 불퇴전 법륜을 굴리게 되었고
다시 중천세계 티끌수처럼 수많은 보살들은
저마다 청정 법륜을 굴리게 되었나이다.

또 소천세계 티끌수처럼 많은 보살들은
각기 여덟 번 다시 태어난 다음에
반드시 불도를 성취한다는
확신을 얻었고,

다시 사천하의 네 배·세 배·두 배

티끌수에 해당하는 보살들은
각각 네 번·세 번·두 번 더 태어난 다음
성불하게 된다는 확신을 얻었으며,

혹 사천하 그만큼의
티끌수에 해당하는 보살들은
한 번만 더 태어나게 되면
반드시 일체지 성취한다는 확신을 얻었으니,

이와 같은 중생들은
부처님의 수명이 끝없다는 말을 듣고서
한량없으며 미혹함 없는
청정한 과보를 얻은 것이옵니다.

게다가 여덟 세계의 티끌수처럼
무수히 많은 중생들도
부처님께서 말씀하신 수명에 관한 법문 듣고서
모두 위없이 높은 진리를 구하려고 마음먹었나니,

세존께서 한량없고
불가사의한 법문 설하시자
도움 받은 이들이
참으로 허공처럼 다함없나이다.

하늘에서는 만다라꽃과 마하만다라꽃
꽃비 내리듯 흩날리는데
항하의 모래알처럼 많은 제석천과 범천왕들이
무수한 부처님들 세계에서 찾아와,

전단향과 침수향 가루를
그윽하며 분분히 내리되
마치 새가 공중을 날아다니듯
모든 부처님들께 뿌리며 공양하였나이다.

하늘북은 허공 속에서
저절로 두둥둥~ 미묘한 소리를 내고
천만 가지의 하늘나라 옷들이
빙~빙 나부끼며 내려오거늘,

온갖 보배로 된 신기한 향로에서는
값으로 따질 수 없이 귀한 향 사루어지자
저절로 움직이며 향기가 두루 퍼져
모든 세존님께 공양 올렸나이다.

수없이 많은 대보살들은
만억 가지의 높고 우아한
칠보로 꾸민 번기와 일산을 손에 든 채
차례로 줄지어 올라가 범천 세계에까지 이르러,

한 분 한 분 모든 부처님 앞에
보배당간에다 승리의 깃발을 달고
또한 천만 가지 게송으로써
모든 여래를 노래하며 찬탄하였나이다.

이와 같은 갖가지 일들
예전에는 일찍이 없었거늘
부처님 수명 한량없다는 법문 듣고서
일체가 모두 환희 충만하나이다.

부처님 이름 시방에 들리사
널리 중생들 이익케 하시며
일체 중생이 선근을 구비하여
위없이 높은 보리심 내도록 도우시나이다.

그때 부처님께서 미륵 보살마하살에게 이르시었다.

"아일다보살이여! 만일 어떤 중생이든 부처님 수명이 이처럼 무한하다는 말을 듣고서 한 생각 찰나라도 믿고 이해할 수 있다면, 그가 얻게 되는 공덕은 이루 헤아릴 수 없이 많으니라.

이를테면 어떤 선남자 선여인이 아뇩다라삼먁삼보리를 얻기 위해 팔십만억 나유타 겁의 오랜 세월 동안, 보시바라밀·지계바라밀·인욕바라밀·정진바라밀·선정바라밀 등 오바라밀만 닦고 반야바라밀은 닦지 않았다고 하자. 이 공덕을 가지고 부처님의 영원한 수명을 믿는 앞의 공덕에 비할 것 같으면, 백분의 일·천분의 일 아니 백천만억분의 일에도 미치지 못할 뿐더러 심지어 어떤 숫자나 비유로도 감히 비교가 안 되느니라.

그리하여 만약 선남자 선여인이 이와 같은 무량 공덕을 갖추었는데도 아뇩다라삼먁삼보리에서 물러나게 된다는 것은 전혀 이치에 맞지 않느니라.(다시 말해 여래의 영원한 수명을 믿는 자는 바른 깨달음에서 절대로 물러나지 않느니라.)"

그때 세존께서 거듭 의미를 표현하시고자 게송으로 말씀하셨다.

만일 누군가 부처님 지혜 구하여
팔십만억 나유타 겁의 세월 동안에
보시·지계·인욕·정진·선정 등
오바라밀을 닦으며,

그토록 수천만 년 세월 동안
부처님·벽지불·성문제자와
여러 보살대중들에게
끊임없이 보시하여 공양하되,

맛있고 진귀한 음식과
좋은 의복·훌륭한 침구와
전단향나무로 지어진 우아한 절에
아름다운 숲과 동산까지 멋지게 장엄하여,

이와 같은 갖가지들
가장 좋고 훌륭하게 꾸며서
오랜 세월 동안 보시하고는
그 공덕을 다시 불도에 회향하며,

또 계율을 잘 엄수하여
한 가지도 실수 없이 청정히 지키되
그 공덕으로 모든 부처님들 찬탄하시는
위없이 높은 진리를 구하고,

게다가 인욕을 닦아서
마음이 고르고 부드러운 경지에 머물러
설사 온갖 나쁜 일이 닥치더라도
그 마음 흔들리는 법이 없으며,

또 법을 얻었다고 확신하는
증상만의 교만한 자들이
함부로 업신여기며 괴롭히더라도
그러한 것마저 다 능히 참고,

부지런히 정진하여
뜻과 생각이 항상 견고하며
한량없는 억 겁의 세월 동안
일심으로 수행하고 게으르지 않을 뿐더러,

무수 억만 년 동안이나
한적한 곳에 머물러
앉든지 거닐든지 늘
잠자지 않고 마음 다스리며,

이러한 인연으로
능히 모든 선정에 들되
팔십억만 겁의 세월토록
고요히 안정되어 마음 산란치 않거늘,

이 일심으로 닦은 복덕 가지고
위없이 높은 진리를 구해
'내 일체지를 얻어
모든 선정의 극치에 이르리라' 한다면,

그 사람이
백천만억 겁의 한량없는 세월 동안
닦아서 얻게 되는 여러 공덕들
앞서 말한 대로 좀 많기는 하겠지만,

어떤 선남자 선여인들이
내가 수명이 끝없다고 하는 얘기 듣고서
하다못해 한 순간만이라도 믿는다면
그보다 훨씬 더 많은 복을 얻게 되나니,

만약 누군가
모든 의심 아주 없애버리고
마음 속 깊이 잠깐만이라도 믿는다면
그 복덕은 그야말로 한량없이 많으리라.

어떤 보살들이
한량없이 오랜 겁 동안 도를 닦았다면
내가 설하는 수명 이야기 듣고서
이내 믿고 받아들일 수 있으리라.

그와 같은 사람들은
이 경전을 머리에 이고 정중히 받아 서원하기를,
'원컨대 나도 미래 세상에
오래 장수하면서 중생제도 하오리니,

지금의 석가세존처럼
모든 석씨 문중의 왕으로
도량에서 사자후하듯 설법하되
두려움 없게 하소서!

그래서 저희들이 앞으로 오는 세상에
모든 중생들 존경받으며 도량에 앉을 때에는
영원한 수명에 대해 설하는 것까지도
지금의 석가세존과 똑같이 하게 하소서!'

어떤 이가 마음 깊고 청정하며 순박하고 정직한 데다
많이 듣고 능히 다 기억할 수 있어서
올바르게 부처님 말씀을 이해한다면
그런 이들은 결코 여래의 수명에 대해 의심하지 않으리라.

"또 아일다보살이여!

만약 어떤 사람이 부처님의 수명이 영원하다는 말을 듣고 그 뜻을 알아차리기만 해도, 그 사람이 얻는 공덕은 한량없이 많아서 능히 여래의 위없이 높은 지혜를 얻을 수 있느니라. 그런데 하물며 『법화경』을 자세히 듣거나 남에게 듣게 하고, 본인이 경을 수지하거나 남에게 수지하게 하며, 스스로 경전을 베껴 쓰거나 남에게 베껴 쓰게 하고는 꽃과 향·영락·깃발〔幢幡〕·비단일산·향유·등불[344]로써 경책에 공양까지 올린다면 그거야 더 말할 나위가 있겠느냐! 그 사람의 공덕은 무량무변하여 능히 일체종지를 이루게 되리라.

아일다보살이여!

만약 선남자 선여인이 내가 수명이 아주 무한하다고 말하는 것을 듣고서 마음속 깊이 믿고 이해한다면, 내가 항상 영취산(기사굴산)에 있으면서 대보살들과 모든 성문대중들에게 둘러싸여 설법하고 있는 것을 보리라. 또 이 사바세계가 청보석의 유리로 땅이 되고 평탄하며 반듯한 데다, 여덟 줄로 된 바둑판 도로 가상이가 염부단금[345]으로

---

344 소등酥燈: 소등은 유락乳酪에 향유香油를 섞은 등불, 곧 버터기름으로 밝히는 등불을 말한다. 여기서는 등불을 일컫는 대표로 쓰였으므로, 상세히 번역하지 않고 그냥 '등불'이라 번역하였다.

표시되어 있고 보배나무들이 줄지어 늘어서 있는 것을 보리라. 그리고 많은 좌대와 누각들이 전부 보배로 이루어졌거늘, 그 속에 보살대중들이 살고 있는 것을 직접 보게 되리라. 만약 능히 이와 같이 관찰할 수 있는 사람이 있다면, 그것은 다름 아니라 그가 깊이 믿고 이해하고 있다는 표상임을 명심하여라. 또 여래가 열반한 뒤에 만약 이 경을 듣고서 헐뜯거나 비방하지 않고 따라 기뻐하는 마음을 낸다면, 이미 깊이 믿고 이해하고 있는 상태인 것이니라. 그런데 하물며 경전을 늘 읽고 외우며 받아 지니는 사람의 경우이겠느냐! 그 사람은 말하자면 여래를 머리 위에 모시고 있는 셈이나 다름없느니라.

아일다보살이여!

그런 선남자 선여인은 나를 위하여 다시 탑과 절을 세우거나 정사〔僧坊〕[346]를 지을 필요가 없느니라. 또 네 가지 생활필수품[347]으로써 대중스님들께 일부러 공양하지 않아도 되느니라. 왜냐하면 『법화경』을 받아 지니고 읽고 외우는 선남자 선여인은 이미 탑과 절을 세운 셈이 되고, 정사를 지어서 대중스님들께 공양한 것이 되기 때문이니라. 다시 말해 부처님 사리를 모시기 위해 칠보탑을 세우되, 탑의 높이와 넓이는 올라갈수록 점점 가늘고 좁아져서 하늘나라 범천의

---

345 염부단금閻浮檀金: 염부수閻浮樹 나무 밑을 흐르는 강물을 염부단閻浮檀이라 하며, 이 강물 바닥에서 나는 사금을 '염부단금'이라 하는데 붉은빛을 띤 값진 금을 말한다.

346 스님들이 거처하는 요사채 형식의 거처를 말하는데, 여기서는 내용상 규모가 큰 사찰에 속한다. 그러나 앞에 이미 절이란 말이 나와서 부득이 '정사精舍'로 번역하였음.

347 사사四事: 수행에 필요한 네 가지 공양물(①의복 ②음식 ③침구 ④약품)을 말한다.

세계에까지 닿게 만든 격이니라. 그리고 탑에다 여러 번기와 일산·갖가지 보배방울들을 매달고, 꽃·향·영락·가루 향·바르는 향·사르는 향과 각종 북을 비롯한 여러 악기들과 퉁소·피리·공후[348] 소리에다 온갖 화려한 춤과 고운 음성으로써 부처님을 찬탄하며 노래 부르는 것이나 마찬가지니라. 그 선남자 선여인은 자그마치 천만억 겁의 한량없는 세월 동안 이렇게 공양한 셈이 되느니라.

아일다보살이여!

가령 내가 열반한 뒤에 이 『법화경』을 듣고서 누군가 능히 받아 지니고 자신이 직접 쓰거나 남을 시켜서 쓰게 한다면, 이는 곧 스님들이 거주하는 정사를 지은 것이나 매한가지니라. 이를테면 붉은 전단나무로 다라수[349] 나무의 여덟 배나 될 만큼 높고 큼직하며 멋지게 전당을 서른두 채나 지어서, 수천 명의 스님들이 거주할 수 있도록 지은 것이 되느니라. 거기에다 아름다운 동산·숲·연못·호수·산책로가 딸려 있고, 참선하는 방은 물론 옷과 음식·이부자리·의약품 등 필요한 물품들이 죄다 마련되어 있는 셈이니라. 이런 정사와 당각들의 수효가 자그마치 백천만억 개나 되도록 무수히 조성한 격이 되어, 이런 것들을

---

348 공후箜篌: 공고空古 또는 수금竪琴이라 하며, 서양의 하아프와 비슷한 악기이다. 23현으로 되었고 원래 인도 서역에서 사용된 악기이나, 일본에서는 백제로부터 전해 받아서 백제금百濟琴이라 부른다.

349 다라수多羅樹: 인도·버마·스리랑카 등 열대 지방에서 자라는 종려과에 속하는 식물이다. 1다라수 높이는 보통 49척尺인데, 인도에서는 이 나무로 척도尺度의 단위를 삼는다. 잎은 부채꼴로 평활하고 단단하여 종이 대신 곧잘 사용된다. 이 나뭇잎을 '패엽貝葉' 또는 '패다라엽貝多羅葉'이라 하며, 여기에 새겨진 불교 경전을 '패엽경貝葉經'이라 부른다.

전부 내 눈앞에서 나와 스님들께 직접 공양한 것이나 다름없느니라. 그러므로 내 말하기를,

'여래가 열반한 뒤에 만약 어떤 이가 『법화경』을 받아 지니고서 읽고 외우며 다른 사람을 위해 설명해주고, 혹 자기가 직접 쓰거나 남을 시켜 쓰게 하고 경책에 공양까지 한다면, 구태여 다시 탑과 절을 세우고 정사를 지어서 대중스님들께 공양하지 않아도 무방하다!'

라고 말한 것이니라.

하물며 다시 누군가 능히 이 경을 수지하면서 보시·지계·인욕·정진·선정·지혜를 함께 닦는다면, 그 공덕은 말할 것도 없이 제일 수승하여 한량없고 끝이 없으리라. 예를 들어 허공의 동·서·남·북과 그 사이의 네 간방[350]과 상방·하방이 한량없고 끝이 없는 것과 마찬가지로, 그 사람의 공덕도 역시 한량없고 끝이 없어서 일체종지를 빨리 증득하리라.

만약 누군가 이 경을 읽고 외우며 받아 지니고 다른 사람을 위해 설명해주거나, 혹은 경전을 스스로 직접 쓰거나 남을 시켜 쓰게 한다고 하자. 게다가 능히 탑도 세우고 정사까지 지어서 많은 성문스님들을 공양하고 찬탄하며, 또한 백천만억 종류의 여러 찬탄하는 법식으로써 보살의 공덕을 찬탄한다고 하자. 또 다른 사람을 위해 여러 가지 인연을 들어 올바르게 이 『법화경』을 해설해준다고 하자. 그리고 깨끗하게 계행을 지키며 마음이 부드럽고 온화한 사람들과 가까이 지내면서, 참고 성내지 않으며 뜻과 생각이 견고하다고 하자. 더욱이

---

350 사유四維: 동남방·동북방·서남방·서북방 등 각 사방四方 사이의 방위.

항상 좌선하는 것을 소중히 여겨서 깊은 선정의 여러 경지를 증득하고, 용맹스럽게 계속 정진하여 훌륭한 법들을 섭수할 뿐더러 근기가 날카롭고 지혜로워 어려운 질문에도 잘 답변한다고 하자. 아일다보살이여! 내 열반한 뒤에 이 경전을 받아 지니고 읽고 외우는 여러 선남자 선여인들이 동시에 이처럼 훌륭한 공덕까지 구비하였다면, 그들은 이미 도량에 나아간 것이나 진배없음을 명심하여라. 그들은 벌써 아뇩다라삼먁삼보리에 근접하여, 보리수나무 아래에 앉아 있는 것이나 마찬가지니라.

아일다보살이여!

그런 선남자 선여인들이 앉거나 서 있거나 걸어다니는 모든 곳에는 응당 거기에 탑을 세워야 하느니라. 그리고 일체 하늘천신과 사람들은 부처님 탑을 받들 듯이 정성껏 공양해야 하느니라."

그때 세존께서 거듭 의미를 표현하시고자 게송으로 말씀하셨다.

만약 내 열반한 뒤에
능히 이 경전 받들어 간직한다면
그 사람은 앞서 말한 대로
한량없는 복덕을 얻으리니,

이는 모든 공양을 구족하여
부처님 사리탑을 세우되
칠보로 장엄할 뿐더러
매우 크고 높은 찰간은

올라갈수록 점점 작아져서
하늘의 범천세계에까지 닿고
천만억 개의 보배방울들이
바람 따라 땡그랑 맑은 소리 울리거늘,

그 탑에 한량없는 세월 동안
꽃과 향·많은 영락과 하늘나라 옷
여러 악기들 연주하고 향유에 등불까지 켜서
주위를 항상 밝게 비추어 공양한 격이로다.

이렇듯 오탁악세 말법 시대에
능히 이 경전 수지하는 자는
좀 전에 말한 대로
모든 공양 구족한 것이나 다름없나니,

만약 능히 이 경을 수지한다면
곧 부처님 계실 때
우두 전단나무로
정사를 지어 승단에 공양하되,

서른두 채의 전당을
다라수의 여덟 배나 될 만큼 높게 지어서
좋은 음식·훌륭한 의복과
평상에 침구까지 갖춤은 물론이요,

수천 명의 대중스님들 거주하는 처소와
동산·숲·연못·호수·산책로가 딸려 있고
좌선하는 선방과 그 밖의 갖가지 용품들까지
모두 아름답게 장엄하여 공양한 셈이로다.

만일 누군가 믿고 이해하는 마음으로
이 경을 수지하여 읽고 외우며 쓰고 나서는
다시 남에게 쓰도록 하고
아울러 경책에도 공양하기를,

꽃과 향 및 향가루를 뿌리며
수만나꽃[351]과 첨복화[352]
아제목다가[353]에서 짠 기름으로
항상 등불을 밝히어,

이렇게 경책에 공양하는 자는
한량없는 공덕을 얻으리니
마치 허공이 끝간 데가 없는 것처럼
그 복덕도 또한 끝없이 많으리라.

하물며 이 경을 수지하면서

---

351 범어 Sumanas의 음역. 황백색의 꽃으로 향이 강하다.

352 범어 Campaka의 음역. 노란색의 꽃으로 향이 강하다.

353 범어 Atimuktaka의 음역. 붉은색 꽃으로 씨에서 기름을 짠다.

보시와 지계를 겸하여 닦고
인욕하며 선정을 즐기는 데다
성내지 않고 욕설도 하지 않을 뿐더러,

부처님 탑묘[354]를 공경하며
모든 비구들에게 겸손하게 하심하고
교만한 마음을 멀리 여읜 채
항상 지혜만 깊이 생각함은 물론,

어려운 질문을 당하더라도 성내지 않고
질문에 따라 잘 해설해주나니
능히 이런 수행을 닦을 수만 있다면
그 공덕이야말로 가히 헤아릴 수 없이 많으리라.

만약 이와 같은 공덕을 성취한 법사를 보거든
응당 하늘나라꽃을 뿌려서 공양하고
하늘옷을 입혀드리며 머리 숙여 발에 절하되
마음속으로 부처님 뵈온 듯이 여길 뿐 아니라,

또 응당 이렇게 생각할지니,
'이 분은 이제 곧 도량에 나아가
무루無漏·무위無爲의 경지를 얻어서

354 탑묘塔廟: 탑塔은 범어 stūpa, 팔리어 thūpa의 음역인 탑파塔婆의 준말이며, 묘廟는 그 번역이다.

널리 모든 사람들과 하늘천신들을 이롭게 하리라!'

따라서 법사가 머무는 곳이라면
경행[355]하거나 앉거나 눕거나
심지어 경전의 한 게송만 읊더라도
그 가운데 응당히 탑을 세워서
훌륭하게 장엄하고 갖가지로 공양해야 하느니라.

이런 부처님 제자가 머무는 곳이라면
곧 부처님이 받아서 쓰는 것이나 다름없나니,
항상 부처님이 그 가운데 있음은 물론이고
경행하며 앉기도 하고 눕기도 하시느니라.

---

355 경행經行: 범어 Vihāra의 한역. 행도行道라고 번역하기도 하며, 음역으로는 비하라毘訶羅로 쓴다. 좌선하다가 오는 졸음을 막기 위해 또는 병을 치료하기 위해서, 가볍게 산책삼아 거닐고 운동하는 것을 말한다.

묘법연화경 제六권 제18 수희공덕품隨喜功德品

그때 미륵 보살마하살이 부처님께 사뢰었다.

"세존이시여! 만약 어떤 선남자 선여인이 『법화경』을 듣고 따라 기뻐한다면 얼마나 되는 복을 얻겠습니까?"

이윽고 미륵보살이 게송으로 사뢰었다.

세존께서 열반하신 후
이 경을 듣고서
능히 따라 기뻐하는 자는
복을 얼마나 얻겠나이까?

그때 부처님께서 미륵 보살마하살에게 이르시었다.

"아일다보살이여!

여래가 열반한 뒤에 만약 비구·비구니·우바새·우바이와 또 지혜로운 다른 사람들이[356] 어른이든 아이든 이 경을 듣고서 따라 기뻐한다고 하자. 그들이 법회를 마치고 정사나 한적한 곳 혹은 도시나 저잣거리 아니면 변두리 마을이나 농촌 같은 다른 데로 가서, 자신이 들은 대로 부모나 친척이나 친구 혹은 그냥 아는 사람을 위해 자기가 할 수 있는 능력껏 설명해 주었다고 하자. 그 여러 사람들이 듣고 나서 따라 기뻐하며 그 내용을 다른 사람에게 전해주고, 다른 사람도 듣고 나서 따라 기뻐하며 또 다른 이에게 전해주었다고 하자. 이렇게 거듭 전해져서 오십 번째 사람에게까지 전해졌다면, 아일다보살이여! 그 오십 번째 선남자 선여인이 따라 기뻐한 공덕에 대하여 내 이제 말하리니, 마땅히 잘 들으라.

예를 들어 사백만억 아승기 세계에 있는 여섯 갈래[357]의 사생[358] 중생들, 곧 난생·태생·습생·화생으로 태어나는 것에는 형상이 있는 존재[359]·형상이 없는 존재[360]·생각이 있는 존재[361]·생각이 없는 존재[362]·생각이 있다고 할 수 없는 존재[363]·생각이 없다고도 할 수

---

356 아직 계戒를 받지 않은 일반 사람들을 말한다. 곧 불교를 믿지는 않지만, 슬기가 있는 일반인을 가리킨다.

357 육취六趣: 주 41 참조

358 사생四生: 중생이 태어나는 네 가지 방식. ①태생胎生_사람이나 짐승처럼 태胎로 태어남. ②난생卵生_새처럼 알로 태어남. ③습생濕生_벌레처럼 축축한 습기로 인해 태어남. ④화생化生_천상이나 지옥처럼 변화로 태어남 등이다.

359 유형有形: 육체를 지닌 존재로 욕계와 색계의 중생.

360 무형無形: 육체가 없이 순수한 정신만 남아 있는 무색계의 중생.

361 유상有想: 분별 의식이 있는 중생.

362 무상無想: 분별 의식이 끊어져 멸진정滅盡定에 든 이.

363 비유상非有想: 거친 번뇌가 다 끊어진 이.

없는 존재[364]·발 없이 기어 다니는 존재[365]·두 발로 걷는 존재[366]·네 발 달린 존재[367]·발이 많이 달린 존재[368] 등 이처럼 수많은 형태의 중생들이 있느니라.

그런데 어떤 사람이 복을 구하려고 중생들이 좋아하는 물건들을 원하는 대로 나누어주었다고 하자. 이를테면 각 중생들에게 금·은·유리·자거·마노·산호·호박 등 여러 가지 진귀한 보배들과 코끼리와 말이 끄는 수레, 혹은 칠보로 지은 궁전과 누각 따위를 염부제[369]가 가득 찰 만큼씩 전부 나누어주었다고 하자. 그러던 어느 날 큰 시주자가 꼬박 팔십 년간을 이렇게 보시하고 나서 생각하기를,

'내 이미 중생들이 바라는 물건들을 원하는 대로 실컷 나눠주었도다. 그런데 중생들이 벌써 다 늙어서 나이는 팔십이 넘었고 백발이 성성한 데다 얼굴까지 쭈글쭈글해졌으니, 장차 죽을 날이 머지않았도다. 이제 더 늦기 전에 내 마땅히 불법으로써 이들을 가르쳐 인도해야겠다!'

이윽고 중생들을 전부 모이게 해서 불법을 선포하여 보여주고

---

364 비무상非無想: 거친 번뇌는 소멸됐으나 아직 미세한 번뇌는 남아 있는 이.

365 무족無足: 발 없이 기어 다니는 지렁이·달팽이·뱀 등을 말한다.

366 이족二足: 두 발로 걷는 사람을 말한다.

367 사족四足: 사자·호랑이 등 네 발 달린 짐승을 말한다.

368 다족多足: 지네·그리마 등 발이 많이 달린 벌레를 말한다.

369 염부제閻浮提: 제提'란 '주洲'를 뜻하기도 한다. 원래는 염부수閻浮樹를 가리키는 말이 변하여 '한 세계'를 가리키는 말로 쓰여지고 있다. 특히 우리가 살고 있는 이 사바세계를 '남섬부주', 곧 '염부제'라고 일컫는다.(따라서 한문원본에는 '염부제'라 한 것을 이해하기 쉽게 하기 위하여, 종종 '사바세계'로 번역하였음)

가르쳐서 이롭고 기쁘게 하였다고 하자. 그래서 일시에 수다원도·사다함도·아나함도·아라한도를 얻어 온갖 번뇌를 다하게 되었고, 깊은 선정에 자유자재로 들어 팔해탈까지 갖추게 되었다고 하자. 그렇다면 그대는 어떻게 생각하는가? 그 큰 시주자는 얼마나 많은 공덕을 얻겠느냐?"

미륵보살이 부처님께 사뢰었다.

"세존이시여, 그 사람의 공덕은 너무 많아서 한량없고 끝이 없겠나이다. 그 시주자가 단지 중생들에게 그들이 바라는 물건들을 보시한 것만 치더라도 그 공덕은 한량없을 것입니다. 그런데 하물며 중생들로 하여금 아라한과까지 얻게 했으니, 그거야말로 더 말할 나위가 있겠습니까!"

부처님께서 미륵보살에게 이르시었다.

"내 이제 분명히 그대에게 사실대로 말하리라. 그 사람이 중생들이 좋아하는 온갖 물품들로써 사백만억 아승기 수많은 세계의 모든 여섯 갈래 중생들에게 보시하고 아라한과를 얻게 한 공덕은 저 오십 번째 사람이 『법화경』의 한 게송을 듣고 따라 기뻐한 공덕에는 턱없이 미치지 못하느니라. 그래서 백분의 일·천분의 일·백천만억분의 일에도 해당되지 못할 뿐더러, 심지어 어떤 숫자나 비유로도 비교가 안 되느니라.

아일다보살이여! 이와 같이 오십 번째 사람이 여러 사람을 통해 들은 『법화경』 얘기를 듣고서 따라 기뻐한 공덕만 해도 무량무변한 아승기의 한량없는 공덕이 있거늘, 하물며 맨 처음 법회 장소에서 가르침을 듣고 따라 기뻐한 사람의 공덕이야 오죽 많겠느냐! 그 사람의 복덕은 더욱 수승해서 무량무변한 아승기의 숫자로도 견줄 수 없느니라.

또 아일다보살이여!

어떤 사람이 『법화경』을 듣기 위해 정사로 가서 앉거나 선 채로 잠시 동안만 법문을 들었다 하더라도, 그 덕분에 다시 태어날 적에는 훌륭한 코끼리와 말이 끄는 수레 혹은 진귀한 보배로 꾸민 가마를 타고 하늘궁전에 오르리라. 또 어떤 사람이 『법화경』 강의하는 곳에서 앉아 듣고 있다가 다른 사람이 오니까 자기 자리를 나누어 같이 앉아 듣게 했다면, 그 사람은 그 공덕으로 다음 세상에서 제석천왕이나 범천왕 혹은 전륜성왕의 자리에 앉게 되리라.

아일다보살이여! 또 어떤 사람이 다른 이에게 말하기를,

'저기 『법화경』을 설한다는데, 같이 가서 듣지 않을래요?'

그 사람이 그 말을 듣고 따라가서 아주 잠깐만 듣더라도, 처음에 권유한 사람은 그 공덕으로 다음 세상에서 다라니 얻은 수승한 보살들과 더불어 한 곳에 태어나리라. 뿐만 아니라 근기가 날카롭고 총명하며 지혜로운 데다 백천만 번 태어나도 결코 벙어리가 되지 않으리라. 또한 입에서 냄새가 나지 않고 혀나 입에 항상 병이 없으며, 때가 끼어 치아가 검게 변한다거나 누렇게 되지 않으리라. 더욱이 치아 사이가 벌어진다거나 빠진 것이 없음은 물론이고, 삐뚤빼뚤 나거나 안으로 굽지도 않으리라. 입술은 아래로 쳐지거나 말려 올라가지 않고, 부르트거나 부스럼 나지 않으며, 또한 언청이거나 삐뚤어지지 않으리라. 게다가 입술이 너무 두껍지도 않고 크지도 않으며, 시퍼렇게 죽지 않아서 보기 싫은 모양이 하나도 없으리라. 코는 납작하지도

구부러지지도 않고, 얼굴빛도 거무스레하지 않으리라. 얼굴이 좁고 길기만 하거나 또 움푹 패이거나 일그러지지 않아서 못생긴 구석이 한 군데도 없으리라. 입술·혀·치아가 다 보기 좋으며, 코도 길고 높으며 아주 반듯하고 얼굴 생김새가 원만하리라. 눈썹도 높고 길며 이마 역시 넓고 반듯하여, 아주 좋은 인상을 갖추게 되리라. 그리고 세세생생 태어날 적마다 부처님을 친견하여 법을 듣고, 가르침을 믿고 받아들일 것이니라.

아일다보살이여, 또 그대는 이 점을 면밀히 생각해보도록 해라. 즉 한 사람만 같이 가자고 권하여 법을 듣게 한 공덕도 이와 같이 많거늘, 하물며 일심으로 설법을 듣고 독송하며 또 대중 앞에서 남들을 위해 자세히 분별하여 해설해주고 경전에서 설한 대로 수행한 공덕이야 얼마나 많겠느냐!"

그때 세존께서 거듭 의미를 표현하시고자 게송으로 말씀하셨다.

만약 누군가 법회에서
이 경전을 듣고
하다못해 한 게송만이라도
따라 기뻐하며 남에게 설하되,

이 사람 저 사람 이렇게 차례로 전해져서
오십 번째로 듣고 기뻐한 사람의 경우
그 사람이 얻는 복덕에 대해
이제 마땅히 분별하여 말하리라.

만일 어떤 큰 시주자가
한량없이 많은 중생들에게
팔십 년 동안이나 물자를 공급하여
중생들이 소망하는 대로 다 베풀어주다가,

중생들이 늙고 백발이 되어
얼굴도 주름진 데다 이도 빠지고
몸도 바싹 여윈 것을 보고는
머지않아 죽게 될 것을 감안해서,

'내 이제 응당 저들을 교화하여
불법의 도과道果를 얻게 하리라'
그래서 곧 그들을 위해 방편으로
열반의 진실한 법을 설하되,

'세상 모든 것은 견고한 것이 없어서
물거품 같고 타다가 꺼지는 불꽃 같나니
너희들은 응당히 모두
빨리 세상을 벗어나려고 생각해야 하느니라!'

법문 들은 모든 사람들
전부 아라한과를 얻어서
육신통과 삼명三明은 물론
팔해탈마저 갖추게 되었다 치더라도,

맨 나중 오십 번째 사람
경전 게송 한 구절만 듣고 따라 기뻐한 복덕이
아까 시주자의 복보다 훨씬 더 수승하여
가히 비유도 할 수 없게 많으니라.

이와 같이 여러 사람 통해 경전을 전해 들은
복덕만 하더라도 헤아릴 수 없거늘,
하물며 법회에서 처음 법을 듣고
따라 기뻐한 사람의 공덕이야 오죽 많겠느냐!

만일 누군가 어느 한 사람에게 권하여
『법화경』을 같이 듣자고 말하기를,
'이 경은 깊고도 미묘하여
천만 겁이 지나도록 만나기 어렵다네.'

얘기 들은 사람이 법회에 따라가서
잠깐만이라도 듣게 된다면
권유한 사람이 받는 복덕에 대해
지금 다시 분별하여 말하리라.

세세생생 날 적마다 입에 병이 없고
이도 성글게 나지 않으며 누르거나 검지 않고
입술은 두텁지도 않고 언청이도 아니어서
보기 싫은 모양이 전혀 없을 것이며,

혀는 마르거나 색깔이 칙칙하거나 짧지 않고
코는 길면서도 높고 곧으며
이마 역시 넓고 반듯한 데다
얼굴과 눈도 모두 단정하리니,

사람들이 보기 좋아하고
입에서 나쁜 냄새는커녕
우담발라화 향그런 꽃내음이
풍겨 나오리라.

만일 『법화경』을 듣고자
일부러 스님들 정사에 찾아가서
잠깐만이라도 듣고 기뻐한다면
또 마땅히 그 복덕에 대해 말하건대,

내생에 천상과 인간 가운데 태어나
좋은 코끼리와 말이 끄는 수레
혹은 진귀한 보배로 꾸민 가마를 타고
그리고는 하늘궁전으로 올라가리라.

만약 『법화경』 강의하는 곳에서
남에게 경전을 앉아 듣도록 권한다면
그러한 복의 인연만으로도
제석천왕·범천왕·전륜성왕의 자리에 앉거늘,

하물며 일심으로 법문을 듣고
남에게 그 뜻을 해설해주며
가르침대로 수행한다면
그 복덕이야말로 헤아릴 수 없을 정도니라.

제19 법사공덕품法師功德品

그때 부처님께서 상정진常精進 보살마하살에게 이르시었다.

"만약 선남자 선여인이 『법화경』을 수지하여 읽거나 외우며 혹은 해설하거나 베껴 쓴다면, 마땅히 팔백 가지 눈의 공덕과 천이백 가지 귀의 공덕과 팔백 가지 코의 공덕과 천이백 가지 혀의 공덕과 팔백 가지 몸의 공덕과 천이백 가지 마음의 공덕[370]을 얻으리라. 이 공덕으로써 육근[371]을 장엄하여 모두 청정하게 되리라.

---

370 시간상의 과거·현재·미래 3세世와 함께 공간상의 동·서·남·북 4방을 고려하여 계산한 공덕이다. 예를 들어 눈은 앞은 볼 수 있으나 뒤를 보지 못하는 단점이 있으므로, 전체 1,200공덕 중에 한 방위의 공덕이 생략되어 800 공덕이라 한다. 이와 마찬가지로 코는 들고 내쉬는 숨의 중간에 끊어짐이 있으며, 몸도 무언가 접촉되었을 때만 느끼는 단점이 있으므로 800공덕이라 한다. 반면 귀와 혀와 마음은 대상에 상관없이 일체법과 출세간법을 다 포용하므로 온전히 1,200공덕을 갖추고 있다고 한다.(『능엄경』 제4권)

371 육근六根: 눈眼·귀耳·코鼻·혀舌·몸身·마음(정신; 意)의 여섯 감각기관.

그 선남자 선여인은 부모가 낳아준 깨끗한 육안[372]만으로도 삼천대천의 온 세계 안팎에 있는 산과 숲과 강과 바다를 보는 것은 물론, 아래로는 아비지옥[373]에 이르며 위로는 유정천[374]에 이르기까지 전부 살펴보느니라. 또한 그 속에 있는 일체 중생들을 다 보거늘, 그 중생들이 업의 인연과 과보로 해서 태어나게 될 곳까지 모두 보고 알게 되리라."

그때 세존께서 거듭 의미를 표현하시고자 게송으로 말씀하셨다.

대중 가운데에서
두려움 없는 마음으로
이 『법화경』 설하는 공덕에 대해
그대는 잘 듣도록 하여라.

설법자는 팔백 가지 공덕의
수승한 눈을 얻으리니
이 공덕으로 장엄되어
그 눈이 매우 청정해지리라.

그리하여 부모가 낳아준 보통 눈으로
삼천대천 온 세계 안팎의 미루산·수미산·철위산과

372 육안肉眼: 심안心眼에 상대적인 말로써, 육신의 물질적인 눈을 말한다.
373 아비지옥阿鼻地獄: 가장 고통스런 지옥. 주 100 참조
374 유정천有頂天: 비유상비무상처천非有想非無想處天의 다른 이름. 주 291 참조

아울러 그 밖의 다른 산과 숲들
큰 바다와 강과 시내의 물을 다 볼 수 있고,

아래로는 아비지옥에 이르고
위로는 유정천에 이르기까지
그 속에 있는 모든 중생들을 보리니,
비록 천안[375]은 얻지 못했다 하더라도
육안의 힘만 해도 이 정도니라.

"게다가 또 상정진보살이여, 만약 선남자 선여인이 이 경을 수지하여 읽거나 외우며 혹은 해설하거나 베껴 쓴다면 천이백 가지 귀의 공덕을 얻으리라. 이 청정한 귀로써 삼천대천 온 세계의 아래로는 아비지옥에 이르고 위로는 유정천에 이르기까지 그 가운데 안팎의 여러 가지 말과 음성을 다 들으리라. 즉 코끼리의 소리·말의 소리·소의 소리·수레 구르는 소리·우는 소리·탄식하는 소리·소라 소리·북소리·종소리·방울 소리·웃는 소리·말하는 소리·남자 소리·여자 소리·동자 소리·동녀 소리·법다운 소리·법답지 못한 소리·괴로운 소리·즐거운 소리·범부 소리·성인 소리·기쁜 소리·기쁘지 않은 소리·하늘천신의 소리·용의 소리·야차 소리·건달바 소리·아수라 소리·가루라 소리·긴나라 소리·마후라가 소리·불 소리·물소리·바람소리·지옥 소리·축생 소리·아귀 소리·비구 소리·비구니 소리·성문 소리·벽지불 소리·보살 소리·부처님 소리를 다 들으리라.

---

375 천안天眼: 육신통六神通 가운데 하나로, 온갖 것을 다 볼 수 있는 신통력이다.

요약하여 말하자면 삼천대천의 온 세계 가운데 일체 안팎의 모든 소리들을, 비록 천이[376]는 아직 얻지 못한 상태라 하더라도 부모가 낳아준 청정한 보통 귀로써 다 들어서 알게 되리라. 이와 같이 여러 가지 음성들을 다 듣고 분별하더라도 귀의 능력〔耳根〕은 전혀 손상되지 않으리라."

그때 세존께서 거듭 의미를 표현하시고자 게송으로 말씀하셨다.

(설법자는) 부모가 낳아주신 귀도
청정하고 더럽지 않아
그 보통 귀로써
삼천대천 온 세계 소리를 들으리니,

코끼리·말·수레·소 울음소리
종·방울·소라·북 치는 소리
거문고·비파·공후·퉁소·피리 소리
맑고 아름다운 노래를 듣긴 해도 집착하지 않으며,

무수한 종족의 여러 사람들 음성을
듣고서 다 알아차릴 수 있고
또 모든 천상의 소리와
아름다운 노래 소리를 들을 뿐더러,

---

376 천이天耳: 육신통 가운데 하나로, 모든 것을 들을 수 있는 신통력이다.

남자·여자·동자·동녀의 소리와
산천의 험한 골짜기에서 나는
가릉빈가와 명명[377] 새소리
또 다른 온갖 새소리들을 듣되,

지옥의 갖은 고통에 시달려 아우성치는 소리
기갈에 찬 아귀가 음식 찾아 헤매는 소리
많은 아수라들이 큰 바닷가에 살면서
서로 떠들며 말할 때 울려나오는 큰 음성도 듣나니,

이처럼 설법하는 사람은
이 세상에 편안히 거처하며
멀리서 나는 각종 소리들을 듣더라도
귀는 전혀 상하지 않으리라.

시방의 모든 세계에서
새와 짐승들이 서로 울부짖는 소리도
설법하는 사람은
여기 앉아서 전부 들으며,

여러 범천의 세계와 그 위의
광음천[378]과 변정천[379]으로부터

377 명명命命: 생생조生生鳥 또는 공명조共命鳥. 설산에 사는 일신양두一身兩頭의 새이다.

유정천有頂天에서 얘기하는 음성까지
법사는 이 세간에 있으면서 다 들으리라.

모든 비구와 비구니들이
경전을 읽고 외우거나
혹은 남을 위해 연설하는 것조차
법사는 여기 머물면서 죄다 들으며,

또 보살들이 경을 읽고 외우며
혹은 남을 위해 설법하거나
책을 편찬하여 그 뜻을 해석해주는
이런 모든 소리들까지 다 들을 뿐 아니라,

중생 교화하시는 여러 부처님 대성존께서
많은 대중들 가운데에서
미묘 법문을 연설하시거든
『법화경』 지니는 사람은 그 법문마저 다 듣고,

삼천대천 온 세계 안팎의 모든 소리들
아래로는 아비지옥, 위로는 유정천에 이르기까지

---

378 광음천光音天: 색계 이선천二禪天의 3하늘 중 세 번째 하늘. 여기에는 음성이 없고 말할 때 입으로 광명을 내어 말의 작용을 하므로 광음천이라 한다.

379 변정천遍淨天: 색계 삼선천三禪天의 3하늘 중 세 번째 하늘. 맑고 쾌락이 충만하여 변정천이라 하며, 천인들의 키가 64유순이며 수명은 64겁이라 한다.

그 여러 소리들을 다 듣더라도
귀는 조금도 상하지 않으리니,

그 귀가 총명하고 영리하기에
이런 갖가지 소리를 다 분별하여 알아차리거늘.
『법화경』 수지하는 사람 아직 천이天耳는 얻지 못했어도
타고난 보통 귀의 공덕만 해도 이미 이 정도니라.

"다시 상정진보살이여, 만약 선남자 선여인이 이 경을 수지하여 읽거나 외우며 혹은 해설하거나 베껴 쓴다면 팔백 가지 코의 공덕을 성취하리라. 이 청정한 코의 능력〔鼻根〕으로써 삼천대천 온 세계 위아래와 안팎의 각종 향기들을 맡으리라. 곧 수만나화[380] 향기·사제화[381] 향기·말리화[382] 향기·첨복화[383] 향기·바라라화[384] 향기·붉은 연꽃 향기·푸른 연꽃 향기·하얀 연꽃 향기·꽃나무 향기·과일나무 향기는 물론이요, 전단향·침수향·다마라발향[385]·다가라향[386]·천만 가지 성분이 섞인 향 등 가루든 덩어리든 바르는 것이든 간에, 이 경을 지니는 사람은 여기 머물면서 다 분별할 수 있느니라. 또 중생들의

---

380 수만나화須曼那華: 주 351 참조

381 사제화闍提華: 범어 Jātika의 음역. 금색꽃이 핀다.

382 말리화末利華: 금색꽃이 핀다.

383 첨복화瞻蔔華: 주 352 참조

384 바라라화波羅羅華: 범어 Pātala의 음역. 꽃과 열매 모두 향기가 진하다.

385 다마라발향多摩羅跋香: 범어 Tamala-pattra의 음역. 향의 이름.

386 다가라향多伽羅香: 범어 Tagara의 음역. 향나무의 일종.

냄새를 맡되, 코끼리 냄새·말 냄새·소 냄새·양 냄새와 남자 냄새·여자 냄새·동자 냄새·동녀 냄새, 게다가 풀과 나무와 숲의 냄새까지 다 식별하여 알리라. 그것들이 가까이 있거나 멀리 있거나 상관없이, 그 모든 냄새들을 맡아서 분별하는데 착오가 없으리라.

또한 이 경을 지니는 사람은 비록 여기 땅위에 있더라도 천상의 모든 하늘향기들을 맡으리라. 즉 파리질다라수[387] 향기와 구비다라수[388] 향기 그리고 만다라화[389] 향기·마하만다라화[390] 향기·만수사화[391] 향기·마하만수사화 향기와 전단향·침수향·여러 가지 가루향과 가지각색의 꽃향기 등 이와 같이 수많은 하늘향기들이 서로간에 어우러져 풍겨 나오는 향기들을 맡고서 알아차리지 못하는 것이 하나도 없으리라.

또 모든 하늘천신들의 몸향기를 맡으리니, 석제환인[392]이 멋진 궁전에서 오욕락을 만끽할 때의 향기라든가 훌륭한 법당에서 도리천의 모든 천신들을 위하여 설법할 때의 향기 혹은 여러 동산에서 유희할 때의 향기를 맡으리라. 그리고 그 밖의 다른 천신 남녀들의 몸향기들을

---

387 파리질다라수波利質多羅樹: 범어 Pārijātaka의 음역. 제석천의 정원에 있는 나무. 주 110 참조

388 구비다라수拘鞞陀羅樹: 범어 Kovidāra의 음역. 사철 꽃피는 나무.

389 만다라화曼陀羅華: 범어 Māndārava의 음역. 아름답고 향기로운 천상天上의 꽃.

390 마하만다라화摩訶曼陀羅華: 범어 Mahā는 '크다'는 뜻, 곧 커다란 만다라꽃을 가리킨다.

391 만수사화曼殊沙華: 범어 Mañjūṣaka의 음역. 4종의 천화天華 가운데 하나. 선백색鮮白色의 밝고 아름다운 꽃으로, 보는 이로 하여금 악업惡業을 여의도록 한다.

392 석제환인釋提桓因: 제석천을 말함. 주 92 참조

전부 멀리서도 다 맡으리라. 이와 같이 차례로 올라가 점차 범천에 이르고 위로 유정천에 이르기까지 모든 하늘천신들의 몸향기를 죄다 맡으리라. 아울러 모든 하늘에서 피우는 향의 내음과 그리고 성문·벽지불·보살·부처님의 몸향기를 멀리서 맡고는 그 처소마저 제대로 다 파악하리라.

그러나 비록 이렇게 모든 향기들을 맡게 되더라도 코의 능력〔鼻根〕은 조금도 손상되거나 잘못되지 않으리라. 더욱이 향기를 식별하여 다른 사람을 위해 설명하려고 한다면, 기억이 분명해서 한 치도 어긋나지 않으리라."

그때 세존께서 거듭 의미를 표현하시고자 게송으로 말씀하셨다.

설법자는 코도 청정하여
이 세계 가운데의
향기롭고 혹은 냄새나는 것
갖가지를 모두 맡고 알 수 있나니,

수만나꽃 향기와 사제꽃 향기
다마라발향과 전단향
침수향 그리고 계향
여러 가지 꽃과 과실 향기,

게다가 수많은 중생들의 냄새와
남자·여자 냄새를 구분하되

설법자는 멀리 있어도
냄새 맡고서 그 소재까지 아느니라.

세력이 큰 전륜성왕과 작은 전륜왕
그 아들들과 여러 신하들
그리고 모든 궁인들조차
향기 맡고 있는 곳을 전부 알며,

몸에 차고 있는 진귀한 보배나
땅속에 묻혀 있는 보배광
전륜왕의 예쁜 보배 같은 여자들도
향기 맡고 있는 곳을 죄다 알고,

여러 사람들 몸에 찬 장신구와
의복 그리고 영락
여러 가지 몸에 바른 향 등
그 향기 맡고서 누군지 알아내며,

모든 천신들이 걷는지 앉는지 노는지
아니면 신통으로 변화를 일으키는지
이 『법화경』 지니는 사람은
향기 맡고서 다 알 수 있나니,

모든 나무의 꽃과 과실 향기

그리고 버터기름 향내도
『법화경』 지니는 자는 여기 있으면서
그 소재까지 전부 아느니라.

깊고 험한 산골짜기에서
전단나무에 꽃이 핀 것과
거기 사는 중생들조차
향기 맡고 다 알 수 있으며,

철위산과 큰 바닷속과 땅속의
수없이 많은 중생들을
『법화경』 지니는 사람은
향기 맡고서 그 있는 곳마저 죄다 알고,

아수라 남녀들이
자기네 여러 권속들과
서로 싸우거나 노는 경우를
향기 맡고 모두 알 수 있으며,

넓은 들판과 험한 골짜기의
사자·코끼리·호랑이와
이리·들소·물소 따위가
어디 있는지 냄새 맡고 다 아느니라.

만약 어느 여인이 임신했을 적에
아들인지 딸인지 중성〔無根〕인지 사람이 아닌지〔非人〕
아무도 판단할 수 없더라도
설법자는 냄새 맡고 다 알 수 있으며,

냄새를 맡는 능력으로
그 첫 임신이
무사히 성공할 것인지 아닌지
복덩이를 잘 낳을 것인지 아닌지를 알고,

냄새를 맡는 능력으로
남자와 여자가 무엇을 생각하는지
탐욕·어리석음·성내는 마음에 어느 정도 물들었는지
또한 착한 행실을 닦는 자인가를 모두 아느니라.

땅속에 묻혀 있는 많은 보배광의
금과 은 여러 진귀한 보배들과
구리그릇에 담겨진 것조차
냄새 맡아서 다 알 수 있고,

갖가지 모든 영락
능히 그 값을 알 수는 없더라도
귀하고 흔한 것과 출처와 소재까지
냄새 맡고 모두 아느니라.

천상에 핀 여러 꽃들
만다라꽃과 만수사꽃
파리질다라 나무마저
향기 맡고 다 알 수 있으며,

천상의 모든 궁전들
상·중·하로 차별되어
여러 가지 보배꽃으로 장엄된 것조차
향기 맡고서 죄다 알고,

하늘의 동산과 숲, 멋진 궁전
많은 누각들과 훌륭한 법당
그 가운데에서 유희하는 것도
향기 맡고서 다 아는 것은 물론,

모든 천신들이 법을 듣거나
혹은 오욕락을 누릴 때에
오고 가며 다니고 앉고 눕는 것까지
향기 맡고서 전부 아느니라.

하늘나라 선녀들이 예쁜 옷에다가
꽃과 향수로 어여쁘게 단장한 채
빙글빙글 돌면서 왔다갔다 노니는 시각도
향기 맡고서 다 알 수 있고,

이와 같이 차례로 올라가서
범천의 하늘세계에 이르도록
누가 선정에 들어갔다가 나왔는지
향기 맡고 전부 알 수 있으며,

광음천과 변정천
멀리 유정천에 이르기까지
천신들이 처음 태어나고 죽는 것도
향기 맡고서 죄다 아느니라.

모든 비구 스님들이
불법에 항상 정진하되
앉아 있는지 경행하는지
경전을 읽고 외우는지,

혹은 숲 속 나무 아래에서
오로지 좌선에만 몰두하는지
『법화경』 지니는 사람은
향기 맡고 그 소재까지 다 아느니라.

보살들의 뜻이 견고하여
좌선하거나 경전을 읽고 외우며
혹은 남들을 위해 설법하는 것마저
향기 맡고서 다 알 수 있고,

곳곳마다 세존께서
일체 중생들의 공경을 받으시며
중생을 불쌍히 여겨 설법하시는 것조차
향기 맡고서 전부 알 수 있느니라.

그리고 중생들이 부처님 앞에서
경을 듣고 모두 환희하여
법과 같이 수행하는 것까지
향기 맡고서 죄다 알 수 있나니,

비록 보살의 무루법으로 얻어지는
그런 코는 아직 얻지 못했더라도
『법화경』 지니는 사람은
먼저 이러한 코의 조짐부터 얻느니라.

"또 상정진보살이여, 만약 선남자 선여인이 이 경을 수지하여 읽거나 외우며 혹은 해설하거나 베껴 쓴다면 천이백 가지 혀의 공덕을 얻으리라. 그래서 좋거나 거칠거나 맛있거나 맛없거나 쓰거나 떫은 어떤 것이라도 그의 혀끝에 닿으면, 모두 하늘의 감로수처럼 으뜸가는 맛으로 달게 변하여 맛없는 것이 없으리라.

더욱이 만약 그 혀로써 대중 가운데에서 법을 연설하게 되면, 깊고도 아름다운 음성으로 듣는 사람들 마음속에 깊이 스며들어 그들을 모두 기쁘고 즐겁게 하리라. 또 여러 천자와 천녀·제석천왕과 범천왕

등 모든 하늘나라 천신들마저 그 깊고 아름다운 음성으로 연설하는 말의 논리가 정연한 것을 듣고는 전부 와서 경청하리라. 그리고 모든 용과 용녀·야차와 야차녀·건달바와 건달바녀·아수라와 아수라녀·가루라와 가루라녀·긴나라와 긴나라녀·마후라가와 마후라가녀들도 법문을 듣기 위해 죄다 찾아와서 가까이 모시며 공경하고 공양하리라. 또 비구·비구니·우바새·우바이와 국왕·왕자·여러 신하들과 그 권속뿐 아니라, 세력이 작은 전륜왕과 큰 전륜왕 그리고 전륜왕의 칠보와 천 명의 아들들[393]과 내외 권속들까지 저마다 궁전을 타고 함께 와서 법문을 들으리라.

그 보살이 설법을 잘하기 때문에 바라문과 거사와 나라 안의 모든 백성들도 목숨이 다하도록 따르고 모시며 공양하리라. 또 여러 성문과 벽지불·보살·모든 부처님들께서 언제나 그 사람 보기를 좋아하시며, 그 사람이 어디에 있건 부처님들께서 다 그 사람 있는 곳을 향하여 설법하시리라.

그리하여 그는 모든 부처님들의 가르침을 전부 받아 간직하는 것은 물론, 또 깊고도 아름다운 법음法音을 펼칠 수 있으리라."

그때 세존께서 거듭 의미를 표현하시고자 게송으로 말씀하셨다.

설법자는 혀도 청정하여
끝내 맛없는 것은 하나도 맛보지 않게 되리니,
그 사람이 먹게 되면

---

393 전륜성왕이 출현할 때 세상에 칠보(金輪寶, 白象寶, 紺馬寶, 神珠寶, 玉女寶, 居士寶, 主兵寶)가 나타나며, 천 명의 단정하고 용맹스런 아들들을 거느린다고 한다.

모두 감로수처럼 달고 맛있게 되리라.

깊고 맑으며 미묘한 음성으로써
대중에게 법을 설하되
여러 가지 인연과 비유로써
중생들 마음을 인도하거니,

듣는 사람 모두 환희하여
가장 최상의 공양을 올리며
하늘천신·용·야차·아수라들도
모두 공경하는 마음으로써 함께 와서 법을 들으리라.

설법하는 사람이
만약 미묘한 음성으로써
삼천대천 온 세계에 들리게 하고자 할 것 같으면
자기 맘대로 두루 울려 퍼지게 할 수 있나니,

대전륜왕과 소전륜왕
그리고 천 명의 아들들과 권속들이
합장하고 공경하는 마음으로
항상 찾아와서 법문을 경청하고,

모든 하늘천신·용·야차와
나찰[394]과 비사사[395] 귀신조차

또한 환희심으로
늘 찾아와 공양하기를 좋아하리라.

범천왕과 마왕
자재천왕과 대자재천왕
이와 같이 많은 하늘천신들이
언제나 그 사람 있는 데로 찾아오거늘,

모든 부처님과 제자들까지
그 설법하는 음성을 듣고는
항상 호념하고 수호할 뿐 아니라
때로는 직접 몸을 나타내기도 하시느니라.

"다시 상정진보살이여, 만약 선남자 선여인이 이 경을 수지하여 읽거나 외우며 혹은 해설하거나 베껴 쓴다면 팔백 가지 몸의 공덕을 얻으리라. 그리하여 맑고 깨끗한 유리보석과 같은 청정한 몸을 얻어서 중생들이 보기 좋아하리라.

그리고 몸이 너무 깨끗하기 때문에 삼천대천의 온 세계 중생들이 태어나고 죽는 순간은 물론이며, 우수한지 하열한지, 예쁜지 미운지, 좋은 환경에 태어나는지 나쁜 환경에 태어나는지 등등이 전부 그

---

394 나찰羅刹: 범어 Rākṣasa의 음역. 사람을 잡아먹는 악귀의 일종이나 뒤에 참회하고 불교의 수호신이 되었다.

395 시체를 먹는 악귀의 일종. 주 187 참조

몸에 비쳐지느니라. 또 철위산·대철위산·미루산[396]·마하미루산 등 여러 산들과 그 속의 중생들도 다 몸에 비쳐지며, 아래로는 아비지옥에 이르고 위로는 유정천에 이르기까지 그 안에 있는 온갖 것과 중생들조차 전부 몸에 비쳐지느니라. 더욱이 성문·벽지불·보살 그리고 모든 부처님들께서 설법하시면, 그 사람의 몸에 설법하시는 모습과 형상들이 그대로 다 비쳐지느니라."

그때 세존께서 거듭 의미를 표현하시고자 게송으로 말씀하셨다.

『법화경』 간직하는 자
그 몸이 매우 청정하여
마치 깨끗한 유리보석 같으매
중생들이 전부 보기 좋아하리라.

또 깨끗하고 밝은 거울에
모든 모양과 형상이 잘 비쳐지듯이
보살은 깨끗한 몸으로 세상 모든 것을 보되
오직 자신만 볼 뿐 다른 이는 보지 못하나니,

삼천대천 온 세계 가운데 일체 생물들
하늘천신·사람·아수라·지옥·아귀·축생의
그와 같은 각종 모양과 형상들이

---

396 미루산彌樓山: 수미산 주위의 칠금산七金山을 가리키기도 하며, 칠금산 속의 니민달라산尼民達羅山을 가리킨다고도 한다.

전부 그 사람 몸에 비쳐지리라.

유정천에 이르는
많은 하늘 궁전들과
철위산·미루산·마하미루산과
큰 바닷물도 모두 몸에 비쳐지며,

여러 부처님들과 성문스님들
그리고 부처님 제자인 보살들이
혼자 있는지 대중 속에서 설법하는지
죄다 그 몸에 비쳐지나니,

비록 무루無漏 법성의 미묘한 몸을
아직 얻지는 못하였더라도
설법자의 청정한 보통 몸에
일체가 모두 비쳐지리라.

"또 상정진보살이여!

만약 선남자 선여인이 여래가 열반한 뒤에 이 경을 수지하여 읽거나 외우며 혹은 해설하거나 베껴 쓴다면 천이백 가지 마음의 공덕을 얻으리라.

이 청정한 정신 능력〔意根〕으로써 심지어 한 게송이나 한 구절만 듣더라도 한량없이 많은 의미를 통달하게 되리라. 그래서 일단 그 뜻을 알고 난 다음에는 한 구절이나 한 게송을 한 달에서 넉 달 아니 일 년 동안을 계속 연설할지라도, 설법하는 모든 내용들이 그 뜻의 본질에 부합하여 참된 실상과 서로 어긋나지 않으리라.

그리하여 설사 세간의 책자나 정치적인 말 또는 재산이나 직업 등에 관하여 얘기를 하더라도 모두 정법에 순응해서 말하리라. 더욱이 삼천대천 온 세계 여섯 갈래 모든 중생들의 마음이 어떻게 작용하며 어떻게 움직이고, 또 마음으로 쓸데없이 희론하는 바가 무엇인지조차 모두 알게 되리라. 비록 무루의 참 지혜는 아직 얻지 못한 상태라 하더라도, 그 설법자의 정신 능력은 이 정도로 청정하리라.

따라서 그 사람이 사색하며 헤아리고 말하는 점 하나하나가 전부 그대로 불법이어서, 진실하지 않은 것이 하나도 없으리라. 또한 그 사람이 말하는 것은 순전히 과거 부처님들께서 경전 가운데 말씀하셨던 그런 내용들이리라."

그때 세존께서 거듭 의미를 표현하시고자 게송으로 말씀하셨다.

설법자는 정신도 깨끗하여
밝고 영리하며 흐리멍덩하지 않나니
이 뛰어난 정신 능력으로써
상·중·하의 여러 가지 법을 알되,

심지어 한 게송만 듣더라도
한량없는 의미를 통달하여
차근차근 법에 맞게

한 달 넉 달 혹은 일 년까지도 설법하리라.

이 세상 안팎의
모든 중생들인
하늘천신과 용 그리고 사람
야차와 귀신 등,

육도 가운데 온갖 중생들이
갖고 있는 수많은 생각들도
『법화경』 수지한 과보로
일시에 모두 알게 되고,

시방세계 무수한 부처님들께서
백 가지 복덕의 장엄하신 모습으로
중생들 위하여 설법하시는 법문조차
모두 듣고서 받아 간직할 수 있으며,

한량없는 뜻을 사색하고
설법 역시 끝없이 오래 하더라도
시종 잊어버린다거나 그릇됨이 없으리니
『법화경』을 간직한 덕분이로다.

모든 법의 모양을 알고
뜻에 따라 적절한 차례까지 아는 데다

이름이나 언어에도 훤히 통달하여
아는 대로 바르게 연설하되,

그가 말하는 이야기들은
전부 과거 부처님들의 법으로
그 법을 연설하기에
대중 속에서도 두려움이 없느니라.

『법화경』 지니는 자는
정신이 이와 같이 깨끗하여
비록 무루의 지혜는 얻지 못했더라도
먼저 이와 같은 조짐이 있게 되느니라.

그 사람이 이 경전을 간직하고
희유한 경지에 편안히 머물매
일체 중생들이 환희에 차서
사랑하고 공경하게 되거늘,

그가 능히 천만 가지의 다양하고
이해하기 쉬운 말로써
잘 분별하여 설법할 수 있는 것은
오로지 『법화경』을 간직한 덕분이로다.

제20 상불경보살품常不輕菩薩品

그때 부처님께서 득대세得大勢 보살마하살에게 이르시었다.

"그대는 이제 마땅히 잘 명심하도록 해라. 만약 『법화경』을 수지하는 비구·비구니와 우바새·우바이를 어떤 이가 나쁜 말로 욕하고 꾸짖거나 비방한다면, 앞서 말한 대로[397] 큰 죄보를 받으리라. (그러나 반대로 경을 수지하여 독송하고 남에게 설명해주거나 베껴 쓴다면) 이 공덕으로 그 사람은 방금 전에 말한 것처럼 눈·귀·코·혀·몸·마음이 모두 청정해지리라.

득대세보살이여!

지나간 옛적 한량없고 그지없으며 이루 헤아릴 수 없도록 머나먼 아승기 겁 오랜 세월 전에 한 부처님께서 계셨으니, 부처님 이름은 위음왕威音王여래·응공·정변지·명행족·선서·세간해·무상사·조

---

397 제3 〈비유품〉과 제10 〈법사품〉 내용 참조.

어장부·천인사·불세존이셨느니라. 그 시대의 이름은 이쇠離衰였고, 세계의 이름은 대성大成이었느니라.

위음왕 부처님께서는 그 세계에서 하늘천신·사람·아수라들을 위하여 설법하셨는데, 성문 구하는 사람을 위해서는 응당 사제법을 말씀하시어 생로병사를 벗어나 마침내 열반에 이르도록 하셨느니라. 또한 벽지불 구하는 사람을 위해서는 십이인연법을 말씀하셨고, 모든 보살들을 위해서는 아뇩다라삼먁삼보리를 깨닫도록 육바라밀[398]의 가르침을 설하여 부처님 지혜를 이루게 하셨느니라.

득대세보살이여, 그 위음왕 부처님의 수명은 사십만억 나유타 항하의 모래알처럼 수없이 오랜 겁이었느니라. 정법이 세상에 머문 기간은 한 염부제의 티끌수처럼 무수한 겁이었고, 상법[399]이 세상에 머문 기간은 사천하의 티끌수만큼 기나긴 겁이었느니라.

그 부처님께서 중생들을 이롭게 하시고 열반에 드신 다음 정법과 상법마저 다 없어진 뒤, 다시 그 세계에 부처님께서 출현하셨느니라. 그 부처님의 이름도 역시 위음왕여래·응공·정변지·명행족·선서·세간해·무상사·조어장부·천인사·불세존이셨느니라. 이와 같이 차례로 이만억 분의 부처님들께서 출현하셨는데, 모두 똑같이 위음왕불威音王佛이셨느니라.

---

398 육바라밀六波羅蜜: 생사고해를 건너 열반의 언덕에 이르기 위해, 보살이 닦아야 할 6종의 중요한 수행 방편. ①보시_남에게 베푸는 일. ②지계_청정한 생활로 계율을 잘 지킴. ③인욕_어렵고 욕스러움을 참고 인내함. ④정진_방일하지 않고 꾸준히 노력함. ⑤선정_한 경지에 고요히 집중하여 산란치 않음. ⑥반야_제법이 공한 이치를 증득하여 지혜를 개발함 등이다.

399 상법像法: 정법과 비슷한 시기. 주 168 참조

맨 첫 번째 위음왕여래께서 열반에 드시고 나서 정법이 사라진 뒤 상법 시대에 이르자, 증상만 비구들이 자못 큰 세력을 행사하였느니라. 그 당시 보살 경지에 오른 한 비구가 있었는데, 사람들이 상불경常不輕 스님이라 부르곤 하였느니라.

득대세보살이여!

무슨 이유로 사람들이 상불경 스님이라 불렀는가 하면, 그 비구스님은 무릇 만나는 이마다 비구든 비구니든 우바새든 우바이든 보는 대로 모두 절하고 찬탄하며 이렇게 말하곤 했기 때문이니라.

'저는 여러분을 마음속 깊이 존경하며, 가벼이 여기거나 업신여기지 않습니다. 왜냐하면 여러분은 모두 보살도를 닦아 반드시 성불하실 분이기 때문입니다.'

그 비구는 경전을 지성으로 읽거나 외우지는 않았지만, 예배만큼은 아주 정성껏 하였느니라. 심지어 아주 먼 데서 사부대중 가운데 누구라도 보게 되면, 일부러 쫓아가서라도 절하고 찬탄하며 말하였느니라.

'저는 감히 여러분을 가벼이 업신여기지 않습니다. 여러분은 모두 반드시 부처님이 되실 것입니다.'

그러나 사부대중 가운데는 마음이 부정하여 그런 소릴 듣고 성질을 내는 자도 있었느니라. 그들은 나쁜 말로 욕설하며 다음과 같이 꾸짖었느니라.

'이 무식한 비구 같으니라고! 도대체 어디서 와서 자기가 우리를 가벼이 업신여기지 않는다고 말하는가? 더구나 되지 못하게 우리들에게 수기까지 주며, 반드시 성불할 것이라고 혼자 지껄여 대는가? 우리들은 그와 같은 허망한 수기 따위는 필요 없단 말이다.'

이처럼 여러 해 동안 그는 늘 욕설과 모욕을 당하면서도 성내지 않으며, 언제나 '여러분은 반드시 성불할 것입니다'라고 말하였느니라. 이렇게 그가 말할 때면 많은 사람들이 작대기나 기왓장 혹은 돌멩이 따위를 그에게 마구 집어던졌느니라. 그러면 그는 작대기나 돌멩이를 피해 멀리 달아나면서도, 오히려 더 큰 목소리로 이렇게 외쳤느니라.

'저는 감히 여러분을 가벼이 업신여기지 않습니다. 여러분은 모두 마땅히 부처님이 되실 것입니다.'

그가 항상 이렇게 말하고 다녔기 때문에, 증상만의 비구·비구니·우바새·우바이들은 그 스님을 '항상 업신여기지 않는 자'라는 뜻으로 '상불경'이라 불렀느니라.

그런데 그 상불경 스님이 목숨을 마치려고 할 때, 허공에서 옛날 위음왕 부처님께서 설하셨던 『법화경』의 이십천만억 게송들을 전부 듣고는 다 받아 지닐 수 있게 되었느니라. 그러자 앞서 말했던 대로 눈이 청정해지고, 귀·코·혀·몸·마음이 모두 청정해졌느니라.[400] 이렇게 육근이 청정해지자 수명이 더 늘어나서, 다시 이백만억 나유타의 기나긴 세월 동안 다른 사람들을 위하여 널리 『법화경』을 연설하였느니라.

그 당시 증상만이었던 사부대중, 곧 비구·비구니·우바새·우바이로서 그를 깔보며 '상불경'이라고 놀려댔던 자들도 그가 큰 신통력과 설법 잘하는 웅변력과 큰 선적력[401] 얻은 것을 확인하고 또 설법 내용을 듣고는, 모두 그를 믿고 기꺼이 순종하며 따르게 되었느니라. 그

---

400 제19 〈법사공덕품〉의 육근 청정에 대한 내용 참조.

401 선적력善寂力: 범어 Prajñābala의 한역. 지혜의 힘을 말한다.

보살은 다시 천만억 대중들을 교화하여 아뇩다라삼먁삼보리에 머물도록 하였느니라.

상불경보살은 목숨을 마친 다음에 또 이천억 부처님들을 친견하였느니라. 부처님들의 이름은 모두 일월등명불日月燈明佛이셨으며, 그 부처님들 법 가운데에서도 『법화경』을 연설하였느니라. 그 인연으로써 또 다시 이천억 부처님들을 친견했으니, 부처님들의 이름은 다 같이 운자재등왕불雲自在燈王佛이셨느니라. 그 부처님들 법 가운데에서도 『법화경』을 수지하여 읽고 외웠으며, 여러 사부대중을 위하여 연설했기 때문에 눈이 항상 청정했느니라. 뿐만 아니라 귀·코·혀·몸·마음의 다른 감각 기관도 모두 청정해졌으며, 사부대중 속에서 설법하더라도 마음에 전혀 두려운 바가 없게 되었느니라.

득대세보살이여!

그 상불경 보살마하살은 이와 같이 수많은 부처님들께 공양 올렸으며, 공경하고 존중히 찬탄하여 많은 선근을 심었느니라. 그 후에 천만억 부처님들을 더 친견하였으며, 역시 그 부처님들 법 가운데에서도 『법화경』을 설했느니라. 이윽고 이런 공덕이 쌓여서 드디어 성불하게 되었느니라.

득대세보살이여, 어떻게 생각하느냐? 그때의 상불경보살이 누구겠느냐? 바로 내가 그 상불경보살이었느니라.

만약 내가 과거세에 이 『법화경』을 수지하여 읽고 외우며 다른 사람을 위해 설하지 않았더라면, 이렇게 빨리 아뇩다라삼먁삼보리를 얻을 수 없었을 것이니라. 나는 과거 부처님들 처소에서 이 경을 수지하여 읽고 외우며 남을 위해 연설했기 때문에, 빨리 아뇩다라삼먁삼보리를 얻게 되었느니라.

득대세보살이여!

그 당시 사부대중이었던 비구·비구니·우바새·우바이들은 성내며 나를 경멸하고 천대했기 때문에, 이백억 겁 동안이나 부처님을 만나지 못했으며 법을 듣지 못했고 스님도 보지 못했느니라. 그리고 천 겁 동안 아비지옥에서 큰 고통을 받았느니라. 그렇지만 그 죄값을 다 치른 다음에는 다시 상불경보살을 만나 교화되어 아뇩다라삼먁삼보리로 향하였느니라.

득대세보살이여, 그대 생각은 어떠한가? 그 당시 항상 상불경보살을 경멸했던 사부대중들이 누구겠느냐? 지금 이 모임에 있는 발타바라보살[402]을 비롯한 오백 명의 보살들과 사자월師子月 비구니를 포함한 오백 명의 비구니 스님들 그리고 사불思佛을 비롯한 오백 명의 우바새들이니라. 곧 현재 모두 아뇩다라삼먁삼보리에서 물러나지 않는 경지에 오른 자들이 바로 그들이었느니라.

득대세보살이여, 마땅히 잘 명심하여라. 이 『법화경』은 모든 보살마하살들을 크게 이롭게 하나니, 능히 보살들로 하여금 아뇩다라삼먁삼보리에 이르게 하느니라. 그러므로 모든 보살마하살들은 여래가 열반한 뒤에, 언제나 이 『법화경』을 수지하여 읽고 외우며 해설하고 베껴 써야 하느니라."

그때 세존께서 거듭 의미를 표현하시고자 게송으로 말씀하셨다.

---

402 발타바라跋陀婆羅: 범어 Bhadrapāla의 음역. 선수善守 또는 현호賢護로 한역. 위음왕불 때 법을 듣고 출가하여, 스님들이 목욕할 때 차례에 따라 목욕하다가 문득 수인水因을 깨닫고 무소유無所有를 알았다고 한다.

지난 과거 세상에 계셨던
위음왕 부처님께서
한량없는 신통력과 지혜로
일체 중생들 인도하셨거늘,

하늘천신과 사람·용과 귀신들
모두 함께 공양 올렸나니
그 부처님 열반하신 후 정법이 다할 즈음에
상불경이라는 보살 한 분이 있었느니라.

당시 모든 사부대중들
꼬치꼬치 따지며 법에 집착하자
상불경보살이
그들 있는 처소로 가서

넌지시 그들에게 말하기를,
'저는 여러분을 가벼이 여기지 않습니다.
왜냐하면 여러분은 도를 닦아서
모두 반드시 성불하실 분이기 때문입니다.'

모든 사람들이 그 말을 듣고
업신여기며 욕하고 꾸짖어도
상불경보살은
능히 잘 참고 받아들이더니,

그가 숙세의 죄보를 마치고
목숨이 다할 무렵에
이 『법화경』을 듣고는
육근이 모두 청정해졌느니라.

게다가 신통력 덕분에
수명까지 늘어나
다시 여러 사람들을 위해
널리 이 경전을 연설했나니,

법에 집착했던 많은 무리들
상불경보살이 다 교화하고 성취시켜
그들 모두
불도에 머무르게 하였느니라.

상불경보살은 목숨을 마치자
무수한 부처님들을 친견하게 되었고
이 경전을 연설한 덕분에 한량없는 복을 받아
점점 공덕을 갖추어 빨리 불도를 이루었느니라.

당시의 상불경보살은 바로 나였으며
그때 사부대중으로서 법에 집착했던 자들은
상불경보살로부터 성불할 것이라는 말을 듣고는
그 인연으로써 수없이 많은 부처님들을 친견했나니,

바로 이 법회에 있는 오백 명의 보살들과
아울러 지금 내 앞에서
법을 듣고 있는 사부대중
청신사·청신녀들이 바로 그들이었느니라.

나는 지난 세상 이 모든 사람들에게
『법화경』 제일 으뜸가는 법을 듣도록 권했으며
법을 열어 보이고 가르쳐서 열반에 머물게 했고
세세생생 이와 같은 경전을 수지하게 하였느니라.

기나긴 억억만 겁
불가사의한 세월이 흐른 다음
비로소 때가 되어야
이 『법화경』을 들을 수 있고,

기나긴 억억만 겁
불가사의한 세월이 흐른 다음
모든 부처님 세존께서도
때가 되어야만 이 『법화경』을 설하시나니,

그러므로 수행하는 사람이
부처님 열반하신 뒤에
이와 같은 경을 듣게 되거든
삼가 의심하지 말고,

부디 일심으로
널리 이 경을 연설하여
세세생생 부처님을 만나
빨리 불도를 이루도록 하여라.

제21 여래신력품如來神力品

그때 땅 밑에서 솟아올라온 천 세계의 티끌수처럼 수많은 보살마하살들이 모두 부처님 앞에서 일심으로 합장한 채, 부처님의 거룩하신 얼굴을 우러러보며 사뢰었다.

"세존이시여!

저희들은 부처님께서 열반하신 뒤 세존의 분신부처님들 계시는 여러 나라들과 그 분신 부처님들 열반지에서도 마땅히 이 『법화경』을 널리 설하겠나이다. 왜냐하면 저희들 역시 직접 이 진실하고 청정한 큰 법을 얻어, 수지하여 읽고 외우며 해설하고 베껴 써서 경전에 공양하고 싶기 때문입니다."

그때 세존께서는 문수사리보살 등 옛적부터 사바세계에 머물렀던 한량없는 백천만억 보살마하살들과 모든 비구·비구니·우바새·우바이들, 그리고 하늘천신·용·야차와 건달바·아수라·가루라·긴나라·마후라가 같이 사람인 듯하면서 아닌 일체 대중들 앞에서 큰 신통력을 나타내셨다. 즉 넓고 긴 혀[403]를 내시어 위로 범천의 하늘나라에까지 닿게 하셨고, 모든 털구멍마다 형형색색의 무량무수한 광명을 놓으사 시방세계들을 두루 비추셨다. 그러자 많은 보배나무 밑 사자좌[404] 위의 모든 분신부처님들도 그와 같이 넓고 긴 혀를 내시면서 한량없는 광명을 찬란히 비추셨다.

석가모니 부처님과 보배나무 아래 분신부처님들께서 신통력을 나타내신 지 백천 년이 지난 다음에서야 도로 그 혀를 거두시었다. 그리고 일시에 큰 기침소리를 내시면서 함께 손가락을 튕기셨다. 그 두 가지 소리가 시방의 모든 부처님들 세계에 울리자, 땅도 모두 여섯 가지로 진동하며 움직였다〔六種震動〕.[405] 이윽고 그 시방세계에 있던 중생들, 곧 하늘천신·용·야차와 건달바·아수라·가루라·긴나라·마후라가 같이 사람인 듯하면서 아닌 이들이 부처님 신통력으로 죄다 거기에서 이 사바세계를 보게 되었다. 그래서 한량없고 끝없는

---

403 광장설廣長舌: 부처님께서 넓고 긴 혀를 내보이시는 것은 부처님 말씀이 진실하다는 증거로, 믿지 않는 이를 믿게 하기 위해서이다. 흔히 혀가 코까지만 닿아도 그 사람의 말은 거짓이 없다고 한다.

404 사자좌師子座: 부처님께서 앉으시는 자리를 말한다. 부처님은 인간과 천상 중 가장 존귀한 분이므로, 동물의 왕 사자에 비유해 표현한 말이다.

405 부처님께서 입태入胎하실 때, 태어나실 때, 출가하실 때, 깨달음을 얻으실 때, 중요한 법을 설하실 때, 열반에 드실 때 대지가 여섯 가지로 진동한다. "땅덩이와 해·달 및 바다가 영원하다고 생각하는 중생들로 하여금 모든 것이 무상함을 알게 하고자 신통력을 나투시는 것이다. 또 옷에 물감을 들일 때 먼지를 털어버리고 하듯이, 큰 가르침을 설법하기 이전에 우선 중생의 마음을 부드럽게 조복하고 공경심을 내도록 하기 위해 삼천대천세계를 나무 흔들듯이 흔드신다."(『大智度論』 卷8) 주 97 참조

백천만억 여러 보배나무 아래 사자좌 위에 앉아 계신 분신부처님들을 보았고, 석가모니 부처님께서 다보여래와 함께 보배탑 속의 사자좌 위에 앉아 계신 것을 보았다. 또 한량없고 끝없는 백천만억의 보살마하살들과 여러 사부대중들이 공경하며 석가모니 부처님을 둘러싸고 있는 것을 보았다. 이런 거룩한 광경을 보고 난 시방세계의 중생들은 모두 크게 환희하여 일찍이 없던 희유함을 느꼈다. 마침 그때 모든 하늘천신들이 허공 가운데에서 큰 소리로 외쳤다.

"이곳으로부터 백천만억 한량없고 끝없는 아승기의 수많은 세계들을 지나서 사바세계가 있는데, 그곳에 석가모니 부처님께서 계시느니라. 지금 그 부처님께서 모든 보살마하살들을 위하여 대승경을 설하시고 계시니, 바로 『묘법연화경』이니라. 보살을 가르치는 법이며 부처님들께서 호념하시는 경전이니라. 그러니 너희들도 마땅히 마음속 깊이 따라 기뻐하며, 석가모니 부처님께 예배드리고 공양하도록 하여라."

시방세계의 모든 중생들은 공중에서 나는 소리를 듣자, 합장하고 사바세계를 향하여 이렇게 말하였다.

"나무[406] 석가모니불…

나무 석가모니불……"

그와 동시에 여러 가지 꽃·향·영락·깃발·일산, 그리고 온갖 장식품들과 진귀한 보배와 기묘한 물건들을 멀리서 사바세계를 향하여 정성껏 던졌다. 시방에서 날아든 각종 공양물들은 마치 구름이 한꺼번에 우르르 몰려오는 듯싶더니만, 아름다운 보배휘장으로 바뀌어 사바세계의

---

406 나무南無: 범어 Namas, 또는 Namo의 음역. 귀의歸依·귀명歸命·경례敬禮로 번역. 진심으로 귀의하고 공경히 경순敬順한다는 뜻.

모든 부처님들 머리 위를 장식하였다. 그러자 시방세계 전체가 툭 트이고 걸림이 없어져서 하나의 불국토로 변했다. 그때 석가모니 부처님께서 상행上行보살을 비롯한 여러 보살대중들에게 이르시었다.

"모든 부처님들의 신통력은 이와 같이 한량없고 끝이 없으며 가히 생각으로 헤아릴 수가 없느니라. 하지만 내가 아무리 큰 신통력으로써 무량무변 백천만억 아승기 겁의 오랜 세월 동안 경전을 부촉하기 위해, 이 경전의 공덕을 말한다 할지라도 오히려 다 말할 수 없으리라. 요약해서 말하자면 여래가 체득한 모든 가르침과 자유자재한 온갖 신통력, 여래의 요긴하고 비밀한 일체 법장과 깊고 심오한 모든 일들을 전부 이 『법화경』에서 펴 보이고 밝혀서 설명하고 있느니라.

그러므로 그대들은 여래가 열반한 뒤에 응당 일심으로 이 경을 수지하여 읽고 외우며 해설하고 베껴 쓸 뿐더러, 경의 말씀대로 똑같이 수행해야 하느니라. 그리고 어느 나라에서든 만일 이 경을 수지하여 읽고 외우며 해설하고 베껴 쓰고 또 경의 말씀대로 수행하는 이가 있거나 경책이 있는 곳이라면, 동산이든 숲 속이든 나무 아래든 혹은 절이든 속가집이든 대궐이든 산골짜기이든 넓은 들판이든 상관없이 그곳에 모두 탑을 세워 공양해야 하느니라. 왜냐하면 마땅히 잘 명심할지니, 그곳이 바로 도를 닦는 도량이기 때문이니라. 즉 모든 부처님들께서는 그곳에서 아뇩다라삼먁삼보리를 얻으시고, 그곳에서 법륜을 굴리시며 또 그곳에서 열반에 드시기 때문이니라."

그때 세존께서 거듭 의미를 표현하시고자 게송으로 말씀하셨다.

세상을 구원하시는 모든 부처님들께서

큰 신통력에 머무르사
중생들 기쁘게 하시려고
한량없는 신통력 나타내시되,

혀는 하늘나라 범천에까지 이르고
몸에서는 무수한 광명 비추시거늘
불도 구하는 자를 위해서
이 같이 희유한 일 나타내도다.

모든 부처님들의 기침소리와
손가락 튕기는 소리가
온 시방세계에 들리매
땅도 전부 여섯 가지로 진동하나니,

부처님 열반하신 뒤에도
이 경전 잘 간직하게 하시려고
모든 부처님들께서 환희하시며
한량없는 신통력 나타내시도다.

이 경전 누누이 부촉하기 위하여
경전 수지하는 자를 그토록 찬미하시되
설사 한량없이 오랜 겁 동안 칭찬하더라도
오히려 다할 수 없을 정도이거니,

그 사람의 공덕은
끝도 없고 한이 없어서
마치 시방의 허공처럼
다함이 없도다.

능히 이 『법화경』 지니는 자는
이미 나를 본 것이나 다름없으며
역시 다보불과 모든 분신부처님들 친견한 셈이고
또 내가 오늘 교화한 많은 보살들도 본 것과 마찬가지로다.

능히 이 『법화경』 지니는 자는
나와 나의 분신부처님들과
옛날에 열반하셨던 다보 부처님까지
모두 기쁘게 하는 것일 뿐 아니라,

시방세계 현재의 다른 부처님들과
아울러 과거와 미래의 부처님들도
마찬가지로 친견하고 공양하여
모두들 기쁘게 하는 셈이니,

모든 부처님들 도량에 앉아 얻으셨던
요긴하고 비밀한 법을
능히 이 경전 지니는 자는
마땅히 빨리 얻으리라.

이 『법화경』 수지하는 자는
모든 가르침의 뜻과 이름과 이야기를
허공 속의 바람이 장애 없이 움직이듯
아주 즐겁게 설명하되 도무지 막힘이 없으며,

부처님 열반하신 뒤에도
부처님께서 설하신 경전의
인연과 차례까지 잘 알아서
뜻에 맞게 여실히 설하리니,

마치 해와 달의 밝은 빛이
능히 어둠을 몰아내듯이
세간에 있으면서 중생들의 어둠을 없애고
많은 보살들 교화하여 마침내 일불승에 머물게 하리라.

그러므로 지혜로운 사람이라면
경전 지니는 공덕과 이익에 대해서 듣고
내 열반한 뒤에도 응당 이 경전을 수지할지니
그 사람은 의심의 여지없이 불도를 성취하리라.

제22 촉루품囑累品[407]

그때 석가모니 부처님께서 법좌로부터 일어나시어 큰 신통력을 나타내셨으니, 곧 오른손으로 한량없는 보살마하살들의 이마를 한꺼번에[408] 만지시며 이렇게 말씀하셨다.

"내가 한량없는 백천만억 아승기 겁의 오랜 세월 동안 닦아 익혔던 이 얻기 어려운 아뇩다라삼먁삼보리(바른 깨달음)의 가르침을 이제

---

407 이 품은 원래 모든 경전의 통례대로라면 맨 끝에 나와야 자연스럽다. 범본도 그렇거니와 『정법화경』이나 『첨품묘법연화경』에서도 〈촉루품〉이 맨 뒤에 위치한다. 특히 뒤의 〈묘음보살품〉과 〈관세음보살보문품〉에는 〈촉루품〉에서 이미 본토로 되돌아가신 다보여래탑이 다시 등장하는 등 순서가 맞지 않은 점이 있어, 순서가 바뀌었다는 것이 더욱 설득력 있게 들린다. 하지만 경전의 유통과 부촉을 당부하는 〈권지품〉과 〈여래신력품〉의 말씀과 연관시키기 위해, 구마라집은 여기에 〈촉루품〉을 굳이 편집 번역함으로써 강조하려 했던 것은 아닐까?

408 범본 『법화경』에는 '신통력으로 얻은 무수한 오른손으로써…'라는 내용이 있다. 따라서 한문본에는 나타나 있지 않지만, 의미를 살리기 위해 '한꺼번에'라는 문구를 삽입하여 번역하였다.

그대들에게 맡기노라. 그러니 그대들은 마땅히 일심으로 이 법을 유포시켜 더욱 널리 이익되게 하여라!"

이와 같이 세 차례나 되풀이해서 모든 보살마하살들의 이마를 만지시며 다음과 같이 말씀하셨다.

"내가 한량없는 백천만억 아승기 겁의 오랜 세월 동안 닦아 익혔던 이 얻기 어려운 아뇩다라삼먁삼보리법을 이제 그대들에게 맡기노라. 그러니 그대들은 마땅히 이 법을 수지하여 읽고 외우며 널리 펴서, 일체 중생들로 하여금 어디서나 듣게 하고 알도록 하여라. 왜냐하면 여래는 대자대비하여 어떤 것도 아까워하지 않으며 또한 두려움이 없기 때문에, 능히 중생들에게 부처님 지혜인 여래의 지혜, 곧 자연의 지혜를 가르쳐주느니라. 따라서 여래는 바로 모든 중생들에게 큰 시주자가 되니, 그대들도 역시 여래의 법을 따라 배워서 절대로 아끼거나 인색한 마음을 내어서는 안 되느니라.

앞으로 미래 세상에 만약 여래의 지혜를 믿는 선남자 선여인이 있거든, 마땅히 이 『법화경』을 연설해주어서 잘 듣게 하고 알게 하여라. 그것은 다름 아니라 그 사람으로 하여금 부처님과 똑같은 지혜를 얻도록 하기 위해서이니라. 그러나 여래의 지혜를 믿지 못하고 이해하지 못하는 중생이 있거든, 마땅히 여래가 설했던 다른 깊은 가르침 안에서 보여주고 가르쳐서 이롭게 하고 또 기쁘게 하여라. 그대들이 능히 이와 같이 할 수 있다면 이미 모든 부처님들의 은혜에 보답한 것이 되느니라."

당시에 모든 보살마하살들은 부처님의 말씀을 듣고 나자 온몸이 큰 기쁨으로 충만해졌다. 그래서 더욱 공경하는 마음으로 몸을 구부리고 머리를 숙여 합장한 채, 부처님을 향하여 일제히 큰 소리로 말씀드렸다.

"세존의 분부대로 마땅히 모든 것을 빠짐없이 받들어 시행하겠습니다. 그러니 부디 세존께서는 너무 염려하지 마시옵소서!"

모든 보살마하살들은 이와 같이 세 차례씩 되풀이하여 일제히 큰 소리로 말씀드렸다.

"세존의 분부대로 마땅히 모든 것을 빠짐없이 받들어 시행하겠습니다. 부디 세존께서는 너무 염려하지 마시옵소서!"

그러자 그때 석가모니 부처님께서는 시방세계에서 오신 모든 분신부처님들을 각각 본국으로 돌아가시게 하려고 이렇게 말씀하셨다.

"모든 분신부처님들께서는 각각 원래 오셨던 곳으로 되돌아가시고, 다보 부처님의 탑도 전에 계셨던 곳으로 돌아가시지요."

석가모니 부처님께서 이 말씀을 하시자 보배나무 밑 사자좌 위에 앉아 계셨던 시방의 한량없는 분신부처님들과 다보 부처님, 상행보살을 비롯한 수많은 아승기 수의 보살대중들과 사리불을 포함한 성문사부대중들 그리고 일체 세상의 하늘천신·사람·아수라 등이 부처님 말씀을 듣고 모두 크게 환희하였다.

제23 약왕보살본사품藥王菩薩本事品

그때 수왕화보살[409]이 부처님께 사뢰었다.

"세존이시여, 약왕보살[410]은 어찌하여 이 사바세계에 자유로이 오고 가며 유희합니까? 세존이시여! 약왕보살에게는 백천만억 나유타 수에 상당한 난행과 고행 경력이 있다고 하던데 ……. 거룩하신 세존이시여, 부디 그 점에 대해서 간략하게나마 설명해 주시옵소서! 그것을 들으면 하늘천신·용·귀신·야차·건달바·아수라·가루라·긴나라·마후라가 같이 사람인 듯하면서 아닌 이들과 다른 세계에서 온 많은 보살들 그리고 여기의 성문대중들도 모두 기뻐할 것입니다."

그때 부처님께서 수왕화보살에게 이르시었다.

"지난 과거 한량없는 항하 모래알 수처럼 많고 많은 오랜 세월

---

409 수왕화宿王華: 범어 Nakṣatrarājasaṃkusumitābhijña. 성수星宿의 왕에 의해 신통력을 발휘하는 자라는 뜻으로, 숙宿은 수宿로 읽어야 한다.

410 약왕藥王: 주 270 참조

전에 부처님께서 계셨으니, 부처님 이름은 일월정명덕日月淨明德여래·응공·정변지·명행족·선서·세간해·무상사·조어장부·천인사·불세존이셨느니라. 그 부처님께는 팔십억의 대보살마하살들과 칠십이 항하의 모래알에 해당하는 무수한 큰 성문제자들이 있었느니라. 부처님의 수명은 사만이천 겁이었으며, 보살들의 수명도 똑같이 사만이천 겁이었느니라.

그 세계에는 여인이 없을 뿐만 아니라, 지옥·아귀·축생·아수라 등 여러 힘든 곳들이 아예 없었느니라. 땅은 손바닥처럼 평탄한 데다 청보석의 유리로 이루어졌고, 보배나무로 우아하게 장엄되었느니라. 보배휘장이 그 위를 덮었거늘 보배꽃 달린 깃발〔幡〕들이 아름답게 드리워졌으며, 보배병과 보배향로들이 나라 안에 가득하였느니라. 칠보로 만든 좌대가 나무 밑동마다 하나씩 있었는데, 나무 밑에서 좌대까지 거리가 화살 한 번 쏘아서 닿을 정도의 거리였느니라. 보배나무 밑에는 보살과 성문들이 전부 앉아 있었고, 보배로 지어진 좌대 위에는 각각 백억이나 되는 천신들이 있었느니라. 그 하늘천신들은 하늘악기들을 연주하고, 일월정명덕 부처님을 노래 불러 찬탄하며 공양하였느니라.

그때 일월정명덕 부처님께서는 일체중생희견一切衆生喜見보살을 비롯한 여러 보살들과 성문대중들을 위하여 『법화경』을 설해주셨느니라. 일체중생희견보살은 기꺼이 고행을 감수해 가며 일월정명덕 부처님 법 가운데에서 정진하고 경행하여 일심으로 불도에 전념하였느니라. 그렇게 만이천 년 동안 수도한 뒤에 그는 현일체색신삼매[411]를 얻었느니라. 그 삼매를 얻고 일체중생희견보살은 마음으로 크게 환희

하여 생각하되,

'내가 현일체색신삼매를 얻은 것은 모두가 이 『법화경』을 들었기 때문이니, 내 이제 마땅히 일월정명덕 부처님과 『법화경』에 공양하리라.'

이윽고 즉시 현일체색신삼매에 들어, 공중에서 만다라꽃과 마하만다라꽃의 꽃비를 내렸느니라. 그리고 고운 가루로 된 단단하고 검은 전단향 가루들이 하늘을 가득 덮은 구름처럼 떼로 몰려와 분분히 날렸느니라. 또 수미산 부근의 바다 이남[412]에서 나는 전단향도 비 오듯 내렸는데, 그 향의 육 그램[413]정도만 해도 무려 사바세계에 상당할 만큼 값비싼 것이었느니라. 그는 이러한 모든 것들을 가지고 부처님께 공양 올렸느니라.

이렇게 공양을 다 마치고 삼매로부터 일어나 스스로 생각하기를,

'내가 비록 신통력으로써 부처님께 공양 올리긴 했으나, 진짜 육신으로써 공양 올리는 것이 훨씬 더 나으리라.'

그래서 온갖 향들인 전단향·훈육향[414]·도루바향[415]·필력가향[416]·침

---

411 현일체색신삼매現一切色身三昧: 일체 중생의 모습을 마음대로 나타낼 수 있는 삼매, 이를 다른 말로 보현색신삼매普現色身三昧라고도 한다.

412 해차안海此岸: 범어 Uraga-sāra. 수미산 내해內海의 남쪽 언덕에 있는 전단향 산지를 뜻한다.

413 육수六銖: 보통 1수銖는 1냥兩의 24분의 1에 해당하는 무게 단위이다. 수銖는 '아주 근소한 양'을 상징하므로, 여기서는 이해하기 쉽게 '그램(g)'으로 번역하였다.

414 훈육향薰陸香: 범어 Kunduruka의 음역. 황색의 송진 같은 나무의 진으로, 태우면 좋은 향내가 난다.

415 도루바향兜樓婆香: 범어 Turuṣka. 일종의 향초이다.

416 필력가향畢力迦香: 범어 Pṛkkā의 음역. 목숙향苜蓿香 또는 촉향觸香이라 한역.

수향[417]·교향[418] 등을 먹었느니라. 또 첨복화와 여러 꽃들에서 짜낸 향유를 천이백 년 동안이나 마셨느니라. 그런 다음 향유를 몸에 바른 뒤, 일월정명덕 부처님 앞에서 하늘나라 보배옷으로 직접 몸을 감싸고는 여러 향유들을 부어 적셨느니라. 그리고 신통력과 원력으로써 스스로 자기 몸을 태웠으니, 그 광명이 팔십억 항하의 모래알처럼 무량한 세계들을 빠짐없이 환하게 비추었느니라. 이윽고 그 세계들 가운데 계신 모든 부처님들께서 동시에 칭찬하시며 말씀하시되,

'장하고, 장하도다! 선남자여!

이것이야말로 참 정진이며, 이것이 진정 부처님께 법공양하는 것이로다. 설사 꽃과 향·영락·사르는 향·가루향·바르는 향·하늘나라 비단으로 된 깃발과 일산, 그리고 수미산 부근의 바다 이남에서 나는 값비싼 전단향 등 이와 같은 여러 가지 온갖 물품들로써 공양한다 하더라도 이보다 더 나을 수는 없도다. 가령 국가나 도시 심지어 처자식까지 보시한다 할지라도 역시 이보다 더 좋을 수는 없도다.

선남자여! 그리하여 이것을 제일 뛰어난 보시라 하나니, 모든 보시들 중에서 가장 존귀하고 최고 으뜸이니라. 이것은 법으로써 모든 여래께 공양하기 때문이니라.'

이렇게 말씀하신 뒤 부처님들께서는 각각 말없이 침묵하셨으며, 일체중생희견보살의 몸은 천이백 년 동안 불탄 다음에야 꺼졌느니라.

일체중생희견보살은 이와 같이 법공양으로 목숨을 마친 다음 또다시 일월정명덕 부처님 나라에 태어났느니라. 곧 그 나라의 정덕왕淨德

---

417 침수향沈水香: 향의 일종. 나무 고갱이가 굳어서 물에 잠기므로 붙여진 이름.

418 교향膠香: 백교향白膠香을 말한다.

王 집안에 가부좌를 맺은 채 홀연히 화생하였는데, 태어나자마자 그 아버지를 위하여 게송으로 말씀드렸느니라.

'대왕은 이제 마땅히 통촉하소서!
제가 저 부처님 계신 데서
경행하며 정진하여
일체현제신삼매一切現諸身三昧를 얻었나니,

부지런히 크게 정진하면서
아끼던 몸마저 버리어
세존께 공양 올렸던 것은
위없이 높은 지혜를 구하기 위해서였나이다.'

이 게송을 설하고 나서 아버지께 말씀드리기를,

'일월정명덕 부처님께서는 지금도 여전히 세상에 계십니다. 예전에 저는 그 부처님께 공양드린 뒤 해일체중생어언다라니[419]를 얻었습니다. 뿐만 아니라 『법화경』의 팔백천만억 나유타·견가라[420]·빈바라[421]·아축바[422] 등 수많은 게송들을 듣게 되었습니다. 그러니 대왕이시여, 저는 이제 그 부처님께 돌아가 다시 한 번 더 공양 올리겠나이다.'

이렇게 말씀드리고는 곧장 칠보로 만든 좌대에 앉아 허공으로

---

419 해일체중생어언다라니解一切衆生語言陀羅尼: 일체 중생의 말을 다 이해하는 다라니.
420 견가라甄迦羅: 범어 Kaṅkara의 음역. 10의 15배로 열여섯 자리의 수.
421 빈바라頻婆羅: 범어 Vimbara의 음역. 10의 17배로 열여덟 자리의 수.
422 아축바阿閦婆: 범어 Akṣobhya의 음역. 10의 19배로 스무 자리의 수.

솟구치니, 다라수[423] 나무의 일곱 배나 되도록 높이 올라갔느니라. 이윽고 부처님 계신 곳에 이르러 머리를 숙이고 부처님 발에 절하며, 열 손가락을 가지런히 모아 합장한 채 게송으로써 부처님을 찬탄하였느니라.

'부처님 용안 매우 아름다우시며
부처님 광명 시방세계를 환히 비추시거늘,
옛날 옛적에도 제가 공양 올렸었는데
지금 환생하여 다시 친견하게 되었나이다.'

그때 일체중생희견보살은 이 게송을 마치고 부처님께 사뢰기를,
'오, 세존이시여! 세존께서 아직 세상에 계시다니…. 정말 감격스럽기 그지없습니다.'
그때 일월정명덕 부처님께서 일체중생희견보살에게 이르시었느니라.
'선남자여! 내 열반할 때가 이르렀도다. 드디어 멸도할 때가 되었으니, 그대는 누울 자리를 좀 마련해다오. 내 오늘밤에 마땅히 열반에 들리라.'
그리고 또 일체중생희견보살에게 분부하시기를,
'선남자여! 내 그대에게 불법을 부촉하노라. 그리고 모든 보살들과 큰 성문제자들, 아울러 아뇩다라삼먁삼보리법을 그대에게 맡기노라. 또한 삼천대천세계의 칠보[424]로 된 세계들과 여러 보배나무들과 보배

---

423 다라수多羅樹: 인도에서 사용되는 척도의 단위. 주 349 참조

좌대들, 그리고 나를 시봉하던 모든 천신들까지 전부 그대에게 부탁하노라. 또한 내가 열반한 뒤에 나올 사리도 그대에게 일임하노니, 마땅히 널리 유포시켜 공양하되 응당 수천 기의 사리탑[425]을 세우도록 하여라.'

이와 같이 일월정명덕 부처님께서는 일체중생희견보살에게 분부를 다 마치시고 그날 밤 한밤중에 조용히 열반하셨느니라.

그때 일체중생희견보살은 부처님께서 열반하신 것을 보고 몹시 슬퍼하며 비감에 젖었느니라. 그렇지만 부처님을 깊이 사모하기에 곧 수미산 부근의 바다 이남에서 나는 귀한 전단나무로 장작더미를 쌓아 부처님 몸에 공양하고 다비하였느니라. 불이 꺼진 다음에는 사리를 거두어서, 팔만 사천 개의 보배병을 만들어 부처님 사리를 모셨느니라. 그리하여 팔만 사천 기의 사리탑을 세웠는데, 높이가 무려 범천의 세 하늘나라세계[426]에까지 닿았느니라. 모든 사리탑마다 찰간[427]을 높이 세워 장엄하였고, 각종 깃발과 일산들을 드리웠으며

---

424 칠보七寶: 금·은·유리(청보석)·자거·마노·진주·매괴의 7가지 보배.

425 사리탑舍利塔: 부처님의 사리를 분포하여 사리탑을 세우는 것은 곧 부처님 가르침의 전법을 뜻한다. 불법을 널리 펴도록 당부하는 동시에 중생들로 하여금 선근을 심게 하려는 의도이다.

426 삼세계三世界: 범본 『묘법연화경』에서는 '범천梵天'으로 되어 있고, 『정법화경』에서도 '梵天'으로 되어 있다. 그런데 구마라집은 왜 '三世界'로 번역했을까? 그러나 생각을 잠시 바꿔보면 삼세계三世界는 색계의 초선천初禪天에 속하는 범중천梵衆天·범보천梵輔天·대범천大梵天이며, 이 세 하늘을 통틀어 '梵天'이라 한다. 따라서 그 의미하는 바는 동일하다고 볼 수 있다. 한문 원전에는 단순히 '三世界'로 되어 있지만, 이해를 돕기 위해 여기에서는 '범천의 세 하늘나라세계'로 번역하였다.

427 찰간刹竿: 찰刹은 범어 Kṣetra. 찰다라刹多羅의 준말이다. 즉 탑의 꼭대기에 세운

보배풍경들을 수없이 매달았느니라.

그때 일체중생희견보살이 다시 스스로 생각하되,

'내가 비록 이렇게 공양을 하기는 했으나, 마음에 아직 흡족하지 않도다. 내 이제 마땅히 다시 사리에 공양 올려야겠다!'

이윽고 모든 보살들과 큰 성문제자들 그리고 하늘천신·용·야차 등 일체 대중들에게 말하기를,

'그대들도 마땅히 일심으로 사리에 공양할 것을 염원하십시오.

내 지금 일월정명덕 부처님의 사리에 공양하겠습니다!'

그 말을 마치자마자 부처님의 팔만 사천 사리탑 앞에서 백 가지 복으로 장엄된 자기 팔을 직접 태우는데, 무려 칠만 이천 년 동안이나 태워서 공양하였느니라. 그래서 성문을 구하는 무수한 대중들과 한량없는 아승기의 수많은 사람들로 하여금 아뇩다라삼막삼보리를 구하려는 마음을 내게 하였느니라. 그뿐만 아니라 그들도 전부 현일체색신 삼매에 머물게 하였느니라.

그때 보살들과 하늘천신·사람·아수라 등 전부가 그의 팔이 불타 없어진 것을 보고는 걱정하며 슬픔에 젖어 말하되,

'이 일체중생희견보살님은 우리들의 스승으로서 우리를 교화하시는 분이신데, 이제 팔을 태워서 불구가 되어버리셨으니 어쩌면 좋단 말인가!'

그러자 이때 일체중생희견보살이 대중 가운데에서 맹세하기를,

당간幢竿을 말하는데, 찰간 혹은 찰주刹柱라고도 부른다. 후에 나무나 쇠로 깃대 모양을 만들고, 꼭대기에 보주염형寶珠焰形을 금속으로 장식하여 불당 앞에 세웠다. 이로 인해 절을 금찰金刹 또는 사찰寺刹이라 부르게 되었다.

'내가 두 팔을 버렸으나, 앞으로 반드시 부처님의 황금빛 몸을 얻을 것이니라. 만약 이 말이 사실이고 거짓이 아니라면 내 두 팔이 원래대로 되리라!'

이렇게 서원을 하자 없어졌던 두 팔이 저절로 회복되었느니라. 이는 보살의 복덕과 지혜가 지극히 순박하고 두터웠기 때문에 가능했던 것이니라. 그때에 삼천대천 온 세계는 여섯 가지로 진동하며 움직였고, 하늘에서는 아름다운 보배꽃비가 내렸느니라. 그리하여 일체 하늘나라 천신들과 사람들은 일찍이 없던 희유함을 느꼈느니라."

부처님께서 수왕화보살에게 계속 이르시었다.

"그대는 어떻게 생각하는가? 일체중생희견보살이 어찌 다른 사람이겠는가? 바로 지금 약왕보살이 그 보살이었느니라. 약왕보살은 이와 같이 한량없는 백천만억 나유타 수만큼 수차례나 자기 몸을 버려 보시하였느니라.

수왕화보살이여!

만일 어떤 이가 발심하여 아뇩다라삼먁삼보리를 얻고자 한다면, 능히 손가락을 태우거나 하다못해 발가락 하나라도 태워 부처님 탑에 공양해야 하느니라. 이러한 보시는 국가나 도시 혹은 처자식 그리고 삼천대천 온 세계의 산·숲·강·연못이나 모든 진귀한 보물들로써 공양하는 것보다 훨씬 수승하니라.

만일 또 어떤 사람이 삼천대천 온 세계에 가득 찰 만큼 많은 칠보로써 부처님과 대보살·벽지불·아라한에게 공양하였다고 하자. 그렇더라도 그가 얻는 공덕은 이 『법화경』을 수지한 공덕에는 턱없이 부족하나니, 심지어 경전의 사구게[428] 한 게송만 간직하더라도 훨씬 더 많은 공덕을 얻게 되느니라.

수왕화보살이여!

예를 들어 모든 시내와 개천과 강물 등 여러 물 가운데 바다가 제일 크듯이, 이 『법화경』도 그와 마찬가지로 모든 여래께서 말씀하신 경전들 중에서 가장 최고로 깊고 위대하니라. 또 토산土山·흑산黑山·소철위산·대철위산 그리고 열 가지 보배산[429] 등 여러 산들 중에서 수미산이 제일 높듯이, 이 『법화경』도 또한 그와 같이 모든 경전들 중에서 가장 높으니라. 다시 모든 별 가운데 달이 가장 밝게 빛나듯이, 이 『법화경』도 그와 마찬가지로 천만억 종류의 수많은 경법 중에서 제일 밝게 빛나느니라. 또 태양이 능히 모든 어두움을 몰아내듯이, 이 경도 또한 그와 같이 좋지 못한 일체 어두움을 파괴할 수 있느니라. 또 모든 작은 왕들 가운데 전륜성왕이 제일 존엄스럽듯이, 이 경도 그와 마찬가지로 여러 경전들 중에서 가장 존귀하니라.

또 제석천왕이 삼십삼천[430] 가운데 왕인 것처럼, 이 경도 그와 마찬가

---

428 사구게四句偈: '願以此功德 普及於一切 我等與衆生 皆共成佛道' 또는 '諸法從本來 常自寂滅相 佛子行道已 來世得作佛'처럼 일반적으로 네 구절로 된 시송詩頌을 말한다.

429 보배산寶貝山: ①설산雪山_온갖 약초가 나는 산. ②향산香山_온갖 향이 나는 산. ③가리라산軻梨羅山_온갖 꽃이 나는 산. ④선성산仙聖山_오신통五神通을 갖춘 신선이 사는 산. ⑤유건타라산由乾陀羅山_야차가 사는 산. ⑥마이산馬耳山_온갖 과실이 나는 산. ⑦니진타라산尼盡陀羅山_용이 사는 산. ⑧작가라산斫迦羅山_자재자自在者가 사는 산. ⑨숙혜산宿慧山_아수라가 사는 산. ⑩수미산須彌山_온갖 천신들이 사는 산.

430 삼십삼천三十三天: 욕계 6天 가운데 두 번째인 도리천의 사방마다 8성城이 있어서 모두 32성에다, 중앙에 제석천이 있는 선견성善見城까지 합하여 33城이 있기에

지로 모든 경전들 가운데 왕이니라. 더욱이 대범천왕[431]이 일체 중생들의 아버지인 것처럼, 이 경도 또한 그와 같이 모든 현자들과 성자들, 곧 유학인과 무학인[432] 그리고 보살 마음을 낸 모든 사람들의 아버지이니라. 또 일체 범부들 가운데 수다원·사다함·아나함·아라한·벽지불이 제일인 것처럼, 이 경도 그와 마찬가지로 일체 여래나 보살 혹은 성문이 설한 모든 경법들 중에서 가장 제일이니라. 따라서 이 경전을 받아 지니는 사람도 그와 같이 일체 중생들 중에서 제일이니라. 일체 성문과 벽지불 등 부처님 제자 가운데 보살이 제일이듯이, 이 경도 그와 마찬가지로 일체 여러 경법들 중에서 가장 제일이니라. 다시 말해 부처님께서 모든 법의 왕인 것처럼, 이 경도 또한 그와 같이 모든 경전들 중에서 왕이니라.

수왕화보살이여!

이 『법화경』은 능히 일체 중생들을 구원할 수 있으며, 일체 중생들로 하여금 모든 괴로움을 벗어나게 할 수 있느니라. 이 경은 능히 일체 중생들을 크게 이익되게 하고 그 소원을 만족시켜 주나니, 마치 맑고

도리천을 일명 '33天'이라 부른다. 제석천은 32城의 여러 천자들을 다스리며, 3재일齋日마다 옳고 그름을 논의한다. 석존께서도 일찍이 이 도리천하늘에 올라가 어머니 마야부인을 위하여 석 달 동안이나 설법하시고 내려오신 적이 있다. 주 281 참조

431 대범천왕大梵天王: 사바세계를 관장하여 다스리는 천왕이다. 주 229 참조

432 수행 단계 중 난법·정법·인법·세제일법의 사선근四善根은 아직 도道에 입문하지 못한 현자賢者의 경지이다. 이에 반해 성자聖者의 경지인 수다원과·사다함과·아나함과는 아직 배울 것이 남은 유학인有學人에 속하고, 번뇌가 다한 아라한과는 더 이상 배울 것이 없는 무학인無學人에 속한다.

시원한 못이 목마른 자들을 모두 충족시켜 주는 것과 같으니라. 또 추위에 떠는 자가 따뜻한 불을 얻은 경우와 같고, 벌거벗은 자가 옷을 얻은 것과도 같으니라. 장사하는 사람이 물주를 얻은 것과 같을 뿐더러, 어린아이가 어머니를 찾은 것과도 매한가지니라. 또 강물을 건너려는데 배를 얻은 것과 같고, 병자가 의원을 만난 것과 같으며, 어둠 속에서 등불을 찾은 것과도 다름없느니라. 뿐만 아니라 가난한 이가 보배를 발견한 경우와 같고, 백성이 훌륭한 지도자를 만난 것과 마찬가지이며, 무역하는 상인이 바다를 만난 것과 같고, 횃불이 어둠을 없애는 것과 진배없느니라. 이 『법화경』도 그와 마찬가지로, 능히 중생들로 하여금 온갖 괴로움과 모든 질병들을 낫게 하고 일체 생사의 속박에서 벗어나게 하느니라.

그리하여 만약 어떤 사람이 이 『법화경』을 듣고 직접 쓰거나 남을 시켜서 쓰게 한다면, 그가 얻는 공덕은 부처님의 지혜로 수량을 헤아리더라도 그 끝을 알 수 없을 정도로 많으니라. 더욱이 이 경을 쓰고는 꽃과 향·영락·사르는 향·가루향·바르는 향·깃발·일산·의복, 그리고 각종 등불인 소등[433]·유등[434]과 여러 향유등香油燈에 속하는 첨복유등[435]·수만나유등[436]·바라라유등[437]·바리사가유등[438]·나바마리유

433 소등酥燈: 향을 섞은 버터기름으로 밝히는 등불.

434 유등油燈: 일반 식물성 기름으로 밝히는 등불.

435 첨복유등瞻蔔油燈: 첨복화의 꽃은 황금빛이며 향기가 멀리까지 퍼지는데, 그 기름으로 밝히는 등불.

436 수만나유등須曼那油燈: 황백색의 꽃을 피우는 향기로운 관목灌木인데, 그 기름으로 밝히는 등불.

437 바라라유등波羅羅油燈: 꽃과 열매 모두 향기가 진한데, 그 기름으로 밝히는 등불.

등[439]의 온갖 등불들로 공양한다면 얻게 되는 공덕이 또한 이루 헤아릴 수 없이 많으리라.

수왕화보살이여, 만약 누군가 이 〈약왕보살본사품〉[440]을 듣는다면 그 또한 한량없고 끝없는 공덕을 얻으리라. 만약 어떤 여인이 〈약왕보살본사품〉을 듣고 능히 받아 지닌다면, 여자 몸을 마친 뒤에 다시는 여자로 태어나지 않으리라. 만약 여래가 열반에 들고 나서 마지막 오백 년[441]의 말법 세상 중에 어떤 여인이든 이 경전을 듣고 경의 말씀대로 수행한다면, 여기 이 세상에서 목숨을 마친 다음에는 곧 안락세계[442]에 가서 태어나리라. 그 세계는 아미타 부처님[443]께서 대보

---

438 바리사가유등婆利師迦油燈: 범어 Vārşika의 음역. 여름의 우기雨期에 꽃이 피므로 우화雨華라고도 부르는데, 그 기름으로 밝히는 등불.

439 나바마리유등那婆摩利油燈: 범어 Navamālikā의 음역. 황금빛의 꽃으로 말리화茉莉華 또는 잡만화雜鬘花라고 하는데, 그 기름으로 밝히는 등불.

440 약왕보살의 전생 이야기를 설한 장.

441 후오백세後五百歲: 불멸 후 불교의 성쇠를 각기 500년마다 분류하여 파악한 것. ① 제1의 500년_해탈견고解脫堅固의 시대(지혜로 해탈을 이룬 이가 많음). ② 제2의 500년_선정견고禪定堅固의 시대(참선 공부하는 이가 많음). ③ 제3의 500년_다문견고多聞堅固의 시대(경전 공부하는 이가 많음). ④ 제4의 500년_조사견고造寺堅固의 시대(절 짓고 불사하는 이가 많음). ⑤ 제5의 500년_투쟁견고鬪諍堅固의 시대(공부 않고 싸움하는 이가 많음).(『大集經』 卷55) 여기서는 불멸 후 최후의 오백 년, 곧 투쟁견고의 시대를 말한다.

442 안락세계安樂世界: 아미타불 정토인 극락세계의 다른 이름. 안양국安養國이라고도 한다.

443 아미타阿彌陀: 범어 Amitābha의 음역. 무량광無量光 또는 무량수無量壽로 한역. 서방의 극락세계 교주이신 부처님. 과거 세자재왕불世自在王佛 당시 법장法藏스님이었을 때, 48가지 원력을 세워 수행함으로써 마침내 성불하여 극락세계極樂世界를 이루셨다.

살들에게 빙 둘러싸여 계신 곳으로, 그 여인은 연꽃 속의 보배자리 위에 다소곳이 태어나리라. 그리하여 더 이상 탐욕으로 인해 괴로움을 당하거나, 성냄과 어리석음으로 몸부림치며 아파하는 일이 없으리라. 뿐만 아니라 다시는 교만과 질투 등 여러 번뇌들에 의해 상처 입지 않으리라. 도리어 극락세계에 태어나자마자[444] 보살의 신통력을 얻고 무생법인을 체득하게 되리라. 이 진리를 깨닫고 나면 눈이 청정해지리니, 청정해진 눈으로써 칠백만이천억 나유타 항하의 모래알처럼 무수히 많은 부처님 여래를 친견하리라. 그 순간 저 멀리 모든 부처님들께서 일제히 그를 칭찬하여 말씀하시리니,

'착하고 착하도다, 선남자[445]여!

그대가 석가모니 부처님 법 가운데에서 『법화경』을 수지하여 읽고 외우며 깊이 생각해서 남을 위해 설명해주고 얻은 복덕은 한량없고 끝이 없어서, 불로도 태울 수 없고 물로도 쓸어버릴 수 없느니라. 그대의 공덕은 천 분의 부처님들께서 모두 함께 말씀하신다 해도 능히 다 말씀하실 수 없을 정도니라. 지금 그대는 이미 모든 마군들을 물리친 것이며 생사번뇌의 군대를 모조리 근절시킨 것이고, 그 밖의 다른 원수와 적군들마저 남김없이 전멸시킨 셈이니라.

선남자여! 백천 분의 부처님들께서 모두 신통력으로 일제히 그대를 수호하시리니, 일체 세간의 하늘천신과 사람 가운데에서 어느 누구도

---

444 구마라집 역의 한문본에는 없으나 범본 『법화경』에는 명확히 나와 있는 내용이므로, 이해를 돕기 위해 삽입하여 번역하였음.

445 선남자善男子: 이 사바세계에는 남녀의 성구별이 있지만, 극락세계에는 모두 남자의 몸이며 무생법인을 깨달은 보살경지이므로 이렇게 부름.

그대와 견줄 만한 자가 없으리라. 오직 여래를 제외하고는, 모든 성문과 벽지불 심지어 보살의 지혜와 선정으로도 그대와 견줄 만한 이는 아무도 없으리라.'

수왕화보살이여, 이 경전 말씀대로 수행하는 보살은 이와 같은 공덕과 지혜의 힘을 성취하게 되느니라.

만약 누군가 이 〈약왕보살본사품〉을 듣고 능히 따라 기뻐하며 찬탄한다면, 그 사람은 현세에서부터 당장 입에서는 항상 청련화의 맑은 향기가 나오게 되리라. 그리고 몸의 털구멍에서는 늘 우두전단의 그윽한 향내가 풍겨나오리니, 그의 공덕은 방금 위에서 말한 대로 한량없으리라.

그러므로 수왕화보살이여!

이 〈약왕보살본사품〉을 그대에게 부촉하노니, 내 열반한 뒤 마지막 오백 년의 말법 세상 동안에도 널리 사바세계에 유포시켜 소실되지 않도록 하여라. 그리하여 악마와 그의 권속들·여러 하늘천신·용·야차·구반다귀신 따위들이 감히 틈을 타지 못하게 하여라.

수왕화보살이여, 그대는 마땅히 신통력으로써 이 경을 수호해야 하느니라. 왜냐하면 이 경은 사바세계(염부제) 사람들의 병에 좋은 약이 되기 때문이니라. 만일 어떤 사람이 병에 걸렸다가도 이 경을 듣게 되면, 병이 곧 사라질 뿐만 아니라 늙지도 않고 죽지도 않으리라.

수왕화보살이여! 그대가 만약 이 경을 수지하는 사람을 보거든, 마땅히 청련화에 고운 향가루를 가득 채워서 그 사람 머리 위에다 뿌리며 공양하도록 하여라. 그리고 다 뿌린 다음에는 속으로 이렇게 생각하여라.

'이 사람은 머지않아 반드시 풀을 깔고 도량에 앉아 모든 마군들을 조복하리라. 그리고는 마땅히 법소라를 불며 큰 법고를 쳐서, 모든 중생들을 생로병사의 깊은 바다로부터 건져내리라.'

따라서 불도를 구하는 자는 『법화경』 수지하는 사람을 보게 되면 응당 이와 같이 공경하는 마음을 내어야 하느니라."

부처님께서 이 〈약왕보살본사품〉을 설하셨을 때에 팔만사천 보살들이 해일체중생어언다라니를 얻었다.

다보여래께서도 보배탑 속에서 수왕화보살을 칭찬하셨다.

"장하고 장하도다, 수왕화보살이여!

그대는 불가사의한 큰 공덕을 성취하였도다. 이렇게 큰일을 석가모니 부처님께 여쭈어서, 한량없는 일체 중생들을 이롭게 하였으니 참으로 기특하도다!"

묘법연화경 제七권 제24 묘음보살품妙音菩薩品

그때 석가모니 부처님께서 대인의 특징[446] 가운데 하나인 육계[447]로부터 찬란한 광명을 비추시었다. 그리고 미간의 백호상[448]에서도 광명을 놓아, 동방으로 백팔만억 나유타 항하의 모래알처럼 많은 부처님 세계들을 빠짐없이 밝게 비추시었다.

그 수없이 많은 세계들을 지나서 정광장엄淨光莊嚴이라 부르는 세계가 있는데, 그 세계에 한 부처님께서 계셨다. 부처님 이름은 정화수왕지[449]여래·응공·정변지·명행족·선서·세간해·무상사·조어장부·천인사·불세존이셨다. 그 부처님께서는 한량없고 끝없는

---

446 대인상大人相: 부처님과 보살 그리고 전륜성왕이 갖추고 있는 뛰어난 상호相好, 즉 삼십이상三十二相의 신체적 특징을 말한다.

447 육계肉髻: 부처님 정수리의 살이 상투처럼 불룩하게 솟은 부분을 말한다.

448 백호상白毫相: 두 눈썹 사이의 희고 빛나는 털.

449 정화수왕지淨華宿王智: 범어 Kamaladalavimalanakṣatrarājasaṃkusumitābhijña의 역. 연꽃잎처럼 깨끗한 성수星宿의 왕에 의해 신통을 나타내는 분.

보살대중들에게 공경히 둘러싸여 계시며 그들을 위해 설법하고 계셨는데, 석가모니 부처님의 백호에서 나온 찬란한 광명이 정광장엄세계에까지 환히 비추었다.

그때 정광장엄세계에 한 보살이 있었으니, 이름을 묘음妙音보살이라 하였다. 그 보살은 아주 오래 전부터 많은 선근을 심었으며, 한량없는 백천만억 부처님들을 공양하고 가까이 모셨다. 그래서 깊은 지혜를 성취하였고, 묘당상삼매[450]·법화삼매[451]·정덕삼매[452]·수왕희삼매[453]·무연삼매[454]·지인삼매[455]·해일체중생어언삼매[456]·집일체공덕삼매[457]·청정삼매[458]·신통유희삼매[459]·혜거삼매[460]·장엄왕삼매[461]·정광명삼매[462]·정장삼매[463]·불공삼매[464]·일선삼매[465] 등 이와 같이

---

450 묘당상삼매妙幢相三昧: 대장이 깃발을 가지고 있듯이, 삼매 중의 으뜸가는 삼매.
451 법화삼매法華三昧: 제법의 참된 실상을 통달한 삼매.
452 정덕삼매淨德三昧: 마음이 청정하여 오염되지 않는 삼매.
453 수왕희삼매宿王戲三昧: 지혜가 자재하여 아무것에도 집착하지 않는 삼매.
454 무연삼매無緣三昧: 대상을 분별하여 취함이 없는 삼매.
455 지인삼매智印三昧: 반야의 지혜로 객관 대상을 인식하되 늘 고요한 삼매.
456 해일체중생어언삼매解一切衆生語言三昧: 일체 모든 중생들의 언어를 다 알 수 있는 삼매.
457 집일체공덕삼매集一切功德三昧: 온갖 공덕을 다 고루 갖춘 삼매.
458 청정삼매清淨三昧: 번뇌가 하나도 없이 청정한 삼매. 여기에서 '청정하다는 것은 버리고〔捨〕·여의며〔離〕 아무것도 없는 필경공畢竟空을 뜻한다.(淨名捨離無所有畢竟空)'(『大智度論』 卷77 〈第63 等學品〉)
459 신통유희삼매神通遊戲三昧: 신통 변화가 자유자재한 삼매.
460 혜거삼매慧炬三昧: 어리석음을 깨뜨리는 지혜의 삼매.
461 장엄왕삼매莊嚴王三昧: 묘행妙行을 거두어들이는 삼매.
462 정광명삼매淨光明三昧: 미묘한 지혜를 얻는 삼매.
463 정장삼매淨藏三昧: 법안法眼을 얻는 삼매.

백천만억 항하 모래알처럼 많은 큰 삼매들을 얻었다.

이윽고 석가모니 부처님의 광명이 묘음보살의 몸을 환히 비추자, 묘음보살이 곧 정화수왕지 부처님께 사뢰었다.

"세존이시여!

제가 마땅히 사바세계로 가서 석가모니 부처님께 예배드리고 가까이 모시며 공양드려야겠습니다. 그리고 문수사리 법왕자보살·약왕보살·용시勇施보살·수왕화보살·상행의上行意보살·장엄왕莊嚴王보살·약상藥上보살을 만나봐야겠습니다."

그때 정화수왕지 부처님께서 묘음보살에게 이르시었다.

"그대는 혹시라도 사바세계를 가벼이 업신여겨 하열[466]하게 생각해서는 안 되느니라.

선남자여! 사실 저 사바세계는 높낮이가 있어 평탄치 못하고, 흙과 돌로 된 여러 산들과 더러운 분뇨들로 가득 차 있느니라. 게다가 부처님 몸도 작고, 여러 보살들도 그 형상이 왜소하니라. 그런데 그대의 몸은 사만이천 유순이나 되며, 나의 몸도 무려 육백팔십만 유순이나 되느니라. 또한 그대의 몸은 단정하기가 으뜸인 데다, 백천만 가지의 복덕과 광명으로 뛰어나게 훌륭하도다. 그렇더라도 그대는 거기 가서 사바세계를 형편없다고 여기며, 행여 부처님이나 보살들

---

464 불공삼매不共三昧: 이승二乘이 따를 수 없는 삼매.

465 일선삼매日旋三昧: 대천세계大千世界를 두루 비추는 삼매.

466 하열下劣: '하열下劣하다는 것은 게으르고 방일하며 부처님 법을 좋아하지 않고, 일심으로 도를 수행하지 않아 죄와 복이 잡다한 것을 말한다.(下劣者 名懈怠放逸不樂佛法不一心行道罪福雜行)'(『大智度論』卷77 〈第63 等學品〉)

그리고 국토에 대하여 하열하게 생각해서는 절대로 안 되느니라."

묘음보살이 정화수왕지 부처님께 사뢰었다.

"세존이시여! 제가 지금 사바세계에 가는 것은 모두 여래의 위신력 덕분이옵니다. 또 여래의 신통력으로 유희하여 다니는 것이고, 여래의 공덕과 지혜로 장엄하여 가는 것이옵니다.(그러니 과히 염려하지 마시옵소서!)"

이윽고 묘음보살은 그 자리에서 일어나지 않고 몸을 움직이지 않은 채 삼매에 들어갔다. 삼매의 힘으로써 영취산(기사굴산)의 부처님 법좌 앞에다 팔만사천 송이의 온갖 보배연꽃을 피웠다. 그 꽃의 줄기는 염부단금이며 꽃잎은 백은白銀이고, 꽃술은 다이아몬드이며 연심은 견숙가보[467]로 된 연꽃이었다.

그때 문수사리 법왕자 보살이 그 빛나는 연꽃들을 보고 부처님께 사뢰었다.

"세존이시여, 대체 무슨 인연으로 이런 상서가 먼저 나타나는 것이옵니까? 수없이 많은 천만 송이의 연꽃들이 줄기는 염부단금이고 꽃잎은 백은이며, 게다가 꽃술은 다이아몬드요 연심은 견숙가보석으로 너무나 황홀하게 피었나이다!"

그때 석가모니 부처님께서 문수사리보살에게 이르시었다.

"바로 묘음 보살마하살이 팔만사천 보살들에게 둘러싸여 정화수왕지 부처님 세계로부터 사바세계로 와서, 나를 공양하고 가까이 섬기며 예배하려는 것이니라. 또한 『법화경』에도 공양하고 직접 들으려는

467 견숙가보甄叔迦寶: 적색보赤色寶라 역. 붉은 빛이 감도는 보석의 일종. 견숙가나무의 꽃이 선명하게 붉기 때문에 붙여진 이름이다.

것이니라."

문수사리보살이 부처님께 사뢰었다.

"세존이시여! 그 보살은 어떤 선근을 심었으며 어떤 공덕을 닦았기에, 저런 큰 신통력을 갖춘 것입니까? 도대체 어떤 삼매를 수행하였나이까? 부디 저희들을 위하여 그 삼매의 이름을 말씀해 주시옵소서! 저희들도 또한 그 삼매를 부지런히 수행하고자 하오니, 그 삼매를 닦아야만 그 보살의 형상·모습·크기·위엄 있는 행동거지 등을 사실 그대로 볼 수 있지 않겠습니까? 오직 원하옵건대 세존이시여, 신통력으로써 그 보살을 오게 하시어 저희들로 하여금 보게 해주시옵소서!"

그때 석가모니 부처님께서 문수사리보살에게 이르시었다.

"여기 오래 전에 열반하셨던 다보여래께서 마땅히 그대들을 위하여 묘음보살의 모습을 보게 해주시리라."

그러자 다보 부처님께서 묘음보살에게 이르시었다.

"선남자여, 어서 오너라! 문수사리 법왕자가 그대를 만나보고 싶다 하는구나."

동시에 묘음보살이 정광장엄세계를 떠나 팔만사천 보살들과 함께 사바세계로 오는데, 지나치는 세계들이 전부 여섯 가지로 진동하며 움직였다. 게다가 그 모든 세계들마다 칠보로 된 찬란한 연꽃송이들이 꽃비가 되어 하염없이 흩날렸으며, 백천 가지나 되는 하늘악기들이 치지 않았는데도 저절로 울려 퍼졌다.

묘음보살은 커다란 푸른 연꽃잎 같은 눈에다 백천만 개의 달을 합친 것보다 더 환하고 단정한 얼굴을 하고 있었다. 몸은 순금의 황금색에 한량없는 백천 가지 공덕으로 장엄되었고, 위엄과 덕은 하늘을 찌를 듯이 높았으며 광명으로 찬란했다. 이렇게 모든 상호가 구족하여 마치 나라연[468]의 견고한 몸과도 같았다.

묘음보살이 칠보로 만든 좌대에 올라 허공으로 솟구치니, 땅과의 거리가 자그마치 다라수 나무의 일곱 배나 되었다. 묘음보살은 모든 보살들에게 공손히 둘러싸인 채 사바세계의 영취산(기사굴산)에 이르렀다. 도착해서는 칠보로 된 좌대에서 내리어, 값이 백천만 냥이나 되는 보배영락을 가지고 석가모니 부처님 계신 곳으로 나아갔다. 그리고 머리를 숙여 부처님 발에 절하며 영락을 받들어 올리고는 부처님께 사뢰었다.

"세존이시여!

정화수왕지 부처님께서 석가세존께 문안하시기를,

'병도 없고 걱정도 없으시며, 기거하시는데 편안하시고 안락하게 지내시옵니까? 사대[469]는 고르고 화평하십니까? 세상일은 견딜 만하시옵니까? 중생들은 잘 제도되는지요? 혹 탐욕·성냄·어리석음과 질투와 인색함 또는 교만함에 들끓지는 않습니까? 부모에게 불효하고 사문[470]을 공경하지 않는다거나, 삿된 소견이나 나쁜 마음을 내는

---

468 나라연那羅延: 범어 Nārāyaṇa의 음역. 금강역사金剛力士로 힘이 센 천상의 신神이다. 큰 코끼리의 백만 배나 되도록 힘이 세며, 빼어날 정도로 단정하고 아름다운데다가 지력志力 또한 웅대하고 용맹스럽다.

469 사대四大: 네 가지 큰 물질적 요소, 즉 땅〔地〕·물〔水〕·불〔火〕·바람〔風〕을 말한다. 여기에서는 사대로 이뤄진 색신이 불편하시지 않은지를 여쭙고 있는 것이다.

470 사문沙門: 범어 śramaṇa의 음역. 근로勤勞·정지靜志·식지息止·식심息心·수도修道로 한역. 출가자의 총칭으로, 머리를 깎아 악을 끊고 몸과 마음을 고요히 하여 선善을 행하고자 출가한 모든 수도자를 말한다.

이는 없습니까? 그리고 다섯 가지 욕정[471]을 잘 거두어들입니까? 게다가 세존이시여, 중생들이 능히 모든 마군과 원적들을 항복시킬 수 있습니까? 또 오래 전에 열반하신 다보여래께서는 칠보탑 속에 계시면서, 정말 법을 듣기 위해 오십니까?'

또 정화수왕지 부처님께서 다보여래께도 안부를 여쭈셨나이다.

'불편하지 않고 편안하시며 혹 근심거리는 없으십니까?

사바세계[472]에 오래 머무셔도 괜찮으십니까?'

세존이시여, 저는 지금 몹시 다보 부처님이 뵙고 싶습니다. 세존이시여, 부디 저로 하여금 다보 부처님을 뵈올 수 있도록 해 주시옵소서!"

그때 석가모니 부처님께서 다보 부처님께 말씀하셨다.

"이 묘음보살이 다보 부처님을 뵙고 싶다 하는군요."

그러자 다보 부처님께서 묘음보살에게 이르시었다.

"훌륭하고, 훌륭하도다! 그대가 능히 석가모니 부처님께 공양하고 『법화경』을 들으며, 문수사리보살 등을 보기 위해 일부러 이곳까지 오다니 참으로 장하도다!"

그때 화덕華德보살이 석가모니 부처님께 사뢰었다.

"세존이시여! 이 묘음보살은 도대체 어떤 선근을 심었으며, 어떤 공덕을 닦았기에 이러한 신통력을 갖추게 된 것입니까?"

부처님께서 화덕보살에게 이르시었다.

"과거에 어느 부처님께서 계셨으니, 부처님 이름은 운뢰음왕雲雷音

471 오정五情: 다섯 가지 감각기관, 곧 눈·귀·코·혀·몸뚱이의 즐거움을 위한 욕망.

472 감인堪忍: 현재 우리가 살고 있는 사바세계를 '참고 인내하며 살아야만 하는 세계'라는 뜻에서 '감인의 세계'라 부른다.

王 다타아가도(여래)[473]·아라하(응공)[474]·삼막삼불타(정변지)[475]이셨느니라. 세계의 이름은 현일체세간現一切世間이었으며, 시대의 이름은 희견喜見이었느니라.

묘음보살은 만이천 년 동안이나 십만 가지의 각종 악기들을 가지고 연주하여 운뢰음왕 부처님께 공양하였고, 아울러 칠보로 된 팔만사천 개의 발우를 공손히 공양 올렸느니라. 그 인연의 과보로써 지금 정화수왕지 부처님 세계에 태어나서 이러한 신통력을 갖추게 되었느니라.

화덕보살이여, 그대는 어떻게 생각하는가? 그때 운뢰음왕 부처님 처소에서 악기를 연주해 공양하고 보배발우를 공손히 올렸던 보살이 어찌 다른 사람이겠는가? 지금의 묘음보살마하살이 바로 그 보살이었느니라.

화덕보살이여! 이 묘음보살은 일찍이 한량없는 모든 부처님들을 공양하였고 가까이 모셨느니라. 그래서 오랫동안 복덕의 근본을 심었으며, 또 항하의 모래알처럼 무수히 많은 백천만억 나유타 부처님들을 친견하였느니라.

화덕보살이여!

---

473 여래如來: 범어 Tathāgata. 여실한 진리에 수순한 채 세상에 오시어 진리를 보여주는 분. 또는 지금까지의 모든 부처님들처럼 똑같은 길을 걸어 열반의 피안에 이른 분이라는 뜻. 불佛의 십호十號 중 하나.

474 응공應供: 범어 Arhat. 응당히 공양 받을 만한 분. 즉 온갖 번뇌를 끊어서 인간과 천상으로부터 당연히 공양 받을 수 있는 덕 있는 분이라는 뜻. 부처님의 십호 가운데 하나이다.

475 정변지正遍知: 세간 및 출세간의 온갖 법을 바르게 알고 두루 아시는 분이란 뜻으로, 등정각等正覺이라 번역. 부처님의 십호 가운데 하나이다.

그대는 다만 묘음보살의 몸이 여기에 있는 줄로만 생각하겠지만, 사실은 갖가지 몸을 나타내며 곳곳에서 많은 중생들을 위하여 이 경전을 설하고 있느니라. 그리하여 혹 어떤 때는 범천왕의 몸이나 제석천왕의 몸을 나타내며, 자재천왕[476]이나 대자재천왕[477]의 몸을 나타내느니라. 혹은 천대장군[478]·비사문천왕[479]·전륜성왕의 몸을 나타내기도 하고, 여러 작은 왕들의 몸을 나타내기도 하느니라. 혹은 장자[480]나 거사[481]·재상·바라문의 몸을 나타내며, 때로는 비구·비구니·우바새·우바이의 몸을 나타내느니라. 또 장자와 거사의 부인이나 재상과 바라문의 귀부인으로 나타나기도 하며, 가끔은 어린 동자와 동녀의 모습으로 나타나기도 하느니라. 더욱이 어떤 때는 하늘천신·용·야차·건달바·아수라·가루라·긴나라·마후라가 같이 사람인 듯하면서 아닌 이들의 몸으로 나타나서 이 경을 설하기도 하느니라.

그리하여 모든 지옥·아귀·축생과 여러 어려운 곳에 있는 중생들까

---

476 자재천왕自在天王: 욕계의 육천六天 중 맨 마지막 타화자재천他化自在天의 왕이다.

477 대자재천왕大自在天王: 범어 Maheśvara의 한역. 마혜수라, 곧 초선천初禪天의 임금인데 외도들은 이 신을 세계의 본체라 여기며 창조주로 떠받드는 경우가 종종 있다.

478 천대장군天大將軍: 범어 Cakravartirāja. 전륜성왕과 같은 말이나, 여기서는 천상의 대장군을 지칭한다. 비사문천毘沙門天의 여덟 야차대장 가운데 한 명으로, 마음속 번뇌를 퇴치하기 위해서는 천대장군과 같은 용기가 필요함을 뜻한다.

479 비사문천왕毘沙門天王: 범어 Vaiśravaṇa. 항상 여래의 도량을 보호하며 법을 듣기에 다문천多聞天이라 한다. 사천왕 가운데 하나인 비사문천의 왕이다.

480 장자長者: 인도의 재벌가. 주 173 참조

481 거사居士: 범어 Kulapatī의 한역. 집에 있는 선비란 뜻으로, 인도의 사성四姓 가운데 공업과 상업에 종사하는 이를 말한다. 그러나 일반적으로 불교에서는 불문에 귀의한 남자로서 출가하지 않은 이를 일컫는다.

지도 다 능히 구제하며, 심지어 왕의 후궁에서는 여인의 모습으로 변하여 이 경을 설하느니라.

화덕보살이여, 이 묘음보살은 능히 사바세계의 모든 중생들을 구호하는 분이니라. 묘음보살은 이와 같이 여러 가지로 변화해 나타나 사바세계에 있으면서 온갖 중생 위해 이 경전을 설하건만, 그 신통변화의 능력이나 지혜는 조금도 손상되거나 줄어들지 않느니라. 이 보살은 넓고 큰 지혜로써 사바세계를 밝게 비추어, 일체 중생들로 하여금 각각 알아야 될 내용들을 잘 이해시키느니라. 그리고 항하의 모래알처럼 무수히 많은 시방의 다른 세계들 속에서도 역시 또 그와 같이 교화하느니라.

그리하여 응당 성문의 몸으로써 제도해야 할 자에게는 성문의 몸으로 나타나 설법하고, 벽지불의 몸으로써 제도해야 할 자에게는 벽지불의 몸으로 나타나 설법하느니라. 또 보살의 몸으로써 제도해야 할 자에게는 보살의 몸으로 나타나 설법하며, 부처님의 몸으로써 제도해야 할 자에게는 부처님의 몸으로 나타나 설법하느니라. 이와 같이 여러 가지 제도될 상대에 맞게 형상을 나타내니, 심지어 열반함으로써 제도해야 할 자에게는 기꺼이 열반을 나타내 보여주느니라.

화덕보살이여, 묘음 보살마하살이 큰 신통력과 지혜의 힘을 성취한 배경이 이러하니라."

그때 화덕보살이 부처님께 사뢰었다.

"세존이시여, 그렇다면 이 묘음보살은 정말로 깊이 선근을 심었군요. 그런데 세존이시여! 이 보살은 도대체 어떤 삼매에 머물기에, 이와 같이 있는 곳마다 마음대로 변화해 중생을 제도할 수 있는 것입니까?"

부처님께서 화덕보살에게 이르시었다.

"선남자여, 그 삼매는 현일체색신現一切色身삼매라 하느니라. 묘음보살은 그 삼매 가운데에 머물러서 능히 이와 같이 무량중생들을 이익되게 하느니라."

부처님께서 이 〈묘음보살품〉을 설하셨을 때에 묘음보살과 함께 온 팔만사천 보살들이 모두 현일체색신삼매를 얻었으며, 여기 사바세계의 한량없는 보살들도 그 삼매와 다라니를 얻었다.

그때 묘음 보살마하살이 석가모니 부처님과 다보 부처님의 보배탑에 공양을 마치고 본토로 돌아가자, 지나치는 세계들이 전부 여섯 가지로 진동하며 움직였다. 또 그 모든 세계들마다 찬란한 보배 연꽃송이들이 꽃비가 되어 하염없이 흩날렸으며, 백천만억의 갖가지 악기들이 울려 퍼졌다.

이윽고 묘음보살이 본국에 도착하매 팔만사천 보살들에게 둘러싸인 채, 정화수왕지 부처님 처소에 같이 나아가 부처님께 사뢰었다.

"세존이시여! 저는 사바세계에 가서 중생들을 이익되게 하였습니다. 뿐만 아니라 석가모니 부처님도 친견하였고, 다보불탑도 친견해서 예배하고 공양 올렸습니다. 또 문수사리 법왕자보살을 만났고, 약왕보살과 득근정진력得勤精進力보살과 용시勇施보살도 만났습니다. 게다가 함께 갔던 팔만사천 보살들로 하여금 현일체색신삼매를 얻게 하였습니다."

석가모니 부처님께서 묘음보살이 사바세계에 왔다간 품品을 설하셨을 때에, 사만이천 명의 하늘천신들이 무생법인을 얻었고 화덕보살은 법화삼매를 얻었다.

제25 관세음보살보문품觀世音菩薩普門品

그때 무진의보살[482]이 자리에서 일어나, 옷을 정돈하여 오른쪽 어깨를 드러내고 합장한 채 부처님을 향하여 이렇게 말씀드렸다.

"세존이시여, 관세음보살[483]은 무슨 인연으로써 '관세음'이라 부르게 되었습니까?"

부처님께서 무진의보살에게 이르시었다.

---

482 무진의보살無盡意菩薩: 범어 Akṣaya-mati. 불멸의 예지를 터득한 보살이라는 뜻. 일체사상一切事象의 인연과보 등이 무진無盡한 것을 알고 발심하여, 위로 無盡한 제불諸佛의 공덕을 구하고 아래로는 無盡한 중생들을 구제하는 것을 본의로 하기에 무진의보살이라 한다. 『대집경』에 의하면 동방 불현세계의 보현여래 계신 곳에 있는 보살이다.

483 관세음보살觀世音菩薩: 범어 Avalokiteśvara. 구역舊譯에는 광세음光世音보살, 신역新譯으로는 관세음보살 외 관자재觀自在보살·관세자재觀世自在보살·구세救世보살·연화수蓮華手보살 등으로 칭한다. 대세지보살大勢至菩薩과 함께 서방 극락세계의 아미타불 협시보살로 유명하다.

"선남자여! 각종 고통에 시달리는 한량없는 백천만억 중생들이 관세음보살에 대해 듣고 일심으로 그 이름을 부른다면, 관세음보살이 즉시 그 음성을 관찰하고 그들을 모두 괴로움에서 벗어나게 하느니라.

관세음보살을 염불하는 사람은 설사 큰 불구덩이 속에 떨어지게 되었더라도 불이 태울 수 없나니, 바로 관세음보살의 위신력을 입었기 때문이니라. 혹 큰물에 떠내려가게 되었더라도 관세음보살의 명호를 부르면 곧 얕은 물가에 닿게 되느니라. 가령 어떤 백천만억 중생들이 금·은·유리·자거·마노·산호·호박·진주 등 여러 보배들을 찾아 큰 바다로 나섰다가, 폭풍이 불어서 그만 나찰귀 나라에 표류하게 되었다고 하자. 그렇더라도 그들 중 하다못해 단 한 명만이라도 관세음보살의 이름을 부르는 이가 있다면, 그 여러 사람들이 전부 나찰의 환난에서 벗어나게 되느니라. 이런 인연으로써 '세상의 소리를 관찰하는 분', 곧 '관세음보살'이라 부르게 되었느니라.

또 어떤 사람이 금방 칼에 찔리게 된 경우라도 관세음보살 이름을 부른다면, 상대방이 잡고 있던 칼이나 막대기가 산산조각 부서져 위기를 모면하게 되느니라. 혹 삼천대천 온 세계에 가득 찬 야차와 나찰들이 사람에게 들러붙어 괴롭히려고 하더라도, 관세음보살 염불하는 소리를 들으면 악귀들이 감히 사악한 눈길로 그 사람을 쳐다보지도 못하거늘 어찌 다시 해칠 수 있겠느냐! 또 어떤 이가 수갑과 형틀·칼·자물쇠에 몸이 꽁꽁 묶였더라도, 관세음보살을 염불한다면 죄가 있든지 없든지 간에 저절로 풀어지고 끊어져서 즉시 풀려나게 되리라.

만일 삼천대천 온 세계에 원수와 도적떼들이 가득 들끓고 있는데,

마침 한 인솔자가 여러 상인들을 데리고 값진 보배를 가득 실은 채 험한 길을 지나간다고 하자. 그 가운데 누군가 큰 소리로 일행들에게 말하기를,

'모든 선남자들이여, 조금도 두려워하지 말라!

너희들은 마땅히 일심으로 관세음보살 이름을 염불하라! 관세음보살님께서는 능히 중생들의 두려움을 없애주시나니, 너희들이 만약 관세음보살 이름을 부른다면 이 도적떼로부터 틀림없이 안전하게 벗어나리라!'

여러 상인들이 그 말을 듣고는 일제히 소리를 내어 '나무관세음보살… 관세음보살…' 염불한다면, 이렇게 관세음보살을 부른 까닭에 상인들은 무사히 도적떼로부터 구출되리라. 무진의보살이여, 관세음보살마하살의 위신력은 이렇게 어마어마하니라.

만약 어떤 중생이 음욕이 많을지라도 항상 관세음보살을 생각하고 공경한다면 곧 음욕을 여의게 되느니라. 혹 성내는 마음이 많더라도 항상 관세음보살을 생각하고 공경한다면 성내는 마음이 사라지며, 어리석은 마음이 많더라도 항상 관세음보살을 생각하고 공경한다면 어리석은 마음이 사라지느니라.

무진의보살이여!

관세음보살은 이와 같이 큰 위신력을 갖추고 크게 중생들을 이롭게 하느니라. 그러므로 중생들은 마음속으로 항상 관세음보살을 생각해야 하느니라.

만약 어떤 여인이 아들을 낳고자 관세음보살께 예배하고 공양한다면 복덕과 지혜를 겸비한 아들을 낳게 되리라. 혹 딸을 낳기 원한다면

단정하고 어여쁜 딸을 낳되, 전생에 심은 공덕이 많아서 여러 사람들의 사랑과 공경을 받게 되리라.

무진의보살이여, 관세음보살은 이와 같이 위대한 능력을 갖추었느니라. 어떤 중생이든 관세음보살을 공경하고 예배한다면 그 복이 결코 헛되지 않나니, 따라서 모든 중생들은 관세음보살을 염불해야 하느니라.

무진의보살이여!

만약 어떤 사람이 육십이억 항하의 모래알처럼 수많은 보살들의 이름을 염불하고, 게다가 목숨이 다할 때까지 음식·의복·침구·약품 등을 공양한다면 그대 생각에는 어떠한가? 그 선남자 선여인에게 얼마나 많은 공덕이 있겠느냐?"

무진의보살이 대답하였다.

"공덕이 매우 많을 것이옵니다. 세존이시여!"

부처님께서 말씀하셨다.

"그런데 또 어떤 사람이 관세음보살 이름을 염불하되 하다못해 잠깐만이라도 예배하고 공양한다면, 두 사람의 복이 똑같아서 백천만억 겁이 흘러도 결코 다하지 않으리라. 무진의보살이여, 관세음보살 이름을 늘 염불하면 이와 같이 한량없고 그지없는 복덕의 이익을 얻게 되느니라."

무진의보살이 부처님께 사뢰었다.

"세존이시여! 관세음보살은 어떤 식으로 이 사바세계를 자유로이 오가며, 중생들을 위하여 어떻게 설법합니까? 또 방편의 능력은 어느 정도입니까?"

부처님께서 무진의보살에게 이르시었다.

"선남자여! 어떤 국토의 중생이든 응당 부처님 몸으로써 제도해야 할 자에게는 관세음보살이 곧 부처님 몸으로 나타나 설법하느니라. 혹 벽지불 몸으로써 제도해야 할 자에게는 즉시 벽지불 몸으로 나타나 설법하며, 성문의 몸으로써 제도해야 할 자에게는 성문의 몸으로 나타나 설법하느니라. 또한 범천왕 몸으로써 제도해야 할 자에게는 바로 범천왕 몸으로 나타나 설법하고, 제석천왕 몸으로써 제도해야 할 자에게는 제석천왕 몸으로 나타나 설법하느니라. 아울러 자재천왕 몸으로써 제도해야 할 자에게는 얼른 자재천왕 몸으로 나타나 설법하며, 대자재천왕 몸으로써 제도해야 할 자에게는 대자재천왕 몸으로 나타나 설법하느니라. 그리고 천대장군 몸으로써 제도해야 할 자에게는 천대장군 몸으로 나타나 설법하고, 비사문천왕 몸으로써 제도해야 할 자에게는 비사문천왕 몸으로 나타나 설법하느니라.

더욱이 작은 왕의 몸으로써 제도해야 할 자에게는 즉시 작은 왕의 몸으로 나타나 설법하고, 재벌장자의 몸으로써 제도해야 할 자에게는 재벌장자의 몸으로 나타나 설법하며, 거사의 몸으로써 제도해야 할 자에게는 거사의 몸으로 나타나 설법하느니라. 그리고 재상의 몸으로써 제도해야 할 자에게는 곧 재상의 몸으로 나타나 설법하며, 바라문의 몸으로써 제도해야 할 자에게는 바라문의 몸으로 나타나 설법하느니라. 또한 비구·비구니·우바새·우바이 몸으로써 제도해야 할 자에게는 즉각 비구·비구니·우바새·우바이 몸으로 나타나 설법하느니라. 장자 부인·거사 부인·재상 부인·바라문 부인의 몸으로써 제도해야 할 자에게는 그 부인들 몸으로 나타나 설법하고, 어린 동자와 동녀의 몸으로써 제도해야 할 자에게는 당장 어린 동자와 동녀의 몸으로 나타나 설법하느니라. 뿐만 아니라 하늘천신·용·야차·건달바·아수라·가루라·긴나라·마후라가 같이 사람인 듯하면서 아닌 이들의 몸으로써 제도해야 할 자에게는 전부 그들 몸으로 나타나 설법하며, 집금강신[484] 몸으로써 제도해야 할 자에게는 집금강신 몸으로 나타나 설법하느니라.

무진의보살이여!

관세음보살은 이와 같이 대단한 공덕을 성취하여, 갖가지 형상으로 많은 국토를 다니면서 중생들을 제도하여 해탈시키느니라. 그러므로 그대들은 응당 한결같은 마음으로 관세음보살께 공양해야 하느니라.

관세음 보살마하살은 당장 두렵고 위급한 환난 속에서도 능히 두려움을 없애주나니, 그리하여 이 사바세계에서는 모두 관세음보살을 '두려움을 없애고 평안을 주시는 분〔施無畏者〕'이라 일컫느니라."

무진의보살이 부처님께 사뢰었다.

"세존이시여, 제가 지금 마땅히 관세음보살께 공양하겠나이다."

그리고 얼른 목에 걸었던 온갖 보배구슬로 된 백천 냥짜리 값비싼 영락(목걸이)을 끌러서 관세음보살에게 바치며 말하였다.

"어지신 분이시여! 법공양으로 드리는 이 보배영락을 받아주소서!"

당시 관세음보살이 받지 않고 사양하자, 무진의보살이 한 번 더 관세음보살에게 말하였다.

---

484 집금강신執金剛神: 부처님과 불법을 보호하고, 악의 무리를 금강저로 치는 금강역사金剛力士를 말한다. 여기에서 집금강신은 관음보살의 분노를 말하는데, 자비로 안 되면 호되게 꾸중해서라도 바른 길로 이끄는 것을 상징하고 있다.

"어지신 분이시여! 저희들을 불쌍히 생각하셔서라도, 제발 이 영락을 받아주소서!"

그때 부처님께서 관세음보살에게 이르시었다.

"그대는 마땅히 이 무진의보살과 사부대중들 그리고 하늘천신·용·야차와 건달바·아수라·가루라·긴나라·마후라가 같이 사람인 듯하면서 아닌 이들 모두를 불쌍히 생각해서라도 그 영락을 받도록 하라!"

그러자 즉시 관세음보살은 여러 사부대중과 하늘천신·용과 그 밖의 사람인 듯하면서 아닌 이들 모두를 불쌍히 생각하여 그 영락을 받았다. 이윽고 영락을 두 몫으로 나누더니 한 몫은 석가모니 부처님께 올리고, 다른 한 몫은 다보 부처님의 탑에 공양 올렸다.

"무진의보살이여! 관세음보살은 이와 같이 자유자재한 신통력을 갖추고, 사바세계를 자유로이 오가며 제도하느니라."

그때 무진의보살이 게송으로 여쭈었다.

"아름답고 미묘한 상호를 구족하신 세존이시여!
제가 지금 다시 한 번 여쭈옵건대,
무슨 인연으로 저 부처님 제자를
관세음이라 부르나이까?"

미묘한 상호 구족하신 세존께옵서
게송으로 무진의보살에게 대답하시되,
"그대는 여러 곳곳마다 감응하는
관음보살의 활동에 대해 새겨들으라.

넓고 큰 서원은 바다처럼 깊나니
헤아릴 수 없도록 오랜 겁 동안
수없이 많은 천억 부처님들 섬기면서
크고 청정한 서원을 세웠느니라.

내 그대 위하여 간략히 말하건대
관음보살의 이름을 듣거나 친견하여
마음으로 오로지 생각하고 잊지 않는다면
인생의 모든 고통을 없앨 수 있느니라.

가령 누군가 해칠 마음먹고 불구덩이로 밀어
느닷없이 떨어지게 되었더라도
관세음보살 위신력을 생각한다면
불구덩이가 연못으로 변하며,

혹 큰 바다에서 표류하다가
용이나 고기·귀신들의 환난을 당해서도
관세음보살 위신력을 생각한다면
파도조차 능히 빠뜨릴 수가 없고,

게다가 수미산 봉우리에서
누군가 밀어 떨어뜨린대도
관세음보살 위신력을 생각한다면
하늘의 해처럼 둥실 떠 있게 되며,

또 악한 사람에게 쫓기어
금강산에서 굴러 떨어지게 되었더라도
관세음보살 위신력을 생각한다면
털끝 하나도 다치지 아니하리라.

흉악한 도적들과 맞닥뜨리게 되어
칼을 뽑아 무섭게 해치려 하더라도
관세음보살 위신력을 생각한다면
도적들 스스로 모두 자비심 내어 살려주고,

국법에 잘못 걸려
사형 당하게 되었더라도
관세음보살 위신력을 생각한다면
내리치는 칼이 그만 산산조각 부러질 것이며,

행여 구속되어 큰칼을 뒤집어쓴 채
손발이 쇠고랑과 형틀에 묶이게 되었더라도
관세음보살 위신력을 생각한다면
구속에서 저절로 시원스레 풀려나게 되고,

누군가 주문을 외워 저주하거나
온갖 독약으로 몸을 해치려 하더라도
관세음보살 위신력을 생각한다면
해악은 도리어 주문 외웠던 자에게로 가며,

포악한 나찰과 독룡 그리고
여러 귀신 따위들과 맞부딪쳐서도
관세음보살 위신력을 생각한다면
어느 것 하나 감히 덤비지 못할 뿐더러,

어쩌다 사나운 맹수들이 둘러싸고
날카로운 이빨과 발톱으로 위협하더라도
관세음보살 위신력을 생각한다면
도망치느라 죄다 꽁지 빠지게 달아나며,

살모사나 뱀·전갈의 무서운 독기가
불꽃처럼 치솟으며 위협하더라도
관세음보살 위신력을 생각한다면
염불소리 따라 제풀에 사라지고,

먹구름이 덮이자 천둥 번개 치며
우박과 큰비가 억수같이 퍼붓더라도
관세음보살 위신력을 생각한다면
삽시간에 흩어져 개이리라.

따라서 중생에게 재난이 닥쳐
한량없는 고통이 엄습하더라도
관세음보살의 탁월한 지혜 힘이
능히 세간의 고통을 구제하나니,

모든 신통력 완전히 갖추고
지혜로운 방편 널리 닦아서
모든 시방세계에
몸을 나타내지 못하는 곳이 없어,

여러 갖가지 악도들
지옥 아귀 축생들의
생로병사 모든 고통들마저
점차로 다 없애주느니라.

진실하게 관하며 청정히 관하고
넓고 큰 지혜로 관할 뿐더러
가엾이 보고 인자하게 관하거니
항상 간청드리며 늘 우러러 볼지니라.

티끌 한 점 없이 깨끗한 광명의
태양 같은 지혜가 어두운 미혹을 몰아내고
능히 바람과 불의 재앙까지 굴복시켜
널리 세상을 밝게 비추나니,

대비가 근본인 계행은 천둥치듯 준엄하건만
인자한 마음은 큰 구름같이 미묘하여
감로의 법비를 쏟아 부어서
번뇌의 불꽃을 끄게 하느니라.

송사로 다투는 관청에서나
무섭고 두려운 전쟁터에서도
관세음보살 위신력을 생각한다면
수많은 적군들 죄다 물러가며,

미묘한 음성의 관세음보살은
하늘나라 범천의 음성이며
바다조수 같은 음성[485]으로
어느 세상의 소리보다 뛰어난 음성이거늘,

그러므로 모름지기 항상 관세음보살 생각하되
한 생각 찰나도 의심하지 말지니
관세음보살은 청정한 성인으로
고뇌와 죽음의 액난 속에서도 의지처가 되리라.

일체의 공덕을 갖추고
자비한 눈길로 중생을 굽어보아
쌓인 복덕 바다처럼 한량없거늘
그러므로 응당 머리 숙여 예배하여라."

그때 지지보살[486]이 자리에서 일어나 부처님 앞으로 나아가 사뢰

485 해조음海潮音: 해양의 울림처럼 크게 골고루 들리는 것을 비유한다.

486 지지보살持地菩薩: 범어 Dharaṇiṃdharo. 지장地藏보살 또는 무변심無邊心보살의 다른 이름이다. 도리천에서 매일 아침 선정에 들어 중생의 근기를 관찰하다가,

었다.

"세존이시여! 만약 어떤 중생이 〈관세음보살보문품〉의 자재한 활동과 넓은 문[487]으로 출현하는 신통력에 대해 들었다면, 마땅히 그 사람의 공덕도 적지 않게 많은 줄 유념해야 되겠습니다."

부처님께서 〈관세음보살보문품〉을 설하셨을 때에, 대중 가운데 팔만사천 중생들이 모두 비할 바 없이 가장 높고 바르며 평등한 깨달음〔無等等阿耨多羅三藐三菩提〕을 이루고자 마음먹었다.

석존 입멸 후에는 미륵불이 출현하실 때까지 몸을 육도에 나타내어 천상에서부터 지옥까지의 일체 중생들을 제도·교화하신다. 지옥이 텅 비기 전에는 성불하지 않겠다고 원력을 세운 채 교화하시는 대자대비한 보살이다.

487 보문普門: 넓은 문, 곧 일체가 다 관세음보살의 변화 현신으로 대상에 차별없이 널리 문을 열고 있다는 뜻이다.

제26 다라니품陀羅尼品

그때 약왕보살이 곧 자리에서 일어나 옷을 정돈하여 오른쪽 어깨를 드러내고 합장한 채 부처님께 사뢰었다.

"세존이시여! 『법화경』을 받아 지니는 선남자 선여인이 경전을 읽고 외우며 뜻에 통달하거나 경책을 베껴 쓴다면 얼마나 많은 복을 얻게 되나이까?"

부처님께서 약왕보살에게 이르시었다.

"만약 어떤 선남자 선여인이 팔백만억 나유타 항하 모래알처럼 수많은 부처님들께 공양 올린다면 그대는 어떻게 생각하느냐? 그는 과연 얼마나 많은 복을 얻게 되겠느냐?"

"엄청난 복을 얻게 될 것입니다. 세존이시여!"

부처님께서 말씀하셨다.

"그렇지만 만약 선남자 선여인이 능히 이 경을 수지하되, 심지어 사구게로 된 게송 하나만이라도 읽고 외우며 뜻을 알고 설한 대로 수행한다면 훨씬 더 많은 공덕을 얻게 될 것이니라."

그때 약왕보살이 부처님께 사뢰었다.

"세존이시여! 저는 지금 마땅히 설법하는 자에게 다라니주문을 주어 수호하겠나이다."

이윽고 곧 주문을 설하니,

아니 마니 마네 마마네 지례 자리제 샤마 샤리다위 선제 목제 목다리 사리 아위사리 상리 사리 사예 아사예 아기니 선제 샤리 다라니 아로가바사파자비사니 네비제 아변다라네리제 아단다파 례수지 구구레 모구레 아라레 파라레 수가차 아삼마삼리 붓다비기 리질제 달마파리차제 승가녈구사네 바사바사수지 만다라 만다라 사야다 우루다 우루다교사랴 악사라 악사야다야 아바로 아마야나 다야

"세존이시여! 이 다라니 신주神呪는 육십이억 항하의 모래알처럼 수많은 부처님들께서 설하신 것이옵니다. 따라서 만약 누군가 이 법사를 다치게 하거나 비방한다면, 이는 곧 그 모든 부처님들을 다치게 하고 비방한 격이 될 것입니다."

그러자 이때 석가모니 부처님께서 약왕보살을 칭찬하여 말씀하셨다.

"매우 훌륭하도다. 약왕보살이여!

그대가 법사를 어여삐 생각하고 옹호하는 까닭에 다라니를 설하니, 모든 중생들에게 아주 크게 이익되리라."

그때 용시보살이 부처님께 사뢰었다.

"세존이시여! 저도 또한 『법화경』을 읽고 외우며 수지하는 자를 옹호하기 위하여 다라니를 설하겠나이다. 만약 법사가 이 다라니를 외워 간직한다면, 야차나 나찰·부단나[488]·길자[489]·구반다[490]·아귀[491] 따위가 법사의 단점을 찾아내고자 하더라도 감히 틈을 엿볼 수 없게 될 것입니다."

이윽고 부처님 앞에서 주문을 설하니,

자례 마하자례 욱기 목기 아례 아라바제 녤례제 녤례다바제 이지니
위지니 지지니 녤례지니 녤례지바지

"세존이시여! 이 다라니 신주는 항하의 모래알처럼 많은 부처님들께서 설하신 것이고, 또한 모두 따라서 기뻐하신 것이옵니다. 그러므로 만약 누군가 이 법사를 다치게 하거나 비방한다면 이는 곧 그 모든 부처님들을 다치게 하고 비방한 바가 될 것입니다."

---

488 부단나富單那: 범어 Pūtana의 음역. 취예臭穢로 한역漢譯. 썩은 냄새를 풍기는 귀신.

489 길자吉遮: 범어 Kṛtya의 음역. 소작所作·조造·사事로 한역. 시체에 붙어 다니는 악귀로 송장 먹는 귀신.

490 구반다鳩槃茶: 주 186 참조

491 아귀餓鬼: 범어 Preta. 삼악도 가운데 하나로, 탐욕의 과보 때문에 아귀로 태어나게 된다고 한다. 배는 산더미처럼 크되 목구멍은 바늘구멍보다 작아서 항상 기갈에 시달리며, 음식이 목구멍에 들어가기만 하면 금새 불이 되어 목구멍을 태워버린다고 한다.

그때 세상을 수호하는 비사문천왕[492]이 부처님께 사뢰었다.

"세존이시여! 저도 또한 중생들을 불쌍히 여기며, 법사를 옹호하기 위해 다라니를 설하겠나이다."

곧 주문을 설하니,

아리 나리 노나리 아나로 나리 구나리

"세존이시여! 이 신주로써 법사를 옹호할 뿐만 아니라, 또한 저 자신도 직접 『법화경』 수지하는 자를 옹호하겠나이다. 그래서 그가 머무는 백 유순 영역 안에는 근심이나 재앙 따위가 일절 없도록 하겠나이다."

그때 지국천왕[493]이 그 회상 가운데 있다가 천만억 나유타의 수많은 건달바 무리들에게 공경히 둘러싸인 채, 부처님 계신 데로 나아가 합장하고 부처님께 사뢰었다.

"세존이시여! 저도 다라니 신주로써 『법화경』 지니는 자를 옹호하겠나이다."

곧 주문을 설하니,

---

492 비사문천왕毘沙門天王: 범어 Vaiśramaṇa 혹은 Vaiśravaṇa. 수미산 북쪽을 수호하며, 야차와 나찰귀를 다스리는 사천왕 중의 하나이다. 세상 사람에게 복덕을 주는 일을 맡았으며, 부처님 도량을 수호하고 늘 불법을 듣기 때문에 다문천多聞天이라고도 한다.

493 지국천왕持國天王: 범어 Dhṛtarāṣṭra. 수미산 동쪽을 수호하며, 건달바와 비사사귀를 다스리는 사천왕 중의 하나이다.

아가네 가네 구리 건다리 전다리 마등기 상구리 부루사니 알디

"세존이시여! 이 다라니 신주는 사십이억의 모든 부처님들께서 설하신 것이옵니다. 따라서 만약 누군가 이 법사를 다치게 하거나 비방한다면, 이는 곧 그 모든 부처님들을 다치게 하고 비방한 셈이 될 것입니다."

그때 회상 가운데 나찰녀[494]들이 있었다. 첫째 나찰녀 이름은 남바藍婆요, 둘째는 비남바毘藍婆요, 셋째는 곡치曲齒요, 넷째는 화치華齒요, 다섯째는 흑치黑齒요, 여섯째는 다발多髮이요, 일곱째는 무염족無厭足이요, 여덟째는 지영락持瓔珞이요, 아홉째는 고제皐帝요, 열째는 탈일체중생정기奪一切衆生精氣였다. 그 열 명의 나찰녀들이 귀자모[495]와 그의 아들 그리고 여러 권속들과 함께, 모두 부처님 계신 데로 나아가 한 목소리로 부처님께 사뢰었다.

"세존이시여! 저희들도 또한 『법화경』을 읽고 외우며 수지하는 자를 옹호하여 근심과 재앙이 없도록 하겠나이다. 뿐만 아니라 누군가 법사의 허물을 찾아내려고 한다면 절대로 틈을 얻지 못하게 하겠나이다."

---

494 나찰녀羅刹女: 범어 Rākṣasī. 여자 나찰귀로 형상은 아름답게 생겼고, 하늘을 날아다니는데 아주 빠르며 사람의 혈육을 먹는 포악한 귀신이다. 그러나 경전에는 모두 발심하여 불법을 옹호하는 수호신으로 나온다.

495 귀자모鬼子母: 범어 Hāriti. 본래 어린이를 잡아먹는 나찰귀신이었으나, 부처님께서 그녀의 어린 막내아들을 감추어서 교화하셨다. 그 결과 부처님께 귀의하고 다시는 어린이를 잡아먹지 않기로 맹세하여, 오히려 출산과 어린아이를 수호하는 신이 되었다.

곧 부처님 앞에서 주문을 설하니,

이제리 이제미 이제리 아제리 이제리 니리 니리 니리 니리 니리
루혜 루혜 루혜 루혜 다혜 다혜 다혜 도혜 루혜

"차라리 내 머리 위에 올라타게 할 수는 있을지언정, 법사는 괴롭히지 못하게 하오리다. 그래서 야차·나찰·아귀·부단나·길자·비타라[496]·건타[497]·오마륵가[498]·아발마라[499]·야차길자[500]·인길자[501] 또는 하루나 이틀 사흘 나흘 내지 이레 동안 앓는 열병이든 늘 앓는 열병이든, 혹은 남자 형상이든 여자 형상이든, 어린 동자 형상이든 동녀 형상이든, 그 무엇이든 간에 꿈속에서라도 절대로 법사를 괴롭히지 못하게 하오리다."

이윽고 부처님 앞에서 게송으로 말씀드리기를,

만일 우리 주문에 순종하지 않고
설법자를 괴롭힌다면
아리수[502] 나뭇가지처럼

---

496 비타라毘陀羅: 범어 Vetāla의 음역. 기시귀起尸鬼라 한역. 붉은색 귀신.
497 건타犍馱: 범어 Kanthā. 노란색 귀신.
498 오마륵가烏摩勒伽: 범어 Umāraka. 사람의 정기精氣를 빨아먹는 검은색 귀신.
499 아발마라阿跋摩羅: 범어 Āpasmāraka. 사람의 기억력을 상실하게 하는 청색 귀신.
500 야차길자夜叉吉遮: 야차 모습으로 송장을 먹는 귀신.
501 인길자人吉遮: 사람 모습으로 송장을 먹는 귀신.
502 아리수阿梨樹: 범어 Arjaka의 음역. 피라미드 모양으로 자라는 관목. 나무 끝의

머리가 일곱 조각으로 쪼개지되,

그 죄는 부모 죽인 죄와
기름 짤 때 속이는 죄
또는 말〔斗〕 저울질로 남을 속인 죄
조달[503]이 화합승단을 깨뜨린 죄와 같아서,

법사를 괴롭히는 자는
마땅히 그런 재앙을 받으오리다.

모든 나찰녀들은 이 게송을 읊고 나서 부처님께 사뢰었다.

"세존이시여! 저희들도 마땅히 이 경을 수지독송하며 수행하는 법사를 몸으로 직접 옹호하여 안락하게 하겠나이다. 그래서 온갖 근심과 재앙을 입지 않게 하고, 모든 독약도 영향을 미칠 수 없게 하겠나이다."

부처님께서 모든 나찰녀들에게 이르시었다.

"착하고, 착하도다!

너희들이 다만 『법화경』의 제목만 외우는 자를 옹호한다 해도 복이 한량없을 텐데, 하물며 경전을 완전히 다 수지하는 자를 옹호하는 복이야 얼마나 많겠느냐! 더욱이 경책에 꽃과 향·영락·가루향·바르

꽃대에 여러 개의 꽃이 붙어서 피는데, 꽃봉오리가 필 때 일곱 장의 꽃잎으로 갈라진다고 한다.

503 조달調達: 범어 Devadatta의 음역. 제바달다提婆達多의 이역異譯. 부처님의 교단을 파괴하려 했던 악인이었으나, 뒤에 뉘우치고 수기 받음.

는 향·사르는 향·깃발과 일산 및 악기를 연주해 공양하고, 소등酥燈이나 유등油燈, 그리고 여러 향유등에 속하는 소마나화유등[504]·첨복화유등[505]·바사가화유등[506]·우발라화유등[507]의 각종 등불까지 밝혀서 백천 가지로 공양하는 사람을 옹호하는 복이야 더 말할 것이 있겠느냐! 그러므로 고제야, 너희들과 너희 권속들은 응당 이런 법사들을 잘 옹호하도록 하여라."

부처님께서 이 〈다라니품〉을 설하셨을 때에 육만팔천 사람들이 무생법인을 얻었다.

---

504 소마나화유등蘇摩那華油燈: 주 436 참조

505 첨복화유등瞻蔔華油燈: 주 435 참조

506 바사가화유등婆師迦華油燈: 범어 Vārṣika의 음역. 여름의 우기雨期에 꽃이 피므로 우화雨華라고도 부르는데, 그 기름으로 밝히는 등불. 주 438 참조

507 우발라화유등優鉢羅華油燈: 범어 Utpala. 수련의 꽃씨에서 짜낸 기름으로 밝히는 등불.

제27 묘장엄왕본사품妙莊嚴王本事品

그때 부처님께서 모든 대중들에게 이르시었다.

"지나간 옛적 한량없고 그지없으며 이루 헤아릴 수 없도록 머나먼 아승기 겁 이전에 부처님께서 계셨으니, 운뢰음수왕화지雲雷音宿王華智 다타아가도(여래)·아라하(응공)·삼먁삼불타(정변지)이셨느니라. 세계의 이름은 광명장엄光明莊嚴이었으며, 시대의 이름은 희견喜見이었느니라.

그 부처님 시대에 묘장엄妙莊嚴왕과 정덕淨德왕비가 살았느니라. 그들은 슬하에 두 아들을 두었으니, 바로 정장淨藏왕자와 정안淨眼왕자였느니라. 두 왕자는 큰 신통력과 함께 복덕과 지혜를 구비했으며, 오래 전부터 보살이 닦아야 할 수도에 전념했느니라. 그래서 보시[508]바라밀·지계[509]바라밀·인욕[510]바라밀·정진[511]바라밀·선[512]바라밀·

508 단檀: 범어 Dāna. 檀은 단나檀那의 준말로, 보시布施로 한역.

509 시라尸羅: 범어 Śīla의 음역. 계戒로 한역.

반야[513]바라밀·방편[514]바라밀과 자[515]·비[516]·희[517]·사[518]의 사무량심[519], 심지어 도 닦는 데 필요한 삼십칠조도품[520]에 이르기까지 다 밝게 깨달아 통달하였느니라. 또 보살의 정淨삼매와 일성수日星宿삼매·정광淨光삼매·정색淨色삼매·정조명淨照明삼매·장장엄長莊嚴삼매·대위덕장大威德藏삼매를 얻어서, 그 모든 삼매에도 환히 통달하였느니라.

그때 운뢰음수왕화지 부처님께서 묘장엄왕을 인도하시고자, 그리고 중생들을 불쌍히 여기시어 『법화경』을 설법하셨느니라. 그러자 당시 정장왕자와 정안왕자는 얼른 어머니 방으로 가서 열 손가락을 가지런히 모아 합장하며 말하기를,

---

510 찬제羼提: 범어 Kṣānti의 음역. 인욕忍辱으로 한역. 온갖 모욕과 번뇌를 참고, 마음으로도 원한을 일으키지 않는 것이다.

511 비리야毘梨耶: 범어 Vīrya의 음역. 정진精進 또는 근勤이라 번역.

512 선禪: 범어 Dhyāna의 음역. 정定 또는 정려靜慮·사유수思惟修라 번역.

513 반야般若: 범어 Prajñā의 음역. 지혜智慧 또는 혜명慧明이라 번역. 미혹한 분별과 집착이 끊어진 상태에서, 대상을 있는 그대로 직관하여 명료하게 아는 마음 작용.

514 방편方便: 범어 Upāya. 십바라밀十波羅蜜 가운데 하나로, 중생을 구제하기 위해 그 소질에 따라 임시로 행하는 편의적인 수단과 방법.

515 자慈: 자애로운 마음, 곧 모든 중생들에게 즐거움을 주려는 마음.

516 비悲: 가엾이 여기는 마음, 곧 남의 괴로움을 덜어주려는 마음.

517 희喜: 남이 잘 되면 덩달아 함께 좋아하고 기뻐하는 마음.

518 사捨: 모든 집착을 여읜 평등한 마음, 곧 애증愛憎을 떠남으로써 어디에도 들뜨거나 침울해지지 않는 마음.

519 사무량심四無量心: 중생을 대하는 보살의 한량없는 4가지 마음 자세(慈·悲·喜·捨).

520 삼십칠조도품三十七助道品: 열반에 나아가기 위한 37가지 도행道行이다. 여기에는 사념처·사정근·사여의족·오근·오력·칠각분·팔정도 등이 있다.

'어머니! 어서 운뢰음수왕화지 부처님 계신 곳으로 가세요. 저희들도 또한 마땅히 모시고 따라가서 가까이 섬기며 공양 올리고 예배드릴 것입니다. 왜냐하면 지금 부처님께서 모든 하늘천신과 사람들 가운데 『법화경』을 설하시기 때문이니, 의당 가서 듣고 받아 지녀야 하지 않겠습니까?'

어머니가 왕자들에게 일러 말하되,

'너희 아버지는 지금 외도를 믿어서 바라문의 삿된 법에 깊이 빠져 있도다. 그러니 너희들은 응당 아버지한테 먼저 가서 여쭙고 함께 가도록 해야 할 것이니라.'

정장왕자와 정안왕자가 손을 모아 합장한 채 어머니께 사뢰었느니라.

'저희들은 종교가 다른 집안에 태어나긴 했지만, 사실은 바로 법왕法王의 아들이옵니다.'

어머니가 두 왕자에게 말하되,

'그렇다면 너희들은 마땅히 너희 아버지를 염려해서라도, 아버지를 위해 신통변화를 나타내 보이도록 해라. 만약 아버지가 그것을 보신다면 마음이 분명 청정해져서, 우리가 부처님 처소로 가는 것을 허락해주시지 않겠느냐?'

이렇게 하여 두 왕자는 아버지인 묘장엄왕을 생각해서 하늘 높이 다라수 나무의 일곱 배나 솟구쳐 올라가 여러 신통변화를 나타내었느니라. 다시 말해 허공 속에서 걷고 서고 앉고 눕는 것은 물론, 몸의 상반신에서 물이 나오게 하는가 하면 하반신에서는 불이 타오르게 하였느니라. 또 하반신에서 물이 펑펑 쏟아지는가 하면 상반신에서는 불이 타오르게 하였느니라. 그리고 몸을 크게 나타내 허공에 가득 차게 했다가는 다시 작아지며, 작아졌다가는 다시 크게 나타내었느니라. 더욱이 공중에서 사라졌다가는 홀연히 땅에 나타나고, 물에 들어가듯이 땅속으로 잠적하는가 하면 땅 위를 밟듯이 물위를 마음대로 걸어 다녔느니라. 이와 같은 갖가지 신통변화들을 나타내어, 부왕의 마음을 청정하게 해서 진실로 믿고 이해하게 하였느니라.

당시 아버지는 왕자들의 신통력이 이와 같이 엄청난 것을 보고는, 마음으로 크게 환희하며 일찍이 없던 희유함을 느끼게 되었느니라. 그리하여 조용히 합장하고 두 아들에게 물었느니라.

'너희들의 스승은 어느 분이며, 너희들은 대체 누구의 제자냐?'

두 아들이 대답하기를,

'대왕이시여! 저 운뢰음수왕화지 부처님께서 지금 칠보로 된 보리수 밑의 법좌 위에 앉아계신 채, 일체 세간의 하늘천신과 사람들 가운데에서 널리 『법화경』을 설하시고 계십니다. 그분이 바로 저희들의 스승이며, 저희들은 그분의 제자이옵니다.'

아버지가 아들에게 말하되,

'나도 지금 너희들의 스승을 뵙고 싶으니 같이 가도록 하자!'

이윽고 두 왕자는 공중에서 내려와 어머니 방으로 가서 합장하고 아뢰기를,

'부왕께서 이제 믿고 이해하시게 되었으니, 충분히 아뇩다라삼먁삼보리심[521]을 내실 만하게 되었습니다. 저희들이 아버지를 위해 불사[522]

---

521 아뇩다라삼먁삼보리심阿耨多羅三藐三菩提心: 위없이 가장 높고 바르며 평등한 깨달음을 이루고자 하는 마음.

를 다 했으니, 부디 어머니께서는 저희들이 부처님 계신 곳으로 출가하여 수도하는 것을 허락하여 주시옵소서!'

그때 두 아들은 거듭 그들의 뜻을 펴고자 게송으로써 어머니께 사뢰었느니라.

'원컨대 어머니께서는
저희가 출가하여 사문이 되도록 내버려두소서!
모든 부처님 만나기란 매우 어려운 법이니
저희들은 부처님을 따라서 배우겠나이다.

우담발화[523] 꽃 피는 것 보기 어렵지만
부처님 만나 뵙기란 그보다 더 어려우며
여러 환난들도 좀처럼 면하기 어렵나니[524]
제발 저희들의 출가를 허락하여 주소서!'

어머니가 일러 말하기를,
'좋다, 너희들의 출가를 허락하노라. 왜냐하면 부처님을 만나 뵙기

522 불사佛事: 부처님의 교화를 돕는 일, 곧 중생 제도를 말한다.

523 우담발화優曇鉢華: 범어 Uḍumbara. 상과桑科에 속하는 무화과無花果의 일종. 삼천 년마다 한 번씩 피는 꽃으로, 매우 희유한 일에 비유한다.

524 여기에서 '여러 환난들'이란 소위 팔난八難을 가리킨다. 즉 ①지옥 ②아귀 ③축생 ④장수천 ⑤울단월 ⑥맹롱음아盲聾瘖瘂 ⑦세지변총世智辨聰 ⑧불전불후佛前佛後 등이다. 여기에서는 부처님 시대를 만나기가 매우 어려움을 강조하며, 부처님께서 세상에 계신 이런 절호의 기회를 놓치지 않고 공부하기가 그리 쉬운 것이 아님을 강조하고 있다.

란 매우 어렵기 때문이니라.'

그러자 두 아들이 부모님께 말씀드리되,

'어머니 아버지, 정말 감사합니다! 그리고 제발 지금 당장이라도 운뢰음수왕화지 부처님 계신 데로 가서 가까이 모시고 공양 좀 올리세요. 왜냐하면 부처님 만나 뵙기가 마치 우담발화 꽃 피는 것을 보는 것과 같이 매우 어렵기 때문입니다. 또 거북이 중의 애꾸눈 거북이가 우연히 바다에 떠다니는 구멍 뚫린 나무토막을 만나서, 나무구멍 속에 거북이 머리가 쏙 들어가야만 잠시라도 휴식할 수 있는 것과 같이 몹시 만나기 힘든 일이기 때문입니다.

그런데 다행히 저희들은 숙세에 심은 복이 그나마 깊고 두터워서, 부처님 계실 때에 태어나 불법을 만나게 되었습니다. 그러므로 부모님께서는 마땅히 저희들의 출가를 허락해주셔야 합니다. 그 까닭은 누누이 말씀드렸듯이 부처님을 만나 뵙기가 어려울 뿐더러, 공부할 시기 역시 만나기가 어렵기 때문입니다.'

당시 묘장엄왕의 후궁인 팔만사천 명의 궁녀들도 전부 『법화경』을 충분히 받아 지닐 만하게 되었느니라. 보살인 정안왕자는 오래 전부터 법화삼매[525]를 통달하였으며, 정장왕자는 이미 한량없는 백천만억 겁 동안에 이제악취삼매[526]를 통달했으니 일체 중생들로 하여금 모든 악도를 벗어나게 하고자 했기 때문이니라. 더욱이 왕의 부인 정덕왕비는 제불집삼매[527]를 얻어서, 능히 여러 부처님들의 비밀한 법장을

---

525 법화삼매法華三昧: 주 451 참조

526 이제악취삼매離諸惡趣三昧: 모든 악도惡道를 여의는 삼매.

527 제불집삼매諸佛集三昧: 모든 부처님들을 모이시도록 하는 삼매.

다 알 수 있게 되었느니라.

두 아들은 이렇게 방편의 힘으로써 그 아버지를 잘 교화하여, 아버지로 하여금 마음으로 믿고 이해하게 했을 뿐 아니라 불법을 좋아하게끔 하였느니라. 그리하여 묘장엄왕은 여러 신하들과 권속들을 거느리고 정덕왕비는 궁녀들 무리를 거느렸으며, 두 왕자들은 사만이천 명의 수행원들과 함께 다 같이 부처님 처소로 찾아갔느니라. 도착해서는 모두 머리를 숙여 부처님 발에 절하였고, 부처님 주위를 세 번 돌고 나서 한 쪽으로 물러났느니라.

그때 운뢰음수왕화지 부처님께서 왕을 위해 설법하셨으니, 법을 보여주어 이롭고 기쁘게 하시자 왕이 크게 기뻐하였느니라. 그때 묘장엄왕과 왕비는 값이 백천 냥이나 되는 진주 목걸이를 풀어서 부처님 위에 뿌려드렸는데, 허공 가운데 네 기둥 달린 보배좌대로 변하였느니라. 보배좌대 한가운데 커다란 보배법상이 놓여 있었으며, 백천만 가지나 되는 여러 하늘옷들이 펼쳐져 있었느니라. 그리고 그 위에 운뢰음수왕화지 부처님께서 가부좌를 맺고 앉으시어 찬란하게 큰 광명을 발하고 계셨느니라.

그때 묘장엄왕이 생각하기를,

'부처님 몸은 희유할 정도로 단정하시고도 엄숙하시며 뛰어나게 빼어나시어, 제일 아름답고 미묘한 형색을 성취하셨도다!'

당시 운뢰음수왕화지 부처님께서 사부대중에게 이르시되,

'너희들은 묘장엄왕이 내 앞에서 합장하고 서 있는 것을 보고 있느냐? 이 왕은 나의 가르침 안에서 비구가 되어, 불도를 닦는 데 필요한 법〔助佛道法〕[528]을 부지런히 수행하고 익혀서 반드시 성불하리라. 부처님 이름은 사라수왕불娑羅樹王佛이며, 세계의 이름은 대광大光이고 시대의 이름은 대고왕大高王이니라.

그 사라수왕 부처님 세계에는 한량없는 보살대중과 수많은 성문제자들이 있으리라. 또 대광세계는 평탄하고도 반듯하리니, 그의 수행 공덕은 이 정도로 한량없으리라.'

묘장엄왕은 즉시 나라를 아우에게 넘겨주고, 부인과 두 아들 그리고 여러 권속들과 함께 불법에 출가하여 도를 닦았느니라. 왕은 출가한 뒤 팔만사천 년 동안이나 항상 부지런히 정진하며 『묘법연화경』을 수행하였느니라. 이윽고 팔만사천 년이 지나서 일체정공덕장엄삼매一切淨功德莊嚴三昧를 얻게 되자, 이내 다라수 나무의 일곱 배나 되도록 허공 높이 올라가 부처님께 사뢰었느니라.

'세존이시여! 저의 두 아들은 이미 불사를 지어 저를 교화시켰나이다. 즉 신통변화로써 저의 삿된 마음을 불법 가운데 편히 머물게 하였고, 세존을 친견하도록 이끌었나이다. 이 두 아들은 바로 저의 선지식으로, 지난 과거의 선근을 생각나게 하여 저를 이롭게 하려고 일부러 저희 집에 태어난 것이지요?'

그때 운뢰음수왕화지 부처님께서 묘장엄왕에게 이르시되,

'그대의 말이 맞도다! 만약 선남자 선여인이 선근을 심었다면, 그 덕으로 세세생생 태어날 적마다 선지식을 만나게 되느니라. 그 선지식은 능히 불사를 지어서 보여주고 가르쳐 이롭고 기쁘게 하며, 중생으로 하여금 아뇩다라삼먁삼보리에 들어가도록 인도하느니라.

---

528 삼십칠조도품三十七助道品 등을 말한다.

대왕이여! 마땅히 잘 명심할지니, 선지식이란 가장 중요한 인연이니라. 이른바 중생을 교화하고 인도하여 부처님을 친견하게 할 뿐더러 아뇩다라삼먁삼보리심을 내도록 하느니라.

대왕이여, 저 두 왕자가 보이느냐? 두 왕자는 이미 육십오 백천만억 나유타 항하의 모래알처럼 수없이 많은 부처님들을 공양하였고 가까이 모시면서 공경하였느니라. 더욱이 모든 부처님들 처소에서 『법화경』을 받아 지녔고, 소견이 삿된 중생들을 가엾이 생각하여 그들로 하여금 정견에 머물도록 하였느니라.'

묘장엄왕이 허공에서 내려와 부처님께 사뢰었느니라.

'세존이시여, 여래께서는 참으로 희유하십니다!

공덕과 지혜로 인해 머리 위 육계에서는 광명이 찬란하거늘, 맑고 커다란 눈동자는 짙푸른 감청색이고 미간의 백호상은 보름달처럼 새하얀 옥빛으로 눈이 부십니다. 치아는 희고 고르며 틈새 없이 가지런한데다가 언제나 윤이 나고, 입술색은 또 빈바[529] 열매처럼 붉고도 아름답습니다.'

그때 묘장엄왕은 부처님의 이러한 여러 한량없는 백천만억 공덕들을 찬탄하고 나서, 여래 앞에서 다시 일심으로 합장한 채 부처님께 사뢰었느니라.

'세존이시여, 정말 드물고 놀라운 일이옵니다!

여래의 법은 불가사의한 미묘 공덕들을 완벽하게 성취하시어, 시행된 가르침과 계율 덕에 지극히 편안하고 즐거우며 안락하옵니다.

529 빈바頻婆: 범어 Vimba의 음역. 흰색 꽃이 피고 붉은 열매가 열리는 나무이다.

따라서 제가 오늘부터 다시는 제멋대로 하지 않겠사오며, 삿된 소견과 교만 그리고 성내는 일 등 여러 나쁜 마음을 먹지 않겠나이다!'

이렇게 말하고서 운뢰음수왕화지 부처님께 예배하고 물러갔느니라."

석가모니 부처님께서 다시 대중들에게 이르시었다.

"너희들은 어떻게 생각하느냐? 묘장엄왕이 어찌 다른 사람이겠느냐? 지금의 화덕華德보살이 바로 그 왕이었느니라. 정덕부인은 지금 부처님 앞에 있는 광조장엄상光照莊嚴相보살이니, 묘장엄왕과 여러 권속들을 가엾이 생각해서 그 나라에 태어났던 것이니라. 그리고 두 왕자는 지금의 약왕藥王보살과 약상藥上보살이니라.

약왕보살과 약상보살은 이렇게 큰 공덕을 성취하여, 이미 한량없는 백천만억 부처님들 처소에서 많은 선근을 심었고 불가사의한 여러 훌륭한 공덕들을 성취하였느니라. 따라서 만약 누군가 약왕보살과 약상보살 두 보살의 이름을 잊지 않고 기억한다면, 일체 세간의 모든 하늘천신과 사람들도 또한 마땅히 그에게 예배할 것이니라."

부처님께서 이 〈묘장엄왕본사품〉을 설하셨을 때에, 팔만 사천 명의 사람들이 번뇌의 티끌을 멀리 하여 죄악의 때를 없애고 모든 법 가운데에서 청정한 법안[530]을 얻었다.

---

530 법안法眼: 일체법을 밝게 비추어 진실을 보는 지혜의 눈.

제28 보현보살권발품普賢菩薩勸發品

그때 자유자재한 신통력과 위엄과 덕망으로 유명한 보현보살[531]이 한량없고 그지없으며 헤아릴 수 없이 많은 대보살들과 함께 동방으로부터 사바세계로 오자, 지나치는 세계들이 전부 크게 진동하였다. 뿐만 아니라 그 모든 세계들마다 찬란한 보배 연꽃송이들이 꽃비가 되어 하염없이 흩날렸으며, 백천만억이나 되는 한량없는 갖가지 악기들이 저절로 울려 퍼졌다. 또 무수한 하늘천신·용·야차·건달바·아수라·가루라·긴나라·마후라가 같이 사람인 듯하면서 아닌 여러 대중들이 보현보살을 둘러싸고, 각각 위엄과 덕망·신통력 등을 나타내며 사바세계의 영취산(기사굴산) 한가운데에 도착하였다. 이윽고 보현

---

531 보현보살普賢菩薩: 범어 Samantabhadra. 보현普賢의 '普'는 덕이 두루하지 않음이 없다는 뜻이고, '賢'은 위를 도우며 아래를 이익되게 한다는 뜻이다. 문수보살과 더불어 석존의 좌우 협시보살로, 중생들의 목숨을 길게 하는 덕을 가져서 '연명延命보살'이라고도 한다.

보살은 머리 숙여 절하며 석가모니 부처님께 예배드리고, 오른쪽으로 부처님 주위를 일곱 번 돌고 나서 사뢰었다.

"세존이시여!

제가 보위덕상왕寶威德上王 부처님 세계에 있었는데, 멀리 이 사바세계에서 『법화경』 연설하는 소리가 아득히 들려왔습니다. 그래서 한량없고 끝없는 백천만억 보살대중들과 함께 직접 가르침을 듣고자 이렇게 찾아왔사오니, 세존께서는 부디 저희들을 위해 법문을 설해주시옵소서! 여래께서 열반하신 뒤에는 어떻게 해야 선남자 선여인이 『법화경』을 만날 수 있겠사옵니까?"

부처님께서 보현보살에게 이르시었다.

"선남자 선여인이 다음 네 가지 조항을 성취한다면, 여래가 열반한 뒤에도 마땅히 이 『법화경』을 만나게 되리라. 첫째, 모든 부처님들의 가호를 받아야 하며 둘째, 많은 덕의 근본인 선근을 심어야 하고 셋째, 정정취[532]에 들어야 하며 넷째, 모든 중생들을 구제하려는 마음을 먹어야 하느니라. 선남자 선여인이 이렇게 네 가지 조항을 성취하게

---

532 정정취正定聚: 범어 Niyata-rāṣi. 반드시 성불할 것이 결정된 사람을 말한다. 중생을 3종류〔三定聚〕로 나누어 正定聚·邪定聚·不定聚로 분류하고 있는데, 정정취正定聚는 견도見道 이후의 성자聖者로서 번뇌를 끊고 반드시 성불할 수 있는 무리이다. 사정취邪定聚는 오역죄를 지은 자로서 필연코 지옥에 떨어질 중생이며, 부정취不定聚는 경우에 따라 쉽게 바뀔 수 있어 정正·사邪가 확실히 결정되지 않은 중생을 말한다. 『석마하연론』 제1권에는 화엄종설에 따라 십신十信 이전을 사정취라 하고, 십신을 부정취라 하며 십주十住 이후를 정정취라 한다. 또한 『무량수경』 하권에 의하면 아미타불 정토에는 사정취나 부정취 없이 모두 정정취만 머문다고 한다.

된다면, 여래가 열반한 뒤에도 반드시 이 경을 만나게 되리라.”

그때 보현보살이 부처님께 사뢰었다.

“세존이시여!

여래께서 열반하신 뒤 마지막 오백 년의 말법세상 오탁악세에서 『법화경』을 수지하는 자가 있다면, 제가 마땅히 그 사람을 수호하겠습니다. 이를테면 재앙과 근심을 없애주어 안락하게 할 뿐만 아니라, 어떤 것도 감히 그 사람의 허점을 캐내어 틈을 타지 못하게 하겠나이다. 그리하여 가령 마왕이나 마왕아들·마녀 혹은 마왕의 부하나 마귀에 들린 사람 또는 야차·나찰·구반다·비사사·길자·부단나·위타라[533] 등 사람을 괴롭히는 온갖 잡귀들이 절대로 틈을 엿볼 수 없도록 하겠나이다.

그 사람이 걷거나 서서 이 경을 읽고 외우면, 제가 그때 여섯 어금니의 커다란 흰 코끼리를 타고 대보살들과 함께 그 사람 있는 데로 가겠습니다. 그리고는 직접 몸을 나타내어 공양하고 수호해서 그의 마음을 편안하게 위로해주리니, 이것 역시 『법화경』을 공양하기 위해서 입니다.

또 그 사람이 가만히 앉아서 이 경에 대해 곰곰이 생각할 때에도, 제가 커다란 흰 코끼리를 타고 그 사람 앞에 나타날 것입니다. 그래서 만일 그 사람이 『법화경』의 한 구절 또는 한 게송이라도 잊어버리는 구석이 있거든, 제가 마땅히 가르쳐주며 함께 읽고 외워서 곧 제대로

---

533 위타라韋陀羅: 범어 Vetāla. 비타라毘陀羅 또는 비타로바鞞陀路婆로 음역하기도 하며, 기시귀起尸鬼로 한역漢譯. 죽은 귀신을 일어나게 하고, 원망하는 사람을 죽이는 귀신이다.(『十誦律』 권2) 주 496 참조

알고 이해하도록 하겠습니다. 그때 『법화경』을 수지하여 읽고 외우는 사람은 저의 몸을 보게 되면 크게 기뻐하며 더욱 정진하게 될 것입니다. 저를 본 선근으로 인해 그는 곧 삼매와 다라니를 얻으리니, 소위 선다라니[534]·백천만억선다라니[535]·법음방편다라니[536] 등 이러한 다라니들을 얻을 것입니다.

세존이시여!

뒷날 여래께서 열반하신 뒤 마지막 오백 년의 말법세상 오탁악세에서 이 경을 찾아 구해 수지하여 읽고 외우며 베껴 쓰는 비구·비구니·우바새·우바이가 열심히 『법화경』을 수행하고자 한다면, 삼칠일〔21日〕 동안을 응당 한결같은 마음으로 정진해야 할 것입니다. 삼칠일을 채우고 나면 제가 마땅히 여섯 어금니의 흰 코끼리를 타고, 한량없는 보살들에 둘러싸인 채 일체 중생들이 보기 좋아하는 기쁜 모습으로 그 사람 앞에 나타날 것입니다. 그 사람을 위해 설법하여 보여주고 가르쳐서 이롭고 기쁘게 할 뿐더러, 또한 다시 그에게 다라니 신주를 주겠습니다. 다라니를 얻은 덕에 사람 아닌 것들이 감히 그를 파괴시키

---

534 선다라니旋陀羅尼: 천태天台 교학에 따르면 가假에서 공空으로 들어가는 지혜, 즉 공空·가假·중中 삼관三觀 가운데 공관空觀에 해당하는 다라니이다. 『법화경』의 3다라니 중 하나로, 법문에 있어 선전자재旋轉自在한 힘을 얻어 걸림 없는 다라니이다.

535 백천만억선百千萬億旋다라니: 공空에서 다시 가假로 나와 백천만억 온갖 사물의 도리에 통달하는 지혜, 즉 空·假·中 삼관三觀 가운데 가관假觀에 해당하는 다라니이다.

536 법음방편法音方便다라니: 설법하는 모든 음성의 방편에 자유자재한 다라니이다. 중도中道에 들어가 법음 설법에 자재한 방편을 얻는 지력智力, 즉 空·假·中 삼관三觀 가운데 중관中觀에 해당하는 다라니이다.

지 못할 것이며, 여인의 유혹에도 어지럽혀지지 않을 것입니다. 게다가 저 자신도 언제나 그 사람을 직접 보호하겠습니다. 그러니 제발 세존이시여, 제가 그 다라니 신주를 설하도록 부디 허락해 주시옵소서!"

이윽고 보현보살은 부처님 앞에서 주문을 설하였다.

아단지 단다바지 단다바제 단다구사례 단다수다례 수다례
수다라바지 붓다파선네 살바다라니아바다니 살바바사아바다니
수아바다니 상가바리사니 상가녈가다니 아싱기 상가바가지
제례아다상가도랴아라제파라제 살바상가삼마지가란지 살바달마
수파리찰제 살바살타루타교사랴아로가지 신아비기리지제

"세존이시여! 만약 어떤 보살이든지 이 다라니를 듣게 되거든, 이것은 마땅히 보현의 신통력 덕분임을 알아야 할 것입니다. 또 『법화경』이 사바세계(염부제)에 퍼져서 수지하는 자가 있게 되는 것도 모두 보현의 위신력 덕택이라 생각해야 할 것입니다. 그리고 누군가 이 경을 수지하여 읽고 외우며 바르게 기억하고 뜻의 본질을 알아 설한 대로 수행한다면, 그 사람은 바로 보현행을 닦고 있음을 명심해야 할 것입니다. 그 사람은 한량없고 그지없는 모든 부처님들 처소에서 선근을 깊이 심은 것이니, 모든 여래들께옵서 그 사람의 머리를 손으로 쓰다듬어주시는 것이 될 것입니다.

만일 경전을 그냥 베껴 쓰기만 하더라도, 그 사람은 목숨을 마치게 되면 마땅히 도리천상에 태어나게 됩니다. 태어날 때에 팔만사천 명의 아름다운 하늘나라 선녀들이 여러 가지 악기들을 연주하며

그 사람을 맞이할 것입니다. 그 사람은 태어나자마자 칠보로 된 보배관을 머리에 쓴 채, 선녀들 속에서 즐거이 노닐며 편안하게 지낼 것입니다. 단순히 경전을 베껴 쓰기만 해도 이 정도이니 하물며 경전을 수지하여 읽고 외우며 바르게 기억하고, 뜻의 본질을 알아 설한 대로 수행하는 사람의 복덕이야 말해 무엇 하겠습니까!

만약 누군가 이 경을 수지하여 읽고 외우며 뜻의 본질까지 이해한다면, 그 사람은 목숨을 마칠 때에 천 분이나 되는 부처님들께서 손을 잡아주어 두렵지 않게 할 것입니다. 그리하여 악취에 떨어지지 않게 됨은 물론이고, 즉시 도솔천상의 미륵보살 처소로 가서 태어나게 될 것입니다. 미륵보살은 삼십이상을 갖추고 대보살들에게 둘러싸여 계시거늘, 그 사람은 백천만억의 수많은 하늘나라 선녀들 가운데 홀연히 태어나게 될 것입니다.

이와 같은 공덕과 이익이 있으므로, 지혜로운 자는 응당 일심으로 이 경을 본인이 직접 쓰거나 남을 시켜서 쓰게 하고 수지하여 읽고 외우며 바르게 기억하고 설한 대로 수행해야 할 것입니다.

세존이시여!

제가 이제 신통력으로써 이 경을 수호하여, 여래께서 열반하신 뒤에도 사바세계(염부제)에 널리 유포시켜서 절대로 끊어지지 않도록 하겠습니다."

그때 석가모니 부처님께서 보현보살을 칭찬하여 말씀하셨다.

"장하고 장하도다, 보현보살이여!

그대가 이 경을 지키고 도와서 많은 중생들을 안락하게 하고 이롭게 하니, 그대는 이미 불가사의한 크나큰 공덕과 깊고 큰 자비심을 성취한 셈이로다. 오랜 옛적부터 아뇩다라삼먁삼보리의 뜻을 펼쳐왔으며, 그래서 이렇게 능히 신통의 원력을 세워 이 경을 지키고 보호하려 하니 참으로 훌륭하도다. 따라서 나도 마땅히 보현보살 이름을 염불하는 사람들을 신통력으로써 수호하리라.

보현보살이여!

이『법화경』을 수지하여 읽고 외우며 바르게 기억하여 수행하고 익히며 베껴 쓰는 자가 있다면, 마땅히 잘 명심하여라. 그 사람은 석가모니 부처님을 친견하고, 부처님 입으로부터 직접 이 경전을 들은 것과 마찬가지니라. 또 그 사람은 석가모니 부처님께 공양하는 셈이 되며, 부처님께서 착하다고 칭찬해주시는 것과 다름없느니라. 더욱이 석가모니 부처님께서 손으로 그 사람의 머리를 쓰다듬어주시고, 옷자락으로 몸소 감싸주시는 격이 되느니라.

그러한 사람은 두 번 다시 세속 즐거움에 탐착하지 않으며, 외도의 경서나 수필도 좋아하지 않느니라. 또한 그런 종류의 글을 쓰는 사람들과 사귀는 것도 별로 기뻐하지 않고, 여러 악한 자들 곧 백정이나 돼지·염소·닭·개 따위를 키우는 사람 혹은 사냥꾼이나 여색을 파는 자들과 친하게 지내는 것을 좋아하지 않느니라. 그 사람은 마음먹고 생각하는 것이 순박하고 정직하며, 올바르게 가르침을 잘 기억할 뿐더러 복덕의 힘까지 두루 갖추었느니라. 그래서 삼독번뇌(탐욕·성냄·어리석음)로 인하여 고통당하지 아니하고, 질투와 아만·그릇된 오만〔邪慢〕·증상만[537] 등에 시달리지 않느니라. 다시 말해 그 사람은 욕심이

537 아만我慢: 만慢이란 범어 Māna의 역으로, 자타를 비교해서 남을 경천하게 여김으로 인해 마음이 높아져서 일어나게 되는 번뇌 가운데 하나이다.『구사론俱舍論』

적으며 만족할 줄을 알아서, 능히 보현의 행을 닦을 수 있느니라.

보현보살이여!

여래가 열반한 뒤 마지막 오백 년의 말법 세상 기간 동안에, 혹 누구라도 『법화경』을 받아 지니며 읽고 외우는 사람을 보거든 이렇게 생각해야 하느니라.

'이 분은 머지않아 반드시 도량에 나아가서, 모든 마군들을 물리치고 아뇩다라삼먁삼보리를 얻으리라. 그리하여 법륜을 굴리고 법고를 침은 물론 법의 소라를 불고 법비를 내리며, 마땅히 하늘천신과 사람들 가운데에서 당당히 사자좌의 법상 위에 앉게 되리라.'

보현보살이여!

앞으로 미래에 이 경전을 수지하여 읽고 외우는 자는 의복이나 침구·음식물 또는 다른 생활용품 등을 욕심내지 아니하여도, 그가 원하는 것은 헛되지 아니할 것이며 현세[538]에서 바로 그 복을 받으리라.

그런데 어떤 사람이 『법화경』 공부하는 사람을 가볍게 여겨 비방

제19권에 밝힌 칠만七慢을 살펴보면 다음과 같다. ①만慢_자기보다 열등한 자에 대해서 자기가 좀 낫다고 여기고, 자기와 비슷한 자에게는 동등하다고 여기는 마음. ②과만過慢_자기와 동등한 자에 대해 자기가 더 낫다고 여기고, 자기보다 나은 자에 대해서는 동등하다고 여기는 마음. ③만과만慢過慢_자기보다 나은 자에 대해 거꾸로 자기가 더 낫다고 여기는 마음. ④아만我慢_오온五蘊이 임시로 모여 이루어진 육신에 집착하여, 나〔我〕라는 존재가 따로 있고 나의 소유〔我所〕가 따로 있다고 여기는 마음. ⑤증상만增上慢_아직 증득하지 못한 것을 이미 증득했다고 여기는 마음. ⑥비만卑慢_자기보다 훨씬 나은 자에 대해서 자기는 조금 뒤떨어질 뿐이라고 여기는 마음. ⑦사만邪慢_덕이 없는 것에 스스로 덕이 있다고 여기는 마음.

538 현세現世: 다음 내세來世가 아니라 지금 현재 살아 있는 세상을 말한다.

하되,

'이런 미친 놈 봤나! 쓸데없이 이 짓거리나 하다니…….

아무리 해봤자 결국 아무것도 얻지 못할 게 뻔한데 말이야!'

이렇게 비방하는 자는 그 죄의 과보로 마땅히 세세생생 태어날 적마다 장님으로 태어나리라. 반대로 어떤 이가 『법화경』 수행하는 사람을 공양하고 찬탄한다면, 마땅히 현세에서 그에 대한 분명한 보답을 받으리라.

또 누군가 이 경을 수지하는 사람을 보고 그 사람의 허물을 들추어낸다면, 그 말이 사실이든 아니든 간에 현세에서 문둥병을 앓게 되리라. 혹 『법화경』 수행하는 사람을 가볍게 보고 업신여겨 비웃는다면, 앞으로 세세생생 태어날 적마다 이빨이 성글게 나고 군데군데 빠져서 입술도 보기 싫게 추해지리라. 게다가 코도 납작해지고 손발은 뒤틀리게 되며 사팔뜨기 눈에다, 몸에서는 더러운 냄새가 나고 종기와 부스럼으로 피고름이 생길 뿐 아니라 배에 물이 차고 숨이 가빠지는 등 온갖 중병에 걸리게 되리라.

그러므로 보현보살이여!

만약 이 경전 받아 지니는 사람을 보거든 마땅히 일어나 멀리까지 나가서 영접하되, 부처님을 공경하듯이 받들어야 하느니라."

부처님께서 이 〈보현보살권발품〉을 설하셨을 때에, 항하의 모래알처럼 한량없고 그지없이 많은 보살들이 백천만억선다라니를 얻었다. 그리고 삼천대천 온 세계의 티끌수처럼 수없이 많은 보살들도 보현도普賢道를 구족히 갖추게 되었다.

이렇게 석가모니 부처님께서 『법화경』을 다 설하시자, 보현보살을 비롯한 여러 보살들과 사리불을 포함한 모든 성문 제자들, 그리고 여러 하늘천신·용과 사람인 듯하면서 아닌 이 등 많은 대중들이 전부 다 크게 환희하였다. 그리고 모두 부처님 말씀을 마음속 깊이 새긴 채 예배하고 물러갔다.

불설관보현보살행법경

[佛說觀普賢菩薩行法經]

불설관보현보살행법경佛說觀普賢菩薩行法經

이와 같이 내가 들었다.[539]

어느 때 부처님께서는 비사리[540] 나라의 대림정사 중각강당[541]에 계시면서 여러 비구들에게 이르시었다.

"내 지금부터 석 달 뒤에는 열반에 들겠노라!"

---

539 여시아문如是我聞: 석존께서 입멸하실 때 슬픔에 빠져 있던 아난은 아니로두장로에 의해, '불경 첫머리에 무슨 말을 두면 좋겠습니까?' 하고 여쭈었다. 이때 석존께서 모든 경전 첫머리에 '이와 같이 내가 들었다. 어느 때 어느 장소에서…云云' 이렇게 시작하라고 하셨다. 그래서 불경은 '如是我聞…'으로 시작하며, 부처님의 가르침을 빠짐없이 기억하는 아난을 비롯하여 도를 얻은 108명 큰 제자들의 증명에 의해 기록되었다.(『大智度論』 卷2) 즉 불설임을 명시함으로써 외도의 성전과 구별하고, 경전의 내용을 의심하지 않도록 하기 위해서 경전의 첫머리에 '여시아문'을 두게 되었다.

540 비사리毘舍離: 범어 Vaiśāli의 음역. 광엄성廣嚴城이라 한역. 중인도에 있던 나라.

541 중각강당重閣講堂: 중인도 비사리성의 미후지獼猴池 근방의 큰 산림 속에 있던 절. 석존께서 강경講經이나 설법하실 때 자주 쓰셨던 곳이다.

아난존자가 얼른 자리에서 일어나 법복을 단정히 여미고, 두 손 모아 합장하며 부처님 주위를 세 번 돌고 나서 부처님께 절하였다. 그런 다음 호궤[542]하고 꿇어앉아 합장한 채, 잠시도 눈을 깜박이지 아니하며 여래를 하염없이 올려다보았다. 장로[543]인 마하가섭과 미륵 보살마하살도 역시 자리에서 일어나 합장 예배하고 부처님의 거룩하신 얼굴을 조용히 우러러보았다. 이윽고 세 명의 뛰어난 대사들이 서로 함께 입을 모아 부처님께 사뢰었다.

"세존이시여!

여래께서 열반하신 뒤에 어떻게 하면 중생이 보살의 마음을 내어 대승 방등경전을 수행하며, 일불승의 실상 경계를 바르게 기억하고 생각할 수 있겠습니까? 어떻게 해야만 위없이 높은 깨달음으로 나아가는 마음을 저버리지 않겠나이까? 또 어떻게 해야 마땅히 번뇌를 끊지 못하고 오욕락을 여의지 못했더라도, 모든 기관〔六根〕을 청정히 하여 죄업을 소멸시킬 수가 있겠습니까? 그래서 비록 오욕락을 끊지 못했더라도, 부모가 낳아주신 청정한 보통 눈으로 능히 번뇌[544] 밖의 진실을 볼 수 있겠습니까?"

부처님께서 아난에게 말씀하셨다.

"그럼 이제 자세히 듣고 잘 생각하여라.

사실은 여래가 옛날 영취산과 그 밖의 다른 곳에서도 이미 일불승의

---

542 호궤胡跪: 인도와 서역인들의 예법. 주 89 참조

543 장로長老: 지혜와 덕이 높은 어른 스님을 말한다.

544 장障: 범어 Āvaraṇa. 가리운다 또는 막는다는 뜻. 즉 도道 닦는 것을 장애하는 번뇌를 말한다.

실상 도리에 대해 상세히 분별하여 말해주지 않았더냐? 그러나 지금 이곳에서 미래세의 여러 중생들, 특히 대승의 위없이 높은 가르침을 수행하려는 자와 보현행을 배우려는 자를 위해서 내 잊지 않고 유념해야 할 몇 가지 법을 말해주겠노라. 이를테면 보현보살을 친견한 자나 친견하지 못한 자들이 죄업을 없애버릴 수 있는 방법에 대해서, 이제 너희들을 위하여 널리 분별해주리라.

아난아!

보현보살은 멀리 동방의 정묘淨妙세계에서 태어났으며, 그 세계에 대해서는 『잡화경』[545] 속에서 이미 상세하게 언급했으니 여기서는 이 정도로만 간략히 짚고 넘어가겠노라.

아난아!

가령 비구·비구니·우바새·우바이와 하늘천신·용 등 여덟 부류[546]의 일체 중생 가운데 누구라도 대승경을 외우는 자나 대승을 수행하는 자 또 대승의 마음을 낸 자 그리고 보현보살의 모습을 보고 싶어하는 자나 다보불탑을 뵙고 싶어하는 자, 석가모니불과 분신부처님들을 뵙고 싶어할 뿐더러 육근을 청정히 하고자 하는 자라면 마땅히 이 관법을 배워야 하느니라. 이 관법의 공덕으로 모든 장애들을 제거할 뿐만 아니라 가장 멋지고 미묘한 형상을 보게 되리라. 그리하여 삼매에는 들지 못했다 하더라도 경전을 외우고 간직한 덕택만 가지고, 일심 수행하며 마음으로 언제나 대승을 떠나지 않고 하루에서 삼칠일〔21

545 잡화경雜華經: 화엄경華嚴經의 별칭.

546 팔부八部: 불법의 여덟 부류 수호신을 말한다. 즉 하늘천신·용·야차·건달바·아수라·가루라·긴나라·마후라가 등이 八部에 속한다.

日〕 동안 닦는다면 보현보살을 친견하게 되리라. 다소 업장이 무거운 자는 칠칠일〔49日〕이 지난 다음에 친견하게 되고, 죄장이 더 무거운 자는 한 번 다시 태어난〔一生〕 다음에 친견하게 되리라. 또한 더욱 업장이 무거운 자는 두 번 다시 태어난〔二生〕 다음에 친견하게 되며, 더욱 더 무거운 자는 세 번 다시 태어난〔三生〕 다음에야 친견하게 되리라. 이와 같이 업보가 여러 가지로 동일하지 않기 때문에 제각각 다르게 말할 수밖에 없느니라.

보현보살의 크나큰 신체는 끝이 안 보일 정도이고 음성도 한없이 큰 데다 형상도 그지없이 크건만, 이 사바세계에 오고자 할 때에는 자유자재한 신통으로 몸을 줄여서 작게 나타나느니라. 왜냐하면 사바세계(염부제) 사람들은 세 가지 장애[547]가 무거워서 몸집이 왜소하기 때문이니라.

보현보살은 지혜의 힘으로써 화현하여 흰 코끼리를 타고 나타나느니라. 그 코끼리에게는 여섯 어금니[548]가 있으며 일곱 개의 다리[549]로 땅을 딛고 있는데, 그 일곱 굽 아래에는 일곱 송이의 연꽃이 피어 있느니라. 코끼리의 빛깔은 눈부시도록 희어서 흰 것 중의 최고인 새하얀 수정구슬을 이고 있는 듯한 히말라야 설산조차도 여기에는 비교가 안 되느니라. 코끼리 몸의 길이는 자그마치 사백오십 유순이며

---

547 삼장三障: 깨달음으로 나아가는 청정한 수행에 방해가 되는 세 가지 장애. ①번뇌장煩惱障_끝없는 번뇌에 의한 장애. ②업장業障_오역五逆·십악十惡을 저지른 행위에 의한 장애. ③이숙장異熟障_악한 행위에 대한 과보로 삼악취三惡趣에서 고통받게 됨으로써 불가피하게 수행할 수 없는 장애.

548 육아六牙: 육바라밀을 상징함. 주 398 참조

549 칠지七支: 칠각지七覺支를 상징함. 주 178 참조

키도 사백 유순이나 되느니라.

그리고 여섯 어금니 끝에는 여섯 군데 목욕하는 연못이 있는데, 각 연못마다 열네 송이의 연꽃들[550]이 연못을 뒤덮을 만큼 피어 있느니라. 그 꽃이 활짝 만개하면 흡사 천수왕[551]의 꽃이라도 핀 냥 우아할 뿐더러, 꽃송이마다 옥같이 고운 아가씨〔玉女〕가 있느니라. 그 아가씨는 얼굴빛이 밝그스레 광채가 나서 하늘나라 선녀보다도 훨씬 더 아름다우니라. 아가씨 손에는 다섯 대의 공후[552]가 자연스레 변화로 생기며, 각 공후마다 오백 종류의 악기들이 부속으로 딸려 있느니라. 또 오리와 기러기·원앙새 등 오백 마리의 새들이 모두 찬란한 보배빛깔로 반짝이며 꽃과 잎사귀 사이에서 쉴 새 없이 출몰하느니라. 더욱이 코끼리 코에도 한 송이 꽃이 피어나는데, 새붉은 진주빛 줄기에다 황금빛 꽃으로 제법 화려하기는 하지만 아직은 피지 않은 봉오리 상태이니라.

이런 일을 보고 나서 또 다시 참회하며, 지극한 마음으로 생각을 집중하여 대승의 가르침에 대해 사유해야 하느니라. 그렇게 하기를 마음으로 잠시도 쉬지 아니하면, 이윽고 금빛광명을 눈부시게 터뜨리며 꽃이 활짝 피어나는 모습을 보게 되리라. 그 꽃의 연심은 붉은 견숙가 보석으로 빛나고, 꽃잎은 아름답고 깨끗한 범천의 마니구슬[553]

---

550 오근五根과 오경五境 그리고 사대四大를 상징함.

551 천수왕天樹王: 도리천 정원의 나무. 파리질다라수를 말한다.

552 공후箜篌: 하프와 비슷한 악기. 주 348 참조

553 범마니梵摩尼: 범어 Brahma-maṇi. 정주淨珠라 한역. 일반적으로 마니구슬은 재난을 비롯한 온갖 불행을 없애주고, 물을 변하게 하여 탁수濁水를 청정히 하는 등의 덕이 있다고 한다. 특히 여기에서 말하는 범마니란 대범천왕의 여의보

이며, 꽃술은 다이아몬드 보석으로 반짝이리라. 또 화신 부처님께서 연심 중앙에 앉아 계시거늘, 수많은 보살들이 꽃술 위에 앉아 계신 것을 보리라.

화신 부처님의 두 눈썹 사이에서 한 줄기 금빛 광명이 나오는데, 코끼리 콧속으로 들어갔다가 눈 속으로 들어가고 다시 귓속으로 들어가느니라. 그리고 귀에서 나와 코끼리 이마 위를 환히 비추다가 금좌대로 찬란하게 변하느니라. 코끼리 머리 위에는 변화로 된 사람이 세 명 있나니 한 사람은 금바퀴〔金輪〕를 잡고 있고, 다른 사람은 마니 구슬을 들고 있으며 또 다른 사람은 금강저[554]를 쥐고 있느니라. 그 금강저를 갖고 코끼리에게 들이대면 코끼리는 즉시 걸어가는데, 다리가 땅을 딛지 아니하고 허공을 밟고 가느니라. 무려 땅에서 칠 척尺이나 떨어져 걷건마는 땅에는 발자국처럼 도장무늬가 찍히느니라. 도장무늬 안에는 천 폭의 바퀴살과 테자욱이 선명하게 찍히거늘, 바퀴살과 테 사이마다 커다란 연꽃이 한 송이씩 피어나느니라. 그 연꽃 송이 위에 다시 변화로 된 작은 코끼리가 한 마리씩 생기되, 역시 일곱 개의 다리로 큰 코끼리 행보를 뒤따르느니라. 따라서 큰 코끼리가 한 번 다리를 들고 내릴 때마다, 칠천 마리의 작은 코끼리들이 생겨나 권속이 되어 따르게 되느니라.

코끼리의 코는 홍연화빛이거늘, 그 위의 화신 부처님께서 두 눈썹 사이로 금빛 찬란한 광명을 비추시면 앞서와 마찬가지로 찬란한

주如意寶珠를 뜻한다.

554 금강저金剛杵: 저杵는 고대 인도의 무기를 뜻하는 말로써, 번뇌를 깨뜨리는 보리심의 상징이다. 수법修法의 도구로 쓰임.

빛이 코끼리 콧속으로 들어가느니라. 그 눈부신 광채가 코에서 나와 눈 속으로 들어가고, 다시 눈에서 나와 귓속으로 들어가느니라. 귀에서 나와 목덜미 위에 이르렀다가는 점차 코끼리 등 위로 올라가서 금안장으로 변하느니라. 그 안장은 칠보로 아름답게 꾸며졌는데, 안장의 사면에 칠보기둥이 서있고 많은 보배들로 장식된 보배좌대가 만들어져 있느니라. 좌대 한가운데에 칠보로 된 한 송이의 연꽃이 피어 있나니, 꽃술은 수백 가지 보배로 어우러져 반짝이고 연심은 커다란 마니구슬로 빛나느니라.

그 보배연꽃 속에 한 보살이 가부좌를 맺고 앉아 있거늘 바로 보현보살이니라. 보현보살의 몸은 백옥처럼 새하얗고, 오십 가지의 아름다운 광명이 색색으로 찬란하리라. 그 광명의 오십 가지 빛깔 자체가 목덜미의 화사한 빛이 되고, 몸의 모든 털구멍에서는 금빛 찬란한 광명이 쏟아져 나오느니라. 그리고 광명이 비치는 가장자리마다 한량없는 화신 부처님들께서 여러 화신보살들을 권속으로 거느리고 계시느니라.

코끼리는 조용하고 침착하게 천천히 걸으면서, 큰 보배연꽃을 꽃비로 흩날리며 수행자 앞에 이르리라. 그리고 코끼리가 입을 열면 어금니 위 모든 연못 속의 옥녀들이 북 치고 거문고를 타며 노래하리니, 청아하고 고운 목소리로 대승의 일불승 실상 도리에 대해서 찬탄하리라.

이를 보고 난 다음에도 수행자는 환희 충만하여 공손히 절하고는 다시 깊은 뜻이 담긴 대승경전을 읽고 외워야 하느니라. 또 시방의 한량없는 부처님들께 두루 예배하며 다보불탑과 석가모니불께 절하고, 아울러 보현보살과 여러 대보살들에게 절하면서 이렇게 서원을 세워야 하느니라.

'제가 전생의 복으로 응당 보현보살을 친견할 만하다면, 거룩하신 변길 보살님[555]께서는 부디 저에게 모습을 보여주소서!'

서원을 세운 뒤 밤낮으로 여섯 차례씩 시방 부처님들께 절하면서 참회법을 닦되, 대승경전을 외우고 읽으며 대승의 뜻에 대하여 사색하고 대승의 과업을 생각해야 하느니라. 그리고 대승사상 가진 자를 공경하고 공양할 뿐더러, 모든 사람들을 부처님 같이 생각하고 온갖 중생들을 부모님처럼 여겨야 하느니라.

이런 생각이 분명해지면 보현보살이 즉시 두 눈썹 사이에서 대인의 특징인 백호 광명을 찬란히 비추리라. 이 빛이 나타날 적에 보현보살 형상은 자금산紫金山처럼 단정하고도 위엄이 넘치리니, 삼십이상이 전부 구족되어 상호가 반듯하고 한없이 우아하리라. 더욱이 보현보살 몸의 모든 털구멍에서 나온 대광명이 큰 코끼리를 비추면 큰 코끼리가 황금빛으로 찬란히 바뀌며, 변화로 된 작은 코끼리들도 역시 황금빛으로 빛나게 되리라. 또한 여러 화신보살들까지 황금빛으로 빛나게 되고, 금색 광명이 동방의 한량없는 세계들을 비추매 동방의 많은 세계들도 전부 똑같이 황금빛으로 빛나리라. 남방·서방·북방과 그 사이의 네 간방 및 상방과 하방의 무수한 세계들도 그와 똑같이 황금빛으로 빛나게 되리라.

그때 시방의 각 방위마다 보살님이 한 분씩 계시는데, 보현보살과 똑같이 여섯 어금니가 있는 흰 코끼리를 타고 있느니라. 이렇게 온

---

555 변길遍吉: 보현보살의 또 다른 이름. 변遍은 보普에 해당되고 길吉은 현賢에 해당된다.

시방에 가득 찬 무량무변한 흰 코끼리들은 순전히 보현보살의 신통력으로 인해 경전 수지자로 하여금 볼 수 있게 하는 것이니라. 이때 많은 보살들을 뵙고 난 수행자는 몸과 마음이 환희 충만하여 보살들께 절하며 사뢰기를,

'대자대비하신 분이시여!

저를 가엾이 여기시어 저를 위해 가르침을 설해주소서!'

이렇게 말할 때에 코끼리 위의 모든 보살들이 입을 모아 한 목소리로 각각 청정한 대승경전의 가르침을 설하며, 여러 게송으로 그 수행자를 찬탄하리라. 이것을 말해 '처음 보현보살을 관하게 되는 최초의 경계'라고 하느니라.

그때 이 일을 보고 난 다음 수행자가 마음으로 대승을 생각하여 밤낮으로 저버리지 아니한다면, 잠자다가 꿈속에서도 보현보살이 자기를 위하여 설법해주는 꿈을 꾸게 되리라. 마치 깨었을 때와 조금도 다름없이 생생하리니, 보현보살이 수행자의 마음을 편안히 위로하며 말하되,

'네가 외우고 지니는 내용 가운데 이 구절을 잊고 빠뜨렸더구나! 또 이 게송 부분을 잘못 이해하고 있더구나!'

그러면 그때 수행자는 보현보살 말을 듣고 뜻의 본질을 깊이 인식하여 분명히 기억하고 잊어버리지 않게 되나니, 나날이 이렇게 하다 보면 점차 그 마음이 영리해지리라. 게다가 보현보살이 그를 가르쳐 시방의 모든 부처님들을 항상 기억하고 생각하도록 할 것이니라. 보현보살 가르침에 따라 바르게 마음먹고 바르게 생각하면, 차츰 마음의 눈[心眼]이 트여 동방의 부처님을 친견하게 되리라. 동방의

부처님 모습은 황금빛으로 찬란한 데다 단정하시고 위엄이 넘쳐서 아름답기 그지없느니라. 부처님 한 분을 뵙고 나면 또 한 부처님을 친견하리니, 이와 같이 해서 점차 동방의 모든 부처님들을 두루 친견하게 되리라. 즉 마음먹고 생각하는 것이 순숙해졌기에 시방의 일체 부처님들을 널리 친견하게 된 것이니라. 모든 부처님들을 친견하고는 마음이 환희에 젖어 어쩔 줄 모르겠더라도 다시 뉘우쳐 말하되,

'대승을 말미암아 큰 보살님〔大士〕[556]을 친견할 수 있었으며, 대사님의 능력 덕분에 많은 부처님들을 친견할 수가 있었습니다. 그러나 비록 모든 부처님들을 뵙기는 했어도, 아직 분명하게 친견했다고는 할 수 없습니다. 왜냐하면 눈을 감으면 보였다가도, 눈만 뜨면 사라져 보이지 않기 때문입니다.'

이렇게 말하고는 온몸을 땅에 던져[557] 시방 부처님들께 빠짐없이 절하고, 절을 마친 다음에는 공손히 호궤하고 꿇어앉아 합장하며 말할지니라.

'모든 부처님 세존께서는 열 가지 지혜의 힘〔十力〕과 네 가지 두려움 없음〔四無所畏〕·열여덟 가지 부처님만 지닌 특성〔十八不共法〕 그리고 대자대비와 삼념처[558]로 항상 세상에 계시되, 뭇 형상 가운데에서

---

556 여기에서는 보현보살을 가리킨다.

557 오체투지五體投地: 두 무릎을 꿇고 두 팔꿈치를 땅에 댄 다음, 머리가 땅에 닿도록 절하는 예법을 말한다.

558 삼념처三念處: 부처님께서 중생을 대하시는 세 가지 태도로써, 여래에게만 있는 덕 가운데 하나이다. 다른 말로 삼념주三念住라고도 한다. ①초념처初念處_중생이 환희하여 설법을 들으며 공경하여도 기뻐하지 않고, 바른 기억과 지혜에 머물러 마음이 평정함. ②제이념처第二念處_중생이 전혀 설법을 듣지 않고 공경하지

가장 거룩하시고 뛰어나십니다. 하온데 저는 도대체 무슨 죄가 있길래 그 거룩하신 부처님을 뵙지도 못한단 말입니까?'

이 말을 마치고 수행자는 더욱 더 참회할지니, 참회하여 청정해지면 보현보살이 다시 앞에 나타나 행주좌와에 항시 그의 곁을 떠나지 않고 지켜 주리라. 심지어 꿈속에서조차 언제나 그를 위해 설법해 주리니, 꿈을 깨고서도 법의 즐거움을 생생히 느끼게 되리라. 이와 같이 하여 밤낮으로 삼칠일〔21일〕이 지나게 되면, 그 후에 바야흐로 선旋다라니[559]를 얻으리라. 다라니를 얻었기에 제불보살께서 말씀하신 묘법의 내용을 제대로 기억하고 간직하여 절대로 잊어버리지 않으리라. 꿈속에서 또한 늘 과거의 일곱 부처님들도 친견하는데 오직 석가모니 부처님만 수행자를 위해 설법하시고, 다른 세존들께서는 저마다 석가모니불이 설한 대승경전을 칭찬하시기만 할 것이니라.

그때 수행자는 또다시 참회하며 시방 부처님들께 빠짐없이 절하되, 절을 마치고 나면 보현보살이 수행자 앞에 서서 지난 세상의 업연들을 전부 말해주리라. 그래서 어둡고 못된 일체 죄장들을 다 드러내도록 가르칠 것이니, 모든 세존들께 본인이 직접 자기 입으로 허물을 드러내어 참회할지니라. 이미 잘못을 실토하여 참회하고 나게 되면 즉시 제불현전삼매[560]를 증득할 것이니라. 이 삼매를 얻고 나면 동방의

않더라도 근심하지 않으며, 바른 기억과 지혜에 머물러 마음이 평정함. ③제삼념처第三念處_어떤 중생은 설법 잘 듣고 공경할 줄 아는 반면에, 어떤 중생은 전혀 듣지 않고 공경할 줄 모르더라도 기뻐하거나 근심하지 않고 바른 기억과 지혜에 머물러 마음이 평정함.

559 주 534 참조

560 제불현전삼매諸佛現前三昧: 모든 부처님께서 나타나 설법해 주시고 수기 주시는

아촉阿閦 부처님과 묘희妙喜세계를 밝고 분명하게 보리라. 뿐만 아니라 이와 같이 해서 시방으로 각기 모든 부처님들과 아름답고 훌륭한 세계들을 확실히 보게 될 것이니라.

시방 부처님들을 다 친견하고 나면, 코끼리 머리 위에 있던 한 금강역사가 금강저를 가지고 수행자의 육근에 골고루 들이대는 꿈을 꾸리라. 육근에 들이댄 다음 보현보살이 수행자를 위하여 육근이 청정해지는 참회법을 말해주리니, 그렇게 하루에서 칠 일 동안 정성껏 참회할지니라. 그러면 제불현전삼매의 힘과 보현보살이 설법으로 장엄한 덕에 귀는 점차 번뇌 밖의 소리를 듣게 되리라. 또 눈도 차츰 번뇌 밖의 일을 보게 되며 코도 번뇌 밖의 향기를 맡게 되리니, 상세하게 말하자면 『묘법연화경』에서 설한 내용과 똑같으니라.[561]

이렇게 육근이 모두 청정해지면 몸과 마음이 환희로워 보기 싫은 모양들이 모두 없어지리라. 게다가 마음이 대승의 가르침에 순일해지고 법과 상응하여, 다시 백천만억선다라니[562]를 증득하게 되리라. 또 백천만억의 한량없는 부처님들을 널리 친견하리니, 그 모든 세존께옵서 각기 오른손을 펴서 수행자의 머리를 어루만지시며 이렇게 말씀하시리라.

'기특하고 기특하도다, 대승을 닦는 자여!

크고 장엄한 뜻을 세운 자여! 진정으로 대승을 생각하는 자여!

우리들도 옛날 보리심을 냈을 적에는 모두 너와 똑같았나니, 간절히

것을 보는 삼매.

561 『묘법연화경』 제6권 〈제19 법사공덕품〉 내용 참조.

562 주 535 참조

그 마음을 잃지 않도록 해라. 우리들도 지난 세상에 대승을 닦아서 지금 청정한 정변지[563] 몸을 성취하게 되었나니, 너도 지금 응당 부지런히 수행하며 게으름을 피우지 말라.

이 대승경전은 모든 부처님들의 보배창고이며, 시방삼세 일체 부처님들의 안목인 동시에 삼세 모든 여래들을 나오게 하는 종자이니라. 따라서 이 경을 간직하는 자는 부처님 몸을 간직한 셈이 되며, 부처님 일을 하는 것이니라. 그러므로 마땅히 명심할지니, 그 사람은 바로 모든 부처님들의 심부름꾼으로 모든 부처님 세존께옵서 옷자락으로 감싸주시느니라. 다시 말해 그 사람은 모든 부처님 여래의 진실한 법의 아들이라 할 수 있느니라. 그러니 너는 대승의 가르침을 열심히 닦아서 법의 종자를 끊어지지 않게 하여라.

자, 그럼 이제 네가 직접 동방의 여러 부처님들을 자세히 살펴보도록 해라.'

부처님들께서 이렇게 말씀하시자마자 이내 동방의 한량없는 일체 세계들을 수행자가 보게 되리니, 땅은 손바닥처럼 평탄하여 언덕이나 구릉 또는 가시덤불 따위가 일절 없으리라. 게다가 청보석의 유리로 땅이 되었고 황금으로 새새를 경계했거늘, 동방세계만 그런 것이 아니라 다른 시방세계들도 전부 그러하리라. 땅을 보고 난 다음엔 이어서 보배나무를 보게 되나니, 나무는 아주 멋지고 키가 커서 무려 오천 유순이나 되리라. 더욱이 나무엔 황금과 백은 등 각종 보석들이 무시로 열려서 칠보로 아름답게 꾸며졌으며, 나무 밑둥에는 저절로

---

563 정변지正遍知: 부처님 공덕의 별호別號. 모든 것을 바르게 두루 아시는 분이라는 뜻이다. 주 475 참조

보배 사자좌가 마련되어 있으리라. 사자좌의 높이는 이십 유순이며, 사자좌 위에는 수백 가지 보석 광명들로 눈이 부시리라. 그 밖의 다른 모든 나무들과 보배사자좌도 전부 마찬가지리라. 낱낱의 사자좌마다 오백 마리의 흰 코끼리들이 자연히 변화로 생기되, 코끼리 위에는 모두 보현보살이 앉아 있으리라.

그때 수행자가 많은 보현보살님들께 절하면서 말하기를,

'저는 도대체 무슨 죄가 있길래 보배땅과 보배사자좌 그리고 기껏해야 보배나무만 볼 뿐이고, 정작 부처님들은 뵙지 못하는 것입니까?'

이렇게 말하고 나면 사자좌마다 세존께서 한 분씩 계시리니, 단정하고도 위엄이 넘치시며 거룩하게 보배 사자좌 위에 앉아 계시리라. 이리하여 모든 부처님들을 친견한 뒤 마음이 말할 수 없이 벅차고 기쁠지라도, 다시 또 대승경전을 외우고 익혀야 하느니라. 그러면 대승의 위력 때문에 하늘에서 소리나 찬탄하되,

'훌륭하고 훌륭하도다, 선남자여!

네가 대승을 닦은 공덕 인연으로 여러 부처님들을 친견할 수가 있게 되었느니라. 그러나 지금 비록 많은 부처님들을 친견하기는 했다만, 아직 석가모니불과 분신부처님들 그리고 다보부처님의 탑을 친견할 수가 없는 실정이니 매우 안타깝도다!'

하늘에서 나는 소리를 들은 다음 수행자는 더욱 부지런히 대승경전을 외우고 익혀야 하느니라. 이렇게 대승 방등경전을 외운 덕분에 곧 석가모니불께서 여러 대중들과 함께 영취산에 계시며 『법화경』을 설하시되, 일불승의 실상 이치에 대해 연설하시는 꿈을 꾸게 되리라. 잠을 깨고 나서 깊이 참회하며 목마른 사람이 물을 찾듯이 간절히

뵙고자 우러러 합장한 채 호궤하고 꿇어앉아 영취산을 향하여 말하기를,

'세상에서 가장 높으신〔世雄〕 석가모니 여래께서는 언제나 세상에 계시니, 저를 불쌍히 여기시어 제발 모습을 나타내시옵소서!'

이렇게 말하고 영취산을 보면 칠보로 눈부시게 장엄되었거늘, 무수한 비구 성문대중들과 보배나무들이 줄지어 늘어섰는 데다가 보석으로 된 땅은 평탄하면서도 반듯하리라. 게다가 훌륭한 보배 사자좌를 깔고 석가모니불께서 두 눈썹 사이로 광명을 놓으시매 그 빛이 시방세계들을 두루 비추리라. 또 시방의 한량없는 세계들을 지나 광명이 비치는 곳마다 시방의 무수한 석가모니 분신부처님들께서 한꺼번에 구름처럼 모이시리니, 그 광경을 상세하게 말하자면 『묘법연화경』 속에서 말한 내용과 똑같으니라.[564] 분신부처님 한 분마다 자금빛 광명의 몸에 신체 또한 그지없이 크시거늘, 사자좌에 앉아 백억의 한량없는 대보살들을 제자로 거느리고 계시리라. 보살들 한 분마다 보현보살처럼 몸가짐이 단정하되, 이처럼 시방의 한량없는 모든 부처님들과 보살제자들도 마찬가지로 그와 똑같으리라.

이렇게 대중들이 다 모이고 난 다음엔 석가모니 부처님께서 온몸의 털구멍으로 황금빛 광채를 찬란히 쏟아내시는 광경을 보게 되리니, 그 한 줄기 광채마다 백억의 화신 부처님들께서 계시느니라. 그와 동시에 모든 석가모니 분신부처님들 역시 두 눈썹 사이로 대인의 특징인 백호광명을 비추시는데, 그 빛이 모두 석가모니 부처님의

564 『묘법연화경』 제4권 〈제11 견보탑품〉 내용 참조.

정수리로 흘러 들어가느니라. 이런 상서를 볼 때에 분신부처님들도 저마다 모든 털구멍에서 황금빛 광채를 쏟아내시리니, 한 줄기 광채마다 또 항하의 모래알과 티끌수처럼 무수한 화신 부처님들께서 계시느니라.

그때 보현보살은 다시 두 눈썹 사이로 대인의 특징인 백호광명을 놓아 수행자의 마음속에 스며드느니라. 일단 마음에 광명이 스며들면 수행자는 과거 무수한 백천 부처님들 처소에서 수지독송했던 대승경전 내용들을 저절로 기억하게 되느니라. 또한 자신의 옛날 옛적 몸을 보되 밝고 분명하여 마치 숙명통이 열린 것과도 다름이 없으리니, 활연히 크게 깨달아 선旋다라니와 여러 백천만억 다라니문을 증득하리라. 삼매로부터 일어나서도 일체 분신부처님들께서 많은 보배나무 밑 사자좌에 앉아 계신 것을 눈으로 똑똑히 보게 되리라. 또 아름다운 연꽃송이들이 청보석의 유리로 된 땅 아래 공간에서부터 홀연히 솟아나오며, 연꽃송이마다 티끌수처럼 무수히 많은 보살들이 가부좌한 채 앉아 계신 것을 보리라. 아울러 보현보살의 분신보살들이 그 많은 보살 무리들 속에서 대승을 찬탄하고 있는 것도 보리라.

이때 모든 보살들은 한 목소리로 수행자를 가르쳐서 육근을 청정하게 하리니, 어떤 보살은 다음과 같이 말하리라.

'너는 마땅히 부처님〔佛〕을 생각하도록 하여라.'

'너는 마땅히 가르침〔法〕을 생각하도록 하여라.'

'너는 마땅히 승가〔僧〕[565]를 생각하도록 하여라.'

---

565 승僧: 범어 Saṃgha의 음역으로, 최소 4인(혹은 3인) 이상의 스님이 모여 함께 화합하며 수행하는 단체를 말한다. 그러나 나중에는 한 사람의 출가 비구라도

'너는 마땅히 계율〔戒〕을 생각하도록 하여라.'

'너는 마땅히 보시〔施〕를 생각하도록 하여라.'

'너는 마땅히 천상〔天〕을 생각하도록 하여라.'

이러한 여섯 가지 법[566]이야말로 바로 보리심이며 동시에 보살을 낳는 법이니, 너는 지금 응당 모든 부처님 앞에서 지난날의 잘못을 드러내어 지성으로 참회해야 하느니라.

한량없는 과거 세상부터 지금까지 눈의 인연으로 여러 형색을 탐하였고, 형색에 탐착했기 때문에 온갖 티끌 번뇌를 탐내어 사랑하게 되었느니라. 티끌 번뇌를 좋아했기 때문에 여인의 몸을 받아 세세생생 태어나는 곳마다 다시 여러 형색에 집착하게 되었나니, 형색이 너의 눈을 멀게 하여 은혜와 사랑의 노예가 되게 하였도다. 결국 형색이 너를 부려서 삼계[567]에 끝없이 윤회하게 한 것이니, 이 번뇌에 눈이

스님〔僧〕이라 칭하게 되었다. 4종의 스님이 있으니, ① 유수승有羞僧_계를 지켜 몸과 입을 깨끗이 간직하며 좋고 나쁨을 잘 분별하지만 아직 도를 얻지 못한 스님. ② 무수승無羞僧_계를 범하고 몸과 입을 깨끗이 하지 않으며 온갖 못된 짓을 하는 스님. ③ 아양승啞羊僧_계를 범하지는 않으나 둔하여 지혜가 없고 좋고 나쁨을 가릴 줄 모르며, 가볍고 무거움도 모르고 죄가 되는지 않는지조차 모르는 스님. 그래서 만일 대중에 싸움이 일어도 판결하지 못하는 것이 마치 흰 염소가 사람이 죽여도 소리치지 못하는 것과 같다고 해서 붙여진 이름이다. ④ 실승實僧_도를 얻어 유학有學이나 무학無學의 지위에 올라 도를 실천하는 스님이다.

566 육법六法: 육념법六念法 또는 육수념六隨念이라고 한다. ① 염불念佛 ② 염법念法 ③ 염승念僧 ④ 염계念戒 ⑤ 염시念施 ⑥ 염천念天 등인데, 이를 생각하여 닦음으로써 마음에 선정을 얻어 열반에 이르게 된다.

567 삼계三界: 중생이 사는 세 군데 세계. ① 욕계欲界_욕심(五欲: 식욕·색욕·수면욕·재물욕·명예욕)을 여의지 못한 중생들이 머무는 세계로, 지옥·아귀·축생·아수라·인

어두워져 참된 진실을 보지 못하느니라.

지금 네가 대승 방등경전(『법화삼부경』을 지칭함)을 외우되 그 경전에서 말하기를 '시방 모든 부처님들의 색신은 없어지지 않는다'고 하였는데, 그렇다면 네가 이제 실제로 살펴봤으니 그 말이 사실이지 않느냐? 네가 눈이 밝지 못해 너 자신을 많이 손상시켰도다.

자, 그럼 내 말에 따라 모든 부처님들, 그리고 석가모니불께 귀의하고, 네 눈으로 지은 죄업과 허물을 다음과 같이 말하도록 하여라.

'모든 불보살님께서는 밝은 지혜와 법의 물로 제발 눈의 허물을 씻어 없애주옵소서! 그리하여 부디 제 눈을 청정하게 해주시옵소서!'

이렇게 말씀드린 다음 시방 부처님들께 빠짐없이 절하고 석가모니불과 대승경전을 향하여 다시 말하기를,

'제가 지금 참회하옵나니, 눈의 무거운 죄업에 가로막히고 어두워져 아무것도 보이지 않습니다. 부처님께서 대자비로 부디 가엾이 여기시어 감싸 보호해 주시옵소서! 그리고 보현보살님은 대승의 법선法船에 올라 일체 중생들을 널리 제도하시어, 시방의 한량없는 모든 보살들의 벗이 되게 하옵소서! 자비로 불쌍히 여기시어, 제발 잘못을 용서해

간·욕계의 6天(사왕천·도리천·야마천·도솔천·화락천·타화자재천) 등이 여기에 해당된다. ② 색계色界_욕심은 여의었으나 아직 물질에 대한 관념을 다 떨치지 못하여, 형상에 얽매여 있는 세계이다. 여기에 18天(初禪天3 ; 범중천·범보천·대범천, 二禪天3 ; 소광천·무량광천·극광정천, 三禪天3 ; 소정천·무량정천·변정천, 四禪天9 ; 무운천·복생천·광과천·무상천·무번천·무열천·선견천·선현천·색구경천)이 있다. ③ 무색계無色界_욕심도 없으며 물질에 대한 한계, 곧 형상의 속박에서 완전히 벗어난 순수한 선정의 세계이다. 여기에 4天(공무변처천·식무변처천·무소유처천·비상비비상처천)이 있다.

주시옵소서! 그래서 눈이 밝지 못해 저지른 악업의 장애들을 없애 주시옵소서!'

이와 같이 세 번 말하고는 온몸을 땅에 던져 참회할지니라. 대승을 올바로 생각하되 마음으로 잠시도 잊거나 저버리지 말아야 하나니, 이것을 '눈[眼根]의 죄를 참회하는 법'이라 부르느니라. 모든 부처님 이름을 부르며 향을 사르고 꽃을 뿌려서 대승의 큰 뜻을 세우고 비단번기와 일산을 달아 장엄한 채 눈의 허물을 실토하여 참회한다면, 그 사람은 현세에서 석가모니불과 한량없는 분신부처님들까지 모두 친견하게 되리라. 또한 아승기 겁의 오랜 세월 동안 절대로 악도에 빠지지 않을 것이며, 대승의 힘과 원력 덕택에 항상 여러 다라니보살들과 같은 권속이 되리라. 이렇게 생각하는 것을 '바른 생각'이라 하고 다르게 생각하는 것을 '삿된 생각'이라 하나니, 이것을 '첫 번째 눈의 경계상'이라 하느니라.

눈을 청정히 한 뒤에 다시 대승경전을 외우고 읽으며 밤낮으로 여섯 차례씩 호궤하고 꿇어앉아 참회하며 말할지니,

'저는 지금 어찌하여 석가모니불과 모든 분신부처님들만 뵈옵고, 다보불탑의 전신사리는 뵙지 못하옵니까? 다보불탑은 항상 계시어 사라지지 않거늘, 그렇다면 저는 정말 탁하고 더러운 눈 때문에 뵈올 수 없나 보군요.'

이렇게 말한 다음 다시 참회하여 칠 일 정도 지나게 되면 다보불탑이 땅에서부터 솟아 나오리라. 그러면 석가모니불께서 오른손으로 다보탑 문을 열어주시리니, 마침내 다보 부처님께서 보현색신삼매普現色身三昧에 들어 계신 것을 직접 보게 되리라. 다보 부처님의 낱낱 털구멍에

서 항하의 모래알과 티끌수처럼 무수한 광채가 쏟아져 나오되, 그 한 줄기 광채마다 백천만억의 수많은 화신 부처님들께서 계시리라.

이러한 상서가 나타날 적에 수행자가 환희에 젖어 게송으로 부처님을 찬탄하며 다보탑 주위를 일곱 번 정도 돌고나면, 다보여래께서 쩌렁쩌렁 울리는 큰 음성으로 수행자인 법의 아들을 칭찬하시리라.

'네가 지금 진실로 능히 대승을 닦으며 보현보살 말에 수순하여 눈의 잘못을 참회하였으니, 그 인연으로써 내가 직접 네가 있는 곳에 찾아와 너를 위해 참회를 증명하노라!'

이렇게 말씀하신 다음 또 찬탄하시기를,

'거룩하시고 거룩하십니다! 석가모니 부처님이시여!

능히 대승의 가르침을 연설하시고 큰 법비를 내리시어, 오탁악세의 모든 중생들을 바르게 깨닫도록 하시니 참으로 훌륭하십니다!'

이때 수행자는 다보불탑을 뵙고 나서 다시 보현보살 처소로 찾아가 합장한 채 공손히 절하며 사뢸지니,

'거룩하신 스승님이시여!

제가 더 참회할 것은 없는지 가르쳐 주시옵소서!'

그러면 보현보살이 다음과 같이 대답하리라.

'너는 참으로 오랜 세월 동안 귀의 인연으로 바깥 소리에 끄달려 왔느니라. 칭찬하는 소리를 들을 때면 마음이 유혹되어 은근히 집착하기가 일쑤였고, 듣기 싫은 소리를 들을 때면 백팔 가지 온갖 번뇌의 도적 같은 해악을 일으키곤 하였느니라. 이렇게 그릇된 귀의 과보로 그릇된 일을 겪다보니, 언제나 그릇된 소리만 듣게 되었고 또 그에 얽혀서 다른 여러 반연들이 생겨나게 되었느니라. 그래서 거꾸로

전도되어 듣는 나쁜 버릇 때문에 마땅히 악도에 떨어지거나, 혹은 변두리 지역이나 소견이 삿된 집안 등 불법을 들을 수 없는 곳에 태어나게 되었느니라.

그런데 너는 오늘 바다처럼 무한한 공덕을 지닌 대승경전을 외우고 간직한 인연 덕분에 시방 부처님들을 친견하게 되었으며, 다보불탑이 너를 위해 나타나 직접 증명까지 해주셨지 않느냐? 그러니 너는 이제 응당 스스로 귀의 잘못을 실토하고 모든 죄업을 참회하도록 하여라.'

이때 수행자는 이 말씀을 듣고 또다시 합장하며 온몸을 땅에 던져 참회하되,

'정변지正遍知이신 세존이시여!

제발 나타나시어 저를 위해 대승 방등경전의 공덕을 증명해 주시옵소서! 부처님께서는 자비의 주인이시니, 부디 자비로 저를 굽어보시어 제 말씀을 들어주시옵소서!

저는 아주 오랜 옛적부터 현재 몸에 이르기까지, 귀의 인연으로 좋은 소리를 들으면 마치 아교가 풀잎에 찰싹 달라붙듯이 사로잡혔나이다. 그러나 나쁜 말을 들을 때면 번뇌의 독을 뾰족하게 일으키어, 곳곳마다 일일이 집착하고 현혹되어 잠시도 가만 쉬지 못하였나이다.

이 귓구멍 속에 들어앉은 소리가 제 정신을 너무나 피곤하게 할 뿐더러 급기야는 삼악도에 떨어지게 하고 맙니다. 지금에야 비로소 깨우쳐 알고는 모든 세존께 귀의하여 잘못을 실토하고 참회하옵니다.'

이렇게 참회를 마치고 나게 되면 다보 부처님께서 눈부시게 큰 광명을 발하시는 모습이 보이리라. 그 광명의 황금빛이 동방세계를

비추고 두루 시방세계를 비추리니, 시방 한량없는 모든 부처님의 몸도 역시 순 황금빛으로 빛나리라.

이윽고 동방의 하늘에서 노래하기를,

'여기 부처님 세존은 선덕불善德佛이시니라. 또한 선덕불의 무수한 분신부처님들께서도 보배나무 밑의 사자좌 위에서 가부좌를 맺고 앉아 계시도다.'

이와 동시에 그 많은 동방의 세존들께옵서 모두 보현색신삼매에 드신 채로 수행자를 칭찬하시리니,

'기특하고 기특하도다, 선남자여!

네가 지금 대승경전을 읽고 외우다니, 참으로 기특하도다! 네가 외운 내용이 바로 부처님의 경계이니라.'

이 말씀이 끝나고 나면 보현보살이 다시 수행자를 위하여 참회하는 법을 계속 설하리라.

'너는 과거 한량없이 오랜 세월 동안에 향기를 탐했기 때문에,[568] 모든 알음알이〔識〕를 분별하였고 그때그때마다 일일이 탐해서 급기야는 생사[569]에 떨어지고 말았느니라. 너는 지금 응당 대승의 요인要因을 관찰할지니, 대승의 요인이란 바로 모든 법의 실상實相이니라.'

수행자는 이 말을 듣고 온몸〔五體〕을 땅에 던져 더욱 참회하되, 참회를 마치고 나면 이렇게 봉창할지니라.

'나무 석가모니불…'

'나무 다보불탑…'

---

568 코〔鼻根〕가 지은 허물을 말한다.

569 나고 죽는 윤회의 세계.

'나무 시방의 여러 석가모니 분신불…'

이렇게 말한 다음 시방 부처님들께 두루 절하고 나서 다시 봉창할지니,

'나무 동방의 선덕불과 여러 분신불…'

마치 눈으로 직접 뵈옵기라도 하듯 한 분 한 분 마음으로 정성껏 예배하며 꽃과 향을 공양할지니라. 공양을 마치고 나면 호궤한 채 꿇어앉아 합장하고, 여러 가지 게송으로써 모든 부처님들을 찬탄하여라. 찬탄을 마친 다음에는 자기가 지은 열 가지 악업을 실토하고 죄업들을 참회할지니라. 참회하고 나서 말씀드리기를,

'저는 과거 한량없는 세월 동안 향기와 맛과 촉감을 탐내어 수많은 죄악을 저질렀나이다. 그 인연으로써 무량 세월에 걸쳐 항상 지옥[570]·아귀[571]·축생[572]의 삼악도와 변두리 땅[573]과 사견의 집안[574]에 태어나게 되어 온갖 좋지 못한 중생몸을 받게 되었나이다. 이러한 악업들을 오늘 다 드러내 밝히며, 모든 부처님 정법의 왕께 귀의하여 죄업을 실토하고 참회합니다.'

수행자는 참회를 마치고 난 다음에도 몸과 마음에 게으름 없이 더욱 대승경전을 외우고 읽어야 하느니라. 그러면 대승의 공덕으로 하늘에서 법의 아들에게 소리 내어 이르되,

---

570 성냄의 과보이다.

571 탐욕의 과보이다.

572 어리석음의 과보이다.

573 지나치게 극단적인 생각의 과보이다.

574 삿되고 왜곡된 견해의 과보이다.

'너는 지금 응당 시방 부처님들을 향하여 대승을 찬탄하고, 모든 부처님들 앞에서 스스로 허물을 고백하도록 하여라. 모든 부처님 여래는 바로 너의 자애로우신 아버지시니, 너는 마땅히 혀〔舌根〕가 지은 좋지 못한 악업들을 직접 말씀드리도록 하여라.'

'이 혀는 악업의 상태에 따라 움직여서 거짓말〔妄言〕과 번지르르하게 꾸민 말〔綺語〕·욕설〔惡口〕·이간질〔兩舌〕·공연한 비방·터무니없는 말은 물론, 삿된 견해를 찬탄하기도 하고 쓸데없는 말을 지껄이기도 하였습니다. 이러한 여러 하잘것없는 악업으로 다툼을 일으키어 문란케 했는가 하면 법을 법이 아니라고 말하기도 했나니, 이와 같은 수많은 죄를 지금 다 참회합니다.'

세상에서 가장 높으신〔世雄〕 모든 부처님 앞에서 이렇게 말씀드린 다음, 온몸을 땅에 던져 참회하며 시방 부처님들께 빠짐없이 절하여라. 그리고는 합장한 채 장궤[575]하고 꿇어앉아 마땅히 이렇게 고백할지니,

'이 혀의 잘못과 재앙은 정말 한량없고 그지없습니다.

모든 악업의 가시는 혀에서 비롯되었으며, 바른 법륜을 끊어버리는 것도 혀에서 시작됩니다. 이렇게 위험하고 불길한 혀는 공덕의 종자를 없애버림은 물론, 그릇된 이치를 복잡다단하게 발라맞춰가며 억지로 옳다고 주장하기도 합니다. 게다가 삿된 견해를 찬탄하기조차 하니, 마치 사납게 타는 불에다 땔나무를 보태는 격으로 상황을 더욱 악화시킵니다. 이는 무서운 불길이 중생들을 상하게 하는 꼴과 같으며,

---

575 장궤長跪: 인도에서 무릎을 꿇어 상대방을 공경하는 예법인 호궤胡跪의 일종으로, 두 무릎을 모두 땅에 대고 두 정강이는 세운 채 두 발끝으로 땅을 디디고 몸을 우뚝 세우는 자세이다.

독약을 마신 자가 부스럼 같은 작은 흠집은 없으나 결국에는 죽는 것과 마찬가지로 모든 공덕들을 태워 없애버리고 맙니다.

이러한 죄보는 참으로 악하고 삿되며 좋지 않아서, 마땅히 악도에 떨어져 백 겁이나 천 겁 동안 고통을 받게 될 것입니다. 즉 거짓말을 했기 때문에 큰 지옥에 떨어지는 것입니다. 제가 지금 모든 부처님들께 귀의하며 혀로 지었던 못된 죄를 고백하오니, 부디 용서해 주시옵소서!'

이렇게 생각하고 있을 때 하늘에서 소리가 나리니,

'남방에 부처님께서 계시니, 부처님 이름은 전단덕불栴檀德佛이시니라. 그 부처님께도 역시 한량없는 분신부처님들이 계시거늘, 분신부처님들께서 모두 대승을 설하시어 죄악을 없애주시느니라. 방금 네가 말한 그런 수많은 죄업에 대하여 이제 시방의 한량없는 대자대비하신 부처님 세존을 향해, 사악한 잘못들을 죄다 실토하고 진심으로 참회하여라.'

이 말이 끝나면 수행자는 온몸을 땅에 던져 참회하고 다시 모든 부처님들께 절하도록 하여라. 그러면 그때 모든 부처님들께서 또한 차례 광명을 놓아 수행자의 몸을 밝게 비춰주시리라. 수행자의 몸과 마음은 자연 환희로 충만하게 되어, 대자비심으로 일체 중생들을 두루 생각하게 되리라. 이때 모든 부처님들께서 널리 수행자를 위하여 크게 자애로운 마음〔慈〕과 가엾이 여기는 마음〔悲〕, 그리고 함께 기뻐하는 마음〔喜〕과 집착을 버린 평등한 마음〔捨〕을 설해주시리라. 또한 부드럽고 친절한 말을 하도록 가르치시며, 서로 화합하고 공경하는 여섯 가지 덕목[576]을 닦도록 하시리라.

이때 수행자는 그 교칙教勅을 듣고 마음으로 크게 기뻐하되, 더욱 대승경전을 외우고 익히면서 끝까지 게으름을 피우지 말아야 하느니라. 그러면 하늘에서 다시 미묘한 소리가 나서 말하기를,

'너는 지금 응당 몸과 마음의 죄를 함께 참회하도록 해라. 몸으로는 살생하고 도적질하며 음행을 저질렀고, 마음으로는 여러 좋지 못한 일들을 생각하였느니라. 그리하여 열 가지 나쁜 죄업과 다섯 가지 무간죄업[577]을 범하게 되었느니라. 그것은 마치 원숭이가 이 나무 저 나무로 왔다갔다하는 꼴이며 끈끈이나 아교가 여기저기 달라붙는 격이어서, 곳곳마다 일일이 탐내고 집착하며 일체 중생의 육근[578] 속에 두루 배어드느니라. 그 육근의 업이 가지가 되고 줄기가 되며 꽃이 되고 잎이 되어, 삼계의 이십오유[579] 일체 중생들 사는 곳에 가득 영향을 미치느니라. 또한 무명[580]에서 늙고 죽음에 이르는 열두

---

576 육화경六和敬: 대중이 모여 사는데 서로 화합해야 할 여섯 가지 덕목을 지칭하며, 또 보살이 중생과 화합하고 공경하는 6종법을 뜻하기도 한다. ① 동계화경同戒和敬 ② 동견화경同見和敬 ③ 동행화경同行和敬 ④ 신자화경身慈和敬 ⑤ 구자화경口慈和敬 ⑥ 의자화경意慈和敬 등이다.

577 무간죄업無間罪業: 무간지옥에 떨어질 악행이라 해서 무간업無間業이라 하는데, 바로 오역죄五逆罪를 가리킨다. ① 살부殺父 ② 살모殺母 ③ 살아라한殺阿羅漢 ④ 출혈어불신出血於佛身 ⑤ 파화합승破和合僧 등이다.

578 육정근六情根: 근根에는 정식情識이 있으므로, 육근六根을 육정근이라 부르기도 한다.

579 이십오유二十五有: 중생이 머무는 공간, 즉 삼계(三界 ; 욕계·색계·무색계) 안에 있는 모든 중생들을 말한다. 주 85 참조

580 사리불이 부처님께 여쭈었다. "세존이시여, 모든 법의 실상은 어떻게 있습니까?" "모든 법은 있는 바 없이 이와 같이 있나니, 이처럼 있는 바 없는 이 사실을 모르는 것을 무명無明이라 하느니라.(諸法無所有如是有如是無所有是事不知名爲無明)" (『大品般若波羅蜜經』 卷3 〈第10 相行品〉)

가지의 괴로운 일들을 증장시켜, 여덟 가지 삿됨[581]과 여덟 가지 난관[582]을 겪지 않을 수 없게 만드느니라. 그러므로 너는 지금 응당 그와 같이 사악하고 좋지 못한 몸과 마음의 죄업을 참회하도록 하여라.'

그때 수행자는 이 말을 듣고서 소리 나는 하늘 쪽에다 묻기를,

'저는 지금 어떤 마음가짐으로 참회법을 닦아야 합니까?'

그러면 하늘에서 즉시 소리가 나서 말하리니,

'석가모니 부처님을 달리 비로자나[583], 곧 일체 모든 곳에 두루 계시는 분〔遍一切處〕이라 부르나니, 그 부처님께서 머무시는 곳을 상적광[584]세계라 하느니라. 곧 열반의 네 가지 덕성인 상常바라밀로 거두어 이루어진 곳이며, 아我바라밀로 안전하게 세워진 곳이자 정淨바라밀로 모양 있음을 없앤 곳이고 낙樂바라밀로 몸과 마음의 표상에 머물지 않는 곳이니라. 또 유무의 모든 법상[585]을 분별하지 않는 곳이니, 바로 고요한 해탈이며 반야바라밀이니라. 이 모습은 항상 머물러 변치 않는 법이거늘, 따라서 다른 시방 부처님 세계들도 응당 이와

---

581 팔사八邪: ①사견邪見 ②사사유邪思惟 ③사어邪語 ④사업邪業 ⑤사명邪命 ⑥사방편邪方便 ⑦사념邪念 ⑧사정邪定 등이다.

582 팔난八難: 주 196 참조

583 비로자나毘盧遮那: 범어 Vairocana의 음역. 변일체처遍一切處 또는 광명변조光明遍照, 변조遍照로 한역. 원래 태양이라는 뜻으로, 부처님의 광명이 이사무애법계理事無碍法界에 두루 비추어 원명圓明한 것을 의미한다. 부처님의 진신眞身, 곧 법신法身을 가리킨다.

584 상적광常寂光: '언제나 비어 고요하며 변치 않는 광명으로 가득한 세계'라는 뜻. 법신이 머무는 정토로써, 이상과 현실 곧 차안과 피안의 모든 너와 나의 분별을 초월하여 체득되는 진眞의 절대계絶對界를 말한다.

585 법상法相: 모든 법의 모양, 곧 만유의 각각 차별된 자태.

같이 관찰하도록 하여라.'

그와 동시에 시방 부처님들께서 각기 오른손을 펴서 수행자의 머리를 어루만지시며 말씀하시리라.

'장하고 장하도다, 선남자여!

네가 지금 대승경전을 읽고 외우므로, 시방 부처님들께서 참회법을 일러주시는 것이니라. 보살이 닦아야 할 바는 번뇌[586]를 끊지 못했다 하더라도 번뇌의 바다에 머물지 말아야 하느니라. 그런데 아무리 마음을 살펴보아도 마음이 없거늘, 없는 것을 있다고 여기는 전도된 생각 때문에 번뇌가 일어나는 것이니라. 이처럼 있다고 생각하는 마음은 망상으로부터 생긴 것으로, 허공 속의 바람이 어디에도 의지처가 없는 것처럼 그 마음은 어디에도 없느니라.

이와 같이 법의 모양은 본래 생기는 것도 아니고 없어지는 것도 아니거늘, 무엇을 죄라 하고 무엇을 복이라 하겠느냐? 내 마음 자체가 공空하니 죄와 복도 주인이 없으며, 일체법도 그와 같아서 본시 머물러 있지도 않고 파괴되지도 않느니라.'

이와 같이 참회하면서 마음을 관하게 되면 마음은 어디에도 없고 법도 법이라는 틀 가운데 머물지 않아서,[587] 모든 법은 자체 그대로 해탈이며 열반이고 고요함이니라. 이와 같이 생각하는 것을 '대참회'라 하며 '장엄스런 참회'라 하고, '죄의 흔적까지 없애는 참회'라 하며 '마음의 분별의식을 무너뜨리는 참회'라고 하느니라.

---

586 결사結使: 번뇌의 다른 이름. 즉 본래 청정한 마음을 결박지어 이리저리 부린다는 의미가 담겨 있다.

587 모든 사물〔諸法〕은 공空하여 늘 변화하므로, 고정된 실체가 없다는 뜻.

이 참회법을 닦는 자는 몸과 마음이 청정해져서, 마치 흐르는 물처럼 어떤 법[588]에도 집착해 머무르지 않느니라. 그래서 생각 생각 가운데 늘 보현보살과 시방 부처님들을 친견하게 되리라.

이때 모든 세존께서 대비 광명으로써 수행자를 위하여 모양 없는 도리[無相法]를 설법하시리라. 마침내 수행자는 제일의공[589], 곧 실상의 진리에 대해 듣게 되는데, 듣고 난 다음에도 마음으로 놀라거나 두려워하지 않는다면 때가 되거든 보살의 바른 지위에 들어가리라."

석가모니 부처님께서 아난에게 계속 이르시었다.

"이와 같이 닦는 것을 진정한 참회라고 말하나니, 이 참회는 바로 시방 모든 부처님들과 큰 보살들이 닦는 참회법이니라."

부처님께서 다시 아난에게 이르시었다.

"그러므로 내가 열반한 뒤에 모든 부처님 제자들이 만일 나쁘고 좋지 못한 죄업을 지어 참회할 것이 있거든, 다만 마땅히 대승경전을 외우고 읽도록 하여라. 이 방등경[590]은 모든 부처님들의 안목이라 할 수 있나니, 부처님들도 이 대승경전을 통해 다섯 가지 안목[591]을

---

588 여기서 말하는 법이란 눈에 보이는 현상의 법이든 보이지 않는 관념의 법이든 유무有無의 일체 존재를 의미한다.

589 제일의공第一義空: 대승의 열반은 공空도 또한 공空한 것으로 파악되는 중도실상의 공空이기 때문에 제일의공이라 한다.

590 방등경方等經: 올바르며 평등하다〔方等〕는 뜻에서 대승경전을 이렇게 부른다. 대승사상은 만법萬法에 평등한 진여불성, 곧 중도中道에 입각한 제법실상의 모양 없는 도리〔空, 無相, 無我〕를 그 본질로 하기 때문이다.

591 오안五眼: 다섯 종류의 눈이 있으니, ① 육안肉眼_육신의 눈. ② 천안天眼_욕계와 색계의 천인天人이 갖춘 초인적인 눈. ③ 혜안慧眼_현상의 이치를 파악하는 성문과 연각의 눈. ④ 법안法眼_현상의 이치와 더불어 중생을 구제하는 방법까지 터득한

완벽하게 갖추셨느니라. 뿐만 아니라 부처님의 세 가지 몸[592]도 결국 방등경으로부터 비롯되어 나온 것이니라.

또한 방등경은 큰 법의 도장〔法印〕으로 열반의 바다에 들어 가게 하나니, 이런 깨달음의 바다 속에서만 능히 부처님의 세 가지 청정한 몸을 나오게 할 수 있는 법이니라. 이 세 가지 부처님 몸이야말로 인간과 천상의 복전이며, 응공[593] 가운데 가장 으뜸이니라.

따라서 그 누군가 대승 방등경전인 『법화삼부경』을 외우고 읽는다면, 마땅히 잘 명심하여라. 그 사람은 부처님의 공덕을 완전히 갖추리니, 모든 악이 영원히 소멸됨과 동시에 부처님의 지혜로부터 참된 생명을 얻게 되리라."

그때 세존께서 게송으로 말씀하셨다.

만일 눈에 나쁜 죄악 있어서
업장으로 눈이 밝지 않거든
오로지 마땅히 대승경전 외우며

보살의 눈. ⑤불안佛眼_일체법의 실상을 두루 꿰뚫은 부처의 눈.

592 삼종신三種身: ①법신法身_생명의 진리를 몸으로 한 우주의 진리 당체이자 불佛의 본체. 곧 법성상주法性常住의 이신불理身佛로서 비로자나불이 여기에 해당된다. 〔自性身〕 ②보신報身_진리 자체가 보유한 공덕력의 결정이며, 보살수행의 정진과 노력〔因〕으로 얻는 영구성 있는 유형有形의 불신佛身이다. 아미타불과 약사여래가 여기에 해당된다.〔受容身〕 ③화신化身_보신불을 보지 못하는 중생을 제도하고자 변화로 나타난 역사적인 부처, 석가모니불과 미륵불이 여기에 해당된다.〔變化身〕

593 응공應供: 범어 Arhat의 한역. 온갖 번뇌를 끊고 지덕智德이 원만하여 인간계와 천상계의 모든 중생들로부터 공양을 받을 만한 자격이 충분하다는 뜻이다. 여래의 열 가지 존칭〔十號〕 가운데 하나이다.

제일의 이치〔空〕에 대해 생각하여라.
이것을 눈의 참회라 하나니
여러 좋지 못한 죄업을 없애느니라.

귀로 문란한 소리 듣고
화합의 뜻을 무너뜨리매
이로 인해 광란의 마음을 일으키니
어리석은 원숭이가 따로 없도다.

그러나 마땅히 대승경전 외우며
법이 공空하여 본래 모양 없음을 관한다면
영원히 일체 악업을 없애게 되고
천이통 열려서 시방 소리를 듣게 되리라.

코는 뭇 향기에 탐착하여
그에 따라 여러 감촉 일으키거늘
이렇게 어리석고 미혹한 코가
많은 티끌 번뇌 생기게 하나,

만일 대승경전 외우며
참된 이치로 법을 관한다면
영원히 모든 악업을 떠나서
다시는 내세에 윤회하지 않으리라.[594]

혀는 다섯 가지 나쁜 말과
갖가지 좋지 못한 죄업을 유발하나니,
만일 스스로 부드러우며 순하게 하려거든
응당 부지런히 자비심을 닦되
참된 법의 적멸한 뜻을 생각하여
모든 분별하는 모양을 없애도록 하여라.

마음은 이리저리 옮겨 다니는 원숭이처럼
잠시도 가만있을 때가 없으나,
마음을 단단히 조복하려면
마땅히 부지런히 대승경전 외우며
부처님 대각大覺의 몸에 성취하신
십력十力과 무소외無所畏 등을 떠올려라.

몸은 기관의 주인이지만
바람 부는 대로 먼지가 날리듯이
여섯 도적[595] 제멋대로 노니는 데에
걸림 없이 방자하게 끄달리며 설쳐대거늘,

---

594 "중생들이 나고 죽는 속에서 왕래함은 번뇌가 있기 때문임을 알아야 한다. 수보리야! 만약 중생들이 나라는 것과 나의 소유물이라는 생각이 없고 집착하는 마음이 없다면, 이 중생들은 다시 나고 죽는 속에서 왕래하지 않는다.(衆生往來生死中故知有垢惱 須菩提 若衆生無我我所心無著心 是衆生不復往來生死中)"(『大品般若波羅蜜經』卷18 〈第61 夢誓品〉)

595 육적六賊: 色·聲·香·味·觸·法의 육경六境을 말한다. 즉 육근六根을 매개로 하여 공덕을 빼앗고 번뇌를 일으키므로 도적에 비유한 것이다.

만일 이 죄악을 없애고
영원히 모든 티끌번뇌 떠나서
항상 열반의 성에 거처하여
안락하며 마음이 담백해지고자 한다면,
마땅히 대승경전 외우며
반야〔菩薩母〕[596]를 생각하여라.

한량없이 수승한 방편들은
실상을 생각해야 얻어지나니
이와 같은 여섯 가지 법을
육근六根참회라 하느니라.

업장의 모든 바다는
전부 망상으로부터 생겨났거늘
만약 참회하고자 하거든
단정히 앉아 실상을 생각하여라.

지혜의 태양 앞에선 아무리 많은 죄업이라도
서리와 이슬처럼 눈 녹듯이 사라지리니,
따라서 응당 지극한 마음으로
육근의 죄를 참회하여라.

---

596 진리에 계합하는 지혜, 곧 반야는 불보살을 낳는 어머니이므로 '보살모菩薩母' 혹은 '불모佛母'라고 부른다.

이 게송을 마치고 부처님께서 아난에게 이르시었다.

"너는 이제 이 육근 참회하는 법과 보현보살 관하는 법을 가지고, 널리 시방의 모든 하늘천신과 세상 사람들을 위해 자세히 분별해서 일러주도록 해라.

내가 열반한 뒤에 모든 부처님 제자들이 『법화삼부경』을 수지하여 읽고 외우며 해설하고자 한다면 응당 고요한 곳, 가령 무덤 사이나 숲 속 나무 아래 혹은 다른 아련야[597] 처소에서 방등경을 읽고 외우며 대승의 뜻에 대해 생각해야 하느니라. 생각하는 염력이 강해지게 되면 그 까닭에 내 몸과 다보불탑 그리고 시방의 한량없는 모든 분신부처님들과 보현보살·문수사리보살·약왕보살·약상보살을 친견하게 되리라. 그 모든 부처님과 보살들은 법을 공경하므로 여러 아름다운 꽃송이들을 든 채 허공 가운데 서서, 법을 수행하며 간직하는 자를 찬탄하고 공경하리라. 이처럼 다만 대승 방등경전을 외우는 것만으로도, 모든 부처님들과 보살들이 법을 간직하는 수행자를 밤낮으로 공양하리라."

부처님께서 다시 아난에게 이르시었다.

"나와 현겁의 많은 보살들 그리고 시방의 모든 부처님들께서도 대승의 진실한 의미를 깊이 사색했기 때문에, 백만억 겁 동안 지었던 수많은 아승기 수효의 생사중죄들을 모조리 없애버릴 수 있었느니라. 게다가 이 뛰어나게 수승한 참회법으로 인하여 지금은 시방 곳곳에서 제각기 성불하였느니라.

---

597 아련야阿練若: 범어 Araṇya의 음역. 공한처空閑處 또는 원리처遠離處라고 한역. 번거로움 없이 집중하여 수행 정진할 수 있는 한적한 적정처寂靜處를 말한다.

그러므로 만약 빨리 아뇩다라삼먁삼보리를 이루고 싶다거나 현재 몸으로 시방 부처님들과 보현보살을 친견하고 싶다면, 마땅히 깨끗하게 목욕하고 정결한 옷으로 갈아입도록 하여라. 그런 다음 여러 가지 좋은 향을 사르며, 한적하고 고요한 곳에서 대승경전을 독송함과 아울러 대승의 뜻에 대하여 깊이 생각해야 하느니라."

부처님께서 계속 아난에게 이르시되,

"만약 어떤 중생이 보현보살을 보고자 하거든 마땅히 이 관법을 닦아야 하느니라. 이렇게 관하는 것을 '바른 관법'이라 하며, 이와 다르게 관하는 것을 '삿된 관법'이라 하느니라.

내가 열반한 뒤에 여러 부처님 제자들이 부처님 말씀에 수순하여 참회를 닦는다면, 그 사람은 보현행을 닦는 자임을 유념하여라. 보현행을 닦는 자는 험악한 모양이나 악업으로 인한 과보를 입지 않느니라.

그 어떤 중생이든 밤낮 여섯 차례씩 시방 부처님들께 절하고 대승경전을 외우며 제일 궁극적 이치인 공空의 깊은 가르침에 대해 사색한다면, 손가락 한 번 튕기는 순간에 무려 백만억 아승기 겁 동안 저질렀던 무수한 생사중죄들을 한꺼번에 제거해 버릴 수 있느니라.

이 보현행을 닦는 자는 참된 부처님 아들이니, 모든 부처님들로부터 참된 생명을 얻게 되느니라. 시방의 모든 부처님들과 보살들이 그의 화상[598]이 될 것이며, 따라서 그를 '보살계를 구족한 자'라고 부르느니라. 그는 따로 갈마[599] 의식을 치를 필요도 없이 자연히 보살계가

---

598 화상和上: 범어 Upādhyāya. 친교사親教師 또는 역생力生이라 한역. 계戒를 주는 스승으로, 수행 기간이 길고 지위나 덕이 높은 고승에 대한 존칭.

599 갈마羯磨: 범어 Karma의 음역. 업業 또는 소작所作이라 한역. 수계나 참회를

성취되어, 일체 인간과 하늘천신의 공양을 받을 만한 자격이 충분히 되느니라.

만일 그때 수행자가 보살계를 더 완전히 구족하고자 한다면, 응당 한적한 곳에서 합장하고 시방 부처님들께 두루 절하면서 모든 죄업을 참회해야 하느니라. 스스로 자기 잘못을 직접 고백한 다음 고요한 처소에서 시방 부처님들께 여쭈되,

'모든 부처님 세존께서는 항상 세상에 계시건만, 저는 업장 때문에 아무리 방등경을 믿더라도 부처님을 똑똑히 뵈올 수가 없사옵니다.

지금 부처님께 진심으로 귀의하오니, 간절히 바라옵건대 석가모니 정변지 세존이시여! 부디 저의 화상이 되어 주시옵소서! 그리고 큰 지혜의 문수사리 보살님께서는 밝은 지혜로써 청정한 보살의 법을 저에게 모두 가르쳐 주시옵소서! 또한 태양보다 더 크게 자비하신 미륵 보살님께서는 저를 연민히 여기시어, 제가 응당 보살의 법을 받을 수 있도록 허락해 주시옵소서!

시방의 모든 부처님들이시여, 부디 저를 위해 나타나시어 증명해 주시옵소서! 그리고 여러 대보살님들이시여, 저마다 명칭에 걸맞게 수승하신 대사님들께서는 중생을 덮어 감싸주시며 저희들을 보호하고 도와주시옵소서!

제가 오늘 방등경전을 받아 간직하오니, 목숨을 잃게 되거나 설령 지옥에 떨어져서 한량없는 고통을 받게 될지라도 끝까지 모든 부처님의 정법을 결코 비방하지 않겠나이다. 이런 인연과 공덕의 힘을 말미암

하는 의식 작법을 말한다.

아 석가모니 부처님이시여, 지금 부디 저의 화상이 되어 주시옵소서! 또한 문수사리 보살님께서는 저의 아사리[600]가 되어 주시고, 미래에 오실 미륵 보살님께서는 저에게 부디 법을 가르쳐 주시옵소서!

시방의 모든 부처님들이시여, 제발 저를 증명하시고 인정해 주시옵소서! 그리고 덕 높으신 여러 보살님들께서는 부디 저의 도반이 되어 주시옵소서!

제가 지금 참으로 대승경전의 깊고 오묘한 뜻에 의지하여,

부처님께 귀의하옵고

가르침에 귀의하며

승가에 귀의합니다!'

이와 같이 세 번 말하고 삼보에 귀의한 후, 그 다음엔 마땅히 스스로 여섯 가지 중대한 계법[601]을 받아서 지킬 것을 맹세해야 하느니라. 여섯 가지 계법을 받은 다음에는 걸림 없이 아무렇게나 하더라도 항상 청정한 범행이 되도록 부지런히 수행해야 하느니라. 그와 동시에 중생을 널리 구제하고자 마음먹고서, 여덟 가지 중대한 계법[602]을

---

600 아사리阿闍黎: 범어 Ācārya의 음역. 모범이 되는 스승을 가리키므로 궤범사軌範師 또는 정행正行이라 한역. 공부할 때 제자를 교수敎授하여 지도해주는 고승에 대한 경칭이다. 일반적으로 불교의 스승에 화상과 아사리가 있는데, 화상은 부모처럼 제자의 생애 동안 거의 일정한 반면에 아사리는 학교 선생님처럼 공부할 때에 따라서 변할 수가 있다.

601 육중법六重法: 여섯 가지 계법戒法. ①불살생不殺生 ②불투도不偸盜 ③불사음不邪淫 ④불망어不妄語 ⑤불음주不飮酒 ⑥불설사중不說四衆 등이다.

602 팔중법八重法: 여섯 계법에다 ⑦자기 잘못을 숨기지 말 것, ⑧남의 잘못을 들춰내지 말 것 등을 더한 것이다.

받아 지켜야 하느니라.

이렇게 서원을 세우고 난 후에는 한적하고 고요한 곳에서 여러 가지 좋은 향을 사르며 꽃을 뿌리어서, 모든 부처님들과 보살들 그리고 대승 방등경전인 『법화삼부경』에 공양하여 말할지니라.

'제가 오늘 보리심을 내오니, 이 공덕으로써 널리 일체 중생들을 제도하여지이다!'

이렇게 말한 다음 또 다시 모든 부처님들과 보살들에게 머리 숙여 절하며, 대승 방등경전의 뜻에 대하여 깊이 사색해야 하느니라. 그리하여 하루에서 삼칠일 동안 지내게 되면 출가자든 재가자든 화상이나 여러 스승을 모시고 굳이 갈마 의식을 따로 치르지 않아도 되느니라. 즉 대승경전을 수지하여 읽고 외운 힘과 보현보살이 수행하도록 권장한 덕택만으로도, 모든 시방 부처님들의 정법에 대한 안목이 바로 형성되느니라. 게다가 이 법을 통해 자연히 오분법신인 계戒·정定·혜慧·해탈解脫·해탈지견解脫知見을 성취하게 되느니라. 모든 부처님 여래께서도 이 법으로부터 출생하셨으니, 대승경전에서 비로소 성불에 대한 기별을 받으셨느니라.

그러므로 지혜로운 수행자여!

만일 성문이 삼귀의계와 오계[603]·팔계[604]와 비구계[605]·비구니계[606]·

---

603 오계五戒: ①不殺生 ②不偸盜 ③不邪淫 ④不妄語 ⑤不飮酒

604 팔계八戒: 팔관재계八關齋戒라고도 하는데, 재가신도가 보통 육재일六齋日에 하루 낮 하루 밤 동안 지키는 계율이다. ①不殺生 ②不偸盜 ③不淫 ④不妄語 ⑤不飮酒 ⑥꽃다발을 쓰거나 향 바르고 노래하는 것을 하지 말며 구경도 하지 말라 ⑦높고 넓은 평상에 앉지 말라 ⑧식사 때가 아닌 시간에 먹지 말라

605 비구계比丘戒: 비구가 지켜야 할 250가지 戒(具足戒).

사미계[607]·사미니계[608]·식차마니계[609]와 여러 위의威儀를 파괴했다고 하자. 다시 말해 어리석으며 사악하고 나쁜 마음 때문에 여러 계율과 위의법[610]을 많이 어겼다고 하자. 그렇더라도 만일 잘못을 제거하여 허물을 다 없애버리고 도로 비구가 되어 사문의 법을 갖추려고 한다면, 마땅히 부지런히 대승 방등경전을 읽어야 하느니라. 또한 제일 궁극적 이치인 공의 가르침에 대해 깊이 사색하고, 이 공의 지혜와 마음이 서로 상응하도록 해야 하느니라. 그렇게 된다면 그 사람은 한 생각 찰나에 모든 죄의 찌꺼기들이 영원히 사라져서 아무것도 남는 것이 없게 된다는 점을 명심하여라. 이것을 '사문의 법식을 구족하여 모든 위의를 갖춤'이라 부르나니, 응당 인간과 하늘천신의 온갖 공양을 받을 만한 충분한 자격이 되느니라.

만약 재가 남자신도인 우바새가 여러 위의를 어기고 좋지 못한 일을 저질렀다고 하자. 좋지 못한 일이란 소위 불법이 그르다고 떠들어

---

606 비구니계比丘尼戒: 비구니가 지켜야 할 348가지 戒(具足戒).

607 사미계沙彌戒: 비구가 되기 전의 초심스님이 받아 지키는 10가지 戒. ①不殺生 ②不偸盜 ③不淫 ④不妄語 ⑤不飮酒 ⑥꽃다발을 쓰거나 향수를 바르지 말라 ⑦노래하고 춤추지 말며 구경도 하지 말라 ⑧높고 큰 평상에 앉지 말라 ⑨식사 때가 아니면 먹지 말라 ⑩금이나 은 보석 따위를 몸에 지니지 말라

608 사미니계沙彌尼戒: 비구니가 되기 전 초심스님이 받아 지키는 10가지 戒.(上同)

609 식차마니계式叉摩尼戒: 식차마니는 범어 Śikṣamāṇa의 음역으로, 정학녀正學女로 한역. 구족계를 받기 2년 전의 사미니가 지켜야 할 육법을 식차마니계라 한다. 六法은 ①음란한 마음으로 남자몸에 접촉하지 않음 ②남의 돈을 훔치지 않음 ③축생을 죽이지 않음 ④거짓말하지 않음 ⑤때 아닌 때에 먹지 않음 ⑥술을 마시지 않음 등이다.

610 위의법威儀法: 사문이 지켜야 할 규율에 맞는 행위와 거동에 대한 여러 규범.

대거나 사부대중이 지은 나쁜 일들을 논설한다거나 혹은 도둑질과 음행을 일삼으면서도 부끄러운 줄 모르는 따위들이니라. 그런데 만일 참회하여 모든 죄업을 없애고자 한다면, 마땅히 『법화삼부경』을 부지런히 독송하고 제일의 이치〔空〕에 대하여 깊이 생각해야만 하느니라.

만약 왕이나 대신·바라문 혹은 거사나 재벌장자·재상 등 여러 사람들이 무엇이든 탐내어 구하기만 하고 도무지 자제할 줄을 몰라서, 마침내 오역죄[611]까지 저지르고 방등경을 비방하는 등 열 가지 악업마저 범하였다고 하자. 그 큰 죄악의 과보로 악도에 떨어지되, 분명 소낙비가 퍼붓는 것보다 더 빨리 아비지옥에 떨어질 것이니라. 그러나 만일 그 업장을 다 소멸시키고자 한다면, 깊이 부끄러워하는 마음을 내어 모든 죄업들을 뉘우쳐야만 하느니라.

그렇다면 찰제리[612]와 거사들은 어떻게 죄를 참회해야 하는가? 그 참회법이란 다만 마땅히 마음을 바르게 하고, 삼보를 비방하지 말아야 하느니라. 출가하는 것을 막지 말며, 청정히 수행하는 사람을 장애하지 말아야 하느니라. 그리고 응당 마음을 기울여 육념법[613]을 닦아야 하느니라. 또한 대승의 마음을 지닌 자에게 필요한 것들을 공급해주며 공양해야 하나, 공양할 때마다 꼭 절을 해야 될 필요는

---

611 오역죄五逆罪: ①아버지를 죽임 ②어머니를 죽임 ③아라한을 죽임 ④승가의 화합을 깨뜨림 ⑤부처님 몸에 피를 내는 것 등이다. 이와 같은 죄는 무간지옥에 떨어질 다섯 가지의 큰 악행이므로 오무간업五無間業이라고도 부른다.

612 찰제리刹帝利: 범어 Kṣatriya. 인도의 사성四姓 가운데 하나로, 전쟁에 종사하고 관리가 되어 나라를 다스리는 정치가가 될 수 있는 종족이다. 왕이 될 수 있으므로 왕족 또는 귀족이라 하는데, 일반적으로 크샤트리아로 부른다. 주 200 참조

613 육념법六念法: 주 566 참조

없느니라. 그리고 응당 경전의 깊은 가르침, 즉 제일의공第一義空에 대해서 잘 기억하고 사색해야 하느니라. 이 법을 명심하는 것이 바로 찰제리와 거사들이 닦아야 할 첫 번째 참회이니라. 다음 두 번째 참회란 부모님께 효도하고, 스승님과 어른을 잘 공경하는 것이니라. 이것이 찰제리와 거사들이 닦아야 할 두 번째 참회이니라. 세 번째 참회는 바른 법으로 나라를 다스려서, 백성을 삿되게 억압하지 말아야 하느니라. 이것이 찰제리와 거사들이 닦아야 할 세 번째 참회이니라. 네 번째 참회는 신성한 육재일[614]에 모든 경내와 힘이 미치는 곳에 영을 내려 살생하지 않도록 해야 하나니, 이러한 법을 지키는 것이 찰제리와 거사들이 닦아야 할 네 번째 참회이니라. 다섯 번째 참회는 다만 마땅히 마음속 깊이 인과법을 믿되, 일불승의 실상 도리 또한 굳게 믿어서 부처님은 영원히 멸도하지 않는다는 것을 분명히 인지해야 하는 것이니라.[615] 이것이 찰제리와 거사들이 닦아야 할 다섯 번째 참회이니라."

부처님께서 아난에게 다시 이르시었다.

"미래 세상에 만약 어떤 이가 이러한 참회법을 닦고 익힌다면, 마땅히 잘 명심하여라. 그 사람은 진실로 참회하는 옷을 입고 모든 부처님들의 가피 속에서 머지않아 마땅히 아뇩다라삼먁삼보리를

---

614 육재일六齋日: 매달 8일·14일·15일·23일·29일·30일의 육일六日은 사천왕이 천하를 순행하며 사람의 선악을 살피는 동시에 악귀가 사람 틈을 엿보는 날이므로, 이 날은 사람마다 특히 몸을 조심하고 마음을 깨끗이 하여 지계持戒를 갖추어야 하는 날이다.

615 여기에서 인과법은 속제俗諦이며, 일불승의 실상 도리는 진제眞諦이다. 즉 유有〔假〕·무無〔空〕의 중도中道 수행을 강조함.

이룰 것이니라.”

부처님께서 이 말씀을 하셨을 때에 만 명의 하늘천자들이 법안法眼의 청정함을 얻었다. 그리고 미륵보살을 비롯한 여러 대보살들과 아난은 부처님의 가르침을 듣고 매우 기뻐하며 받들어 수행하였다.

찾아보기

【ㅊ】

【ㅌ】

역주 | **혜조惠照**

공주사대 독어과 졸업 후 출가.

봉녕사 강원 졸업.

동국대학교 대학원 박사과정 수료.

대한불교조계종 총무원 문화국장 역임.

저서 및 논문으로 『우리말 법화삼부경』, 『독송용 우리말 법화경』, 『우리말 법화경 사경』(전5권), 『행복을 부르는 법화경 사경』(전7권), 『운명을 바꾸는 법화경 사경』(전7권), 『너를 위해 밝혀둔 작은 램프 하나』(시집), 『엉겅퀴 붉은 향』(시집), 「연기법에 의한 공사상과 중도론 연구」(논문) 등이 있다.

우리말 법화삼부경

초판 1쇄 발행 2005년 10월 17일 | **개정판 3쇄 발행** 2025년 11월 4일

역주 혜조 | **펴낸이** 김시열

펴낸곳 도서출판 운주사

(02832) 서울시 성북구 동소문로 67-1 성심빌딩 3층

전화 (02) 926-8361 | **팩스** (0505) 115-8361

ISBN 89-5746-151-5 03220 값 28,000원

http://cafe.daum.net/unjubooks 〈다음카페: 도서출판 운주사〉